전략적 리더십

전략적 리더십

•

KDI 국제정책대학원 이승주 교수

SIGMA INSIGHT

머리말

 이 책은 미래 CEO를 꿈꾸는 직장인들을 위해 전략적 리더십의 핵심개념과 실천방안을 체계적으로 정리한 것이다. 급변하는 글로벌 경쟁하에서 리더십은 기업의 성패를 좌우하는 핵심적인 요인이다. 오늘날 리더십은 최고경영자 뿐만 아니라 조직 전 부문에서 요구되고 있으며, 변화와 혁신을 추구하는 많은 기업들에 있어서 리더십개발은 선택의 문제가 아니라 경쟁력 강화를 위한 전략적 필수조건이다.

 본서는 전체적으로 11개의 장으로 구성되어 있다. 제1장에서는 리더십의 본질과 주요 리더십이론과 모델들을 소개하고, 개인의 리더십개발을 위한 다양한 시각과 방법론을 다룬다. 제2장부터 10장까지는 전략적 리더로서 갖추어야 할 9개의 핵심역량들을 깊이 있게 다룬다. ㅡ 비전과 목표수립(제2장), 전략적 사고와 문제해결(제3장), 효과적 커뮤니케이션(제4장), 동기부여와 조직활성화(제5장), 협상전략(제6장), 변화관리(제7장), 기업가정신(제8장), 글로벌 경영과 전략적 제휴(제9장), 위기관리와 기업회생(제10장). 제11장에서는 리더십 개발을 위한 선진기업들의 Best Practice와 혁신적인 리더십 교육과정에 대해 살펴본다.

 이 책의 내용은 저자가 지난 10년간 리더십 및 경영전략 관련 연구 및 교육을 하면서 축적한 지식과 경험을 정리한 것이다. 저자의 첫 저서 "경영전략 실천 매뉴얼"이 독자들의 좋은 반응을 얻은 것에 힘입어, 이와 유사한 형식으로 집필하였다. 시간에 쫓기는 직장인 및 경영자들을 위해, 각 페이지마다 간단한 도표와 설명을 통해 리더십의 핵심개념과 키포인트를 쉽게 이해할 수 있도록 작성하였다. 이 책은 대학원 MBA과정 및 최고경영자 과정의 교재로 활용될 수 있으며, 기업의 임원교육 또는 팀장 교육에도 활용될 수 있다고 생각된다.

이 책이 출간될 수 있도록 도움을 주시고, 안식년의 기회까지 제공해 주신 KDI 국제정책대학원의 정진승 원장님, 동료 교수님, 교직원 및 학생들에게 이 자리를 빌어서 감사를 드린다. 이 책의 출간과정에서 귀중한 조언과 세심한 배려를 해주신 시그마인사이트컴의 김혜련 사장님, 그리고 KDI 국제정책대학원 박사과정의 이은형씨에게 진심으로 감사를 드린다. Hawaii 안식년을 가장 행복하게 만들어준 아내 문주미와 귀여운 딸 승연, 세린에게 고마운 마음을 전하며, 병상에서도 이 책의 출판을 걱정해 주시고 기다려 주신 존경하는 아버님 그리고 어머님께 이 책을 바친다.

2005년 3월

이승주

목차

머리말 • 4

제1장 | 리더십의 본질 • 11

리더십이란 무엇인가? / 리더의 4가지 역할 / 리더십과 경영관리의 차이 /
리더십 연구의 발전과정 / Warren Bennis의 리더십 연구 / 리더십 Diamond 모델 /
존경받는 리더의 특징 / 존경받는 리더십의 국가별 비교 / Peter Drucker의 리더십 원칙 /
리더십 빙산모델 / 감성지능 / 리더십 스타일의 유형과 효과 / 리더십 상황이론 / Level 5 리더십 /
리더십에 관한 잘못된 생각 / 리더십개발의 영향요인 / 리더십개발에 도움이 되는 경험 /
리더십과 경영관리능력의 배양 / GE의 360도 리더십 평가 / 리더십의 학습단계 /
리더십개발 = 자기개발 / 리더십개발을 위한 자기학습 / 리더십개발을 위한 자기성찰

제2장 | 비전과 목표수립 • 35

비전이란 무엇인가? / 비전수립과 리더십 / 비전, 미션과 핵심가치 / 주요기업의 미션과 비전 /
비전수립과정 / 미래 사업환경 분석 / 핵심역량 분석 / 비전수립을 위한 질문 /
Charles Schwab의 비전과 전략목표 / Starbucks의 미션과 핵심가치 / Cisco의 미션과 핵심가치 /
효과적인 비전의 특징 / 미션중심 조직의 선순환 과정 / 비전공유를 위한 커뮤니케이션 /
솔선수범을 통한 비전공유 / 변화 메시지의 차별화 / 미션/비전과 성과목표 / 기업의 8대 경영목표 /
Balanced Scorecard 성과지표 / Mobil의 Balanced Scorecard / Mobil의 Strategy Map /
금융기관의 Strategy Map / 목표의 단계별 설정 / 비전과 실행력의 중요성

제3장 | 전략적 사고와 문제해결 • 61

전략적 사고의 특징 / 전략적 문제해결 과정 / 성과분석을 통한 이슈파악 / 전략적 이슈의 파악 /

Logic Tree를 통한 문제의 구조화 / Logic Tree를 통한 수익성 분석 / 수익성 개선 Logic Tree /
신규사업 문제의 구조화 / 비핵심적인 이슈의 정리 / 80/20 법칙 / 가설수립과 이슈분석 /
작업계획의 수립 / SWOT 분석 / 전략혁신을 위한 기본 질문 / 전략혁신의 예 / 전략혁신의 패턴 /
고객 가치분석 / SCAMPER 기법 / 성장전략의 3단계 / 성장전략의 대안도출 / 전략대안의 평가 /
고슴도치의 개념 / 고슴도치 개념의 예 / 전략실행의 중요성 / 전략실행상의 문제점 분석 /
실행력 제고를 위한 리더십 / 경영자의 4가지 유형

제4장 | 효과적 커뮤니케이션 • 89

커뮤니케이션의 중요성 / 경영자의 커뮤니케이션 활동 / 경영자의 업무시간 분석 /
커뮤니케이션의 유형 / 커뮤니케이션 과정 모델 / 효과적 커뮤니케이션을 위한 준비 / 피라미드 원칙 /
피라미드 원칙에 의한 Storyline 구성 / 청중의 4가지 유형 / 효과적 커뮤니케이션 체크 포인트 /
무대 공포증의 극복방안 / 청중의 관심과 흥미를 제고하는 방법 / 이야기, 비유, 상징의 효과적 활용 /
효과적 설득의 조건 / 설득의 6가지 원칙 / 효과적 회의의 중요성 / 효과적 회의운영의 주요활동 /
회의의 일반적 문제점 / 회의운영 개선방법 / 회의의 4가지 유형 / 회의 의제의 준비 /
그룹 문제해결의 장·단점 / 회의운영의 리더십 기능 / 리더십 의사결정 스타일의 유형 /
그룹 역학관계 분석 / 경청의 기술 / 질문을 통한 커뮤니케이션 / 집단적 사고의 문제점과 극복방안 /
단계별 합의도출 / 회의평가 양식

제5장 | 동기부여와 조직활성화 • 121

동기부여의 중요성 / 동기부여 이론 / Maslow의 욕구단계론 / Herzberg의 2요인 이론 /
Lawrence와 Nohria의 동기이론 / 목표설정이론 / 기대이론 / 보상의 유형 / 보상시스템의 설계 /
조직활성화의 5가지 방법 / Marriott의 조직활성화 / Southwest Airlines의 조직활성화 /
종업원 축하행사 운영방식의 차이 / High-Performance 조직문화의 특징 / 임파워먼트의 특징 /

Feiner의 부하육성 원칙 / 부하 실패의 악순환과정 / 인재전쟁의 새로운 현실 /
인재전쟁 성공방안 / 매력적인 종업원 가치의 제공 / 인재개발을 위한 Best Practice /
코칭의 중요성 / 코칭 프로세스 / GROW 모델 / 개인 실적 및 스킬 평가 / 인재풀 평가 Matrix /
GE의 인사차별화 정책 / 인재전쟁 성공전략 - 체크 포인트

제6장 | 협상전략 • 151

협상이란 무엇인가? / 협상의 유형 / 협상의 4단계 / 협상이 실패하는 이유 / 협상준비를 위한 진단 /
협상 스타일의 5가지 유형 / Win-Win 협상의 기본원칙 / Win-Win 협상의 예 /
협상 상대방에 대한 분석 / 다국적기업과 정부간 협상의 주요이슈 / BATNA의 중요성 /
분배적 협상의 협상영역 / M&A가격협상의 결정요인 / 통합적 협상의 협상영역 /
협상을 통한 가치창조 방안 / 협상의 구조변화 / 협상의 순차적 진행 / 협상의 딜레마 /
신뢰형성의 선순환과정 / 협상방식의 문화적 차이 / 협상에서 심리적 편견 /
불합리한 협상전술과 대응책 / 객관적 기준의 적용 / 협상에서의 도덕적 판단 /
성공적인 협상의 평가기준

제7장 | 변화관리 • 177

변화관리의 필요성 / 성공의 함정 – 기업이 실패하는 이유 / 변화관리의 주요이슈 /
변화관리 프로그램의 유형 / 변화관리 추진방법 / GE의 경영목표와 사업구조 개편 /
GE의 경영혁신 프로그램 / 변화관리 실패요인 / 변화관리 8-단계 모델 / 변화관리 진단 Framework /
변화의 의지/능력 분석 / 변화에 대한 저항요인 / 위기의식 제고방법 / 변화 커뮤니케이션의 기본원칙 /
성과 결정요인 분석 / Pilot 프로젝트를 통한 단기성공 실현 / 조직단위별 혁신활동 /
Best Practice 공유 / 변화 장애요인의 해소 / 조직진단을 위한 7-S 모델 /
Good-to-Great 기업들의 성공요인 / 신임경영자의 변화추진 사이클 / 전화기의 도전 /

신임경영자의 업무 피라미드 / 전환기의 100일 계획 / 신임경영자의 전환기 체크 리스트

제8장 | 기업가 정신 • 205

기업가 정신이란? / 기업가정신과 경영관리의 차이 / 기업가의 특징 / 부자가 되는 5가지 방법 /
기업가의 교육 및 사회적 배경 / 신규사업의 성공확률 / 기업가의 3대 질문 / 벤처창업과정 /
창업 아이디어의 원천 / 혁신의 유형 / Starbucks의 가치혁신 / Starbucks의 Business System /
전략적 게임보드 / 기회의 창 / 창업자금의 원천 / 사업계획서의 구성 / 벤처 투자가들이 중시하는 항목 /
경영진에 대한 체크 포인트 / 사업기회에 대한 체크 포인트 / 신규사업의 현금흐름 분석 /
고객생애가치 분석 / 벤처기업의 성장단계 / 전문경영 체제로의 전환 / 혁신의 장애요인 /
대기업에서 기업가정신을 활성화하는 방법 / 기업가정신의 패러독스 /
Sam Walton의 사업성공 10대 원칙

제9장 | 글로벌 경영과 전략적 제휴 • 233

세계경제의 글로벌화 / 기업의 글로벌화 추구 원인 / 글로벌 기업의 해외사업비중 /
글로벌 기업의 조건 / 글로벌 마인드의 중요성 / 후발업체의 글로벌화 전략 /
Nokia의 글로벌시장 세분화 / 전략적 제휴를 통한 기술표준 확립 / 전략적 제휴의 특징 /
Starbucks의 제휴 네트워크 / Li & Fung의 글로벌 네트워크 모델 / 경쟁사간 전략적 제휴 /
전략적 제휴의 갈등요인 / Nissan과 Renault의 전략적 제휴 / Nissan 회생계획 /
제휴를 통한 시너지 창출 / 전략적 제휴의 주요 이슈 / 제휴 파트너 선정기준 /
전략적 제후의 경제성 분석 / Corning의 전략적 제휴 원칙 / 비즈니스와 인간관계의 균형유지 /
신뢰 형성과정 / 신뢰구축 방안 / 문화적 차이의 이해 / 경쟁우위와 협력우위의 구축 /
협력 마인드 구축을 위한 체크 포인트

제10장 | 위기관리와 기업회생 • 261

위기의 유형 / 위기의 양면성 / 위기관리의 주요 프로세스 / 위기 계획수립 / 위험요인 평가 / 위기대응의 기본원칙 / 위기 커뮤니케이션 / 커뮤니케이션 계획수립 / 위기상황에서의 리더십 / 위기관리 체크 리스트 / Turnaround의 주요단계 / 기업위기의 징후와 원인 / Turnaround의 성공요인 / Turnaround 리더의 특성 / Lou Gerstner의 IBM 회생전략 / General Dynamics의 구조조정과 기업회생 / Turnaround 계획 수립 / Turnaround를 위한 주요 개선활동 / 비용절감의 주요원칙 / Turnaround 단계별 마케팅전략 / 전략적 사업매각 / Private Equity로부터의 교훈 / 심리적 Turnaround의 실현

제11장 | 전략적 리더십개발 • 285

리더십 개발의 중요성 / 경영자 교육, 훈련 및 개발의 특징 / 리더십 교육의 추세 / 리더십 교육의 Best Practice / GE Crotonville 연수원의 미션 / GE의 리더십 교육과정 / J&J의 리더십개발 원칙 / J&J의 리더십 기준과 교육과정 / HP의 리더십역량 모델 / AT&T의 리더십역량 모델 / Ford의 리더십개발 프로그램 / Citibank의 Action Learning / Action Learning의 성공조건 / 리더십 학습방법의 유형 / 학습방법의 창조적 통합 / IMPM 경영자 개발 프로그램 / IMPM 프로그램의 특징 / 경영자 교육에 대한 Mintzberg 교수의 견해 / 교육효과의 평가

참고문헌 • 305
INDEX • 312

전략적 리더십

제1장

리더십의 본질

1-1 리더십이란 무엇인가?

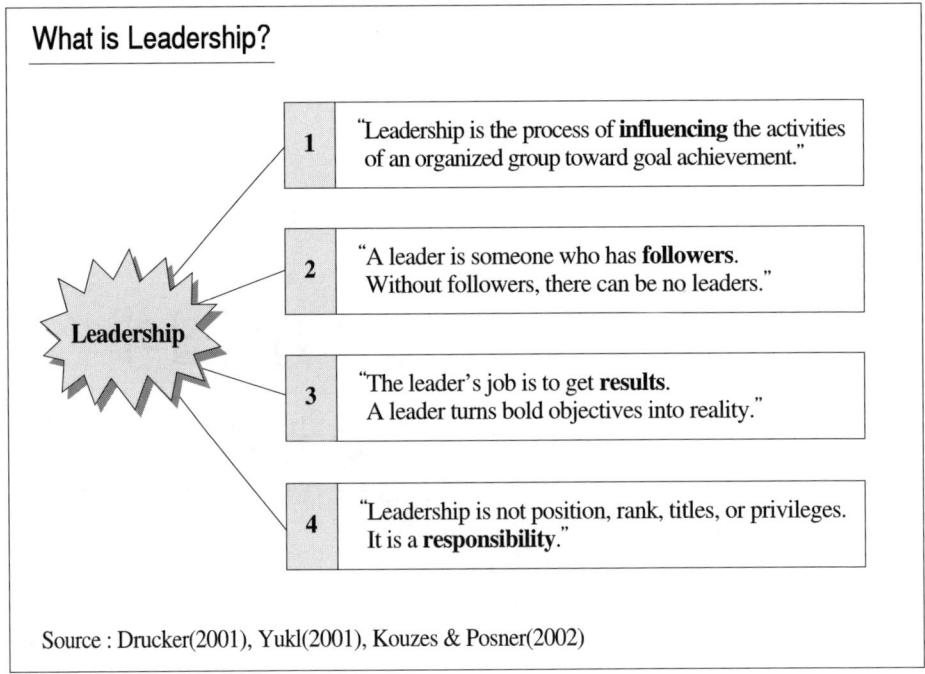

리더십에 대한 정의는 무수히 많지만, 핵심이 되는 몇 가지 개념을 요약하면 다음과 같다.
1. 리더십은 조직구성원의 활동에 영향을 미침으로써 조직의 목표를 성취해 내는 지도력이라고 할 수 있다.
2. 리더십은 리더를 따르는 추종자(Followers)가 있을 때 발휘된다. 아무리 뛰어난 사람이라도 그를 따르는 사람이 없으면 리더라고 볼 수 없다.
3. 리더십은 궁극적으로 경영성과의 실현을 통해 평가된다. 아무리 훌륭한 자질이 있어도 성과를 내지 못하면 성공적인 리더라고 볼 수 없다.
4. 리더십은 지위, 계급 또는 특권이 아니라 하나의 책임이다. 지위여하를 막론하고 리더십은 조직 및 사회 각 부문에서 발휘될 수 있다.

오늘날 리더십은 기업의 성패를 좌우하는 핵심적인 요인으로 인식되고 있으며, 기업경영 뿐만 아니라 정부, 시민단체, 학교, 병원, 교회 등 사회 전반에 걸쳐 요구되는 핵심적인 자질이다.

1-2 리더의 4가지 역할

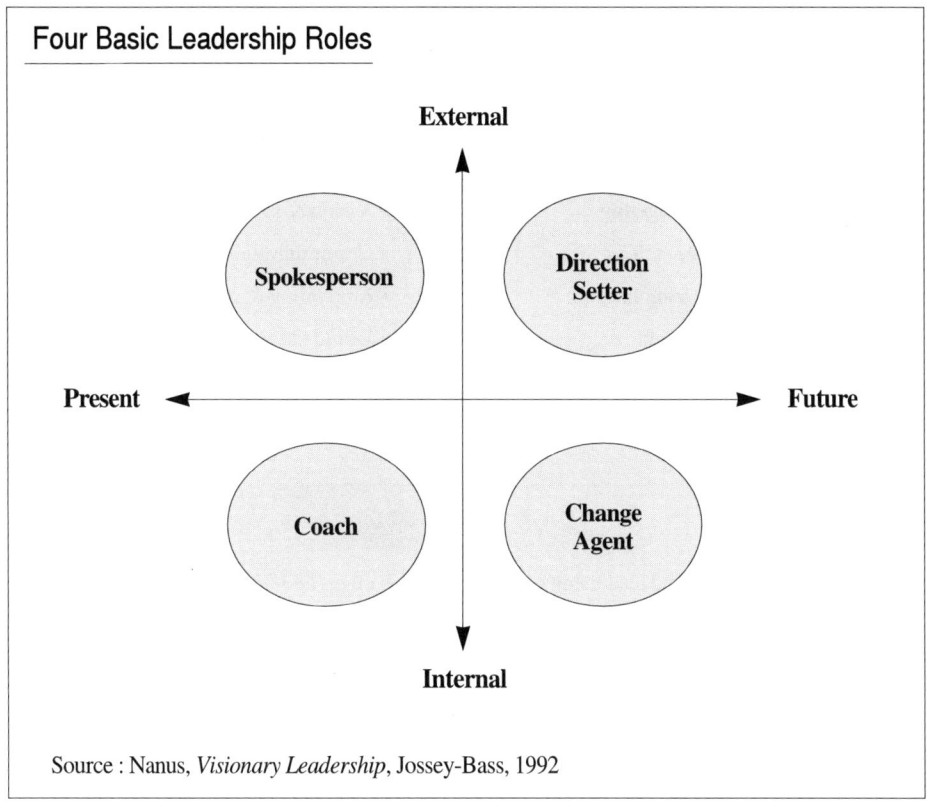

Source : Nanus, *Visionary Leadership*, Jossey-Bass, 1992

리더의 가장 중요한 역할은 무엇인가? 리더십의 역할을 현재와 미래, 조직 내부와 외부로 구분하고, 다음과 같은 4가지 역할을 도출할 수 있다.

1. 방향설정자(Direction Setter): 조직의 비전과 전략방향을 수립하고, 급변하는 외부환경에 대응하면서 미래를 준비하는 역할을 한다.
2. 대변인(Spokesperson): 현재의 조직을 대외적으로 대표하면서 다양한 이해관계자들과 원만한 관계를 구축하고 유지하는 역할을 한다.
3. 코치(Coach): 조직구성원의 동기부여와 임파워먼트를 통해 조직의 목표를 달성하고 개인의 역량개발을 도와주는 역할을 한다.
4. 변화의 선도자(Change Agent): 현상에 안주하지 않고 지속적인 혁신과 변화를 추진하면서 미래의 바람직한 조직을 설계하고 구현하는 역할을 한다.

1-3 리더십과 경영관리의 차이

How Leadership is Different from Management

Management	Leadership
• Planning & budgeting	• Vision & strategies
• Organizing & staffing	• Communications & alignment
• Controlling & monitoring	• Motivating & inspiring
• Doing things right	• Doing the right things
• Coping with complexity	• Coping with change

"Management and leadership complement each other, and **both** are necessary for the success of an organization"

Source : Kotter(1990), Bennis & Nanus(1997)

리더십과 경영관리는 다음과 같은 측면에서 차이가 있다고 볼 수 있다.
- 경영관리가 주로 기존 틀 내에서 계획을 수립하고 업무활동을 관리·감독하는 과정이라면, 리더십은 새로운 변화와 혁신을 추진하면서 비전을 수립하고 종업원에 대한 커뮤니케이션과 동기부여를 하는 과정이라고 할 수 있다.
- 경영관리가 주어진 일을 효율적으로 수행하는 것(Doing Things Right)이라면, 리더십은 올바른 일을 효과적으로 수행하는 것(Doing The Right Things)이라고 할 수 있다.
- 경영관리가 복잡한 문제를 해결하고 통제하는 것이라면, 리더십은 변화에 대처하고 변화를 선도하는 역할이라고 볼 수 있다.
- 이처럼 리더십과 경영관리는 서로 다르면서도 상호보완적인 측면이 있으므로, 조직이 장기적으로 성공하기 위해서는 양자의 균형과 조화가 이루어져야 한다.

1-4 리더십 연구의 발전과정

Evolution of Leadership Research

Trait Approach	Behavior Approach	Contingency Approach	Integrative Approach
• Focus on the personal attributes of the leader	• Focus on leadership behavior, style, and influence processes	• Examines contextual factor in determining leadership effectiveness	• Integrates traits, behavior and contingency approach
• "Great Man" approach • Stogdill's leadership traits	• Autocratic vs. democratic leadership • Managerial grid • Leader-member exchange theory	• Fielder's contingency model • Hershey & Blanchard's situation theory • Vroom-Jago contingency model	• Transformational leadership • Emotional intelligence • Level 5 leadership

Source : Yukl(2001), Daft(1999), Collins(2001)

리더십에 대한 연구는 지난 50년간 많은 발전을 이룩하여, 오늘날에는 다양한 관점의 리더십 이론과 모델들이 존재하고 있다.
- 리더십 자질론(Trait approach)은 리더의 개인적 특성에 초점을 두고 있으며 (예를 들어 리더의 성격, 신체적 특성, 교육배경, 가치관 등), 리더십 행태론(Behavior approach)은 리더의 행동패턴, 의사결정 방식, 영향력 행사과정 등을 실증적으로 분석한다.
- 리더십 상황이론(Contingency approach)은 리더 개인의 특성이나 행동 뿐만 아니라 추종자의 성격, 조직의 특성 등 다양한 상황변수에 따라 리더십 효과가 달라질 수 있으므로, 개별상황에 맞는 리더십 스타일을 강조하고 있다.
- 최근의 리더십 이론들은 리더십 자질론·행태론·상황이론들을 통합하면서 조직의 변화와 혁신을 주도하는 리더십의 역할과 리더의 내면적 측면을 깊이 있게 연구하고 있다.

1-5 Warren Bennis의 리더십 연구

Warren Bennis on Leadership

1. Leadership is about **character**. The process of becoming a leader is much the same as becoming an integrated human being.

2. Leaders are effective at developing a powerful **vision** of the future that inspires people to action.

3. The capacity to generate **trust** is the central ingredient of leadership. Trust is the social glue that keeps any system together.

4. Leaders are highly effective in generating people's commitment to their vision through their **optimism**. They are purveyors of hope.

5. Leaders have a bias toward **action** that brings about results and make things happen.

Source : Bennis & Nanus, *Leaders-Strategies for Taking Charge*, Harper Business, 1997

리더십 분야의 대가로 인정받고 있는 Warren Bennis 교수는 성공적인 리더의 특성을 다음과 같이 설명한다.
1. 리더십은 탁월한 인격에 기초를 두고 있다. 리더가 되는 과정은 전인(全人)적인 인간이 되는 과정과 같다.
2. 리더는 조직구성원을 고무시킬 수 있는 명확한 비전을 제시하고 공유한다.
3. 신뢰형성은 리더십의 핵심요소이다. 신뢰는 조직을 통합할 수 있는 '접착제'와 같다.
4. 리더는 어떤 어려운 상황에서도 긍정적인 자세를 갖고 조직에 희망을 불어넣는다.
5. 성공적인 리더는 행동지향적이고 실천에 강하며, 비전과 목표를 반드시 현실화시킨다.

1-6 리더십 Diamond 모델

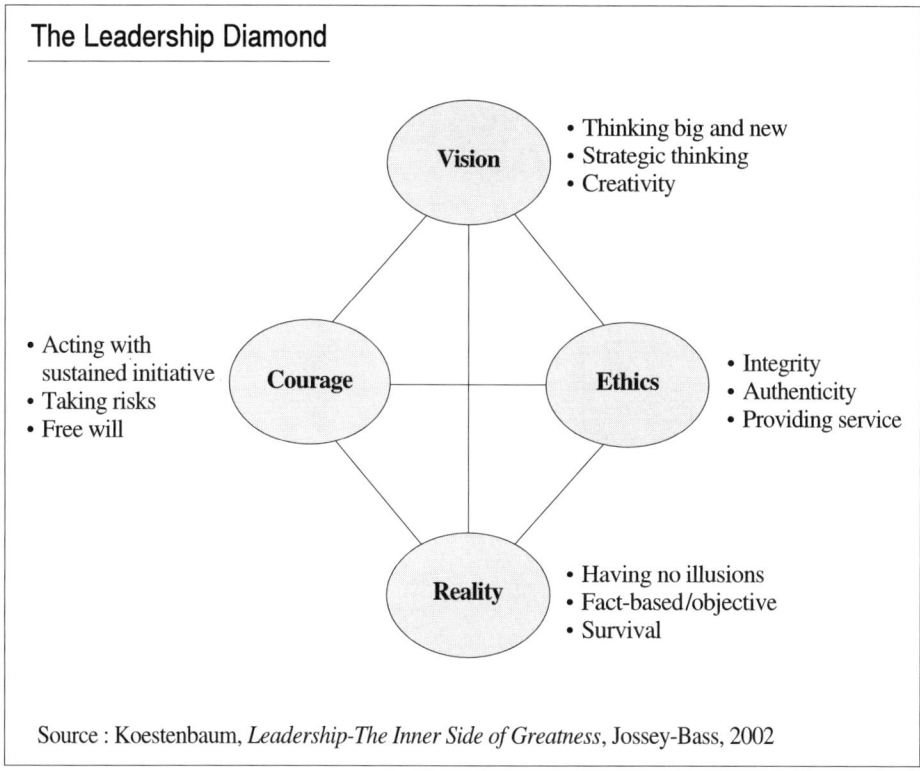

Source : Koestenbaum, *Leadership-The Inner Side of Greatness*, Jossey-Bass, 2002

리더십을 철학적 관점에서 연구한 Peter Koestenbaum 박사는 다음의 4가지 핵심요인으로 구성된 리더십 Diamond 모델을 제시하고 있다.

- 비전(Vision): 크게 보고 새롭게 생각하는 것이다. 비전은 전략적 사고와 창의력, 그리고 깊은 사색과 성찰을 통해 만들어진다.
- 현실(Reality): 사물을 있는 그대로 직시할 수 있는 능력이다. 현실을 정확히 파악하기 위해서는 사실에 입각한 객관적인 분석과 생존본능이 있어야 한다.
- 용기(Courage): 어려운 상황에서 흔들리지 않고 위기를 돌파할 수 있는 능력이다. 용감한 리더는 자유의지(Free will)를 갖고 위험을 감수할 수 있으며, 자신의 결정에 대해 전적으로 책임을 진다.
- 도덕성(Ethics): 도덕성은 진실에 바탕을 두고 신뢰를 구축하며, 타인에게 헌신하고 봉사하는 자세이다.

리더십 Diamond 모델은 리더십 진단을 위해 활용될 수 있으며, 비전, 현실, 용기, 도덕성 간의 균형과 조화가 있을 때 탁월한 리더십이 발휘된다.

1-7 존경받는 리더의 특징

Characteristics of Admired Leaders

	2002	1995	1987
1. Honest	88%	88%	83%
2. Forward-looking	71	75	62
3. Competent	66	63	67
4. Inspiring	65	68	58
5. Intelligent	47	40	43
6. Fair-minded	42	49	40
7. Broad-minded	40	40	37
8. Supportive	35	41	32
9. Straightforward	34	33	34
10. Dependable	33	32	33

Source : Kouzes & Posner, *The Leadership Challenge*, 2002

사람들은 실제로 어떤 리더를 존경하는가? Kouzes와 Posner는 설문조사를 통해, 존경받는 리더의 덕목으로 다음의 4가지를 발견하였다.

1. 정직성(Honest)
2. 통찰력(Forward-looking)
3. 유능함(Competent)
4. 동기부여능력(Inspiring)

위의 4가지 덕목은 1987년, 1995년, 2002년 설문조사에서 계속적으로 50퍼센트 이상의 높은 점수를 받았다. 그 중에서 가장 높은 점수를 받은 '정직성'은 리더의 여러 자질 중에서도 가장 중요한 것으로 나타났다. 정직성은 사람을 속이지 않고 의심할 수 없는 신용과 성실성을 갖는 것이며, 어떤 영향력에 의해서도 타협하지 않는 올바른 도덕적 원칙에 바탕을 두고 있다. 정직성 그 자체가 뛰어난 성과를 만들어 낸다고 볼 수는 없지만, 정직성의 결여는 리더에게 치명적인 결함이 된다.

1-8 존경받는 리더십의 국가별 비교

Cross-Cultural Comparisons of Admired Leader Characteristics

	Honest	Forward-looking	Competent	Inspiring
United States	88%	71%	69%	63%
Japan	67	83	61	51
Korea	74	82	62	55
Singapore	65	78	78	94
Malaysia	95	78	62	55
Australia	93	83	59	73
Scandinavia	84	86	53	90
Mexico	85	82	62	71

Source : Kouzes & Posner, *The Leadership Challenge*, 2002

- 존경받는 리더에 관한 설문조사는 미국 뿐만 아니라 아시아, 유럽, 중남미 등에서도 실시되었는데, 앞에서 언급한 4가지 덕목(정직성, 통찰력, 유능함, 동기부여 능력)은 국가별로 약간의 차이는 있으나, 가장 중요한 요인으로 인식되고 있다. 이는 사람들이 존경하는 리더의 특성은 문화적 차이에도 불구하고 상당히 보편성을 갖고 있음을 시사한다.
- 한국과 일본에서는 정직성 못지않게 리더의 통찰력이 가장 높은 점수를 받았는데, 이는 사람들이 리더의 비전과 전략방향 제시능력을 매우 중요하게 생각하고 있음을 시사한다.
- 호주, 말레이시아, 멕시코에서는 정직성이 가장 중요한 리더십 덕목으로 인식되고 있으며, 싱가포르와 스캔디나비아에서는 동기부여 능력이 가장 중요한 것으로 나타나는 등 국가별로 약간의 차이를 발견할 수 있다.

1-9 Peter Drucker의 리더십 원칙

8 Practices of Effective Executive

1. They asked, "What needs to be done?"
2. They asked, "What is right for the enterprise?"
3. They developed action plans.
4. They took responsibility for decisions.
5. They took responsibility for communicating.
6. They were focused on opportunities rather than problems.
7. They ran productive meetings.
8. They thought and said "we" rather than "I".

Source : Peter Drucker, "What Makes an Effective Executive," *Harvard Business Review*, June 2004

Peter Drucker는 경영자가 간과하기 쉬운 리더십의 기본원칙을 다음과 같이 제시하고 있다.
1. 리더는 "무엇이 이루어져야 하는가?"를 먼저 묻는다.
2. 리더는 "무엇이 회사를 위해 옳은 것인가?"를 묻는다.
3. 리더는 실행계획(Action Plan)을 수립한다.
4. 리더는 의사결정의 책임을 진다.
5. 리더는 커뮤니케이션의 책임을 진다.
6. 리더는 문제보다는 기회에 집중한다.
7. 리더는 회의를 생산적으로 운영한다.
8. 리더는 자기 자신보다는 '우리'를 먼저 생각하고 행동한다.

"진정한 리더는 부하들로부터 인기를 얻거나 사랑과 존경을 받는 것이 아니라, 올바른 일을 하도록 이끄는 사람이다."

1-10 리더십 빙산모델

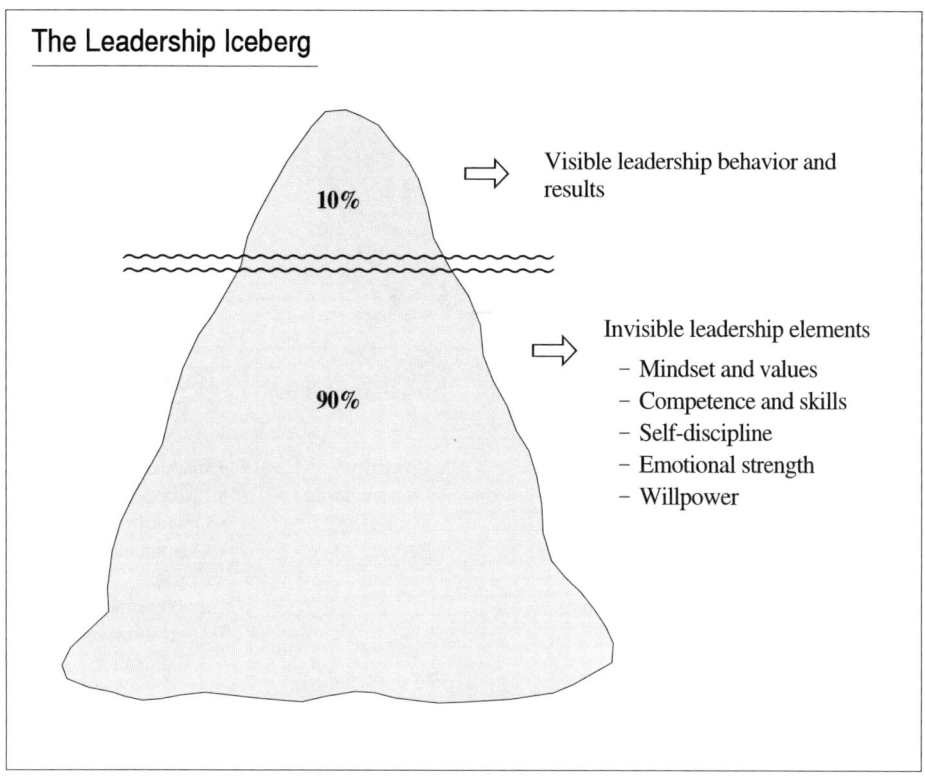

　리더십은 빙산의 모델에 비유할 수 있다. 즉 수면 위에 있는 '보이는 리더십'은 리더의 언행, 전략, 경영성과 등 우리가 일상적으로 관찰하거나 대중매체를 통해 파악할 수 있는 가시적인 현상들이다. 리더십을 보다 심층적으로 이해하기 위해서는 수면 밑에 있는 '보이지 않는 리더십'을 파악할 필요가 있다. 여기에는 리더의 의식과 가치관, 리더의 보이지 않는 역량과 자기규율, 감정과 의지(Willpower) 등이 존재하고 있다. 중국의 노장사상에 의하면, 가장 높은 경지의 리더십은 사람들이 리더의 존재를 모를 정도로 보이지 않는 초월적·간접적인 리더십이다. 즉 리더는 직접적인 영향력 행사보다는 적절한 권한이양과 조직 및 제도의 슬기로운 운용을 통해 조직에 활력을 불어넣고 소기의 성과를 조용히 달성한다. 그리고 모든 공을 타인에게 돌림으로써, 어떤 훌륭한 성과가 이루어지면 사람들이 모든 것은 자신들의 노력 때문이라고 생각하게 한다.

1-11 감성지능(Emotional Intelligence)

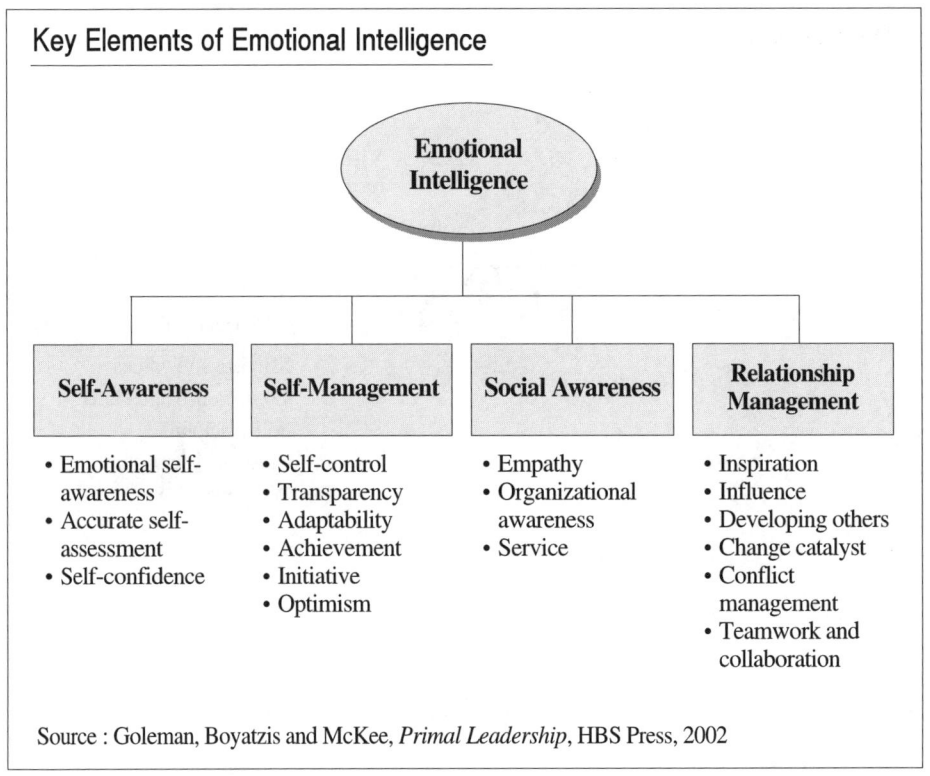

지식이 많거나 IQ가 높다고 해서 꼭 좋은 리더가 되는 것은 아니다. Daniel Goleman은 다양한 리더에 관한 실증연구를 통해 감성지능(Emotional Intelligence)의 중요성을 발견하고 감성지능의 주요 내용을 다음과 같이 설명한다.
- 자각능력(Self-Awareness)은 자신의 감정을 이해하고, 자신에 대해 객관적으로 평가할 수 있으며, 자신의 능력에 대한 자신감을 말한다.
- 자기관리(Self-Management)는 자신의 감정을 스스로 통제할 수 있는 자아통제능력, 투명성, 적응력, 성취의지 등을 의미한다.
- 사회적 인식(Social Awareness)은 타인에 대한 감정이입(Empathy), 조직에 대한 이해, 서비스정신 등을 말한다.
- 관계경영(Relationship Management)은 타인을 설득할 수 있는 능력, 변화와 혁신을 주도할 수 있는 능력, 팀워크와 갈등조정을 효과적으로 할 수 있는 대인관계 능력을 말한다.

1-12 리더십 스타일의 유형과 효과

Comparison of Six Leadership Styles

Leadership Style	Characteristics	Key Phrase	When Appropriate
Commanding	Demands immediate compliance	"Do what I tell you"	In a crisis, turnaround, or with problem employees
Visionary	Move people toward a new vision	"Come with me"	When a new direction is needed
Affiliative	Creates harmony and teamwork	"People comes first"	To heal rifts in a team or strengthen connections
Democratic	Build consensus through participation	"What do you think?"	To build buy-in or consensus
Pacesetting	Sets high standards and meet challenging goals	"Do as I do, now"	To get quick results from a motivated & competent team
Coaching	Develop people for the future	"Try this"	To help an employee improve performance and develop new skills

Source : Goleman, "Leadership that Gets Results," HBR March-April 2000

감성지능 이론에 입각하여 다음과 같은 6가지 리더십 스타일의 효과를 분석해 볼 수 있다.
- 강압형(Commanding)은 조직이 위기에 처해 있거나 문제 있는 종업원을 다룰 때 효과적일 수 있으나 일반적으로 조직분위기에 부성적인 영향을 미친다.
- 비전형(Visionary)은 조직이 새로운 방향을 모색하거나 변화를 추구할 때 효과적이다.
- 친화형(Affiliative)은 조직 내 갈등을 해소하고 구성원간의 새로운 화합을 추구할 때 효과적이다.
- 민주형(Democratic)은 다양한 의견을 수렴하고 합의도출이 필요할 때 유효하다.
- 목표성취형(Pacesetting)은 조직구성원의 의욕과 능력이 높을 경우 효과적이지만, 그렇지 않을 경우 부작용을 유발할 수 있다.
- 코치형(Coaching)은 개인의 지도와 피드백을 통해 능력을 개발하고 의욕을 고취시키는 데 효과적이며 일반적으로 조직분위기에 긍정적인 영향을 미친다.

1-13 리더십 상황이론

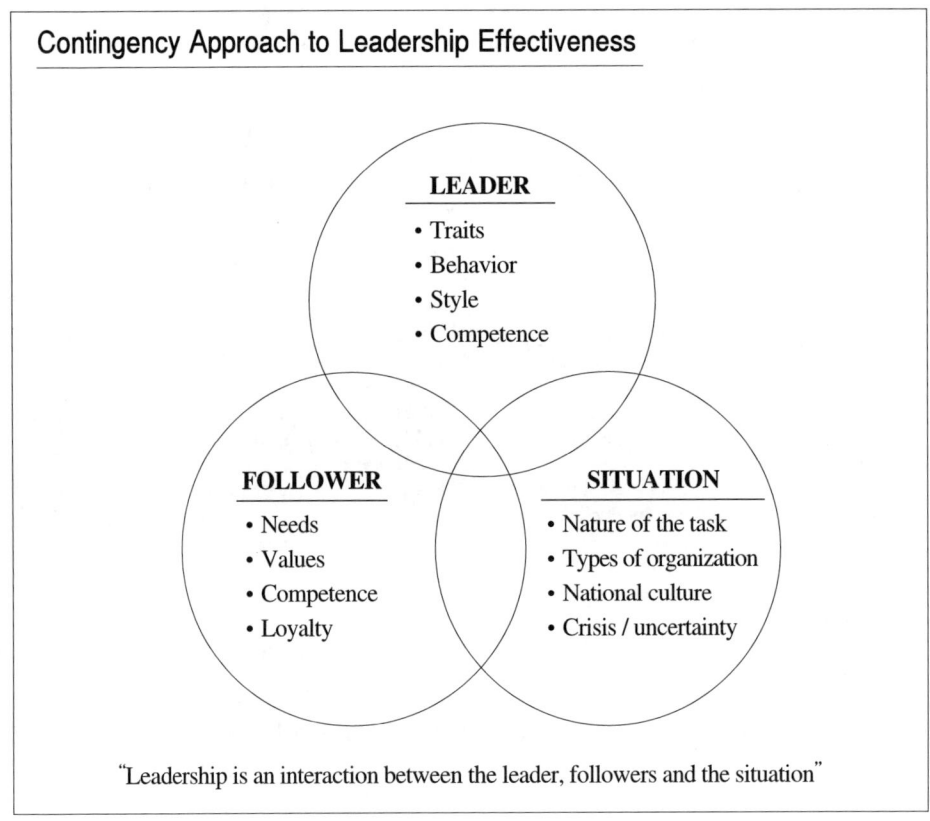

리더십의 효과는 리더 개인의 특성 뿐만 아니라 추종자의 성격 및 상황여건에 따라 달라질 수 있다. 예를 들어 조직이 위기상황에 있거나 조직구성원이 강력한 리더십을 원할 경우, 다소 독선적인 카리스마적 리더십이 효과적일 수 있다. 카리스마적 리더십은 명확한 비전, 뛰어난 설득력, 매력적인 이미지 등 리더 개인의 카리스마적 성격에만 기인하는 것이 아니라, 강력한 리더십을 갈망하는 추종자의 정서적 불안정과 이를 둘러싼 상황변수에 의해 형성된다. 일반적으로 상황이 어렵고 미래에 대한 불확실성이 높을 때 강력한 리더십에 대한 욕구가 커진다. 카리스마적 리더를 갈망하는 추종자들은 리더와 자신을 동일시함으로써 자부심을 느끼며, 현재의 어려움을 타개할 수 있는 리더에 대한 강한 정서적 애착을 갖게 된다.

리더십은 리더와 그를 따르는 추종자의 성격 및 상황변수가 서로 영향을 미치면서 형성되는 역동적인 관계의 산물이라고 볼 수 있다.

1-14 Level 5 리더십

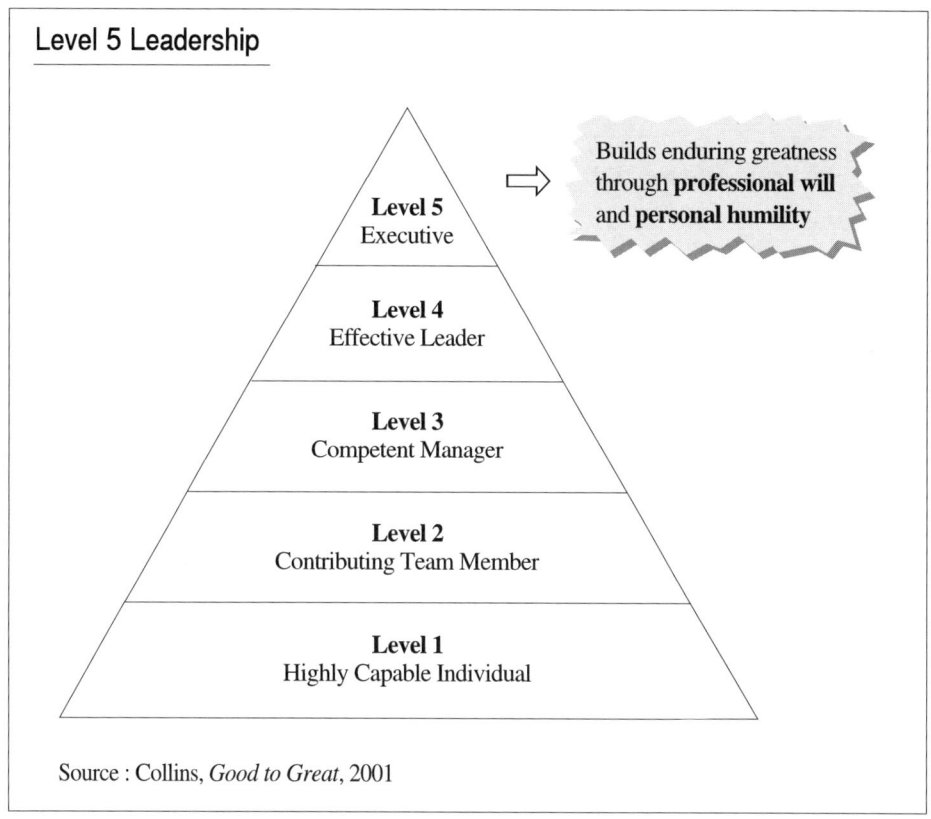

Source : Collins, *Good to Great*, 2001

"Good-to-Great"의 저자 Jim Collins는 리더십을 5단계로 구분하고 가장 높은 경지의 리더십을 Level 5로 규정하고 있다. Level 5 리더십은 Collins가 연구한 11개 초우량 기업들에서 공통적으로 발견되는 현상으로서, 다음과 같은 특징을 갖는다.

- Level 5 리더는 강력한 의지(Professional Will)와 인간적 겸허함(Personal Humility)을 동시에 갖추고 있으며, 위대한 조직을 만들기 위해 최선의 노력을 다한다.
- Level 4 리더와는 달리 level 5 리더는 카리스마적이라기보다는 조용하고 침착하며, 자신의 강력한 의지를 자기 자신을 위해서가 아니라 조직을 위해 헌신한다.
- Level 5 리더는 훌륭한 성과가 이루어지면 모든 공을 타인에게 돌리고, 상황이 어려울 때는 자신이 모든 책임을 진다.
- Level 5 리더는 자신의 후계자를 양성하고, 본인이 없더라도 조직이 계속적으로 성장하고 발전할 수 있는 조직 기반을 구축한다.

1-15 리더십에 관한 잘못된 생각

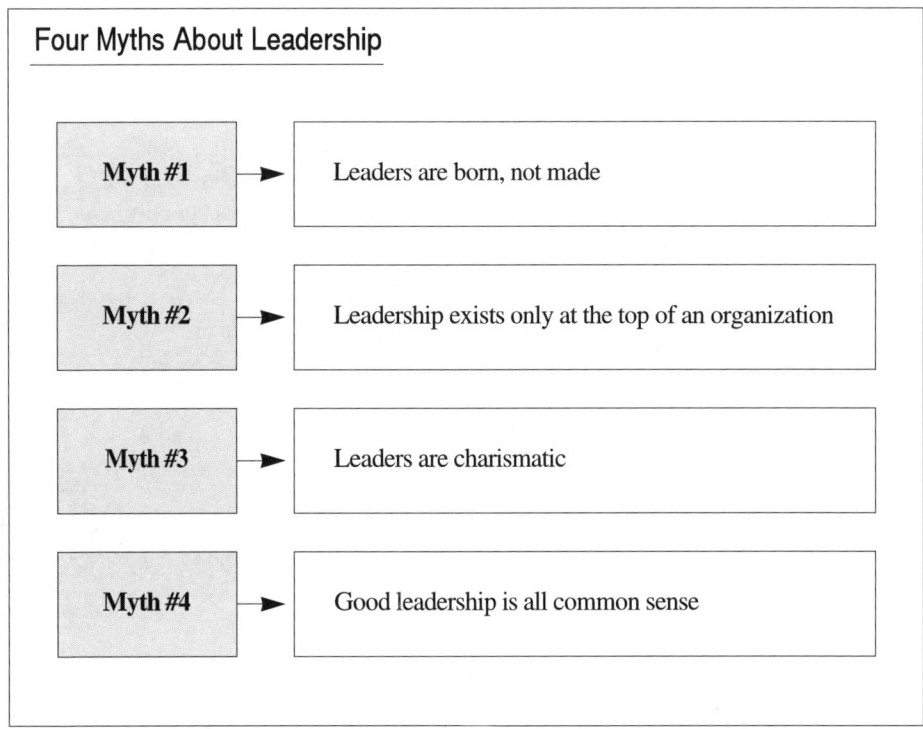

일반적으로 사람들은 리더십에 대해 다음과 같은 잘못된 생각을 갖는 경우가 있다.
- 첫째, 리더는 선천적으로 타고나는 것이라는 생각이다. 물론 리더가 선천적 자질에 의해 영향을 받는 것은 사실이지만, 개인의 성장과정, 교육·훈련, 직장경험, 그리고 개인의 부단한 노력을 통해 후천적으로 개발되는 측면이 더욱 크다.
- 둘째, 리더십은 조직의 최정상에만 존재한다는 생각이다. 이는 리더십을 지위, 계급, 특권으로만 인식하는 잘못된 견해로서, 리더십은 지위여하를 막론하고 조직 각 부문에서 발휘될 수 있는 의식과 행동패턴이다.
- 셋째, 리더는 카리스마가 있어야 한다는 생각이다. 이는 Collins의 리더십 연구에서 반증되었다고 볼 수 있으며, 오히려 카리스마가 조직에 부정적인 영향을 미칠 수 있다는 것에 주의할 필요가 있다.
- 리더십은 모두 상식에 불과하다는 생각이다. 물론 모든 지식은 상식과 통한다는 말이 있듯이, 리더십도 그 예외가 아닐 수 없다. 그러나 리더십이 상식에 기초를 두고 있다고 해서, 누구나 그것을 쉽게 터득할 수 있는 것은 아니며, 부단한 학습과 실천이 요구된다.

1-16 리더십개발의 영향요인

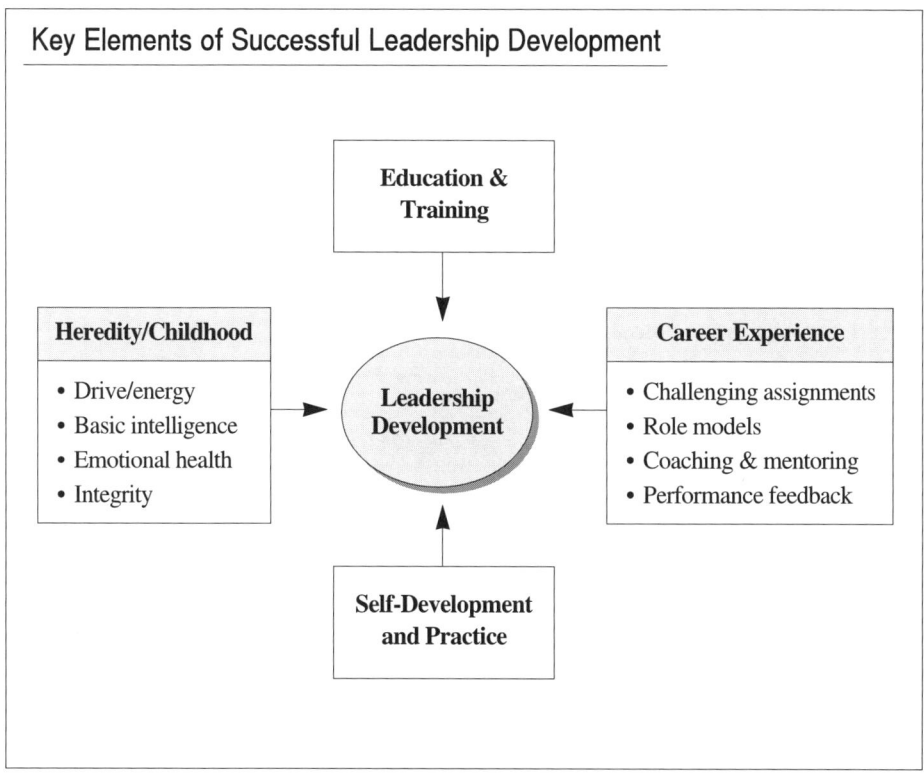

리더십은 선천적 요인의 영향을 받는 측면도 있지만, 교육·훈련, 직장경험, 그리고 개인의 부단한 노력을 통해 후천적으로 개발되는 측면이 강하다.
- 선천적 요인으로는 기본적인 지능, 정신적 건강, 에너지와 추진력, 도덕성/성실성 등이 기본이 되는데, 이들 요인들은 개인이 타고났거나 어린시절의 성장과정에서 형성된다.
- 후천적 요인으로는 교육·훈련과 직장에서의 다양한 경험들이 리더십 개발에 도움이 된다. 특히 리더십 개발에 도움이 되는 직장경험은 다음과 같다.
  1) 도전적인 프로젝트
  2) 존경하는 상사 또는 Role Model의 존재
  3) 상사나 동료들로부터의 코칭 및 지도
  4) 자신의 성과에 대한 객관적인 평가 및 피드백

1-17 리더십개발에 도움이 되는 경험

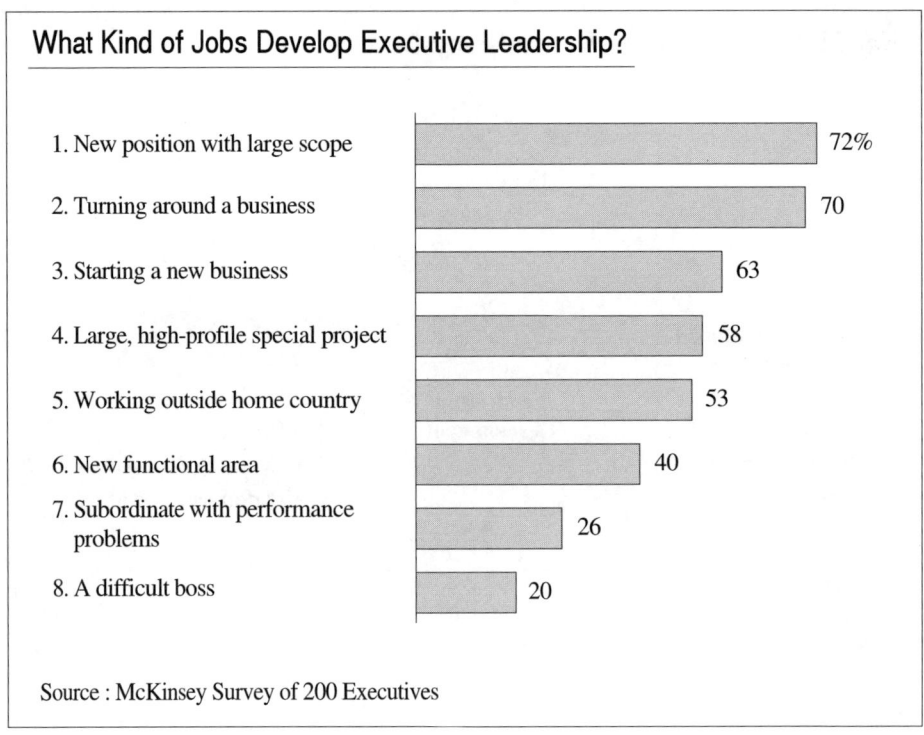

리더십 개발에 도움이 되는 직장경험은 무엇인가? 맥킨지의 설문조사에 의하면 다음의 8가지 경험이 리더십 개발에 도움이 되는 것으로 나타났다.
 1) 책임영역이 넓은 새로운 직책
 2) 기업회생/Turnaround 경험
 3) 신규사업개발
 4) 도전적인 특수 프로젝트
 5) 해외근무 경험
 6) 새로운 기능분야의 경험
 7) 실적이 부진한 부하의 관리
 8) 까다로운 상사와의 업무수행

1-18 리더십과 경영관리능력의 배양

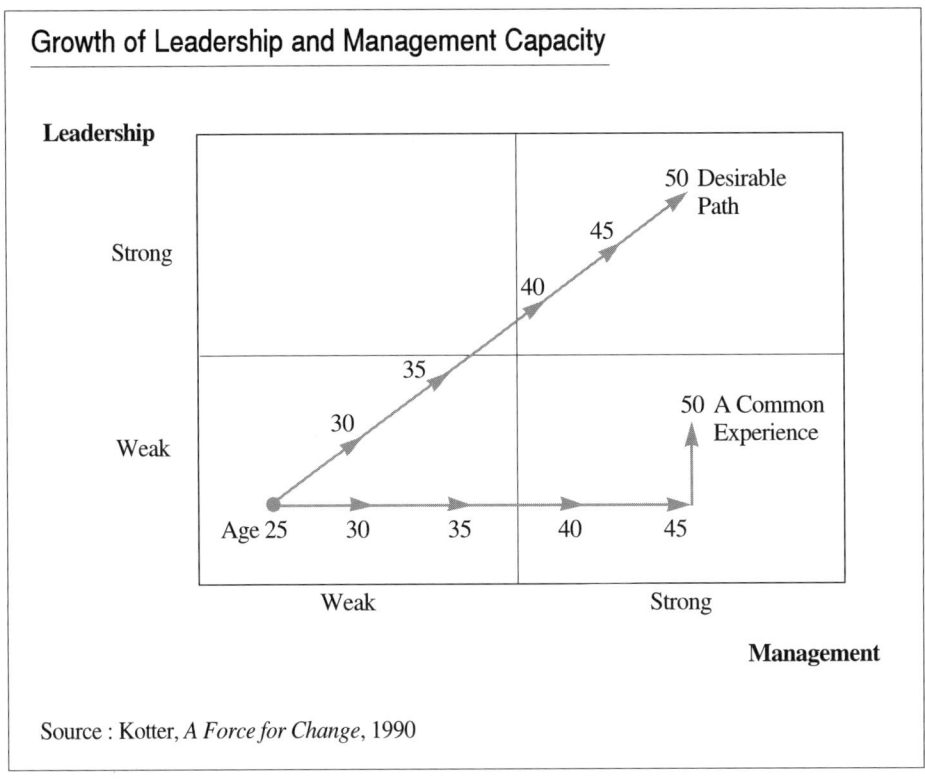

리더십과 경영관리는 서로 다르면서도 상호보완적인 측면이 있으므로, 양자를 균형있게 개발시킬 필요가 있다.
- 예를 들어 25세에 직장생활을 시작할 경우, 30~35세까지는 리더십과 경영관리능력이 아직 부족하기 때문에 보다 도전적이고 다양한 업무를 맡으면서 리더십과 경영능력을 배양해 나간다.
- 40~45세에는 보다 폭넓은 직책과 사업운영 경험의 축적을 통해 최고경영자로서의 역할을 수행할 준비가 되어야 한다. 그러나 대부분의 경영자들이 나이 45세에 이를 때까지 경영관리능력은 어느 정도 배양되었으나 리더십 능력이 취약하여 고전하는 경우를 자주 본다.
- 리더십 능력은 하루아침에 개발되는 것이 아니기 때문에, 평소에 구체적인 리더십 개발 계획을 갖고 꾸준히 배양해 나갈 필요가 있다.

1-19 GE의 360도 리더십 평가

GE's 360° Leadership Assessment

Characteristics	Significant Development Need 1 2 3 4 5 Outstanding Strengths
1. Vision	4
2. Customer/Quality Focus	4
3. Integrity	4
4. Accountability/Commitment	4
5. Communication/Influence	3
6. Shared Ownership/Boundaryless	4
7. Team Builder/Empowerment	3
8. Knowledge/Expertise	5
9. Initiative/Speed	5
10. Global Mindset	2

Source : Slater, *The GE Way Fieldbook*, 2000

GE는 조직구성원의 리더십 개발을 위해 360도 평가를 제도화하고 있다.

평가항목은 다음의 10개 항목으로 상사, 부하, 동료로부터 피드백을 받고 개인의 리더십 능력을 입체적이고 다면적으로 평가한다.

1) 비전과 전략 수립
2) 고객지향성 및 품질 마인드
3) 정직성/도덕성
4) 책임의식과 실행력
5) 효과적 커뮤니케이션 및 영향력
6) 정보공유 및 협조성
7) 팀워크와 임파워먼트
8) 전문지식과 학습능력
9) 혁신추구 및 신속성
10) 글로벌 마인드

1-20 리더십의 학습단계

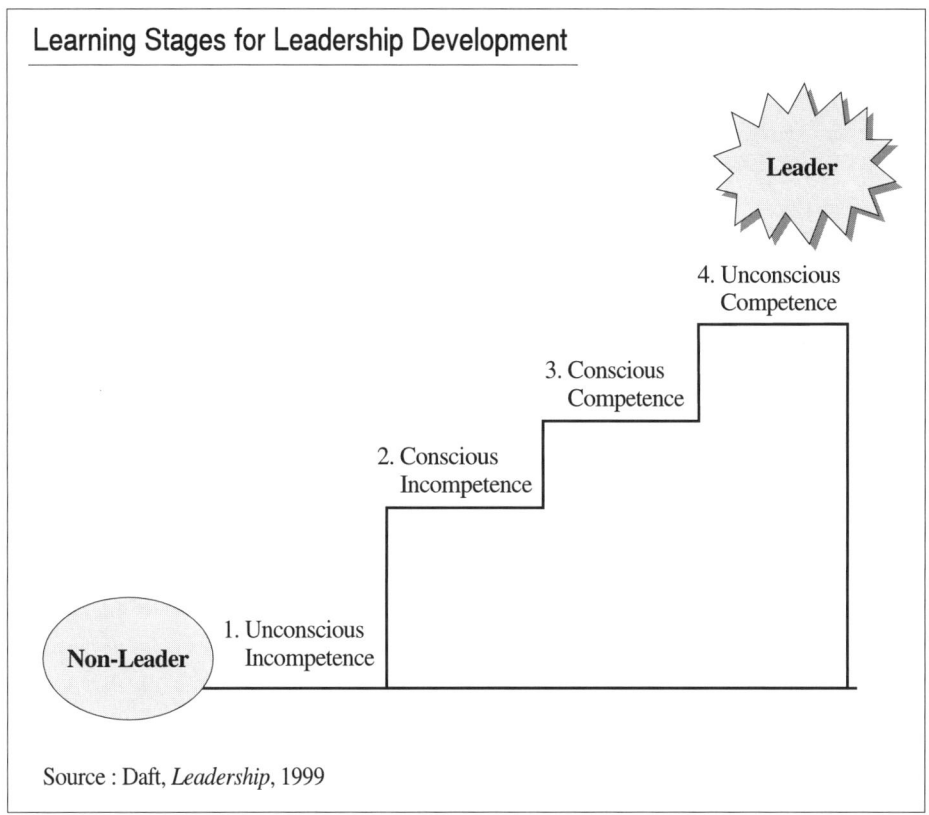

Source : Daft, *Leadership*, 1999

리더십개발은 통상적으로 다음의 4가지 학습단계를 통해 이루어진다.
- 제1단계는 무지무능(Unconscious Incompetence)의 단계이다. 리더십의 기본개념도 없고 자신의 능력수준을 제대로 인식하지 못하는 가장 초보적인 단계이다.
- 제2단계는 무능인식(Conscious Incompetence)의 단계이다. 기초교육을 통해 리더십의 기본개념을 이해하고 자신의 능력수준을 인식하여 개선해야 할 사항을 알게 되지만 리더십 경험 부족으로 리더십 능력이 아직 취약한 단계이다.
- 제3단계는 의식적 능력개발(Conscious Competence)의 단계이다. 현장경험과 꾸준한 학습을 통해 리더십 역량을 배양해 가는 단계이다.
- 제4단계는 무의식적 능력발휘(Unconscious Competence)의 단계이다. 지속적인 학습과 경험이 축적되면서 자신이 의식하기 못하는 상태에서도 리더십이 자연스럽게 발휘되는 단계이다.

1-21 리더십개발 = 자기개발

Leadership Development is Self-Development

- "Mastery of the art of leadership comes from mastery of the self. The most critical knowledge for leaders is self-knowledge"

- "Leaders are people who can express themselves fully. The key to full self-expression is having a deep understanding of one's self and the world"

- "Leaders learn by leading. As weather shapes mountains, so problems make leaders"

- "You never conquer the mountain. You conquer yourself - your doubts and your fears"

Source : Bennis(1989), Kouzes & Posner(2002)

리더십개발은 결국 부단한 자기개발의 과정이라고 볼 수 있다.
- Kouzes와 Posner는 리더십은 결국 자기 자신을 마스터하는 것이고 리더에게 있어서 가장 중요한 지식은 자기 자신을 아는 것이다.
- Warren Bennis는 리더는 자기 자신을 완전하게 표현할 수 있는 사람이라고 한다. 그러기 위해서는 자기 자신과 외부환경에 대해 깊은 통찰을 하고 있어야 한다.
- 리더는 경험을 통해 리더십을 학습하게 된다.
  마치 산의 모습이 날씨와 계절에 의해 자연스럽게 형성되듯이, 리더십도 어려운 문제를 극복하는 과정에서 연마되고 개발된다고 볼 수 있다.
- 리더는 산을 정복하기에 앞서, 자기 내면의 갈등과 두려움을 정복해야 한다.

1-22 리더십개발을 위한 자기학습

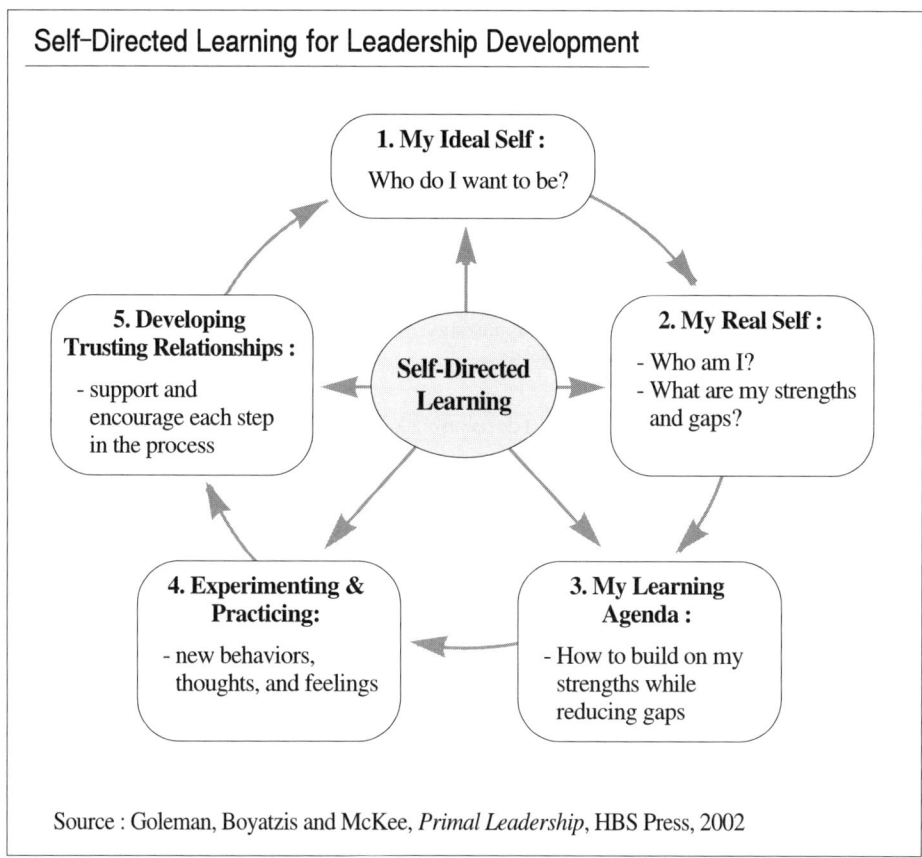

Goleman, Boyatzis 및 McKee는 리더십개발을 위한 다음과 같은 자기학습 과정을 제시하고 있다.
1. 바람직한 자신의 모습 : 나는 어떤 사람이 되기를 원하는가?
2. 나의 현재모습 : 나는 누구인가? 나의 강점과 약점은 무엇인가?
3. 나의 학습목표 : 나의 강점을 강화해 가면서 약점을 어떻게 보완할 것인가?
4. 실험과 실천 : 새로운 행동, 생각, 느낌을 경험해 보고 현장 실행을 통해 리더십 스킬을 체화해 간다.
5. 신뢰관계 구축 : 위의 과정을 수행하면서 도움을 줄 수 있는 사람들과 신뢰관계를 구축하고 상호학습을 도모한다.

1-23 리더십개발을 위한 자기성찰

Key Questions for Self-Reflection

1. What are my strengths and weaknesses?
2. How do I perform?
   - Am I a reader or listener?
   - Do I work well with people or alone?
   - Do I work best in a big organization or a small one?
   - Do I perform well under stress or need a structured and predictable environment?
   - Do I produce results as a decision-maker or as an advisor?
3. What are my values? What do I believe in and stand for?
4. Where do I belong? Where do I not belong?
5. What am I passionate about? Just what is it that I really care about?

Source : Drucker(2001), Kouzes & Posner(2002)

리더가 되기 위해서는 자기 자신을 정확히 아는 것이 무엇보다 중요하다. 다음은 자기성찰을 위한 몇 가지 핵심적인 질문들이다.
1. 나의 강점과 약점은 무엇인가?
2. 나는 어떻게 성과를 내는가?
   - 학습방법에 있어서, 독서형인가 아니면 청취형인가?
   - 사람들과 어울려 일하는 것을 좋아하는가, 혼자 일하는 것을 선호하는가?
   - 큰 조직에서 일하는 것을 좋아하는가, 작은 조직을 선호하는가?
   - 스트레스가 많은 상황에서 일을 잘 하는가, 안정적이고 구조화된 환경을 선호하는가?
   - 의사결정을 직접 하는 것을 좋아하는가, 아니면 자문하는 것을 선호하는가?
3. 내가 진정으로 믿고 중요시하는 가치는 무엇인가?
4. 나는 어디에 소속하는가? 그리고 어디에 소속하지 않는가?
5. 내가 열정을 갖고 가장 소중히 여기는 것은 무엇인가?

제2장

비전과 목표수립

전략적 리더십

2-1 비전이란 무엇인가?

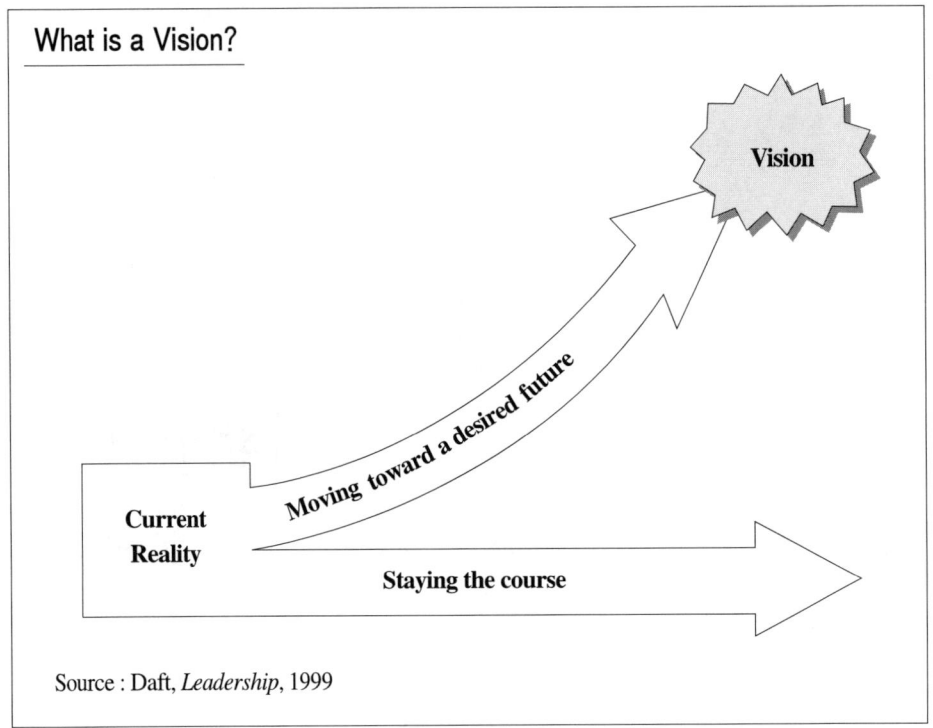

비전이란 기업이 추구하는 장기적인 목표와 바람직한 미래상을 말한다.
명확한 비전 설정은 :
1) 조직에 목표의식과 의미를 부여하고
2) 사업의 전략방향과 조직운영의 행동기준을 제공하며
3) 조직구성원의 동기부여와 조직활성화에 기여한다.

비전이 없는 기업은 조직의 목표가 불명확하고, 조직구성원들이 각각 개별적인 행동을 취함으로써 조직의 힘이 분산된다.

반면, 비전이 명확한 기업은 조직구성원들이 확고한 목표의식과 공유가치에 입각하여 일사분란하게 행동함으로써 조직의 역량이 집결되고 장기적으로 경영성과의 개선을 이룩할 수 있다.

2-2 비전수립과 리더십

The Role of Leadership in Vision Development

"The foundation of effective leadership is thinking through the organization's mission, defining it, and establishing it, clearly and visibly. The leader sets the goals, sets the priorities, and sets and maintains the standards"
- Peter Drucker -

"Good business leaders create a vision, articulate the vision, passionately own the vision, and relentlessly drive it to completion"
- Jack Welch -

"The task of a great leader is to get his people from where they are to where they have not been..... Those leaders who do not are ultimately judged failures, even though they may be popular at the moment"
- Henry Kissinger -

"I believe in always having goals, and always setting them high"
- Sam Walton -

Source : Drucker(2001), Slater(2000), Walton(1993)

- Peter Drucker에 의하면, 효과적인 리더십의 기본은 조직의 미션과 목표를 설정하고, 우선순위와 행동기준을 명확히 하는 것이다.
- Jack Welch는 "훌륭한 리더는 비전을 수립하고, 비전을 공유하며, 비전에 대한 강한 열정을 갖고 실행에 옮김으로써 비전을 완수한다."
- Henry Kissinger는 "위대한 리더의 역할은 사람들을 지금 있는 곳에서부터 새로운 목적지로 인도하는 것이다. 그러지 못하는 리더는 비록 현재에는 인기가 있다고 하여도, 궁극적으로 실패한 리더로 평가될 것이다."
- Walmart의 창업자인 Sam Walton은 목표수립의 중요성을 강조하였고, 목표를 항상 높게 설정하였다.

2-3 비전, 미션과 핵심가치

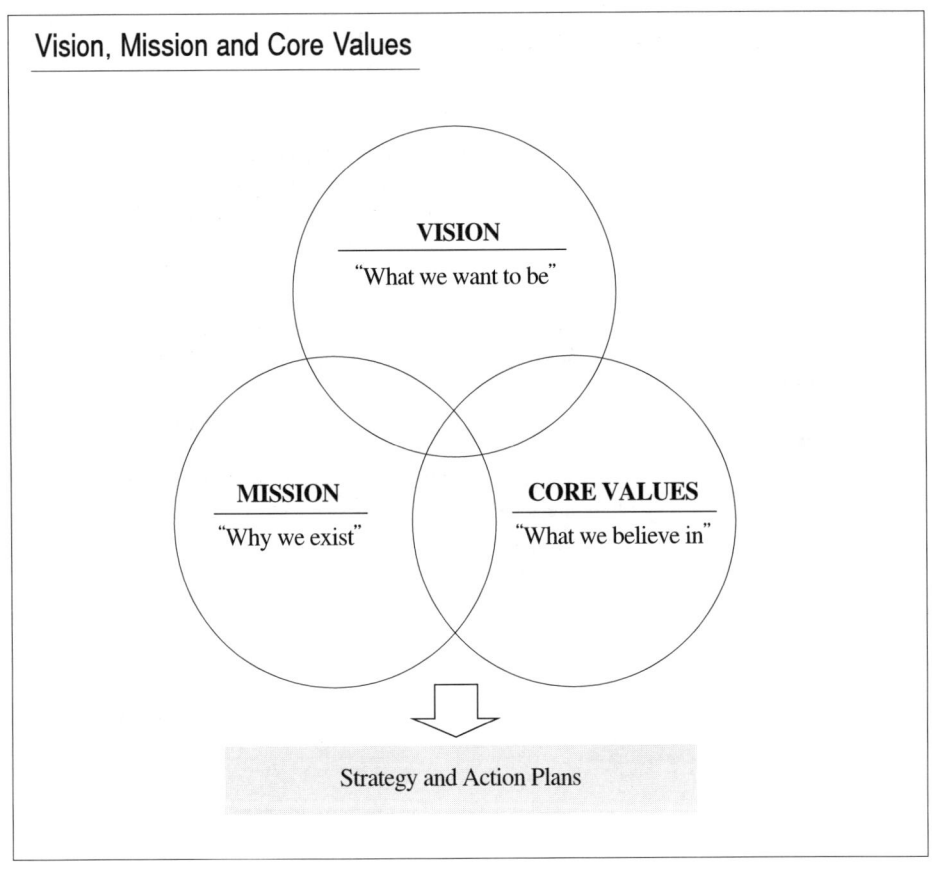

비전과 미션의 차이는 무엇인가? 그리고 핵심가치는 무엇인가?
- 미션(Mission)은 조직이 존재하는 근본적인 이유(why we exist)를 말한다. 기업이 존재하는 이유는 단순히 이익을 많이 내기 위해서라고 할 수 있으나, 왜 이익을 내야 하는가를 좀더 깊이 있게 생각해 보면, 조직의 근본적인 존재이유를 찾을 수 있다. 일반적으로 기업의 미션은 고객, 주주, 종업원 및 사회에 가치를 창조하고 긍정적인 기여를 하는 것으로 표현된다.
- 핵심가치(Core values)는 미션과 비전을 달성하기 위해 조직구성원들의 행동의 기준이 되는 주요 원칙을 말한다. 핵심가치는 리더의 경영철학이 반영되는 경우가 많고, 조직문화 형성의 기초를 이룬다. 핵심가치는 조직구성원들이 쉽게 이해할 수 있게 간단한 키워드 중심으로 표현하는 경우가 많다.

2-4 주요기업의 미션과 비전

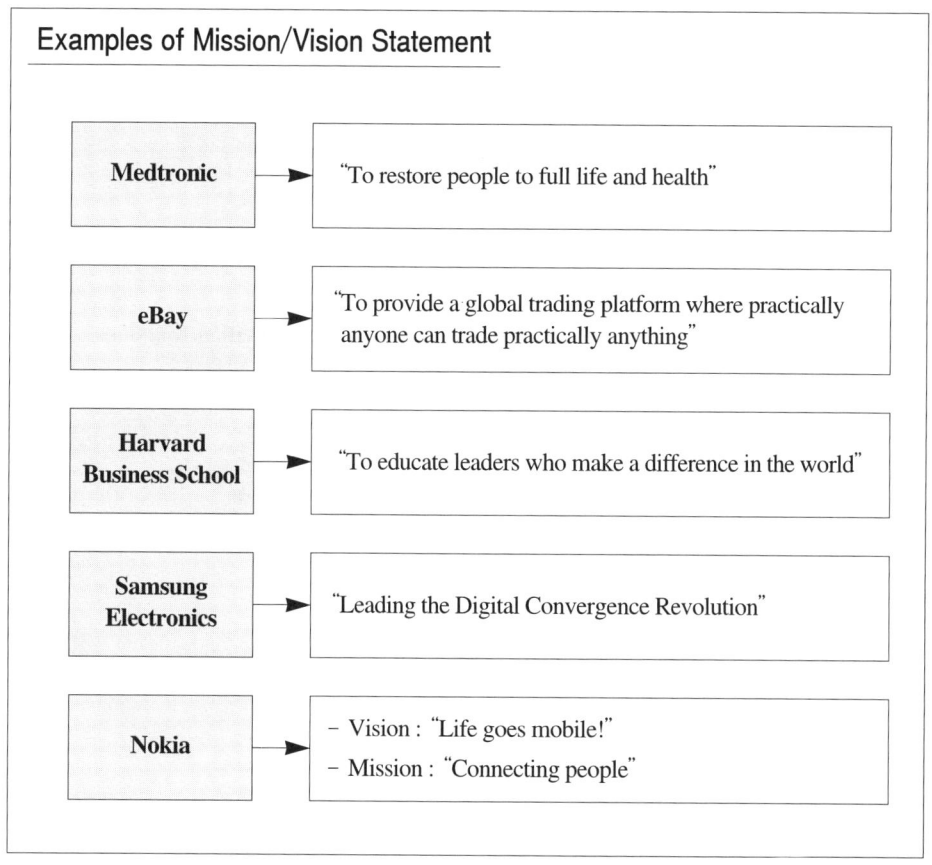

기업에 따라 미션을 상위개념으로 설정하는 경우도 있고, 비전을 상위개념으로 강조하는 경우가 있는데, 이는 기업의 특성 및 리더의 의지에 따라 달라질 수 있다.
- 의료기기 생산업체인 Medtronic은 인간의 생명과 건강을 회복시킨다는 숭고한 목표를 설정하고 조직구성원들의 사명감과 자긍심을 고취한다.
- eBay는 인터넷을 통해 무엇이든 사고 팔수 있는 글로벌 거래기반을 제공하는 것을 미션으로 설정하고 있다.
- Harvard 경영대학원은 영향력 있는 리더를 양성하는 것을 조직의 미션으로 삼고 있다.
- 삼성전자는 디지털 컨버전스 혁명을 선도한다는 비전을 최상위 개념으로 설정하고 있다.
- Nokia는 "생활을 모바일화"한다는 비전과 "사람들을 연결"한다는 미션을 동시에 강조하고 있다.

2-5 비전수립과정

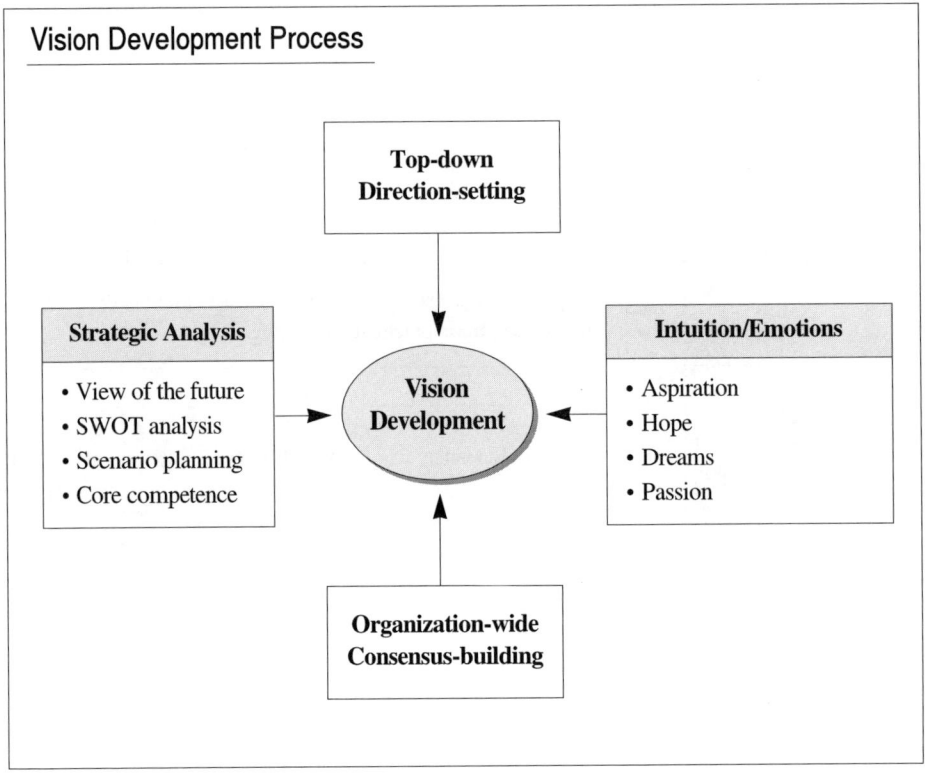

비전수립과정은 일반적으로 다음의 4가지 관점을 반영하여 이루어진다.
1. 최고경영자의 경영철학, 의지 및 방향제시
2. 전략적 분석 : 사업환경 분석, 미래전망, 시나리오 분석, 핵심역량 등
3. 조직구성원의 희망, 꿈, 열정 등 감성적 · 직관적 측면의 반영
4. 전시적 공감대 형성

비전은 내용이나 표현 자체보다도 그것이 얼마나 조직구성원들의 마음 속에 공유되고 내면화되는가가 더욱 중요하기 때문에, 전 조직원의 참여를 통한 공감대 형성을 이룩하는 것이 중요하다.

2-6 미래 사업환경 분석

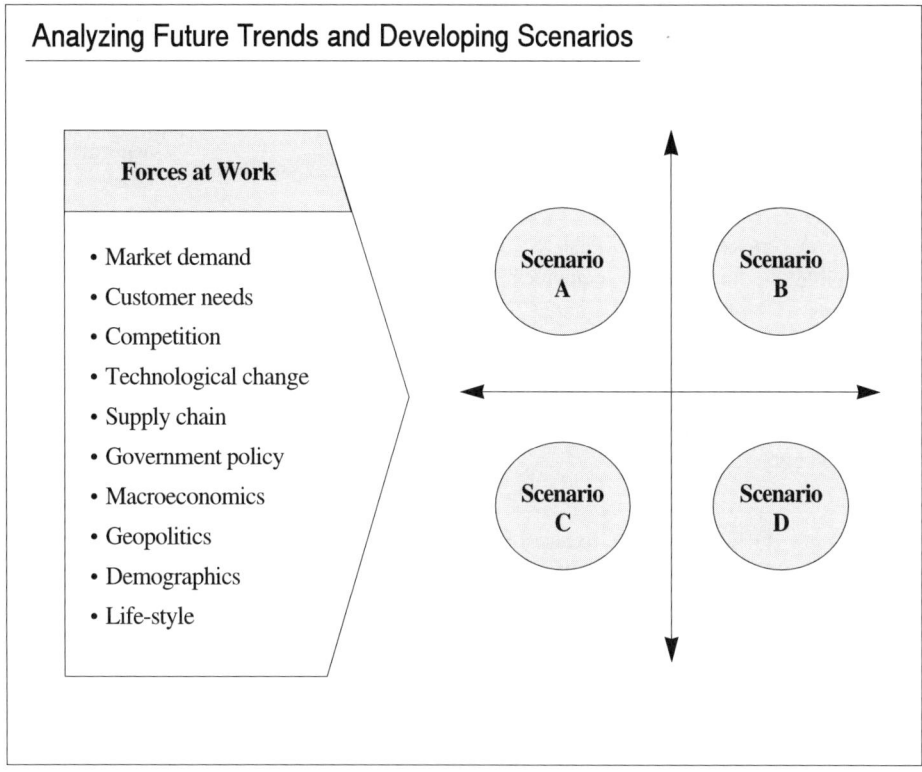

비전을 수립하기 위해서는 미래 사업환경에 대한 분석과 전망이 선행되어야 한다.
미래를 정확히 예측할 수는 없지만, 다음과 같은 주요 환경변수에 대한 검토가 있어야 한다.
- 사업환경요인 : 수요전망, 고객니즈의 변화, 경쟁의 패턴, 기술적 변화, 공급체인상의 변화
- 거시환경요인 : 정부정책의 변화, 거시경제동향, 국제정치의 영향, 인구동향, 라이프 스타일 및 사회문화적 변화
- 미래 추세를 반영한 몇 가지 시나리오를 작성한다. 시나리오는 미래의 불확실성을 감안하여 다양한 미래의 모습을 상정함으로써 새로운 기회를 파악하고 위협에 대처할 수 있는 준비를 할 수 있다. 일반적으로 시나리오 과정은 핵심이 되는 불확실성 요인을 파악하고, 그것이 어떻게 전개될 것인가를 깊이 있게 고민하는 과정에서 새로운 시각과 통찰을 얻을 수 있다.

2-7 핵심역량 분석

Identifying Core Competence and Capabilities

	R&D	Operations	Marketing	Distribution	Corporate Center
Tangible Assets	• R&D facilities and equipment	• Plant & equipment	• Customer database	• Distribution channel • Store location	• Real estate • Office buildings
Intangible Assets	• Proprietary technology	• Operational know-how	• Brand • Customer relationships	• Distribution know-how	• Corporate center skills • M&A
Human Resources	• R&D engineers	• Technical & managerial staff	• Marketing experts	• Sales force	• Finance, HR, strategy staff
Organizational Systems	• R&D evaluation system	• Cost and quality management systems	• Customer relationship management system	• Sales force management system	• Planning and control system

- 핵심역량이란 사업성공의 핵심으로 작용하는 내부역량으로서 경쟁사와 차별화되고 쉽게 모방할 수 없는 경쟁우위의 원천이다.
- 핵심역량을 파악하기 위해서는 그림 2-7에서와 같이 Business System 전반에 걸쳐 기업이 보유하고 있는 유형자산, 무형자산, 인적자본, 조직시스템을 체계적으로 분석한다.
- 핵심역량의 개념은 다소 추상적일 수 있으나 다음의 3가지 기준에 따라 명확히 한다.
  1) 경쟁사 대비 차별적 우위가 있고 쉽게 모방할 수 없을 것
  2) 고객을 위한 가치창조에 기여를 할 것
  3) 다른 사업으로의 적용이 가능할 것

2-8 비전수립을 위한 질문

Key Questions for Crafting a Vision Statement

1. What is our hopes, dreams, and aspirations?
2. What does an ideal organization look like?
3. If I could invent the future, what future would I invent for myself and my organization?
4. How would I like to change the world for myself and my organization?
5. How does the vision serve the common good?
6. What's in it for others to align themselves with this vision?
7. What pictures or images best represent our vision?

비전을 수립하기 위해서는 전략적 분석 외에 조직구성원의 희망과 꿈을 반영할 필요가 있다. 다음과 같은 질문을 통해 다양한 의견을 수렴하고 사고의 폭을 넓힐 수 있다.
1. 우리의 희망과 꿈은 무엇인가?
2. 이상적인 조직의 모습은 어떤 것인가?
3. 미래를 창조할 수 있다면, 어떤 미래를 만들어 낼 것인가?
4. 세상을 어떻게 변화시킬 수 있을까?
5. 비전이 공동이익을 위해 어떻게 기여하는가?
6. 사람들은 왜 이 비전을 받아들일 것이라고 생각하는가?
7. 비전을 어떤 그림 또는 이미지로 가장 잘 나타낼 수 있을까?

2-9 Charles Schwab의 비전과 전략목표

Charles Schwab's Vision and Strategic Priorities

Vision: "Provide the most useful and ethical financial services in the world"

Strategic Priorities:

1. **Provide spectacular customer service** : Exceeding expectations
2. **Developing and empowering people** : Moving decisions close to the customer
3. **Fostering innovation** : Increasing the pace of new products and processes to the point where competitors cannot keep up
4. **Providing "Schwab-style" help and advice** : A new standard for the industry
5. **Expanding our offerings** : Growing into related, complementary lines of business and into international markets
6. **Developing electronic financial services** : Taking technology beyond our walls
7. **Extending the reach and meaning of the "Charles Schwab" brand**
8. **Continuously improving our processes** : Achieving world-class standards in order to be the low-cost provider

Source : Pottruck, *Clicks and Mortar*, 2000

Charles Schwab의 비전은 세계에서 가장 가치있고 도덕적인 금융서비스를 제공한다는 것이며 이를 뒷받침하는 8개의 전략목표를 설정하였다.

1. 고객의 기대를 능가하는 최상의 서비스 제공
2. 권한이양과 임파워먼트를 통한 인재육성
3. 계속적인 신제품개발 및 프로세스 혁신으로 경쟁우위 구축
4. 업계의 새로운 표준이 되는 Schwab 고유의 서비스 제공
5. 관련 제품 및 해외시장 개발을 통한 지속적 성장
6. IT 기술을 활용한 전자금융서비스 제공
7. Charles Schwab의 브랜드 가치 제고
8. 지속적인 프로세스 개선으로 세계적 수준의 비용구조 달성

2-10 Starbucks의 미션과 핵심가치

Starbucks Mission Statement

Mission
Establish Starbucks as the premier purveyor of the finest coffee in the world while maintaining our uncompromising principles while we grow

Core Values
1. Provide a great work environment and treat each other with respect and dignity
2. Embrace diversity as an essential component in the way we do business
3. Apply the highest standards of excellence to the purchasing, roasting and fresh delivery of our coffee
4. Develop enthusiastically satisfied customers all of the time
5. Contribute positively to our communities and our environment
6. Recognize that profitability is essential to our future success

Source : Company website

Starbucks는 최고의 커피를 제공하는 세계적인 선도업체가 된다는 미션을 수립하고 다음의 6가지 원칙을 핵심가치로 설정하고 있다.
1. 종업원에게 좋은 근로환경을 제공하고 서로 신뢰하고 존경하는 분위기를 조성한다.
2. 업무수행에 있어서 인간의 다양성을 존중한다.
3. 커피의 구매, 제조, 판매과정에 있어서 최고의 기준을 적용한다.
4. 항상 고객을 만족시키고 열성적인 고객으로 만든다.
5. 지역사회와 주변환경에 긍정적인 기여를 한다.
6. 사업의 성공을 위해 수익성이 중요하다는 것을 인식한다.

2-11 Cisco의 미션과 핵심가치

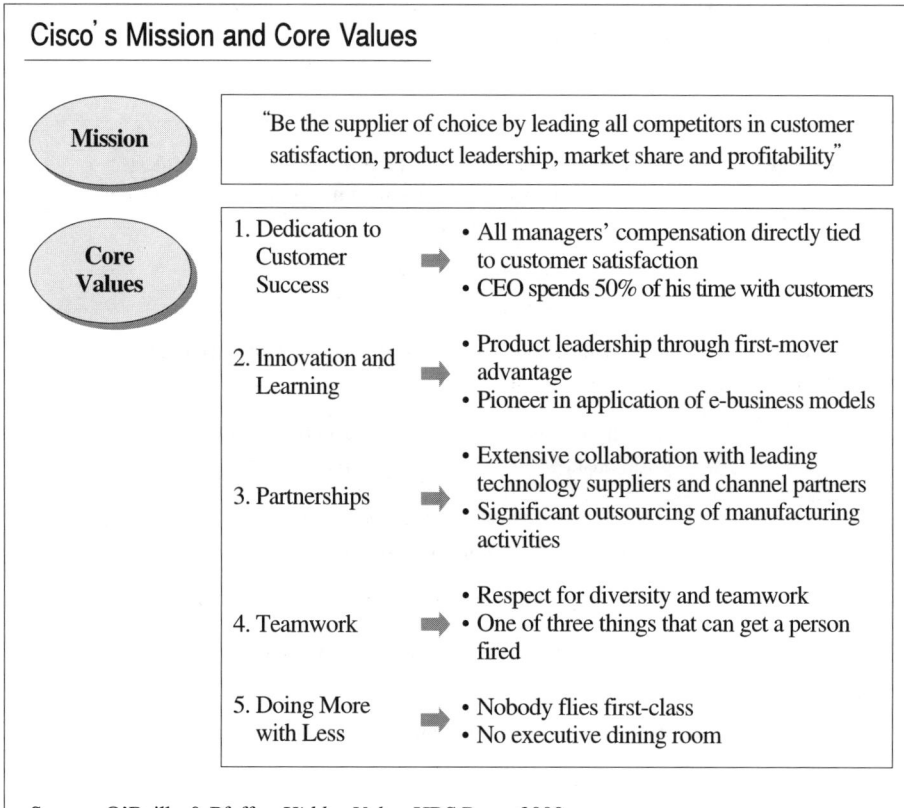

Cisco의 미션은 고객이 가장 선호하는 업계 최고의 회사가 된다는 것이며, 이를 뒷받침하는 5개의 핵심가치를 설정하였다.
1. 고객의 성공을 위한 헌신
2. 혁신과 학습
3. 파트너십
4. 팀워크
5. 생산성 향상

Cisco는 핵심가치들이 추상적인 개념이 되지 않도록 구체적인 제도 및 시스템을 통해 생활화하고 있다. 예를 들어 고객의 성공을 위한 헌신이라는 핵심가치를 실행하기 위해 모든 경영자의 보수를 고객만족도와 연계시키고, 최고경영자는 시간의 50% 이상을 고객과 보낸다.

2-12 효과적인 비전의 특징

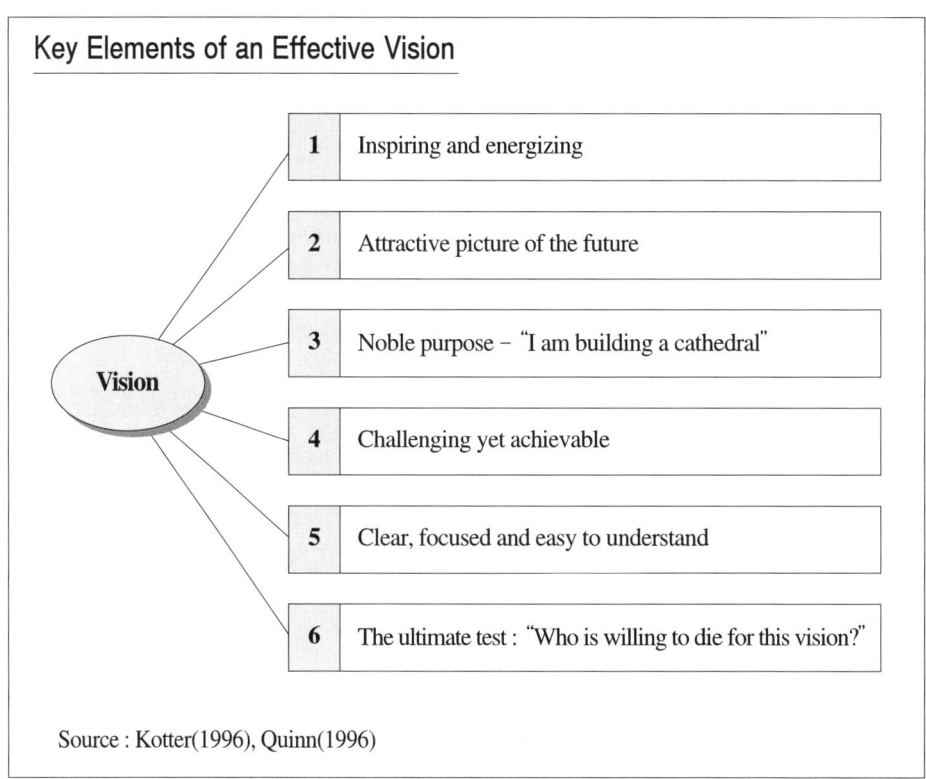

비전은 추상적인 구호가 아니라 조직구성원들의 의식과 행동에 영향을 미칠 수 있어야 한다. 효과적인 비전은 다음과 같은 특징을 갖는다.
1. 조직구성원의 마음을 사로잡고 의욕을 고취시킨다.
2. 미래에 대한 매력적인 그림을 제시하고 희망을 준다.
3. 의미 있고 숭고한 목표를 제시한다. 예를 들어 석공이 "돌을 깎는다"가 아니라 "대성당을 건설한다"라고 생각하게 한다.
4. 도전적이면서 실현가능성이 있어야 한다.
5. 간결하고 쉽게 이해할 수 있어야 한다.
6. 비전의 궁극적인 테스트는 과연 이 비전을 위해 목숨을 바칠 수 있는가이다.

2-13 미션중심 조직의 선순환 과정

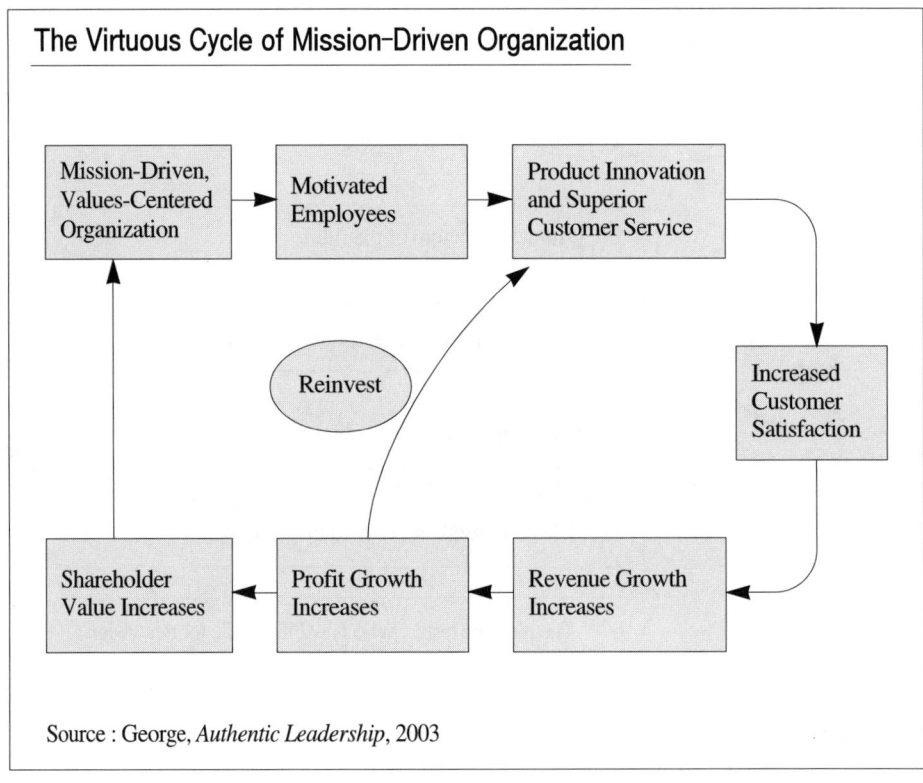

Medtronic의 CEO를 지냈던 Bill George는 미션이 명확한 기업이 주주가치 극대화를 추구하는 기업보다 경영성과가 우수하다고 주장한다.
- 미션이 명확한 기업은 조직구성원들에게 의미있는 목표와 보람 있는 일을 제공함으로써 그들의 헌신적인 노력을 이끌어낼 수 있다. 의욕이 높은 종업원들은 우수한 제품을 만들어 내고 우수한 서비스를 제공함으로써 고객만족을 높이고, 이는 매출증대 → 이익증대 → 주주가치 개선으로 연결되는 선순환 과정을 만든다.
- 이와 같은 선순환 과정이 계속적으로 돌아가기 위해서는 이익의 상당부분을 R&D, 마케팅 및 미래성장기회에 재투자하고 종업원에 대한 지원을 강화함으로써 경쟁력을 지속적으로 높여 나간다.
- 주주가치를 극대화하는 기업의 맹점은 지나치게 단기성과를 강조함으로써 종업원의 헌신적인 노력과 의욕을 고취할 수 없다는 것이다.

2-14 비전공유를 위한 커뮤니케이션

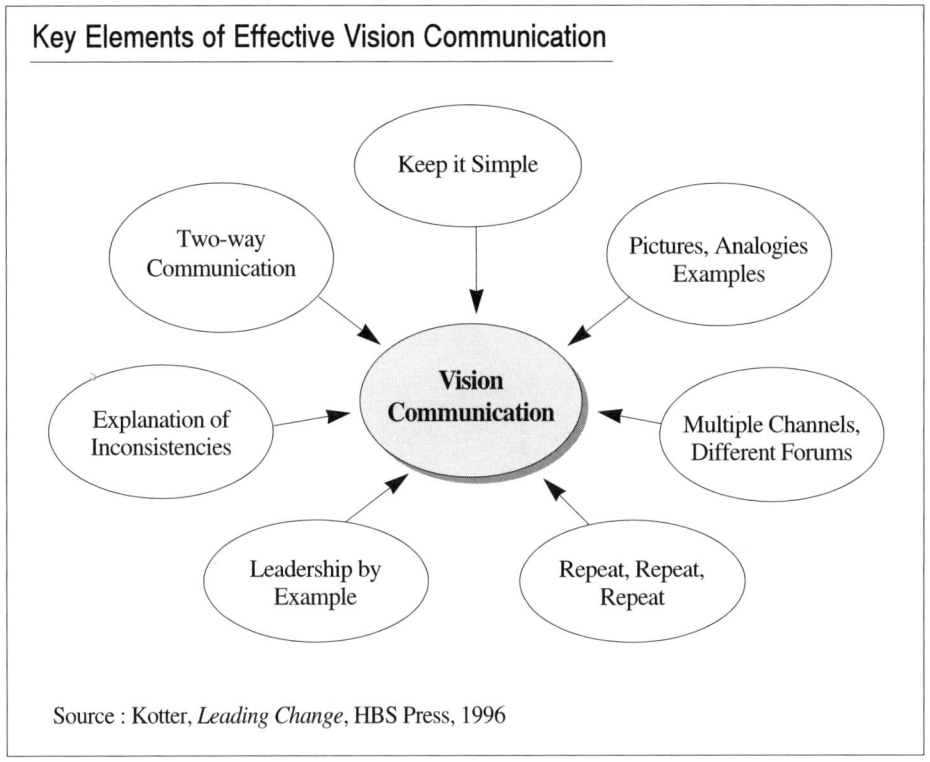

비전이 잘 수립되는 것도 중요하지만, 전사적으로 공감대가 형성되는 것이 더욱 중요하다. 효과적인 비전공유를 위한 커뮤니케이션 전략은 다음과 같다.
1. 비전은 누구나 쉽게 이해할 수 있도록 간결하게 표현한다.
2. 그림, 비유, 사례 등 다양한 방법으로 설명한다.
3. 다양한 채널과 포럼을 통해 전파한다.
4. 계속적으로 반복함으로써 일상생활에 체화될 수 있게 한다.
5. 리더가 솔선수범을 통해 행동으로 보인다.
6. 불일치하거나 모순되는 부분을 명확히 한다.
7. 일방적 커뮤니케이션을 지양하고 사람들의 의견을 듣고 반영한다.

2-15 솔선수범을 통한 비전공유

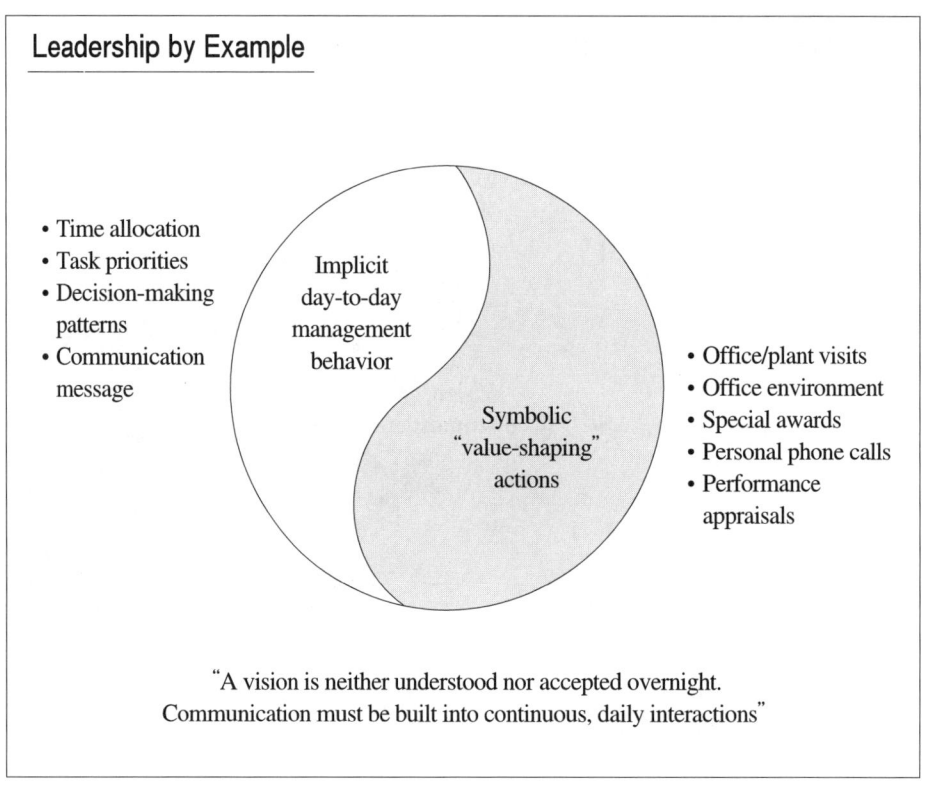

비전은 하루아침에 이해되고 공유되는 것이 아니기 때문에 지속적인 커뮤니케이션이 이루어져야 한다. 특히 리더의 솔선수범을 통한 행동은 가장 효과적인 커뮤니케이션 수단이다.
- 리더는 하루하루의 행동을 통해 비전을 전파한다고 볼 수 있다. 리더가 어디에 시간을 쓰고, 어떤 우선순위를 갖고 있으며, 의사결정을 어떻게 하느냐에 따라 비전과 핵심가치가 전파된다고 볼 수 있다.
- 리더는 의식적으로 상징적인 행동을 통해 비전과 핵심가치를 전파할 수 있다.
예를 들어 Walmart의 창업자인 Sam Walton은 점포방문을 하면서 종업원들과의 대화를 통해 고객서비스와 비용절감의 중요성을 강조하였다. 근검절약의 가치를 생활화하고 있는 그는 낡은 트럭을 자신이 직접 운전하고 다니며 일선 근로자들을 격려하고 고객을 위한 우수한 아이디어의 발굴에 항상 귀를 기울였다. 이와 같은 고객-현장 중시 가치와 근검절약 정신은 창업자가 별세한 후에도 Walmart의 핵심 가치로 남아있다.

2-16 변화 메시지의 차별화

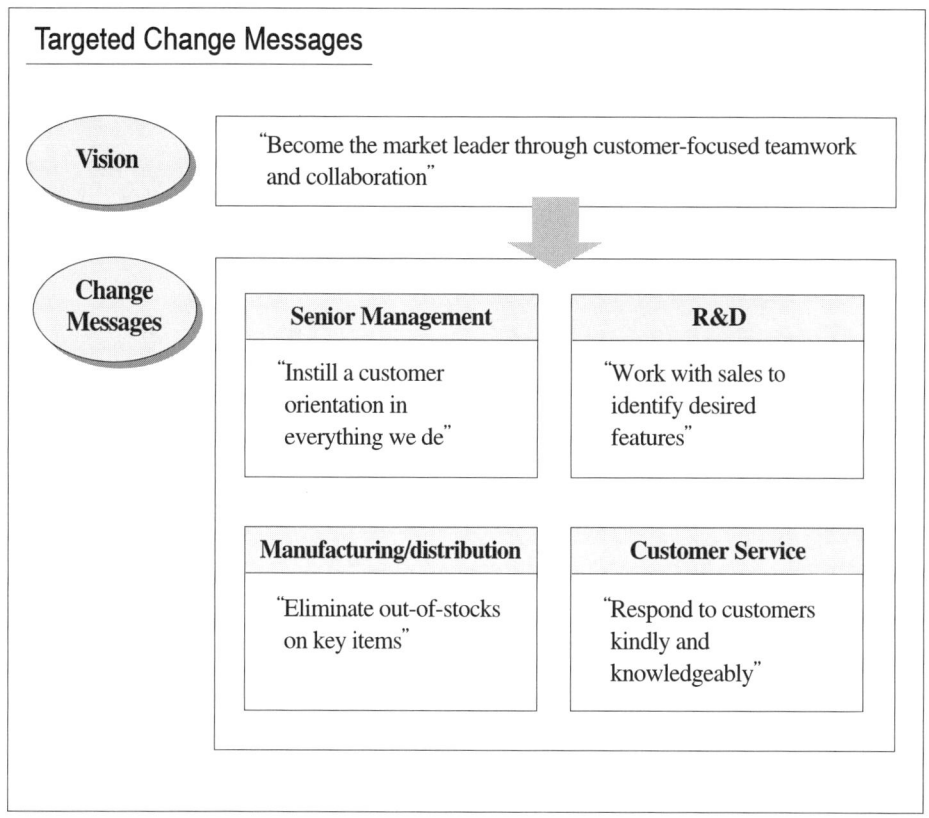

새로운 비전은 조직구성원의 변화를 촉구하게 되는데, 조직 각 부문의 특성에 맞게 변화 메시지를 구체화하여 전달하는 것이 효과적이다.

예를 들어 팀워크와 부서간의 협조를 통해 고객지향적인 회사가 된다는 비전을 다음과 같이 각 부문별 특성에 맞게 변화 메시지를 구체화할 수 있다.

- 최고경영자는 모든 활동에 있어서 고객중심적인 사고와 행동을 취한다.
- R&D 부서는 영업부서와 긴밀히 협력하여 고객의 니즈를 반영한 제품을 개발한다.
- 생산과 물류부서는 주요제품의 결손을 줄이고 재고비용을 최소화한다.
- 고객서비스 부서는 전문성을 갖고 고객을 항상 친절하게 응대한다.

이와 같이 변화 메시지를 각 부문의 특성에 맞게 차별화함으로써 새로운 비전에 대한 공감대 형성을 높일 수 있다.

2-17 미션/비전과 성과목표

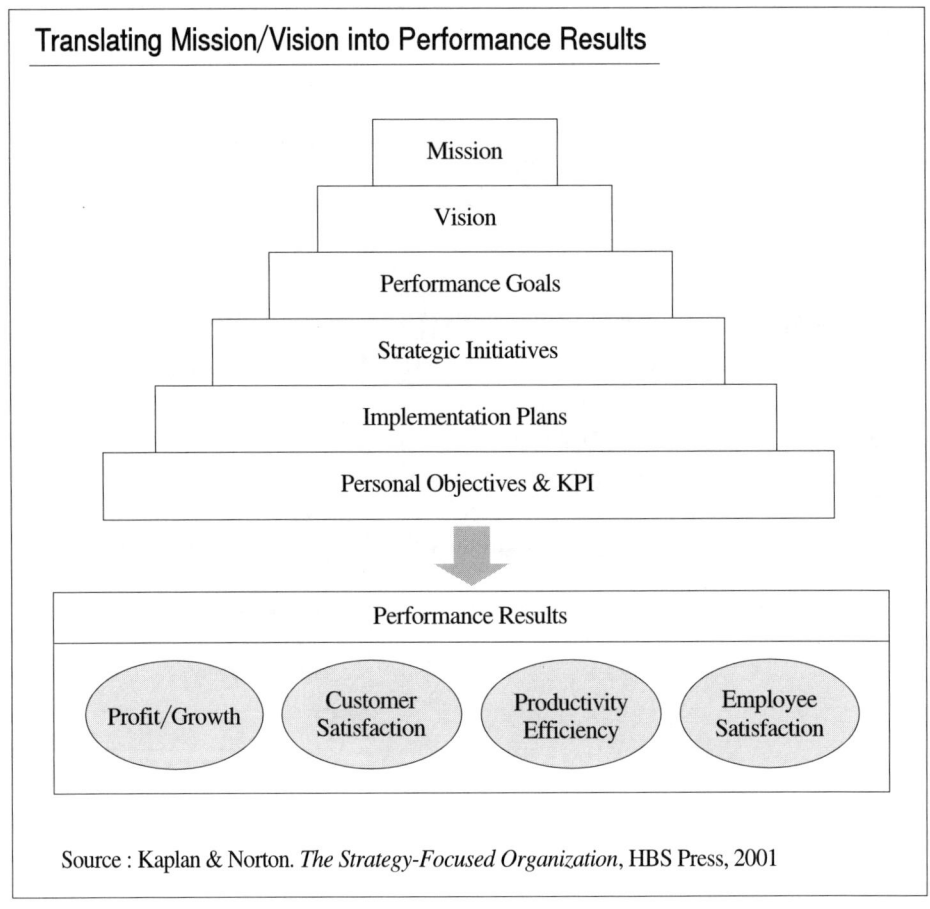

미션과 비전이 구체적인 경영성과로 연결되기 위해서는 그림 2-17과 같은 하부전개 과정이 필요하다.

- 첫째, 미션과 비전을 구체적인 성과목표로 전환한다. 성과목표는 매출, 손익, 고객만족도, 생산성, 효율성 등 측정 가능한 지표를 통한 객관적인 평가가 가능해야 한다.
- 성과목표를 달성하기 위한 전략과제를 도출한다. 전략과제는 사업성공의 핵심이 되는 주요과제로서 자원배분의 우선순위를 결정한다.
- 전략과제를 달성하기 위한 실행계획을 수립한다. 실행계획은 구체적인 활동, 책임, 기간 등을 명시한다. 실행계획에 따라 개인별 목표와 과제가 나오고, 성과달성 여부에 따라 평가·보상이 이루어진다.

2-18 기업의 8대 경영목표

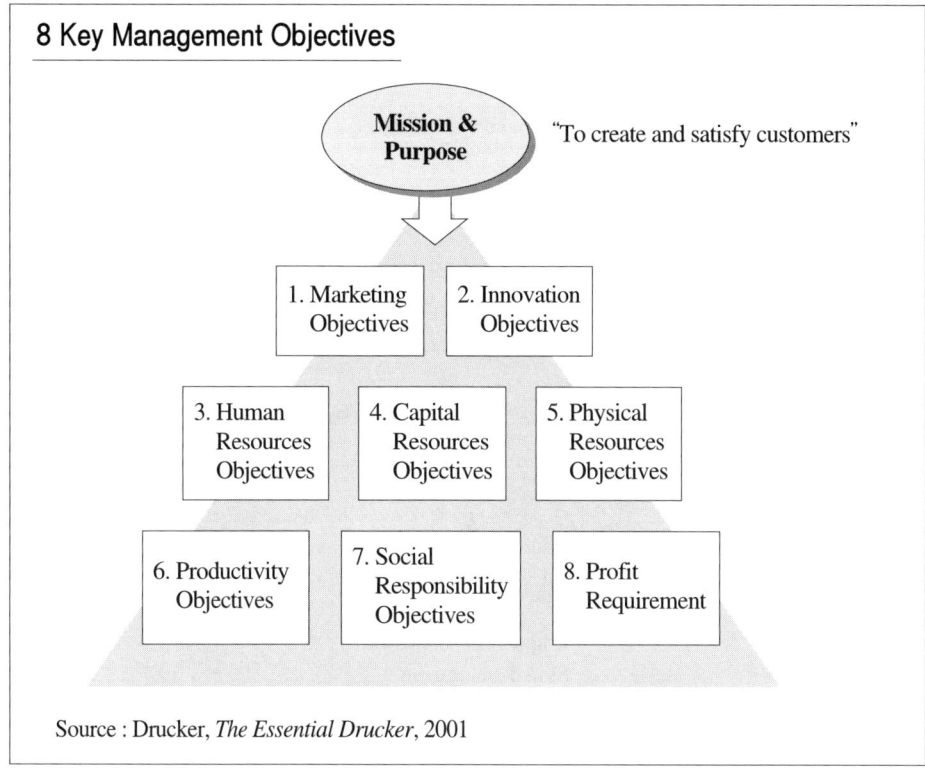

Source : Drucker, *The Essential Drucker*, 2001

Peter Drucker는 기업의 궁극적인 목적은 고객을 창조하고 만족시키는 것이라고 보고, 미션을 달성하기 위해 핵심이 되는 8대 경영목표를 제시하였다.
1. 마케팅 목표 : 제품/고객 믹스, 시장점유율, 가격, 서비스 등
2. 혁신 목표 : 제품혁신, 업무혁신, 사회적 혁신
3. 인적자원 목표 : 우수인력의 확보·개발
4. 금융자원 목표 : 자금의 확보·운용
5. 물적자원 목표 : 물적자원(설비·원료·기술)의 확보·활용
6. 생산성 목표 : 확보한 인적·물적·금융자원의 생산적 활용
7. 사회적 책임 목표 : 기업생존을 위해 필수적임
8. 필요이익 : 이익극대화가 목표는 아니지만, 위에서 언급한 목표들을 달성하기 위해 적정 수준의 이익이 필요함

2-19 Balanced Scorecard 성과지표

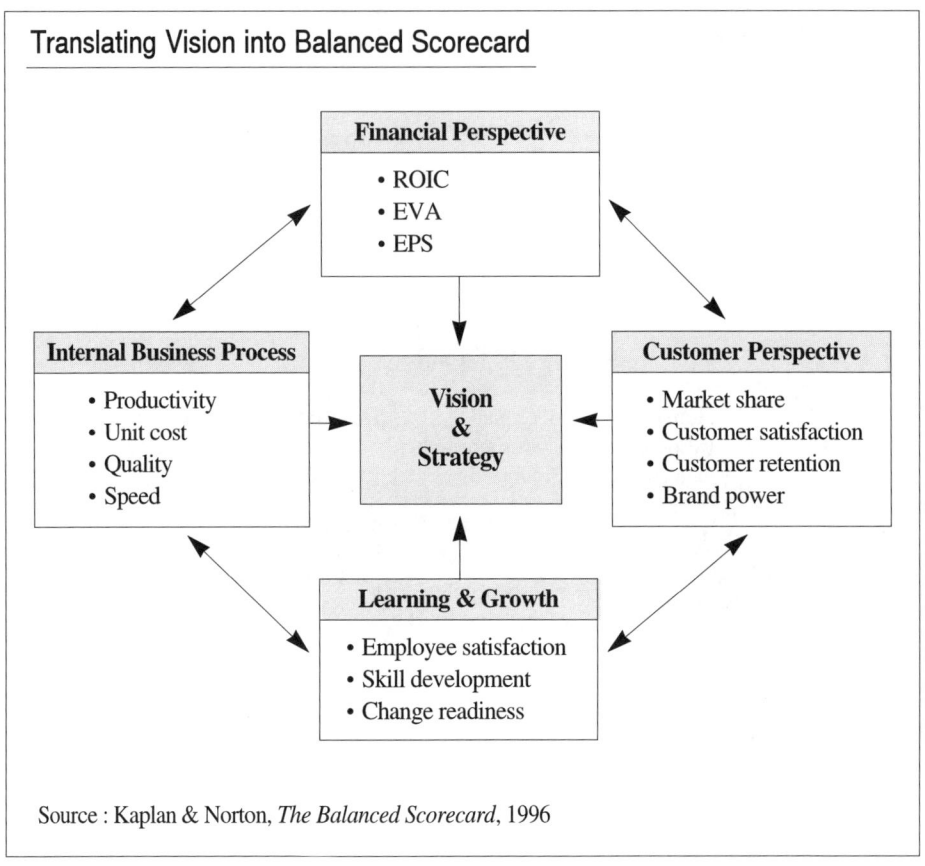

Kaplan과 Norton은 기업비전과 전략을 구체화하기 위한 성과지표로서 다음과 같은 4가지 관점의 Balanced Scorecard를 제시하고 있다.
- 주주의 관점 : 투하자본이익률(ROIC), 경제적 부가가치(EVA), 주당이익(EPS) 등
- 고객의 관점 : 제품/고객 Segment별 시장점유율, 고객만족도, 고객유지율, 브랜드 파워 등
- 내부운영의 관점 : 생산성, 단위당 비용, 품질, 시간 등
- 학습과 성장의 관점 : 종업원 만족도, 역량개발, 변화에 대한 의지 등

Balanced Scorecard는 단기실적·재무성과 위주의 경영을 보완하고 기업의 무형자산을 고려한 보다 종합적이고 장기적인 관점에서 조직의 성과관리를 가능하게 한다.

2-20 Mobil의 Balanced Scorecard

Mobil's Balanced Scorecard

	Strategic Objectives	Performance Measures
Financial Perspective	Profitability	· ROIC, Net margin
	Revenue growth	· Volume growth rate · Percentage of volume in premium grades · Non-gasoline revenue and margin
Customer Perspective	"Delight the consumer"	· Share of target segments · Mystery shopper rating
	Win-win dealer relations	· Dealer profit growth · Dealer satisfaction
Internal Process Perspective	Safe & reliable refinery performance	· Yield gap, unplanned downtime
	Cost leadership	· Activity cost vs. competition · Inventory turnover
	Quality	· On spec, on time
	Product development	· New product ROI, Acceptance rate
	Environment, health & safety	· Environmental and safety incidents
Learning & Growth Perspective	Climate for action	· Employee survey, Personal BSC
	Core competencies	· Strategic skill coverage ratio
	Access to information	· Strategic information availability

Source : Kaplan & Norton, *The Strategy-Focused Organization*, HBS Press, 2001

Mobil은 그림 2 20과 같은 Balanced Scorecard를 통해 경영성과의 획기적인 개선을 이룩하였다.
- 재무적 관점에서는 수익성과 매출성장을 전략목표로 설정하고 투하자본이익률, 매출성장률, 고급제품 판매비중 등을 성과지표로 관리하고 있다.
- 고객 관점에서는 최종소비자의 만족과 딜러와의 Win-Win 관계 구축을 전략목표로 잡고 이를 뒷받침하는 성과지표들을 관리하고 있다.
- 내부 프로세스 관점에서는 정유공장의 효율적 운영, 비용우위, 품질, 신제품개발, 환경과 안전을 중점관리하고 있다.
- 학습과 성장 관점에서는 실행을 위한 조직분위기, 핵심역량개발, 전략적 정보에 대한 접근을 주요 전략목표로 관리하고 있다.

2-21 Mobil의 Strategy Map

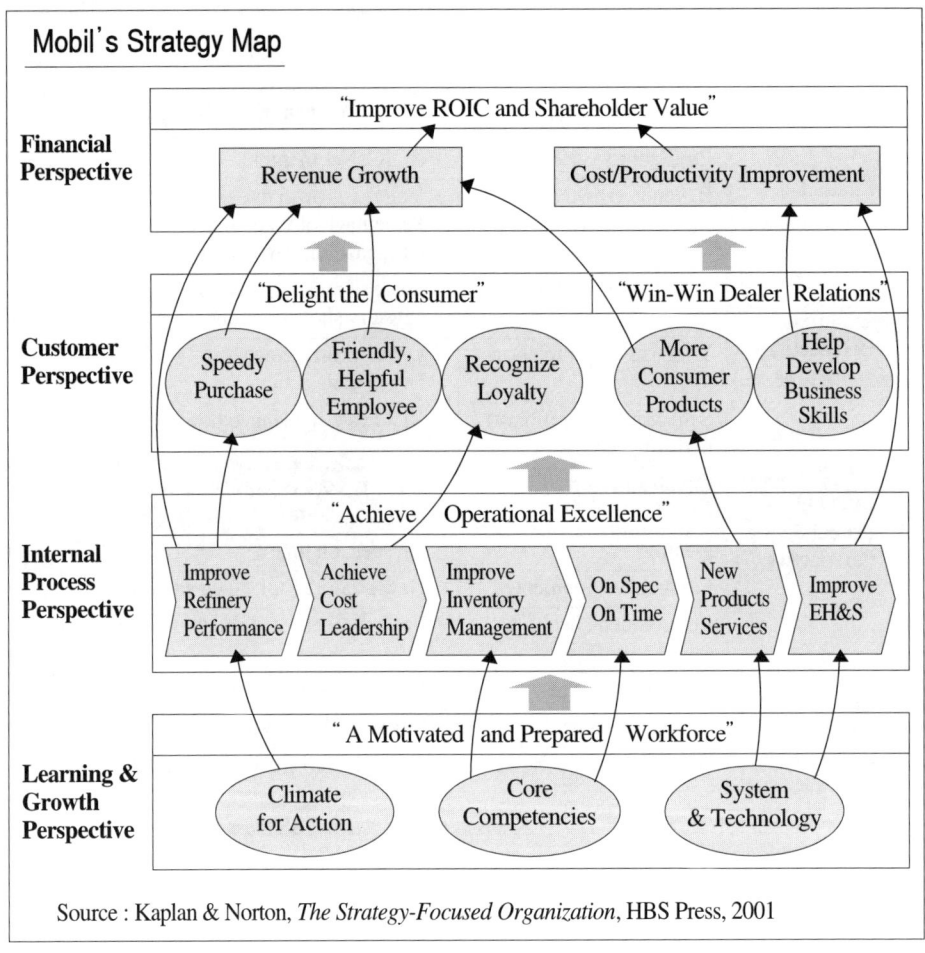

Mobil은 성과지표간의 유기적인 관계를 명확히 하고 전략에 대한 조직구성원의 이해를 높이기 위해 그림 2-21과 같은 전략도표(Strategy Map)를 활용하고 있다.
- 재무적 관점에서 투하자본이익률과 주주가치를 개선하기 위해서는 매출성장과 비용절감/생산성 향상을 실시한다.
- 재무성과의 개선은 최종소비자에 대한 서비스 향상, 대리점과의 Win-Win 관계 구축, 내부운영의 효율성 향상을 통해 이루어진다.
- 고객서비스 및 내부운영의 효율성은 조직구성원의 의욕과 능력, 그리고 이를 뒷받침하는 조직시스템과 기업문화에 의해 결정된다.

2-22 금융기관의 Strategy Map

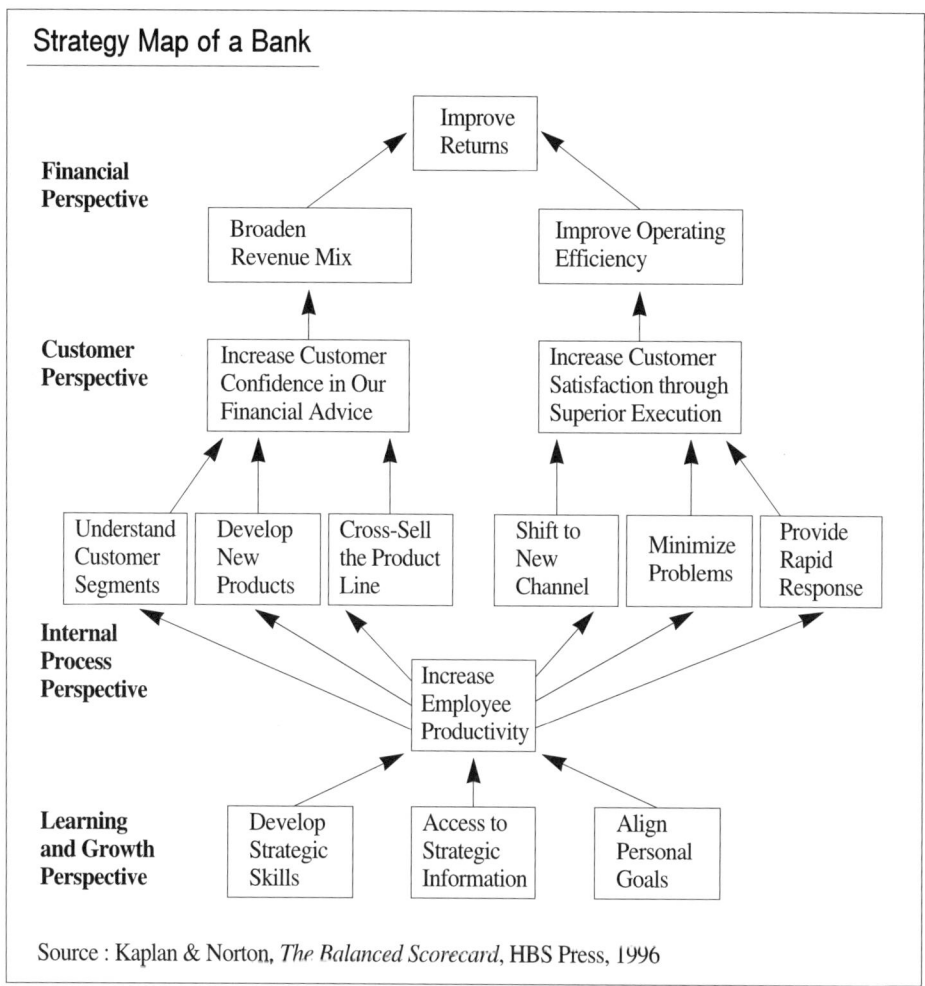

그림 2-22는 한 은행의 Strategy Map을 예시적으로 보이고 있다.
- 은행의 수익성을 개선하기 위해서는 매출구성을 다원화하고 내부업무효율을 개선해야 한다. 매출구성의 다원화는 금융자문에 대한 고객의 신뢰강화를 통해 이루어질 수 있다.
- 업무효율성의 개선은 실행력 제고를 통한 고객만족이 핵심인데, 이를 위해서는 판매채널의 개선, 고객불편의 최소화, 신속한 서비스 대응이 필수적이다.
- 고객대응능력과 업무실행력은 종업원의 생산성에 의해 좌우되고, 생산성은 종업원의 핵심역량 개발, 정보의 전략적 활용 및 개인과 조직목표의 일치 등에 의해 결정된다.

2-23 목표의 단계별 설정

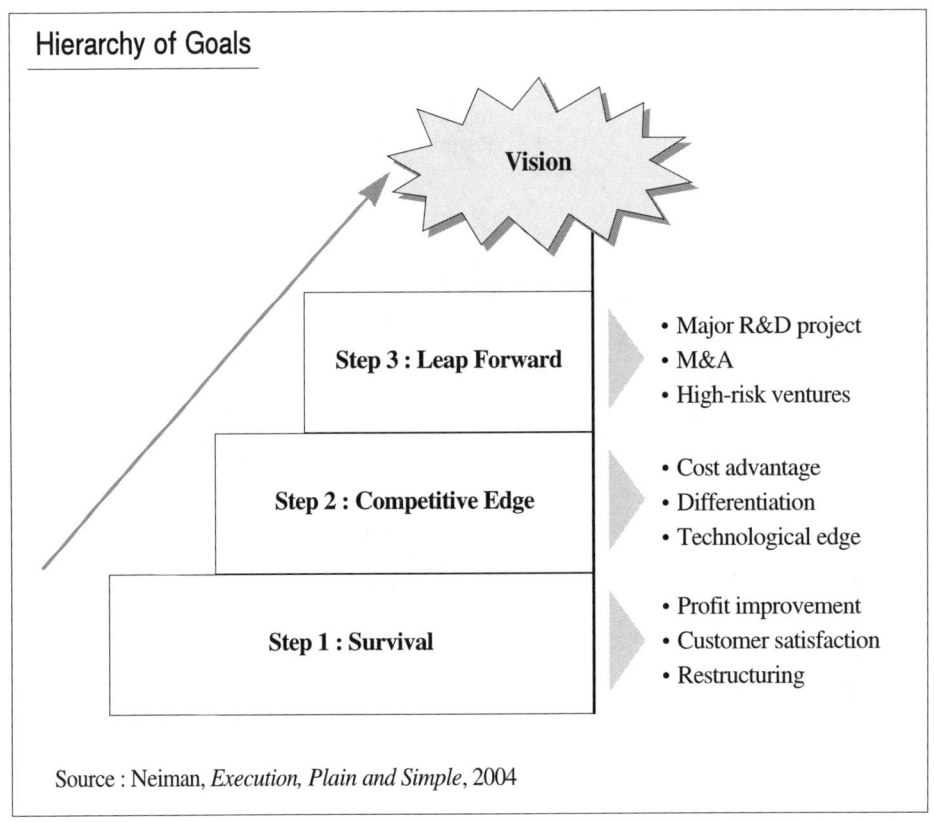

현재 경쟁력이 취약하거나 적자에 허덕이는 기업이 일약 초우량기업으로 도약할 수는 없다. 기업은 장기적인 안목에서 비전을 수립하고 이를 달성할 수 있는 목표를 다음과 같이 단계별로 설정할 수 있다.
- 1단계는 생존을 목표로 구조조정 · 비용절감 · 수익성 개선을 통해 기초 체력을 키운다.
- 2단계는 경쟁우위 달성을 목표로 경쟁사와의 차별화를 추구한다. 예를 들어 운영효율성을 통한 비용우위를 구축하거나 기술 · 생산 · 영업 · 서비스 등 Business System 전반에 걸쳐 차별화 포인트를 발굴하여 집요하게 개선해 나간다.
- 3단계는 업계판도를 바꾸고 선도업체로 도약할 수 있는 과감한 투자를 한다. 예를 들어 대규모 R&D 투자를 통한 신제품개발, 신규사업 진출, M&A를 통한 산업 재편 등을 추진할 수 있다.

2-24 비전과 실행력의 중요성

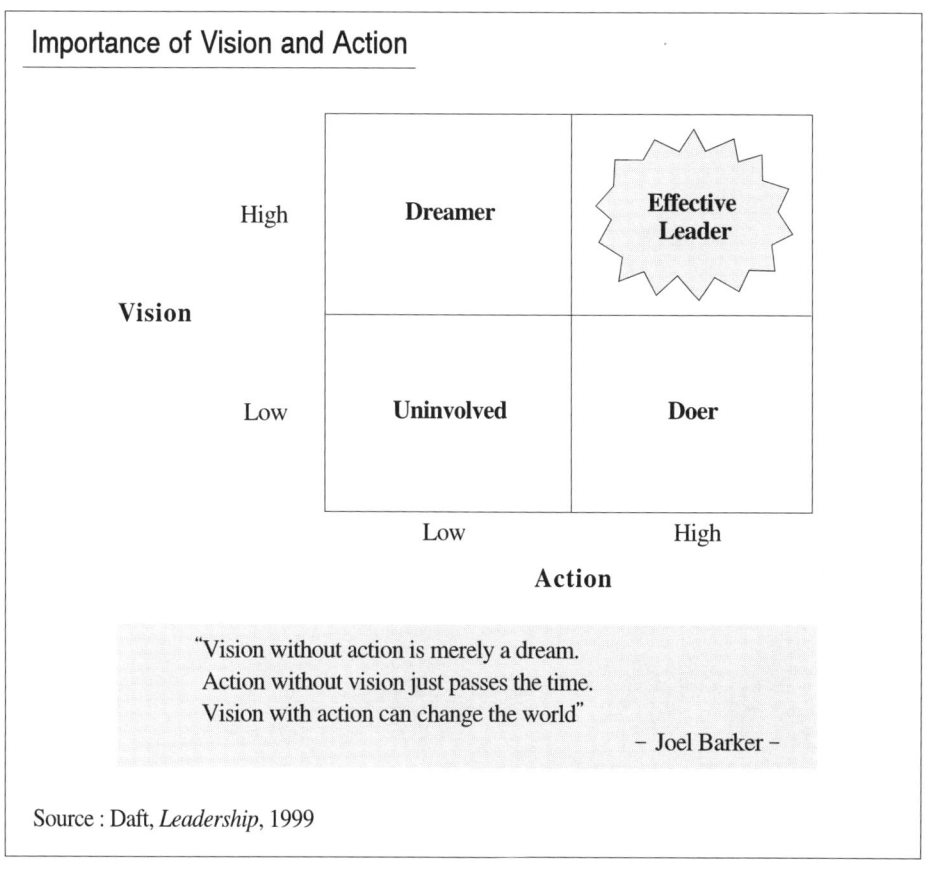

- 비전은 있으나 실행력이 약한 사람은 몽상가(Dreamer)라고 할 수 있다.
  실행력은 있으나 비전이 없는 사람은 맹목적 실행자(Doer)라고 할 수 있다.
  비전도 없고 실행력도 없는 사람은 방관자(Uninvolved)에 불과하다.
  진정한 리더는 명확한 비전과 강력한 실행력을 동시에 갖추고 있다.

- 실행이 없는 비전은 꿈에 불과하며
  비전이 없는 실행은 시간만 보내게 한다.
  비전이 있는 행동은 세상을 바꿀 수 있다.

  －Joel Barker－

전략적 리더십

제3장

전략적 사고와 문제해결

3-1 전략적 사고의 특징

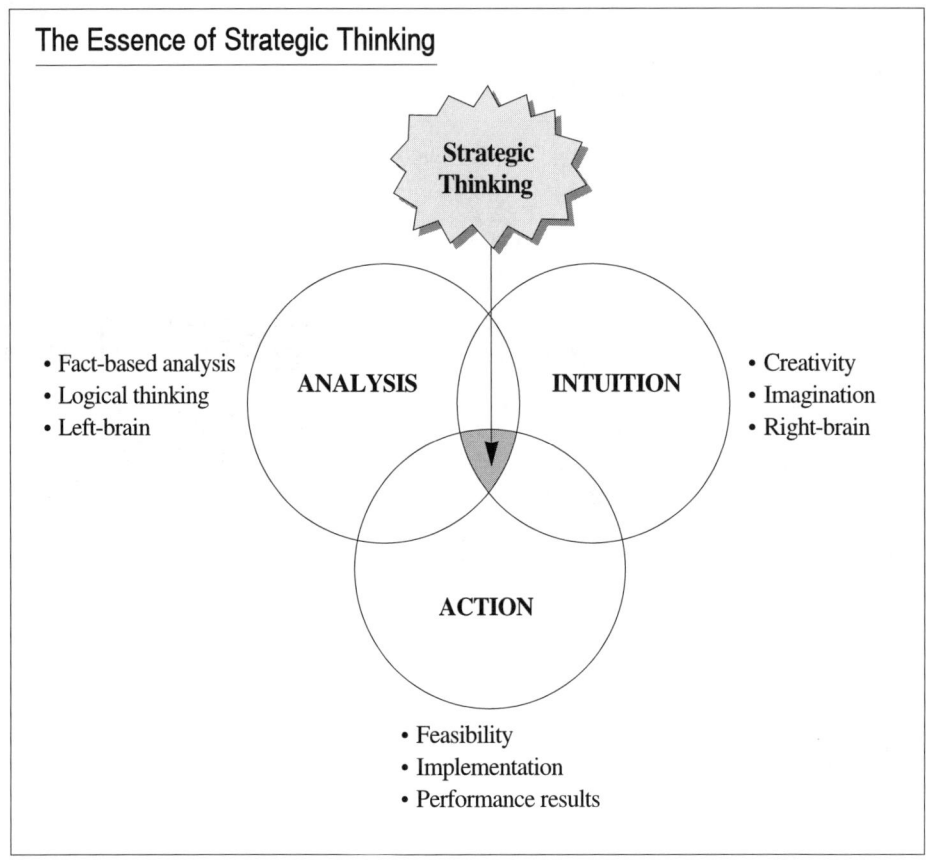

전략적 사고는 '분석+직관+실천'의 합성체로서 다음과 같은 특징을 갖는다.
- 전략적 사고는 문제의 핵심을 정확히 파악하고, 사실에 입각한 객관적인 분석과 논리적인 사고를 전제로 한다.
- 전략적 사고는 기존의 고정관념을 깨고 새로운 발상의 전환을 추구하는 혁신적인 자세로서, 논리적이고 분석적인 '좌뇌' 뿐만 아니라 창의적이고 직관적인 '우뇌'를 적극 활용한다.
- 전략적 사고는 추상적인 이론이 아니라 매우 현실적이고 실용적인 문제해결과정이다. 그러므로 조직의 전략방향을 수립하고 다양한 문제를 해결하는 데 매우 유용한 사고의 틀을 제공한다.

3-2 전략적 문제해결 과정

```
Strategic Problem-Solving Process
```

1. Define the Problem	2. Fact-based Analysis	3. Generate Ideas & Options	4. Evaluate Options & Make Decisions	5. Implement
• Key strategic issues • Key objectives and goals • Criteria for success • Boundary and constraints	• Issue analysis/ workplan • Hypothesis-driven • Data collection & analysis • 80/20 rule	• Brainstorming • Breakthrough thinking • Strategic options & alternatives	• Explicit evaluation criteria • Judgment & balance • Decision & commitment	• Action plans • Clear responsibility and timing • KPI & monitoring system

전략적 문제해결은 다음과 같은 체계적인 과정을 통해 이루어진다.
1. 문제의 정의 : 문제가 발생하게 된 배경, 쟁점이 되는 핵심이슈, 전략목표와 성공기준, 제약조건 등을 사전에 명확히 파악한다.
2. 자료수집 및 분석 : 이슈분석, 가설수립, 가설검증을 통해 문제를 객관적으로 분석한다.
3. 전략대안 도출 : 브레인스토밍 및 발상의 전환을 통해 다양한 아이디어와 전략적 대안을 도출한다.
4. 전략대안의 평가 : 전략대안을 객관적인 기준에 따라 평가하고 종합적인 관점에서 최적의 안을 선택한다.
5. 전략실행 : 구체적인 실행계획, 책임, 기간, 성과지표(KPI)등을 명확히 하고 이를 체계적으로 관리한다.

3-3 성과분석을 통한 이슈파악

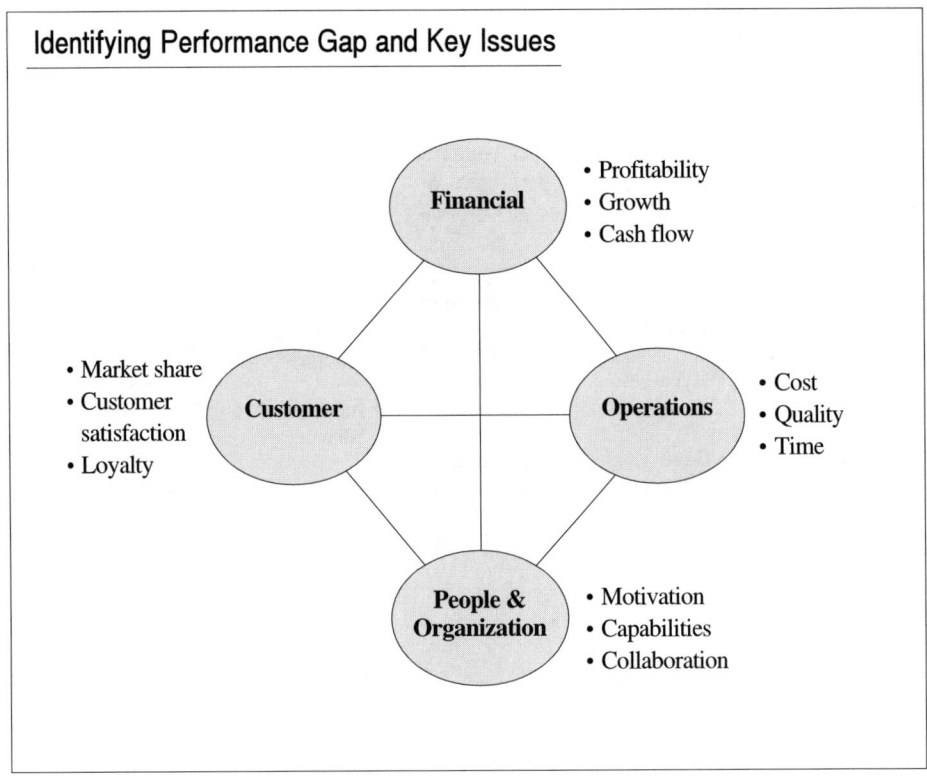

효과적인 문제해결은 문제가 무엇인지를 정확히 파악하는 것에서부터 시작된다. 일반적으로 기업의 문제는 그림 3-3에서와 같이 재무적 관점, 고객의 관점, 내부운영의 관점, 그리고 인력/조직의 관점에서 접근해 볼 수 있다.

- 재무적 관점에서 수익성, 성장성의 추이, 경쟁사와의 갭, 목표대비 달성도 등을 분석함으로써 경영성과상의 문제점을 파악한다.
- 고객/시장의 관점에서 사업별 시장점유율의 추이, 고객만족도 수준, 고객이탈 추이 등을 분석함으로써 제품시장에서의 상대적 위치와 문제점을 파악한다.
- 내부운영의 관점에서 주요 프로세스의 비용, 품질수준, 소요시간 등을 벤치마킹하여 운영상의 문제점을 파악한다.
- 인사/조직의 관점에서 종업원들의 사기, 능력, 부서간 협조 등을 분석하여 조직상의 문제점을 파악한다.

3-4 전략적 이슈의 파악

Key Strategic Issues

Key Questions	Key Elements
Where to compete?	• Business domain & focus • Geographic scope
Who are the customers?	• Market segmentation • Target customers
What to offer?	• Products & services • Value proposition
How to deliver?	• Business system design • Core competence leverage
When to compete?	• Timing of decision • Speed of execution
What if?	• Key uncertainties & risks • Contingency plan

기업의 전략방향에 관한 이슈들은 다음과 같은 질문을 통해 파악할 수 있다.
1. 어디서(Where) 경쟁할 것인가?
   한정된 자원을 어떤 사업, 제품, 시장에 집중할 것인가를 결정한다.
2. 고객은 누구(Who)인가?
   시장세분화를 통해 목표고객층을 선정한다.
3. 무엇을(What) 제공할 것인가?
   목표고객층에 어떤 가치(Value Proposition)를 제공할 것인가를 결정한다.
4. 어떻게(How) 전달할 것인가?
   Business System 및 핵심역량을 어떻게 활용할 것인가를 결정한다.
5. 언제(When) 할 것인가?
   의사결정의 타이밍과 실행의 스피드를 결정한다.
6. 만약에(What if)?
   미래의 불확실성과 위험요인을 파악하여 위기대응계획을 수립한다.

3-5 Logic Tree를 통한 문제의 구조화

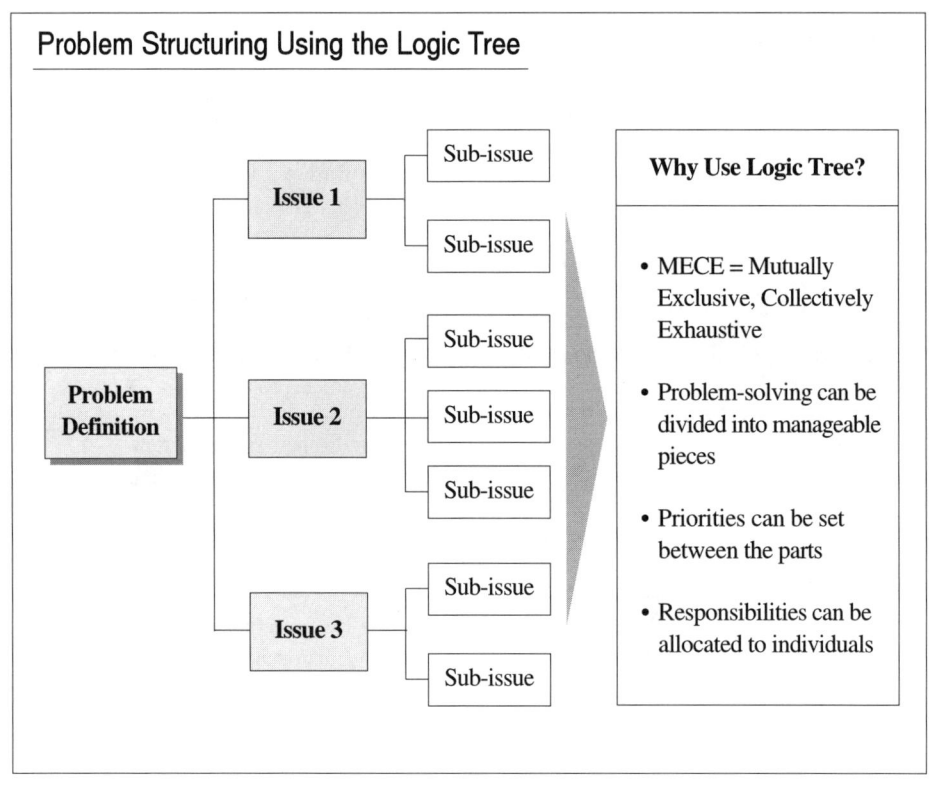

문제가 정의되면 Logic Tree를 이용해 문제를 구조화(Problem Structuring)한다. Logic Tree를 이용하면 다음과 같은 이점이 있다.

- 복잡한 문제를 한꺼번에 풀려고 하면 어렵지만, 이를 해결 가능한 세부단위로 분해해서 접근하면 문제해결이 보다 수월해진다.
- Logic Tree는 MECE 원칙을 따른다. 즉 각 구성요소간의 중복이 없고(Mutually Exclusive) 전체적으로 빠진 것이 없어야 한다(Collectively Exhaustive). 그러므로 전체와 부문간의 논리적 관계를 한 눈에 볼 수 있고, 문제해결의 논리적 타당성을 제고할 수 있다.
- Logic Tree는 문제해결과정의 효율성을 높일 수 있다. 문제를 구성요소별로 분해함으로써, 구성요소간의 우선순위를 명확히 하고, 부문별 역할분담 및 책임소재를 명확히 할 수 있다.

3-6 Logic Tree를 통한 수익성 분석

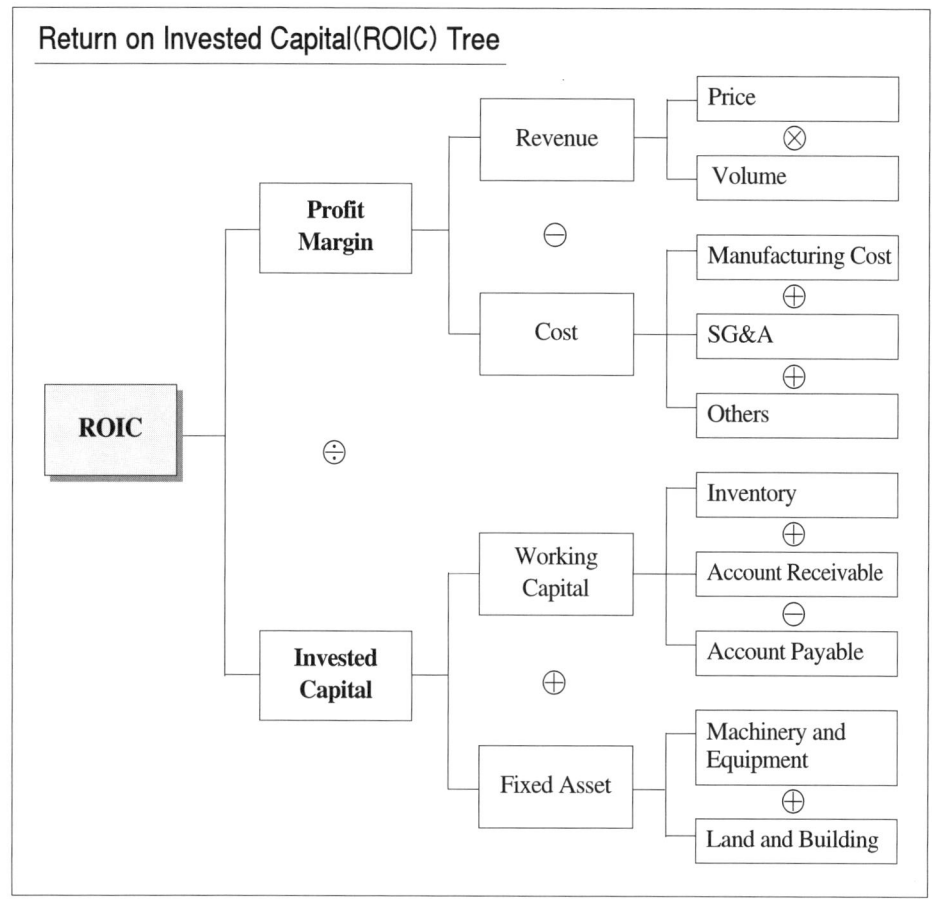

그림 3-6은 수익성 지표인 투하자본이익률(ROIC)을 구성요소별로 분해한 Logic Tree이다. Logic Tree를 이용하여 수익성 문제를 다음과 같이 분석할 수 있다.

- Logic Tree가 MECE한지 먼저 확인한다. 즉 투하자본수익률의 구성요소간의 중복이 없고 논리적으로 타당하며 빠진 것이 없는지를 확인한다.
- ROIC 실적이 저조하다면, 그 근본원인을 찾아낸다. 즉 ROIC를 구성하는 항목별로 지난 3년간의 추이 및 주요 경쟁사와의 차이분석을 통해 수익성 악화의 원인이 어디에 있는지 그리고 왜 발생하는지를 체계적으로 분석한다.
- 문제의 원인이 파악되면 개선책을 도출하고, 각 개선안의 손익개선효과를 평가하여 가장 효과가 큰 개선활동에 노력을 집중한다.

3-7 수익성 개선 Logic Tree

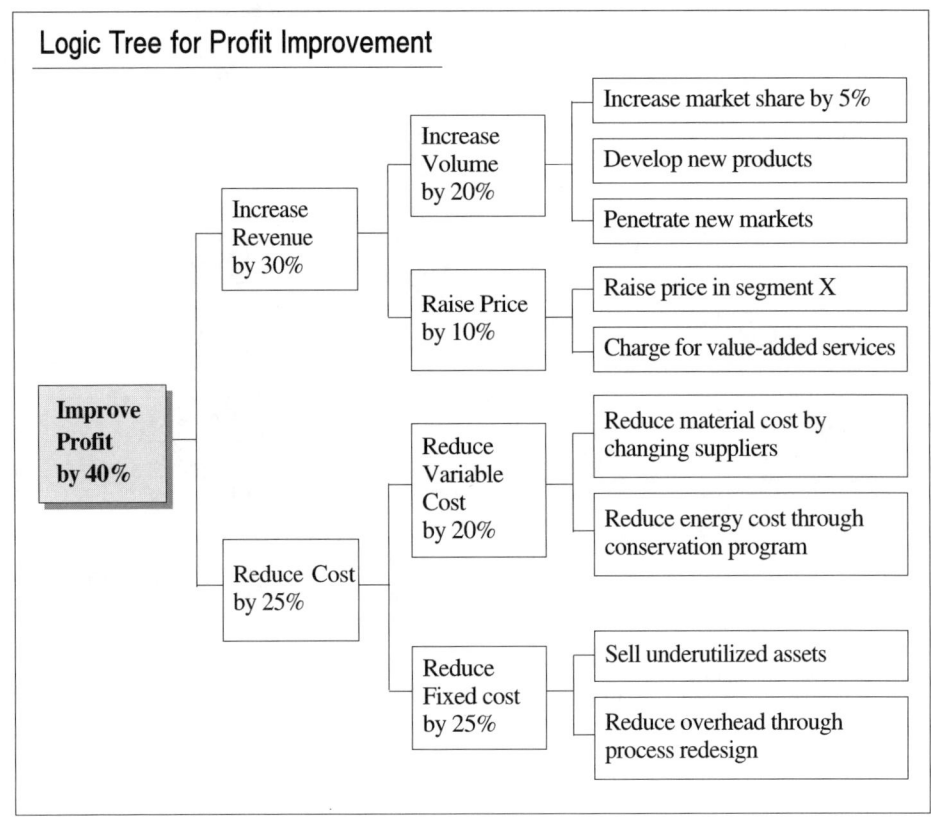

Logic Tree는 문제의 원인분석 뿐만 아니라 해결안 도출에도 활용할 수 있다.

그림 3-7은 수익성 40% 개선을 위한 주요 활동을 Logic Tree를 통해 정리한 것이다.

- 수익성을 40% 개선하기 위해서는 매출을 30% 늘리고, 비용을 25% 줄여야 한다.
- 매출을 30% 늘리기 위해서는 기존제품의 시장점유율을 5% 늘리고, 신제품개발 및 신시장개척을 통해 물량을 20% 증대하며, 시장세분화를 통해 가격을 차별화하고 서비스 제공을 통해 가격을 10% 인상한다.
- 비용을 25% 줄이기 위해서는 공급선 변경을 통한 재료비 감축 및 에너지 절약을 통해 변동비를 20% 줄이고, 불용자산 매각 및 프로세스 개선을 통해 고정비를 25% 줄인다.

이와 같이 Logic Tree를 이용해 수익성개선 활동을 정리하면 전체와 부문간의 논리적 관계를 명확히 할 수 있고, 종합적인 관점을 유지하면서 미흡한 부분에 대한 보완책을 강구할 수 있다.

3-8 신규사업 문제의 구조화

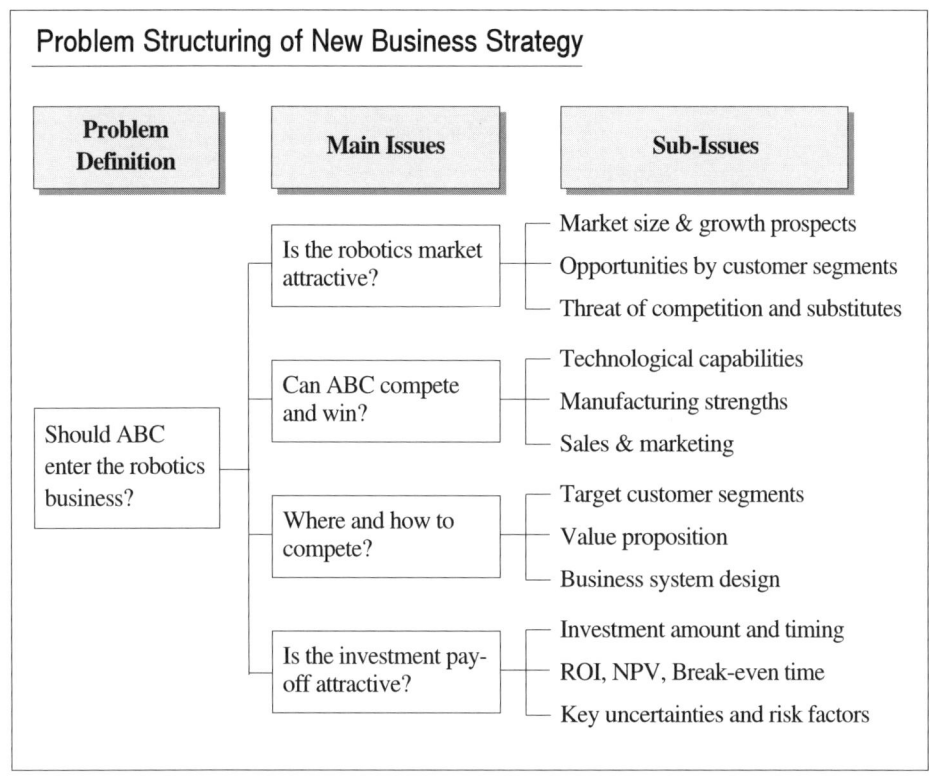

Logic Tree는 복잡한 전략적 문제를 구조화하고 해결안을 찾는 데에도 활용될 수 있다.

예를 들어 그림 3-8은 ABC사가 로봇사업에 진출해야 하는가를 Logic Tree를 통해 논리적으로 분석한 것이다. 로봇사업 진출여부를 결정하기 위해 해결해야 할 핵심이슈는 다음과 같다.

1. 로봇시장은 과연 매력적인가?
   - 시장규모 및 성장성은? 고객 Segment별 기회는? 경쟁 및 대체재의 위협은?
2. ABC사는 로봇사업에서 성공할 수 있는 경쟁력이 있는가?
   - 기술력은? 생산능력은? 영업과 마케팅 능력은?
3. 로봇시장에 진입한다면, 어디에 그리고 어떻게 진입할 것인가?
   - 목표고객층은? 제공하는 가치는? Business System의 구성은?
4. 투자의 타당성은 있는가?
   - 투자규모와 시기는? 수익성, NPV, 손익분기점은? 예상되는 리스크는?

3-9 비핵심적인 이슈의 정리

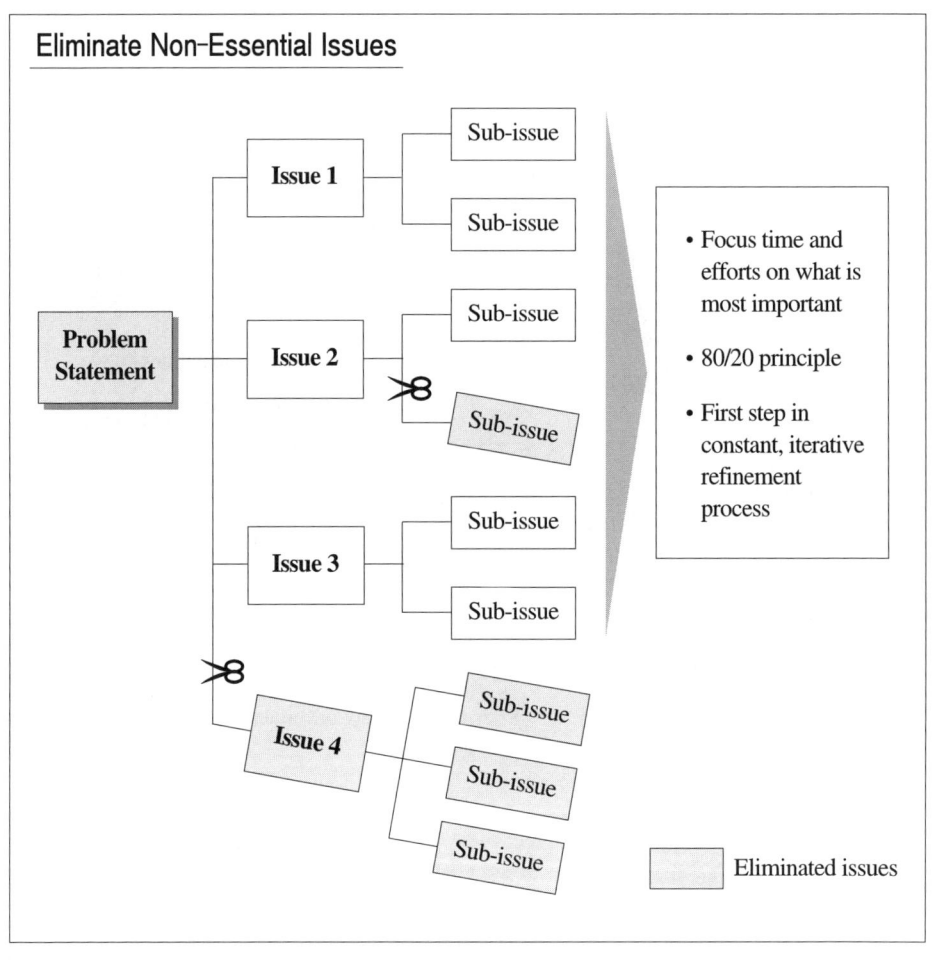

문제해결과정은 한정된 시간과 제약조건하에서 이루어지기 때문에, 모든 이슈들을 동등한 수준에서 분석할 수는 없다. 그러므로 시간·노력 대비 효과가 큰 핵심적인 이슈에 문제해결 노력을 집중하고, 비핵심적인 이슈들은 과감하게 정리할 필요가 있다. 일반적으로 20%의 핵심적인 이슈가 80%의 효과를 결정하는 경우가 많다. 이와 같이 Logic Tree를 이용하여 문제를 구조화하고, 핵심이 되는 이슈들에 집중함으로써 문제해결 과정의 효율성을 높일 수 있다. 물론 정리된 이슈들은 다음 기회에 검토할 수 있다.

3-10 80/20 법칙

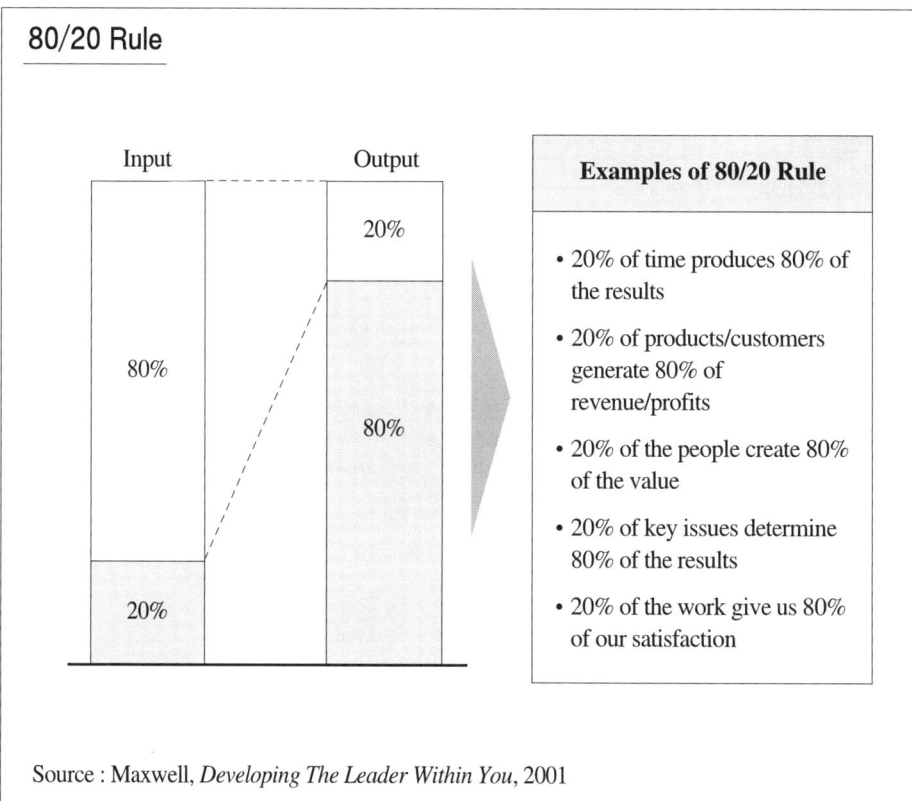

80/20법칙은 파레토 법칙이라고도 하는데, 핵심이 되는 20%가 80%의 결과를 가져온다는 것이다. 80/20법칙은 매우 보편적인 현상으로 다음과 같은 예를 들 수 있다.
- 문제해결 과정에서 20%의 시간이 80%의 효과를 가져온다.
- 20%의 제품 또는 고객이 전체 매출 또는 이익의 80%를 창출한다.
- 20%의 인재가 조직의 80%의 가치를 창조한다.
- 20%의 주요 원인이 80%의 결과를 초래한다.
- 20%의 업무가 80%의 만족을 제공한다.

80/20법칙에 따라 핵심이 되는 20%에 시간과 노력을 집중하면 생산성을 4배 이상 높일 수 있다.

3-11 가설수립과 이슈분석

Hypothesis-Driven Issue Analysis

Key Issue	Hypotheses	Analysis	Data Source	Responsibility	Timing
Is the robotics market attractive?	1. The robotics market is expected to grow by more than 20% over the next 5 years	• Market size & growth projection • Analysis of key drivers	• Research Institute • Expert interview	SM Lee	Nov. 10
	2. The entertainment segment is the most attractive in terms of growth and profits	• Customer segmentation • Segment size, growth profitability	• Customer interview • Market survey	JH Kim	Nov. 17
	3. Technological barriers to entry are high, but will be significantly reduced in 3~5 years	• Technology gap assessment • Technology trends and projection	• Robot R&D centers • Expert survey	JK Park	Nov. 20

전략적 문제해결과정의 핵심은 문제에 대한 가설(Hypothesis)을 수립하고 객관적인 분석을 통해 가설을 검증 또는 수정해 나가는 것이다. 그림 3-11은 로봇시장의 매력도에 대한 3가지 가설을 수립하고, 각 가설을 검증하기 위한 분석과 자료, 그리고 작업을 누가 언제까지 할 것인가를 체계적으로 정리하였다.

- 가설은 각종 추정과 경험적 판단을 통해 도출되는 예비적인 답으로서, 객관적인 분석을 통해 검증되거나 기각될 수 있다. 그러므로 초기가설에 너무 집착하지 말고 항상 유연하고 열린 마음으로 새로운 사실을 받아들일 수 있어야 한다.
- 자료수집과 분석은 시간의 제약상 80/20법칙에 따라 효율적으로 진행한다.
- 작업의 책임소재와 일정을 명시함으로써 문제해결과정의 투명성과 책임의식을 고취할 수 있다.

3-12 작업계획의 수립

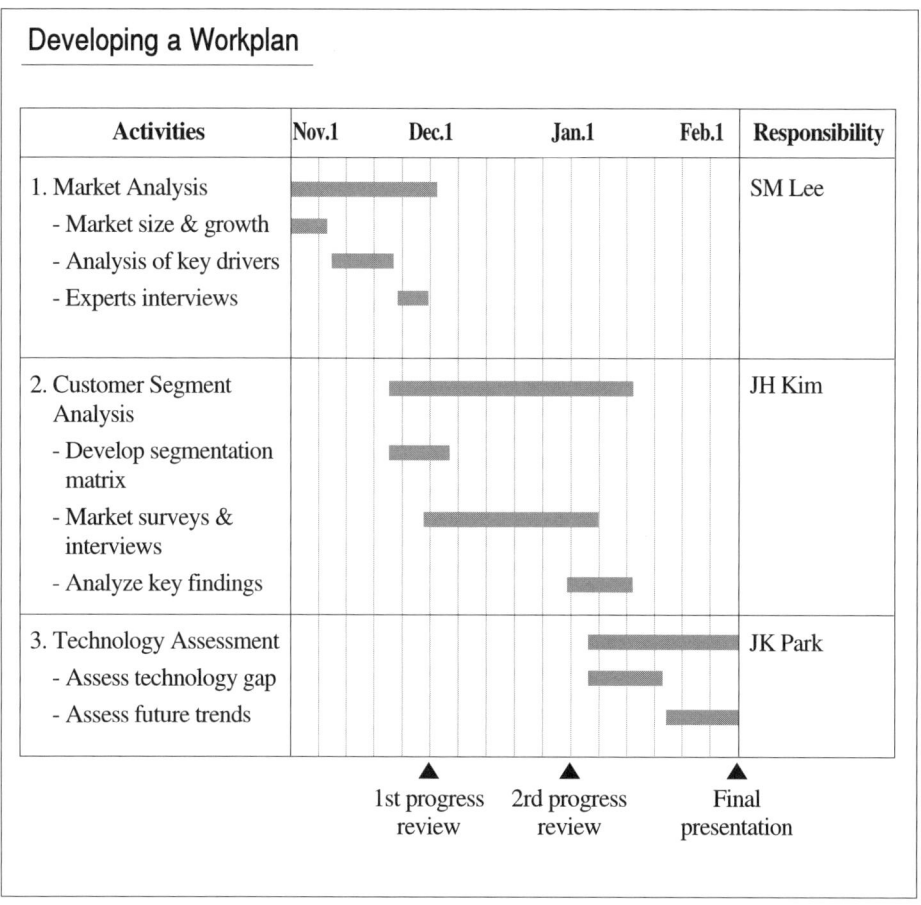

이슈분석이 이루어지면 작업계획을 수립하고 자료수집 및 분석을 실시한다.
작업계획은 그림 3-12와 같이 주요활동, 일정, 책임 등을 명시한다.
물론 실제작업이 계획대로 되는 것은 아니지만 작업계획을 수립하면 다음과 같은 이점이 있다.
- 주요활동별 일정관리 및 책임을 명확히 할 수 있다.
- 중간보고 및 최종보고를 계획함으로써 분석결과에 대한 피드백을 받을 수 있다.
- 전체 문제해결과정의 투명성과 신뢰를 구축할 수 있다.

3-13 SWOT 분석

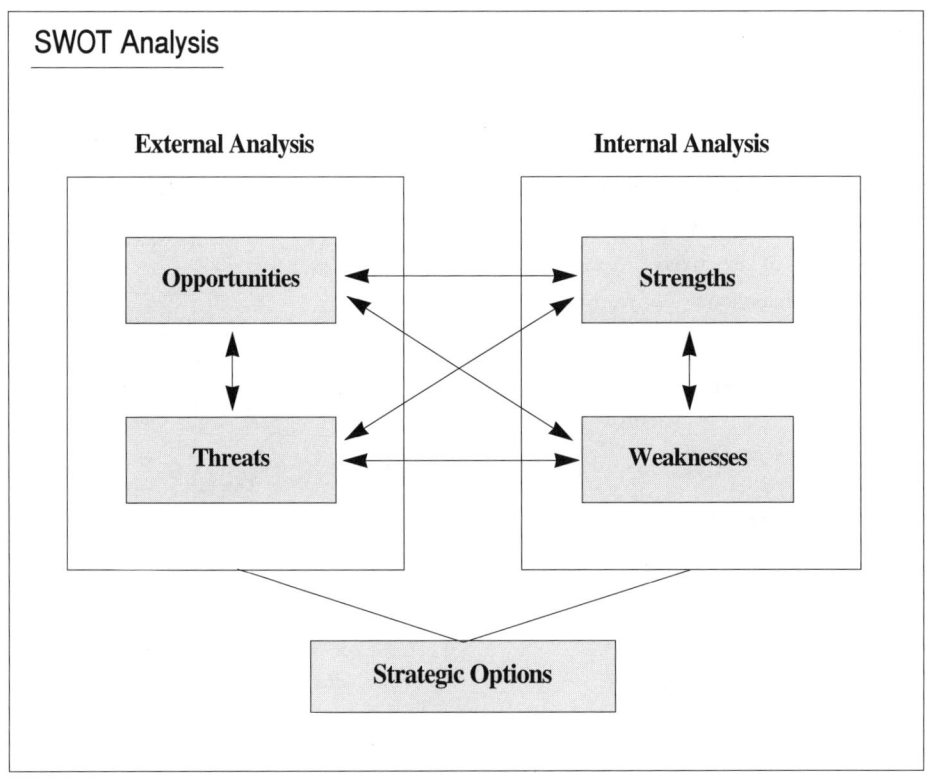

　SWOT 분석은 기업의 강점(S)과 약점(W), 외부환경의 기회(O)와 위협(T)을 종합적으로 파악하여 전략적 대안을 도출하는 분석방법이다.
- SWOT 분석을 통해 기업의 강점을 최대한 활용하면서 새로운 기회를 포착하고, 약점을 보완하면서 위협에 대처하는 효과적인 전략을 모색할 수 있다.
- SWOT 분석은 사실에 입각한 객관적인 분석이 요구된다. 특히, 강·약점 분석에 있어서 막연한 희망이나 지나친 자신감은 위험하며, 기회·위협 분석에 있어서도 현실을 직시할 수 있는 안목이 필요하다.
- 현재의 강점이 약점이 될 수 있고 약점이 강점이 될 수 있으며, 기회가 위협이 되고 위협이 기회가 될 수 있으므로, 상황의 변화를 자신에게 유리하게 활용할 수 있는 발상의 전환을 모색해 본다.

3-14 전략혁신을 위한 기본 질문

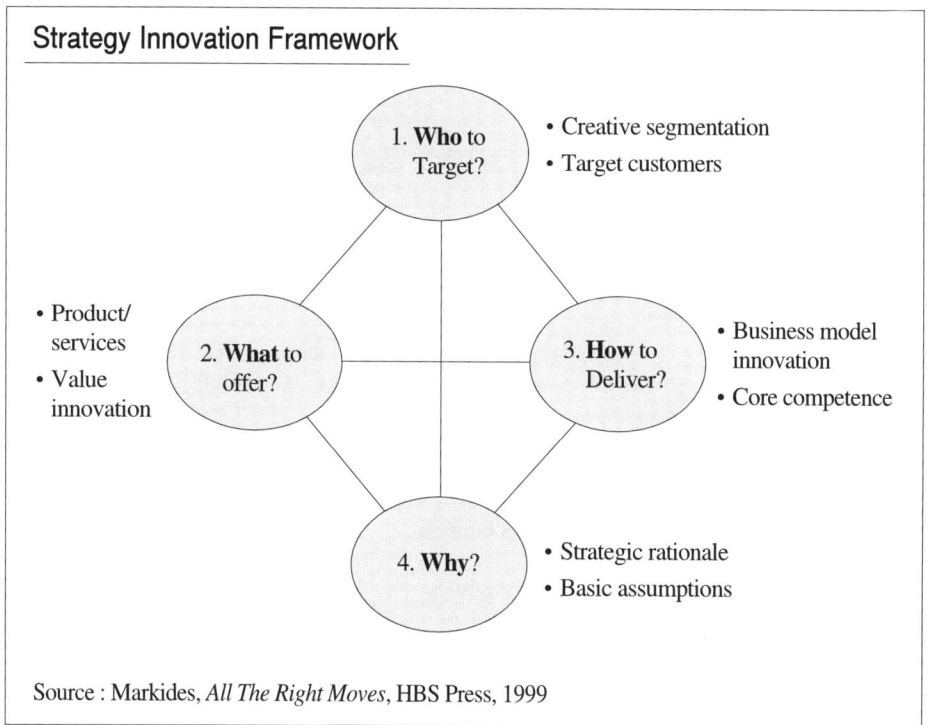

전략혁신(Strategy Innovation)을 위해 다음의 4가지 질문을 통해 문제의 핵심을 파악할 수 있다.
1. 고객은 누구인가 (Who?)
    시장을 새로운 관점에서 세분화하고, 고객의 새로운 니즈를 발굴하여 목표고객층을 명확히 한다.
2. 무엇을 제공할 것인가 (What?)
    제품·서비스를 고객의 관점에서 새롭게 정의하고, 경쟁사와 차별화된 가치를 제공한다.
3. 어떻게 전달할 것인가 (How?)
    고객에게 가치를 효율적으로 전달하기 위해 핵심역량에 입각한 혁신적인 비즈니스 모델을 구축한다.
4. 왜 그렇게 해야 하는가 (Why?)
    위의 3가지 이슈에 대한 논리와 근거를 명확히 하고 조직구성원의 합의 하에 전략을 추진한다.

3-15 전략혁신의 예

Examples of Strategy Innovation

	Wal-Mart	Starbucks
Target Customers (Who)	• Small town, rural consumers • Price-sensitive consumers	• Quality-conscious coffee lovers • Urban busy professionals
Value Proposition (What)	• "Every Day Low Price" • Broad selection of merchandises • One-stop shopping convenience	• High-quality coffee • Store atmosphere & design • Good service • Convenient location
Business Model (How)	• Low-cost, efficient business model • World-class IT & logistics systems	• Strict quality control of supply chain • Direct ownership of stores • In-store customer service

그림 3-15는 Walmart와 Starbucks의 전략혁신 사례를 Who-What-How 관점에서 분석한 것이다.

- Walmart의 주 고객층은 지방 중소도시에 거주하거나 가격에 민감한 대중 소비자들이다. 고객에게 제공하는 가치는 저렴한 가격, 제품의 다양성, 한 곳에서 쇼핑할 수 있는 편의성 등이다. Walmart는 이와 같은 가치를 전달하기 위해 공급체인 전반에 걸쳐 저비용·고효율 체제를 유지하면서, 이를 뒷받침하는 세계적 수준의 정보통신과 물류시스템을 구축하였다.
- Starbucks는 커피라는 한정된 품목을 취급하며, 주 고객층은 커피 맛에 민감한 도시생활자와 바쁜 직장인들이다. 고객에게 제공하는 가치는 맛있는 커피 뿐만 아니라 매력적인 점포분위기, 디자인, 서비스, 브랜드를 포함한 총체적인 경험이다. Starbucks는 이와 같은 가치를 전달하기 위해 원료구매, 생산, 판매 전단계에 걸쳐 철저하게 품질을 관리하고 있으며, 커피점포를 직접 소유·운영함으로써 고객접점에서 일관성 있는 서비스를 제공하고 있다.

3-16 전략혁신의 패턴

Patterns of Strategy Innovation

Innovation Themes	Paradigm Shift	Company Example
Universalization	Elite ⇨ Universal	Ford model T, Kodak camera
Personalization	Mass ⇨ Individual	Dell PC, Private banking
Solutions	Product ⇨ Solution	IBM consulting, GE aircraft engine
Experience	Product ⇨ Total Customer Experience	Starbucks, Disney theme park
Convergence	Discrete ⇨ Converged	Citigroup, Samsung Electronics
Consolidation	Fragmented ⇨ Consolidated	Blockbuster Video, LVMH
Network Orchestration	Vertical Integration ⇨ Network Orchestrator	Li & Fung, eBay

Source : Choi & Valikangas, *European Management Journal*, Aug., 2001

전략혁신의 다양한 사례들을 통해 다음과 같은 전략패턴을 도출할 수 있다.

1. 보편화(Universalization): 틈새시장 제품을 대중화시키는 전략으로서 일반 소비자들이 쉽게 이용할 수 있게 제품을 단순화시키고 가격을 대폭적으로 낮추어야 한다.
2. 개인화(Personalization): 표준화된 제품을 개인의 특성과 요구에 맞게 재설계하여 맞춤식으로 제공하는 것이다.
3. 솔루션(Solutions): 단순히 제품을 파는 것이 아니라, 고객의 문제를 진단하고 고객의 성과를 개선할 수 있는 총체적인 해결안을 제공하는 것이다.
4. 경험(Experience): 제품 뿐만 아니라 총체적인 경험을 제공함으로써 고객감동을 이룩하는 것이다.
5. 융합(Convergence): 제품·서비스의 새로운 조합을 통해 고객에게 새로운 가치를 창조하는 것이다.
6. 통합(Consolidation): M&A를 통해 규모의 경제 및 통합시너지를 창출하는 것이다.
7. 네트워크 조정(Network Orchestration): 가치사슬을 분해하고, 각 부분을 네트워크로 연결하여 조정자의 역할을 하는 것이다.

3-17 고객 가치분석

Customer Value Analysis

Key Buying Factors	Importance to Customer	Performance
Product Quality	High	Company A: 3, Key Competitor: 4
Price	High	Company A: 3, Key Competitor: 3
Technical Support	High	Company A: 3, Key Competitor: 4
On-Time Delivery	Medium	Company A: 3, Key Competitor: 4
Sales Support	Medium	Company A: 3, Key Competitor: 4
Product Selection	Medium	Company A: 3, Key Competitor: 4
Brand	Low	Company A: 2, Key Competitor: 4
Credit Terms	Low	Company A: 2, Key Competitor: 4

(Performance scale: 1 Poor – 2 Satisfactory – 3 Good – 4 Excellent – 5)

전략혁신은 고객에게 제공하는 가치의 혁신을 통해 이룩할 수 있다.

그림 3-17은 고객설문조사를 통해 고객이 중요시하는 항목들을 파악하고, 각 항목별로 경쟁사의 성과를 고객의 관점에서 비교분석한 것이다. 여기서 A사는 고객이 가장 중요시하는 제품의 품질, 가격, 기술지원에 있어서 경쟁사보다 낮은 성과를 보이는 반면, 고객이 덜 중요시하는 제품의 다양성, 브랜드, 신용조건 등에 있어서는 경쟁사보다 좋은 평가를 받고 있다. A사는 다음과 같은 질문을 통해 가치혁신(Value Innovation)을 모색해 볼 수 있다.

- 어떤 가치를 획기적으로 높일 수 있는가?
- 어떤 가치를 현재수준보다 낮추어도 무방한가?
- 지금까지 제공하지 못했던 새로운 가치를 창조한다면, 무엇을 어떻게 제공할 것인가?
- 지금까지 당연하게 생각했던 가치 중, 제거할 수 있는 것은 없는가?

이와 같이 가치를 경쟁사와 비교분석함으로써 문제의 원인을 객관적으로 파악하고, 고객지향적 관점에서 새로운 가치혁신을 모색할 수 있다.

3-18 SCAMPER 기법

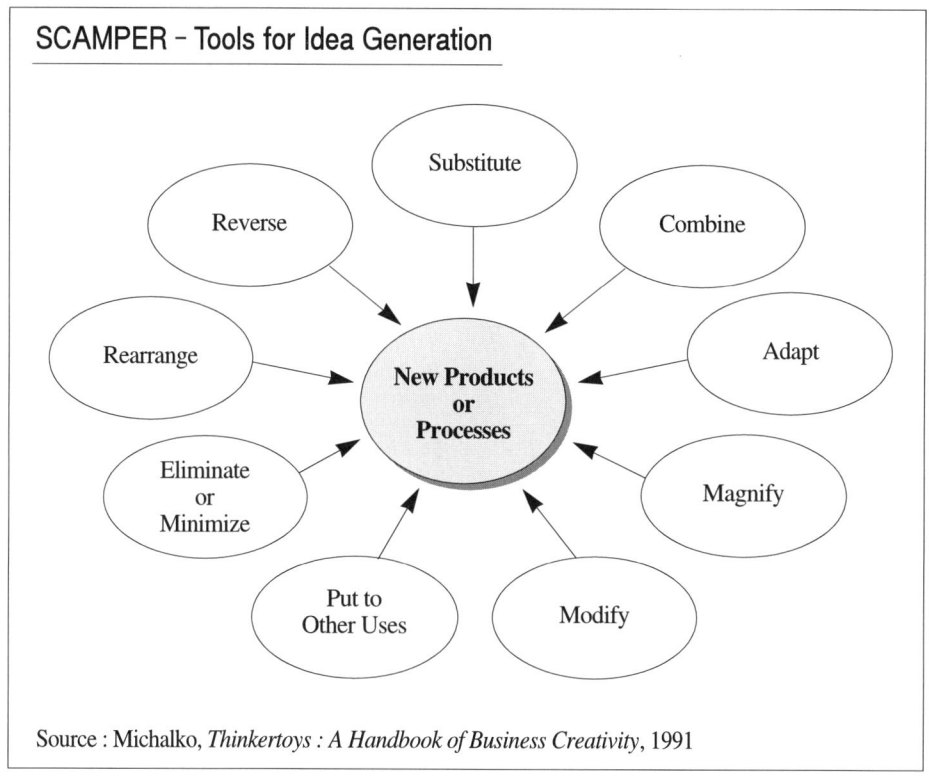

제품 및 프로세스 개선을 위한 참신한 아이디어를 개발하기 위해 다음과 같은 SCAMPER 기법을 활용할 수 있다.
1. 대체(Substitute) : 무엇을 대체할 수 있는가?
2. 결합(Combine) : 무엇과 합칠 수 있는가?
3. 적용(Adapt) : 어떤 아이디어를 적용할 수 있는가?
4. 확대(Magnify) : 더 확대할 수 있는가?
5. 수정(Modify) : 수정할 수 있는가?
6. 타용도로 활용(Put to other uses) : 다른 용도로 활용될 수 있는가?
7. 제거 또는 최소화(Eliminate or Minimize) : 더 작게 하거나 제거할 수 있는가?
8. 재배치(Rearrange) : 다른 배열, 순서, 스케줄은 가능한가?
9. 반대(Reverse) : 뒤집거나 반대로 할 수는 없는가?

3-19 성장전략의 3단계

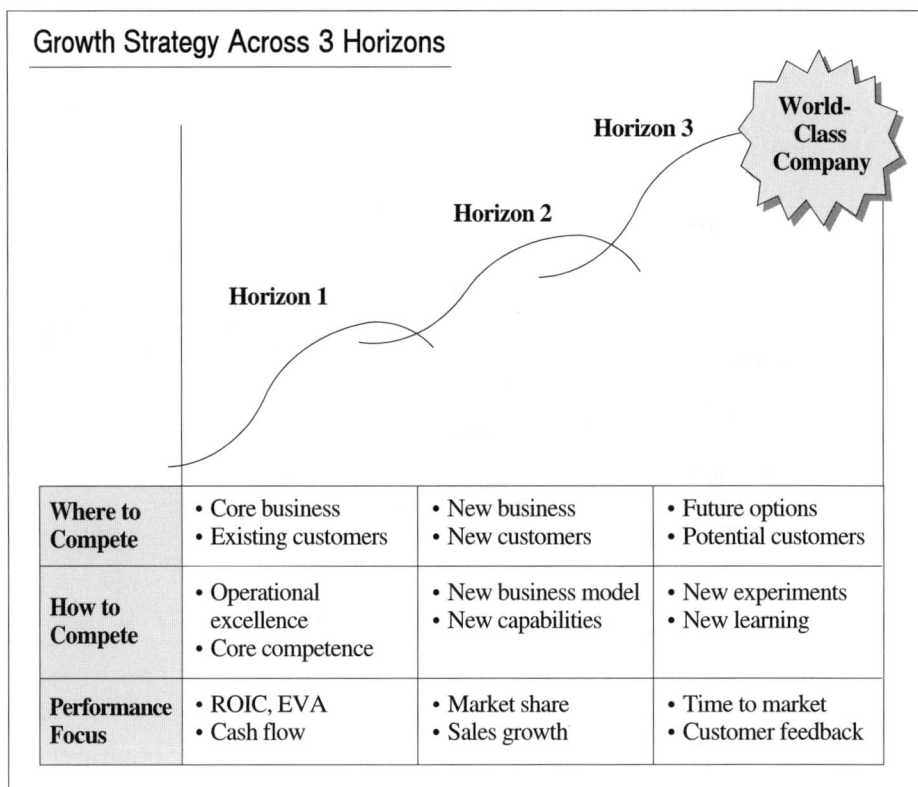

기업의 성장전략은 다음과 같이 3단계로 추진할 수 있다.
- 1단계에서는 기존 핵심사업과 핵심고객에 집중하면서, 경쟁력 강화 및 운영효율성을 통해 수익성과 현금흐름을 극대화하고 미래성장을 위한 수익기반을 공고히 한다. 주요 성과지표는 투하자본수익률, 경제적 부가가치, 현금흐름 등 재무성과를 중시한다.
- 2단계에서는 기존 핵심사업과 관련이 있는 신규사업과 신규고객을 개발하고, 비즈니스 모델 혁신 및 신규역량 개발을 통해 신규사업을 조기에 정착시킨다. 주요성과지표는 시장점유율, 매출성장률 등 시장지위와 관련된 지표들이다.
- 3단계에서는 미래성장의 씨앗이 되는 유망사업 분야에 선별적인 옵션(Option)을 투자하고, 잠재고객 개발을 위한 계속적인 실험과 학습을 통해 미래에 대한 준비를 한다. 주요 성과지표는 신제품 개발기간, 초기고객의 반응 등 프로젝트 진행과 관련된 지표들이다.

3-20 성장전략의 대안도출

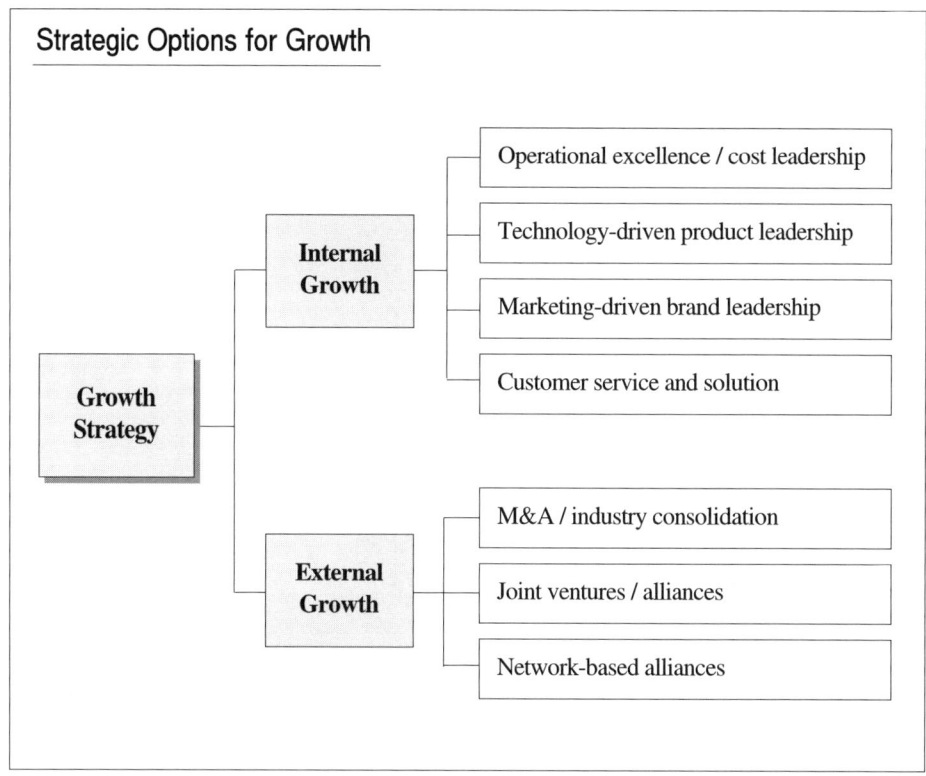

성장전략은 경영자원의 활용방법에 따라 내적성장(Internal Growth)과 외적 성장(External Growth)으로 구분해 볼 수 있으며, 각각의 장·단점을 분석할 필요가 있다.
- 내적성장은 기업이 보유하고 있는 자원과 역량을 바탕으로 점진적인 성장을 추구하는 방법으로서 다음과 같은 4가지 전략유형이 있다.
  1) 운영효율성을 통한 비용우위 전략
  2) 기술 중심의 제품 리더십 전략
  3) 마케팅 중심의 브랜드 리더십 전략
  4) 고객서비스 및 솔루션 전략
- 외적성장은 M&A, 전략적 제휴, 네트워크 등을 통해 부족한 자원과 역량을 외부에서 확보하는 방법으로, 시간을 단축할 수 있는 장점이 있으나 파트너십 리스크(Partnership risks)를 감수해야 한다.

3-21 전략대안의 평가

Evaluation of Strategic Options

Criteria	Option 1 : Cost Leadership	Option 2 : Technology Leadership	Option 3 : M&A Consolidation
1. Financial Pay-off - Short-term - Long-term			
2. Ease of Implementation - Capabilities and resources - Organizational resistance			
3. Potential Risks - Market / competitor risks - Technology / operations risks - Other risks			
4. Strategic Considerations - First-mover advantage - Synergy effects - Learning options			

전략적 대안이 도출되면, 객관적인 기준에 따라 장·단점을 평가하고 최적안을 선정한다. 전략적 대안의 평가기준은 다음과 같은 요인들을 고려한다.

1. 재무적 효과

    각 대안의 예상되는 투자, 이익, 현금흐름을 추정하고, 기간에 따라 단기(1~2년)와 중장기(3~5년)로 나누어서 검토한다.

2. 실행상의 문제점

    전략을 실행할 수 있는 조직역량과 경영자원의 존재여부 및 예상되는 조직의 저항을 파악하여 이를 해결한다.

3. 예상되는 위험

    시장과 경쟁사의 반응, 기술·운영상의 리스크, 기타 예상되는 위험을 평가한다.

4. 기타 전략적 고려사항

    최초진입의 우위(First-Mover Advantage), 타사업과의 시너지 효과, 학습효과 등 전략적 요인을 고려하여 최종판단을 한다.

3-22 고슴도치의 개념

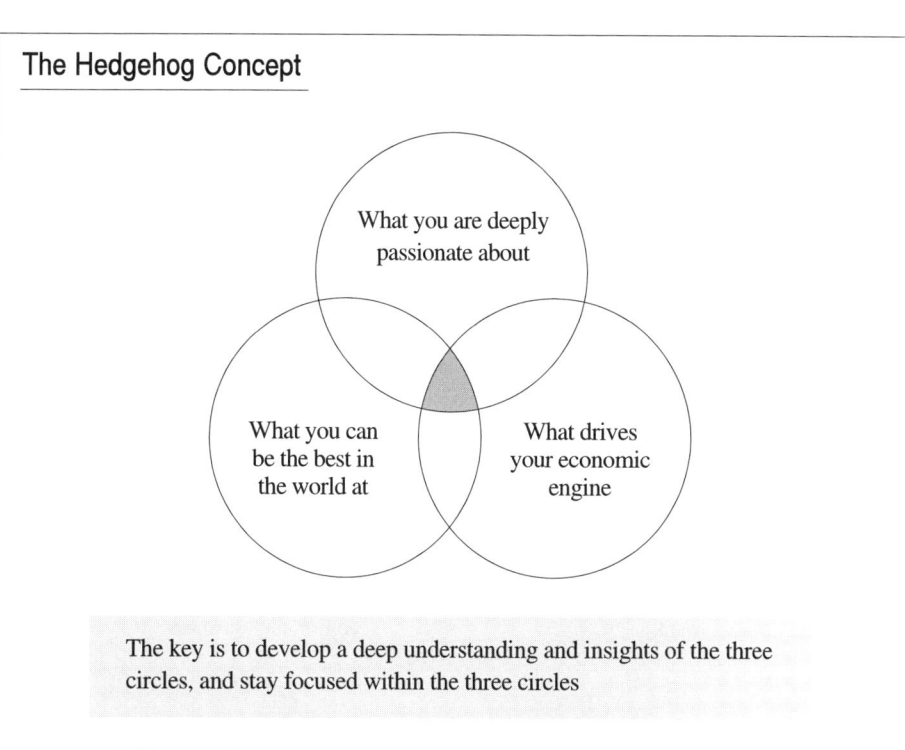

Source : Collins, *Good-to-Great*, 2001

고슴도치의 개념이란 많은 것을 아는 여우보다 한 가지를 확실히 아는 고슴도치가 궁극적으로 이긴다는 일화가 있듯이, 기업도 단순하고 명확한 개념을 갖고 전략을 수립하고 실행하는 것이 중요하다는 개념이다. 고슴도치의 개념은 다음의 3가지 질문에 대한 깊은 이해를 전제로 한다.

1. 세계에서 가장 잘 할 수 있는 것은 무엇인가? 그리고 잘 할 수 없는 것은 무엇인가?
   이것은 막연한 희망이나 목표가 아니라 현실과 자기 자신에 대한 깊은 이해에 바탕을 둔다.
2. 경제적 엔진(Economic Engine)은 무엇인가? 즉 수익모델을 결정하는 주요 동인 및 핵심 성과지표를 말한다.
3. 무엇에 강한 열정을 느끼는가? 열정을 의도적으로 만들어 내는 것이 아니라 내면에 이미 존재하고 있는 열정을 발견하는 것이 중요하다.

3-23 고슴도치 개념의 예

Examples of Hedgehog Concept

Company	Insights about "Best in the World at"	Insights about Economic Denominator
Gillette	1) Building global consumer brands 2) Manufacturing super-high tolerance products	• Shift from profit per division to profit per customer reflecting economies of repeatable purchases times high profit per purchase
Nucor	1) Producing low-cost steel using new process technologies 2) Creating a performance culture	• Focus on profit per ton of finished steel, rather than just volume or profit per division
Wells Fargo	1) Running a bank like a business 2) With a focus on the Western United States(not a superglobal bank)	• Shift from profit per loan to profit per employee based on understanding that banking is a commodity business

Source : Collins, *Good-to-Great*, 2001

고슴도치 개념이 적용되는 기업의 예를 보면 다음과 같다.
- Gillette는 자신의 최대강점을 글로벌 브랜드 육성과 초정밀 생산기술 능력으로 보고, 이들 역량을 활용할 수 있는 소비재 사업분야에 집중하였다. 그리고 핵심 성과지표를 사업별 이익에서 고객당 이익으로 전환함으로써, 고객의 재구매와 장기적인 관계구축을 강조하였다.
- Nucor는 최대강점을 공정기술 혁신을 통한 원가우위와 성과중심의 조직문화로 보고 미니밀 업계를 선도하였다. 그리고 핵심 성과지표를 단순히 물량이나 사업별 이익으로 보지 않고, 완성된 철강제품의 톤당 이익으로 설정함으로써 지속적인 생산성 향상과 공정 혁신을 추구하였다.
- Wells Fargo는 글로벌 슈퍼뱅크가 될 수 없음을 깨닫고, 미국 서부지역에 특화하는 은행으로서, 은행을 비즈니스처럼 운영하는 것을 최대강점으로 보았다. 그리고 핵심 성과지표를 대출당 이익에서 종업원당 이익으로 전환함으로써 생산성 향상과 차별적인 서비스 제공을 선도하였다.

3-24 전략실행의 중요성

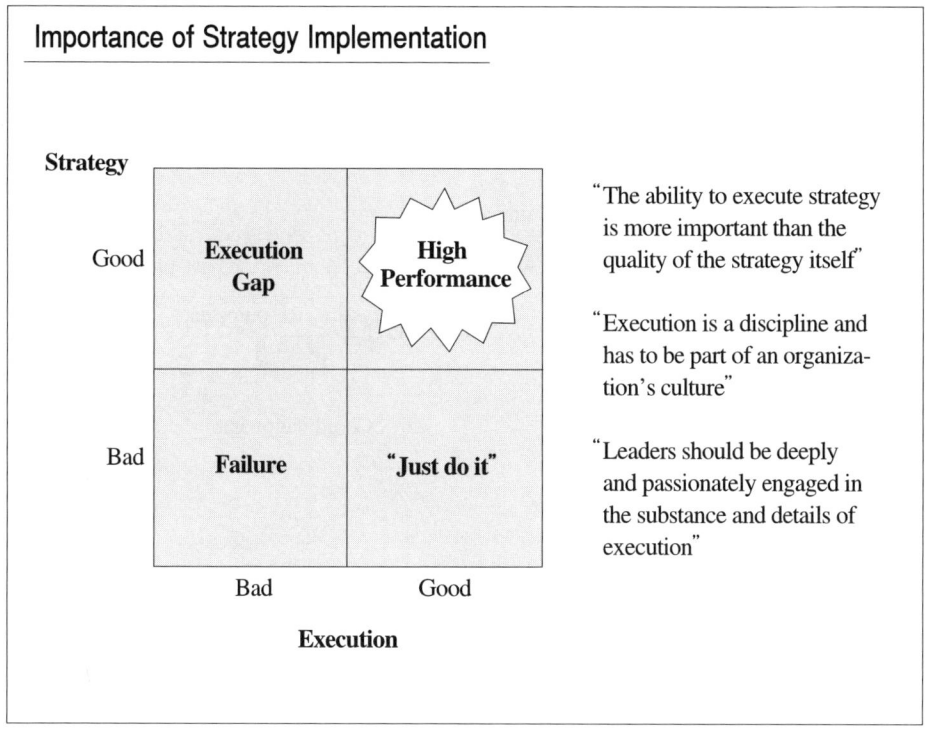

전략이 아무리 잘 수립되어도 실행이 되지 않으면 성과가 나올 수 없다. 오늘날 기업간 성과의 차이는 전략실행력의 차이에서 많이 나타난다.
- 그림 3-24는 전략수립과 전략실행력에 따라 4가지 기업유형을 나타내고 있다.
  1) 전략은 좋으나 실행력이 떨어지는 기업
  2) 실행력은 좋으나 전략수립이 미흡한 기업
  3) 전략수립과 실행력이 모두 떨어지는 기업
  4) 전략수립과 실행력이 모두 우수한 기업
- Larry Bossidy와 Ram Charan은 실행(Execution)을 하나의 규율(Discipline)로 보고, 전략수립 못지않게 체계적인 사고와 분석이 요구된다고 한다. 리더는 전략실행의 구체적인 내용과 과정에 깊이 관여하면서 솔선수범을 통해 실행력을 중시하는 조직문화를 만들어 나갈 필요가 있다.

3-25 전략실행상의 문제점 분석

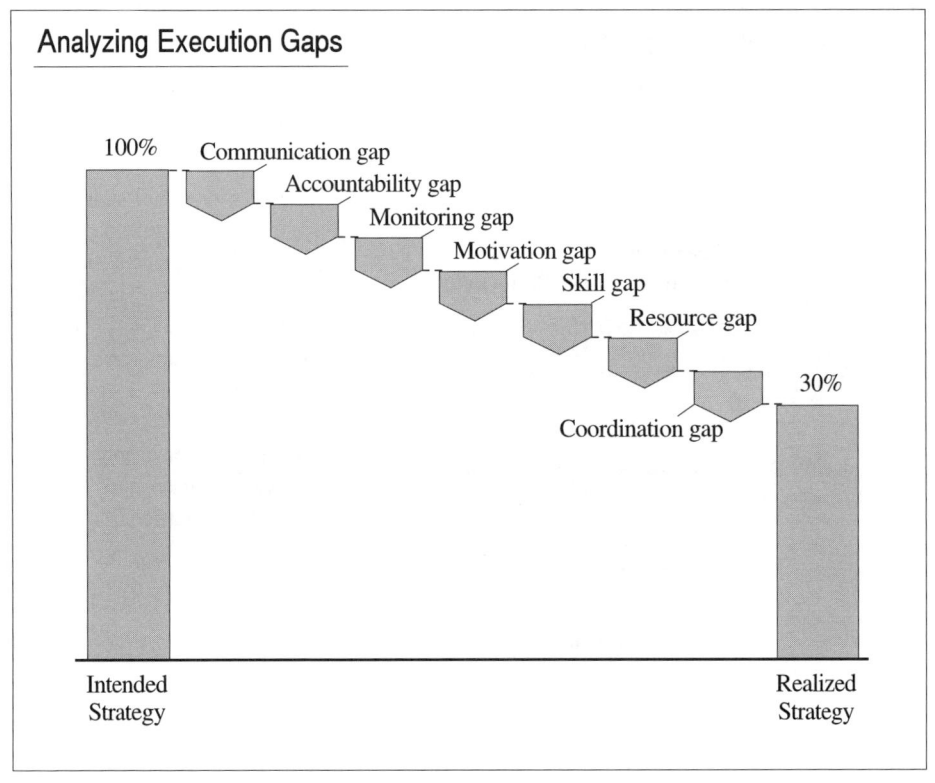

 전략실행력을 높이기 위해서는 전략실행상의 문제점과 원인을 파악하여 개선책을 강구해야 한다. 그림 3-25는 의도한 전략과 실현된 전략간의 차이를 요인별로 분석한 것이다. 일반적으로 전략실행상의 문제점은 다음과 같은 요인들에 의해 발생한다.
 1. 커뮤니케이션 부족으로 전략에 대한 이해와 합의가 부족하다.
 2. 책임소재가 불분명하고 구체적인 실행계획이 없다.
 3. 성과지표가 없고 관리·통제가 안된다.
 4. 실행주체가 의욕이 없고 열심히 할 인센티브가 없다.
 5. 업무수행에 요구되는 역량이 부족하다.
 6. 업무수행에 필요한 자원(시간, 인력, 예산)이 부족하다.
 7. 부서간 협조가 미흡하다.

3-26 실행력 제고를 위한 리더십

The Leader's Seven Essential Behaviors for Improving Execution

1. **Know your people and your business** : leaders who excel at execution immerse themselves in the substance and details of execution
2. **Insist on realism** : ask the right questions, have a candid discussion to expose reality and help find realistic solutions
3. **Set clear goals and priorities** : focus on a few clear priorities and strive for simplicity so that others can easily understand
4. **Follow through** : establish review mechanism, tenaciously follow through, and ensure accountability
5. **Reward the doers** : link compensation to performance
6. **Expand people's capabilities through coaching**
7. **Know yourself** : without emotional fortitude leaders can't be honest with themselves, deal honestly with business realities, or give people forthright assessments

Source : Bossidy & Charan, *Execution*, 2002

Bossidy와 Charan은 실행력 제고를 위한 리더의 행동으로 다음의 7가지를 제시하고 있다.
1. 사업의 구체적인 내용과 조직구성원들에 대해 깊이 있게 파악한다.
2. 현실을 중시하며 솔직한 대화와 질문을 통해 구체적인 대안을 모색한다.
3. 목표와 우선순위를 명확히 하여 누구나 쉽게 이해할 수 있게 한다.
4. 사후관리를 철저히 하고 책임소재를 명확히 한다.
5. 성과에 따른 보상을 확실히 한다.
6. 코칭을 통해 부하의 역량을 개발한다.
7. 자기 자신을 알고, 현실을 직시하며 타인을 솔직하게 평가할 수 있는 정서적 강인함(Emotional Fortitude)을 개발한다.

3-27 경영자의 4가지 유형

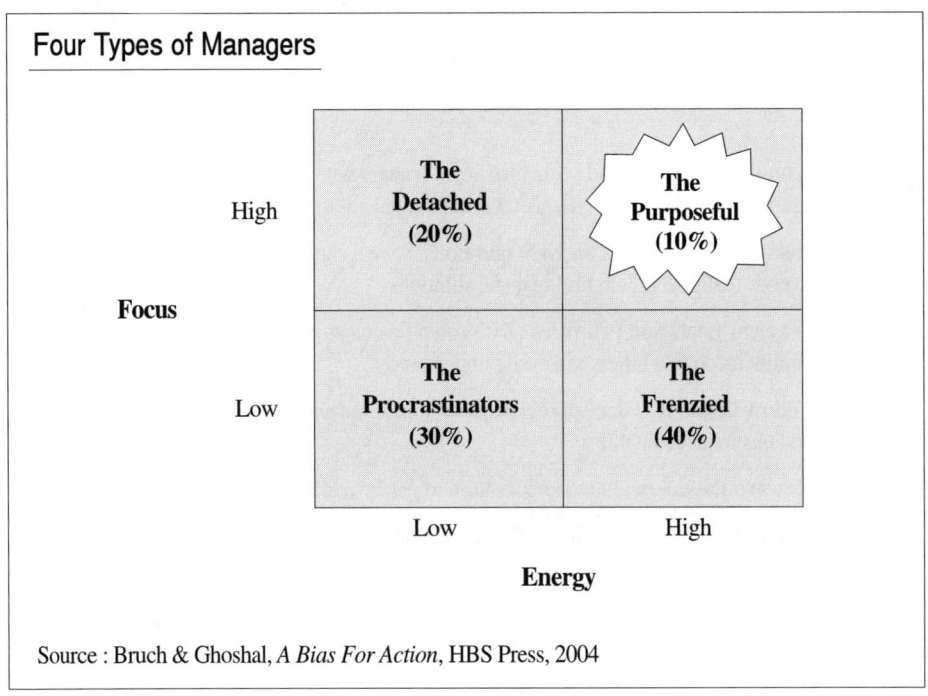

Bruch와 Ghoshal은 경영자의 목표에 대한 집중과 에너지 수준을 기준으로 다음의 4가지 유형을 발견하였다.

- 열광자(Frenzied)는 에너지 수준은 높으나 목표가 불명확하여 집중을 하지 못하는 사람들이다. 경영자의 40%가 여기에 해당되는데, 특히 위기상황에서 방향을 잡지 못하고 즉흥적인 행동을 함으로써 조직에 피해를 줄 수 있다.
- 분리자(Detached)는 목표는 있으나 의욕과 열정이 없어 성과를 내지 못하는 사람들이다. 경영자의 20%가 여기에 해당된다.
- 지연자(Procrastinators)는 목표의식도 없고 에너지 수준도 낮은 사람들로서 일상적인 업무활동에만 매달린다. 경영자의 30%가 이러한 유형이다.
- 목적추구자(Purposeful)는 명확한 목표를 갖고 강력한 의지와 자기규율을 통해 목표를 성취해 내는 사람들이다. 이들은 목표선정에 있어서 매우 신중하고, 한번 결정한 목표에 대해서는 어떤 어려움이나 반대가 있어도 성취해 내는 강한 의지(Willpower)의 소유자들이다.

전략적 리더십

제4장

효과적 커뮤니케이션

4-1 커뮤니케이션의 중요성

The Importance of Communication

- Communication is a process by which information and understanding are transferred between a sender and a receiver.
- "Communication creates meaning for people. It's the only way any group, small or large, can become aligned behind the overarching goals of an organization."
- "An idea, no matter how great, is useless until it is transmitted and understood by others."
- "The number one problem with leadership communication is the illusion that it has actually occurred."

Source : Robbins(2002), Bennis & Nanus(1997), Clarke & Crossland(2002)

- 커뮤니케이션은 송신자와 수신자간에 정보와 의미가 전달되고 교류되는 과정이다. 경영자의 일상 업무는 계속적인 커뮤니케이션 과정이라고 볼 수 있으며, 업무활동 중 가장 많은 시간을 커뮤니케이션 활동에 쓴다.
- 효과적인 커뮤니케이션은 리더십의 중요한 기능이다.
  리더는 커뮤니케이션을 통해 조직구성원들에게 의미를 제공하며, 조직의 전체 목표를 향해 조직구성원들을 이끌고 뭉치게 한다.
- 그러나 커뮤니케이션은 항상 왜곡되고 오류가 발생할 가능성이 있다.
  아무리 훌륭한 아이디어가 있어도 그것이 상대방에 의해 정확히 이해되지 않으면 소용이 없게 된다. 그러므로 리더는 상대방이 자신의 메시지를 정확히 이해하였는지를 확인하고, 철저한 준비와 세심한 주의가 필요하다.

4-2 경영자의 커뮤니케이션 활동

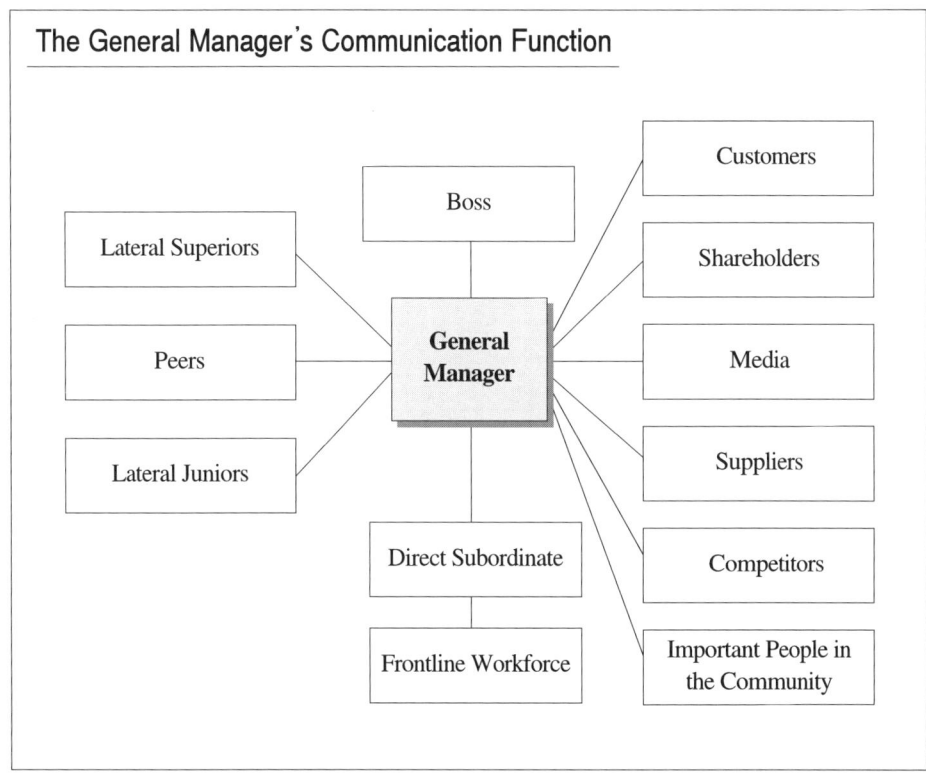

경영자의 일상 업무는 위로는 상사, 아래로는 부하, 옆으로는 동료, 바깥으로는 다양한 이해관계자들과 계속적인 커뮤니케이션을 하는 과정이라고 할 수 있다.
- 경영자는 비전과 전략을 수립하고 추진하는 과정에서 조직구성원들의 다양한 의견을 수렴하고 대화를 통해 합의를 이끌어 내야 한다. 또한 조직 내 갈등을 해소하고 종업원의 사기진작, 코칭, 업무평가 등을 위해서도 효과적인 커뮤니케이션이 중요하다.
- 경영자는 상사와 부하의 중간에 서서 양자의 서로 상이한 언어와 생각을 '통역' 할 수 있어야 한다. 즉 상사의 애매모호하고 추상적인 지시를 부하들이 이해할 수 있게 구체화하고, 현장의 구체적이고 기술적인 언어와 개념을 최고경영자가 쉽게 이해할 수 있게 정리할 수 있어야 한다.
- 경영자는 고객, 주주, 언론, 협력업체, 경쟁사, 지역주민 등 다양한 외부 이해관계자들과의 협력적인 관계를 구축하고 새로운 정보·아이디어·사업기회를 발견한다. 경영자의 대외 네트워크는 중요한 전략적 자산이며 조직 내 파워의 원천이 될 수 있다.

4-3 경영자의 업무시간 분석

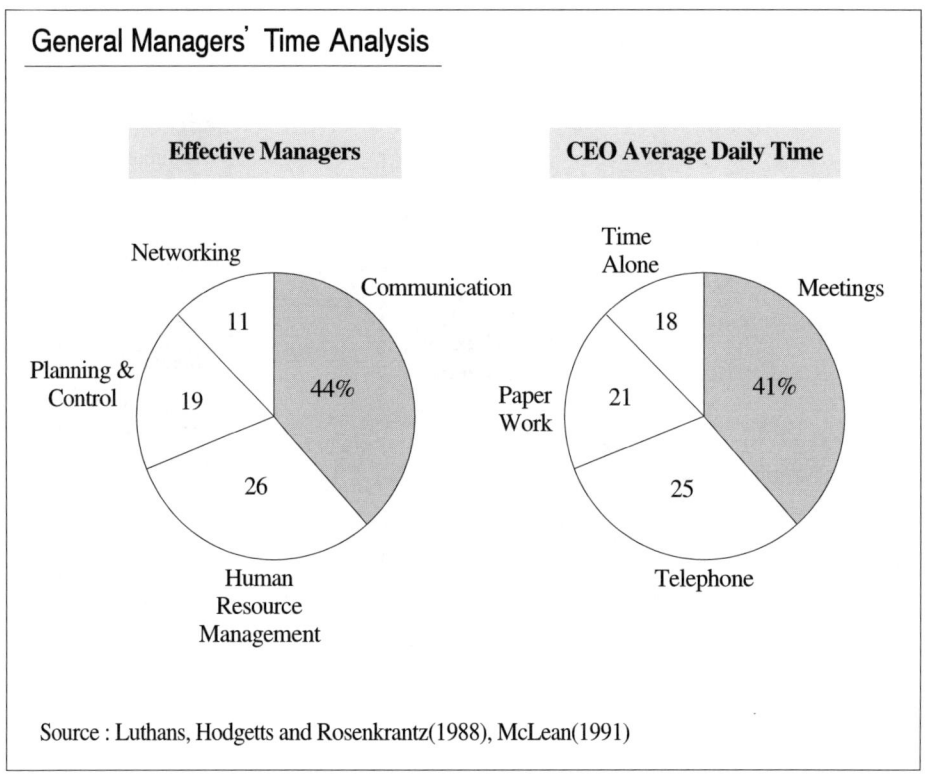

그림 4-3은 경영자의 업무활동 중 커뮤니케이션 활동이 가장 많은 시간을 차지하고 있음을 나타내고 있다.

- Luthans, Hodgetts, Rosenkrantz의 연구에 의하면, 효과적인 경영자는 전체 업무시간의 44%를 커뮤니케이션에 쓰고 있으며, 26%는 인사관리, 19%는 계획·통제, 11%는 네트워킹에 쓰고 있는 것으로 조사되었다.
- 맥킨지에서 분석한 대기업 CEO의 시간분포를 보면, 하루평균 41%를 각종 회의에 보내고 있으며, 25%는 전화통화, 21%는 각종 서류검토, 그리고 혼자 있는 시간은 18%인 것으로 나타났다.
- 경영자의 시간은 귀중한 자산이며, 자신의 한정된 시간을 어디에 쓸 것인가를 결정하는 것은 매우 중요한 전략적 판단이다.

4-4 커뮤니케이션의 유형

```
Types of Communication
```

	Direct	Indirect
Public	• Presentations • Speeches • Meetings	• Web • Memo • White paper • Newsletter • Annual reports
Private	• One-on-one conversation	• Letters • e-mail • Voice mail • Memo

Source : Clarke & Crossland, *The Leader's Voice*, 2002

커뮤니케이션의 형태가 공적(Public)인가 사적(Private)인가, 그리고 직접적(Direct)인가 간접적(Indirect)인가에 따라 다음의 4가지 유형으로 구분해 볼 수 있다.

- 공적 · 직접적 커뮤니케이션은 발표, 연설, 회의 등 다수를 대상으로 대면적인 접촉이 이루어지는 커뮤니케이션이다. 구두로 이루어지기 때문에 생생한 메시지 전달 및 쌍방향 커뮤니케이션이 가능하다.
- 공적 · 간접적 커뮤니케이션은 이메일, 공문, 보고서 등 다수를 대상으로 문서화된 내용을 전달하는 것이다. 의사소통이 일방적일 수 있고 생생한 메시지 전달에는 한계가 있을 수 있으나, 구체적인 기록을 남길 수 있고 보다 폭넓게 전파될 수 있는 이점이 있다.
- 사적 · 직접적 커뮤니케이션은 특정인을 대상으로 대면적인 접촉이 이루어지는 경우이다. 상사와의 일대일 면담, 동료간의 비공식적 대화 등 개인적인 이슈를 심도 있게 논의할 수 있는 이점이 있다.
- 사적 · 간접적 커뮤니케이션은 특정인을 대상으로 문서화된 내용을 전달하는 것이다. 개인적인 편지, 이메일, 전화응답 메시지 등이 여기에 속한다.

4-5 커뮤니케이션 과정 모델

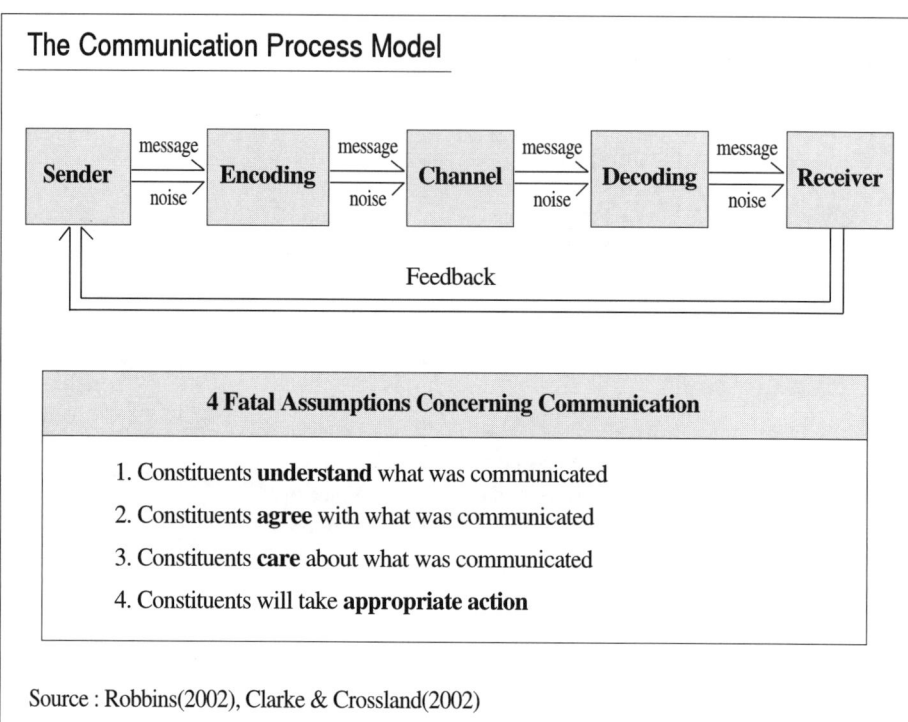

커뮤니케이션 과정 모델에 의하면, 커뮤니케이션은 다음과 같은 요인에 의해 메시지가 왜곡되고 변질될 수 있다.
- 송신자가 자신의 생각을 메시지로 기호화(Encoding)하는 과정에서 오류가 발생할 수 있다.
- 부적절한 채널의 선택 또는 언어의 문제로 메시지가 왜곡될 수 있다.
- 수신자에 의한 메시지의 해독과정에서 메시지가 변질될 수 있다. 특히 수신자에 의한 선택적 지각(Selective Perception), 여과(Filtering), 방어적 태도(Defensiveness)는 메시지 왜곡의 주요 원인이다.
- 주변환경의 잡음(Noise)이 메시지를 왜곡시킬 수 있다.

이와 같이 커뮤니케이션은 항상 오류가 발생할 수 있으므로, 철저한 준비와 세심한 주의가 필요하다. 그리고 상대방이 충분히 이해하였는지, 동의하였는지, 신경을 쓰는지, 적절한 행동을 취하였는지를 항상 확인할 필요가 있다.

4-6 효과적 커뮤니케이션을 위한 준비

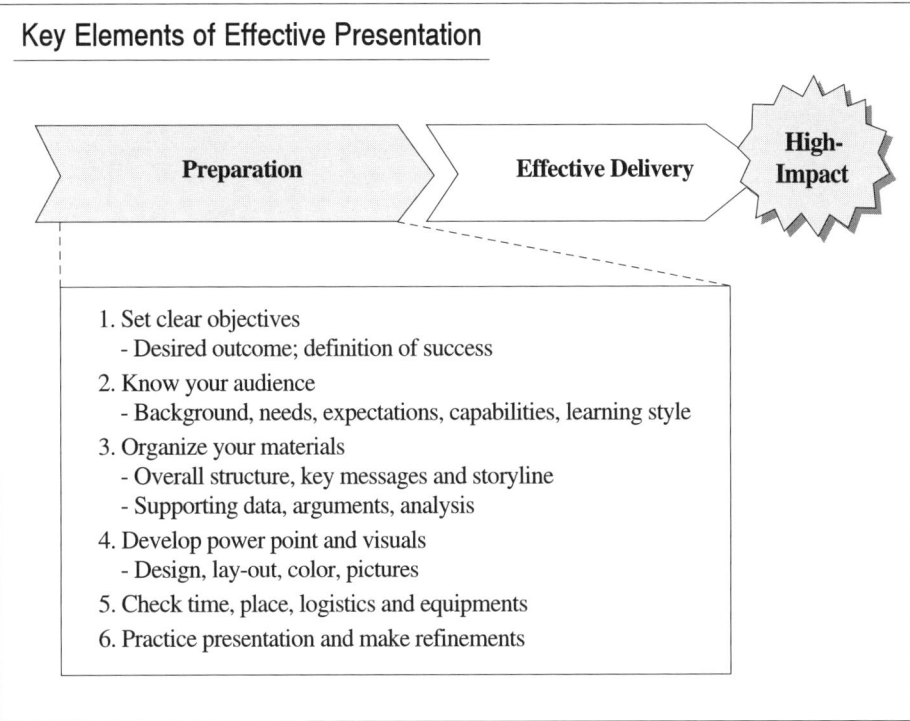

효과적인 커뮤니케이션은 철저한 준비를 통해 성공확률을 높일 수 있다. 발표를 준비할 경우, 다음 6가지 포인트에 유념할 필요가 있다.
1. 커뮤니케이션의 목적을 명확히 한다.
   - 달성하고자 하는 결과 및 성공의 기준을 명확히 한다.
2. 청중의 특성을 파악한다.
   - 참석자의 배경, 기대사항, 지식수준, 능력, 선호하는 학습방법 등을 사전에 세밀히 파악한다.
3. 발표할 내용을 구성한다.
   - 전반적인 구조, 메시지, 줄거리를 구상하고 논리, 분석, 자료를 통해 뒷받침한다.
4. 파워포인트 또는 시청각 교재를 준비한다.
   - 시각적 효과를 높일 수 있도록 디자인, 칼라, 그림 등에 신경을 쓴다.
5. 발표시간, 장소, 장비 등을 사전에 확인하여 실수가 없도록 한다.
6. 발표할 내용을 사전에 연습하고 완전히 숙지하여 자신감을 배양한다.

4-7 피라미드 원칙

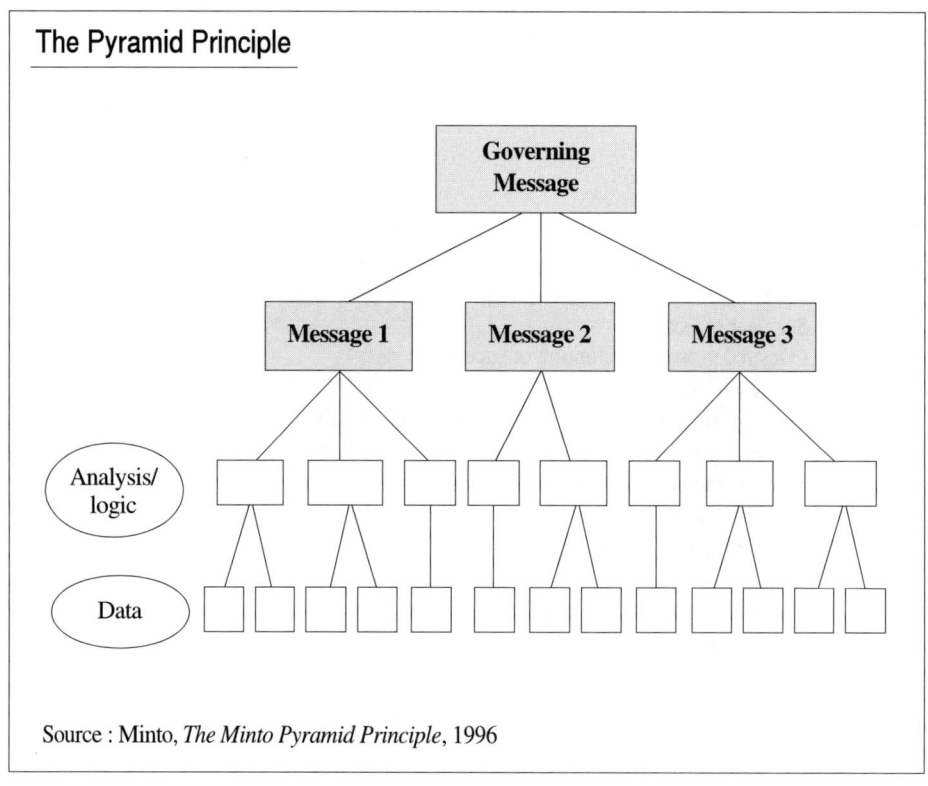

Source : Minto, *The Minto Pyramid Principle*, 1996

피라미드 원칙은 커뮤니케이션의 전체적인 구조와 메시지를 체계적으로 구성할 수 있는 매우 유용한 방법이다. 피라미드 원칙에 따라 전달하고자 하는 내용을 다음과 같은 몇 가지 단계로 구분하고 전체와 부분 간의 논리적 관계를 명확히 한다.

- 가장 상위의 개념으로 전체내용을 한 마디로 요약할 수 있는 핵심 메시지(Governing Message)를 도출한다. 고객의 관점에서 가장 의미 있는 결론이 무엇인지를 "So What?"을 계속적으로 물으면서 찾아낸다.
- 전체 메시지를 몇 개의 세부 메시지로 나누고 각 메시지의 내용을 구체화한다. 메시지간의 논리적인 관계를 생각하면서 스토리라인(Storyline)을 만든다.
- 각 메시지를 뒷받침하는 논리, 분석, 자료 등을 제시함으로써 메시지의 설득력을 높인다.
- 피라미드 원칙은 체계적이고 논리적인 사고의 틀을 제공함으로써, 메시지 구성 및 전달이 보다 명확해지고 커뮤니케이션 효과를 높일 수 있는 이점이 있다.

4-8 피라미드 원칙에 의한 Storyline 구성

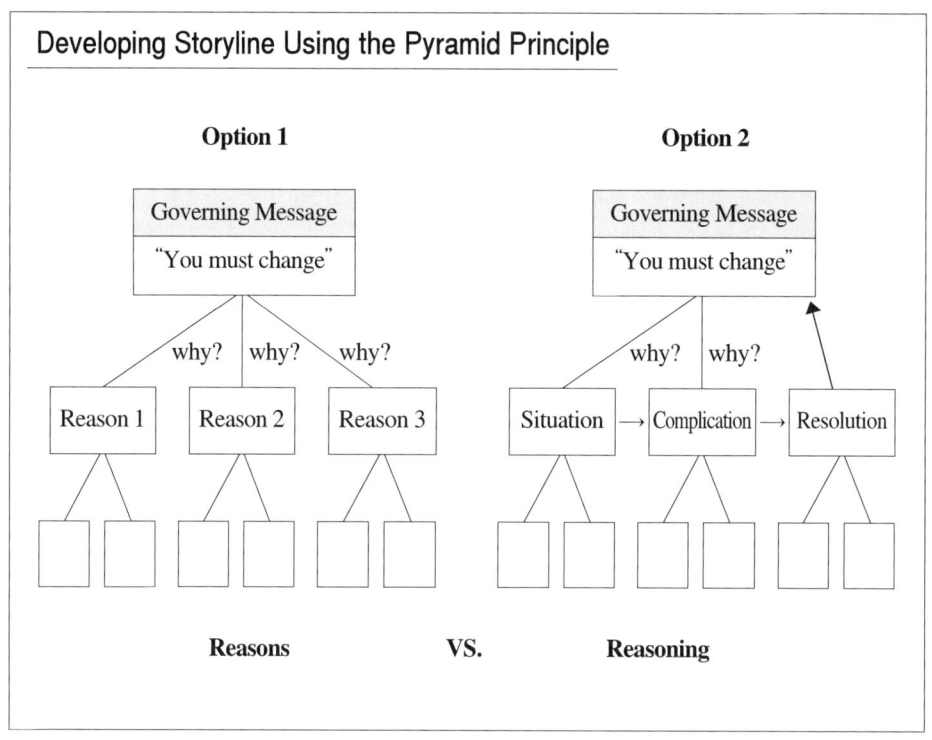

피라미드 원칙을 통해 메시지를 구성하는 방법에는 다음과 같은 두 가지 방법이 있다.
- 첫 번째 방법은 핵심 메시지를 논리적으로 분해하여 인과관계를 규명하고 근거를 제시하는 방법이다. 예를 들어, 핵심 메시지가 "변화해야 한다"라고 한다면, 변화해야 하는 이유를 체계적으로 규명하고, 각각의 메시지에 대해 논리적인 근거를 제시한다. 이와 같은 방법은 논리와 근거가 명확히 전달될 수 있다는 이점이 있으나, 다소 직설적이기 때문에 사람에 따라 거부반응을 일으킬 수 있고, 사람의 마음을 움직이기에는 한계가 있을 수 있다.
- 두 번째 방법은 스토리 형식으로 메시지를 전개하면서 결론을 도출하는 방법이다. 예를 들어, "변화해야 한다"는 메시지를 도출하기 위해 현재상황(Situation)을 설명하고, 현재 상황의 변화를 가져올 수 있는 위기와 도전(Complication)을 설명하면서 스스로 변화해야 한다는 결론에 도달할 수 있게 메시지를 구성하고 근거를 제시하는 것이다. 이와 같은 방법이 효과가 있기 위해서는 상대방의 마음을 이해하고 스토리를 설득력 있게 구성하고 설명할 수 있는 능력이 요구된다.

4-9 청중의 4가지 유형

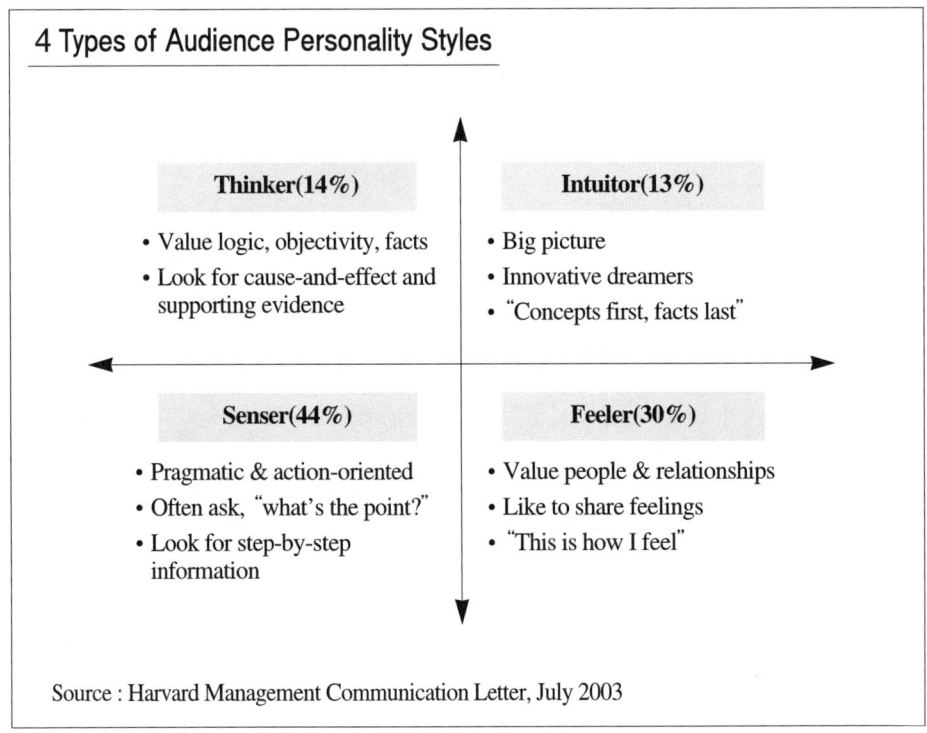

청중의 사고방식, 학습방법 및 선호하는 커뮤니케이션 스타일에 따라 다음과 같은 4가지 유형이 있다. 커뮤니케이션의 효과를 높이기 위해서는 이들 특성에 맞게 메시지와 전달방식을 차별화할 수 있다.

- 직관형(Intuitor)은 개념적이고, 상상력이 풍부하며, 큰 그림을 좋아한다. 직관형을 설득하려면 먼저 큰 그림과 개념을 설명하고 구체적인 사실은 뒤로 돌린다. 그리고 스스로 아이디어를 내는 것을 좋아하므로 그럴 수 있는 충분한 시간과 기회를 제공한다.
- 사고형(Thinker)은 논리와 객관성, 인과관계와 사실적 근거 등을 중시한다. 사고형을 설득하기 위해서는 논리적인 메시지 구성과 객관적인 근거의 제공이 필요하다.
- 감정형(Feeler)은 인간관계와 감정을 매우 중시한다. 감정형을 설득하기 위해서는 메시지의 인간적 측면을 강조하고 감정을 표현하고 공유할 수 있는 분위기를 조성한다.
- 감각형(Senser)은 매우 실용적이고 행동지향적인 사람들이다. 감각형을 설득하기 위해서는 현실적인 문제를 해결할 수 있는 구체적인 정보를 간결하게 제공하는 것이 효과적이다.

4-10 효과적 커뮤니케이션 체크 포인트

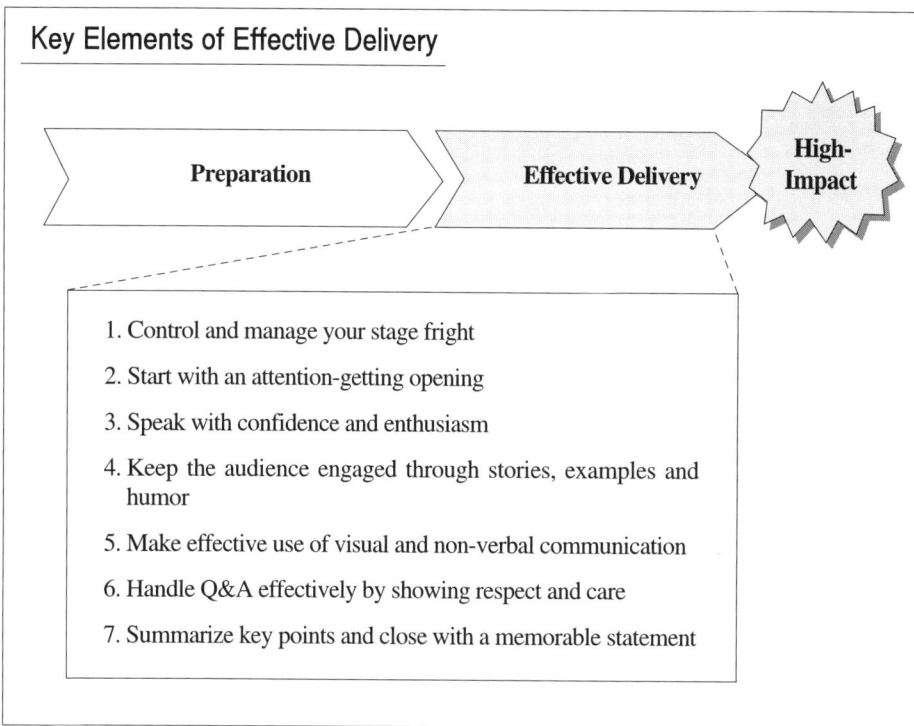

청중 앞에서 커뮤니케이션을 할 때 다음과 같은 사항에 유의한다.
1. 무대 공포증을 이해하고 극복한다.(다음 페이지 참조)
2. 초기에 청중의 관심을 끌 수 있는 메시지를 통해 관심을 집중한다.
3. 자신감과 열성을 갖고 커뮤니케이션을 한다.
4. 청중의 관심과 흥미를 제고할 수 있는 이야기, 사례, 유머 등을 적절히 활용한다.
5. 시각적 및 비언어적 커뮤니케이션을 효과적으로 활용한다.
6. 질의응답을 통해 청중의 참여를 유도하고 질문에 성의 있게 답변한다.
7. 핵심 포인트를 요약하고 기억에 남을 수 있는 인상적인 메시지를 남기고 발표를 마친다.

4-11 무대 공포증의 극복방안

```
Overcoming Stage Fright

                    1. Recognize that you are not alone in suffering
                       from stage fright
                    2. Be thoroughly prepared — know your subject,
                       audience, and the place
                    3. Think positively and visualize success
                    4. Use the energy generated by nervousness to
         Stage         create impact
         Fright     5. Concentrate on what you are to say, not how
                       you appear to the audience
                    6. Memorize the opening and closing remarks, if
                       necessary
                    7. Pick out a friendly face in the audience and talk
                       to that person
                    8. Be yourself — your sincerity and enthusiasm will
                       win over the audience
```

청중 앞에 서서 커뮤니케이션을 할 때에는 누구나 무대 공포증을 느끼게 되는데, 다음과 같은 방법으로 이를 극복할 수 있다.

1. 무대 공포증은 대다수의 사람들이 느끼게 되는 것이므로, 자기 혼자만의 문제가 아니라는 것을 인식한다.
2. 준비를 철저히 한다. 발표할 내용을 숙지하고 청중의 성격, 장소 등을 사전에 파악한다.
3. 긍정적으로 생각하고 성공하는 모습을 머리 속에 그린다.
4. 긴장감에 의해서 발생하는 에너지를 청중을 향해 생산적으로 활용한다.
5. 청중 앞에서 어떻게 보이는가보다 발표할 내용에 집중한다.
6. 필요하다면 서문과 맺음말을 암기한다.
7. 청중 중에서 호의적인 인상을 가진 사람을 골라, 그 사람을 보면서 말을 한다.
8. 항상 자기 자신이 된다. 자신의 진실성과 열성이 청중을 감동시킬 수 있다.

4-12 청중의 관심과 흥미를 제고하는 방법

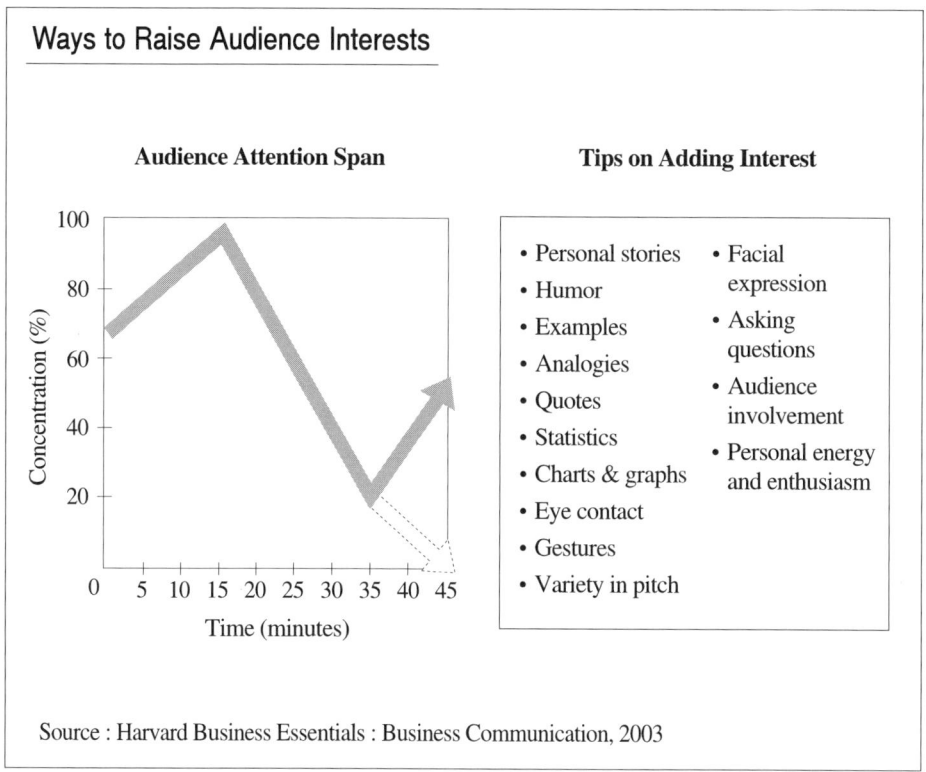

아무리 발표내용이 좋아도 청중의 관심을 끌 수 없으면 성공적인 커뮤니케이션이라고 볼 수 없다. 일반적으로 청중의 집중력은 첫 10~15분 동안에는 매우 높으나, 시간의 흐름에 따라 서서히 떨어지게 되며, 30분 이상이 지나면 급격하게 떨어지게 된다.

청중의 관심과 흥미를 제고하기 위해 다음과 같은 방법을 활용할 수 있다.

- 딱딱한 내용을 보완하기 위해 개인적인 이야기, 유머, 사례, 비유, 인용문 등을 선별적으로 사용한다.
- 의미 있는 통계, 차트, 그래프 등을 사용해서 메시지를 보강한다.
- 시선, 제스처, 목소리, 얼굴표정 등 비언어적 커뮤니케이션을 적절히 활용한다.
- 질의응답을 통해 청중의 참여를 유도한다.
- 에너지와 열성으로 청중을 감동시킨다.

4-13 이야기, 비유, 상징의 효과적 활용

Effective Use of Stories, Analogies, and Symbols

Stories	• Stories excite the imagination of the listeners and create a state of active thinking as they puzzle over the meaning of the story • To be vivid, a story should be about a real person, have a strong sense of time and place, and be told in colorful and animated language
Analogies	• A simple analogy can make data more understandable and memorable • For example, an acre is about the size of a football field, and a gigabyte of information is about the size of one thousand average-length novels
Symbols	• A picture is worth a thousand words • Facts alone seldom persuade and rarely inspire. Facts are meaningless without context or interpretation

이야기(Story), 비유(Analogy), 상징(Symbol) 등은 매우 효과적인 커뮤니케이션 방법이 될 수 있다.

- 이야기는 청중의 상상력을 자극하고 흥미를 유발할 수 있으며 보다 적극적인 사고를 하게 한다. 이야기는 긴장과 이완과정을 통해 청중의 관심을 끌 수 있으며, 이야기를 통해 얻어지는 교훈은 비교적 쉽게 이해할 수 있고 보편성을 갖는다. 이야기는 생생하게 전달되어야 효과가 있다. 등장인물, 시간과 장소 등은 현실성이 있어야 하고, 생동감 있는 언어와 표현을 쓰는 것이 효과적이다.
- 비유는 단순한 사실을 보다 의미있고 인상적으로 만들 수 있다. 예를 들어 1에이커(acre)의 땅을 축구운동장의 크기로 비유할 수 있고, 1기가바이트(gigabyte)의 정보량을 천권의 소설책으로 비유할 수 있다.
- 그림과 상징은 효과적인 커뮤니케이션 수단이 될 수 있다. 무미건조한 사실만으로는 사람을 설득하고 움직일 수 없으며, 객관적인 사실이라도 전체적인 맥락 및 해석이 없으면 의미가 없다.

4-14 효과적 설득의 조건

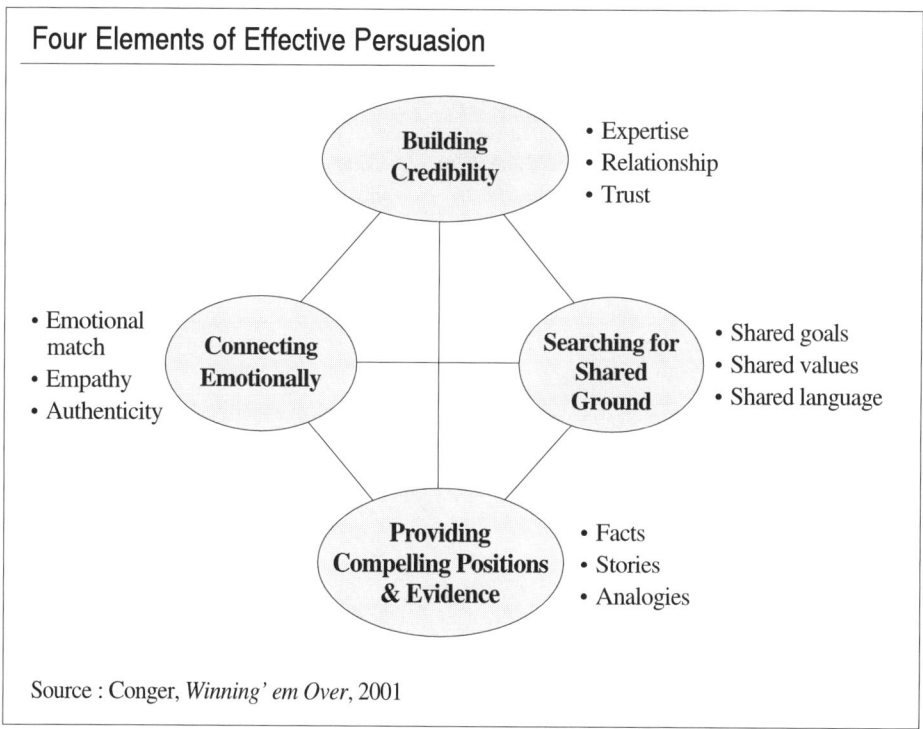

Conger 교수에 의하면, 효과적인 설득은 다음의 4가지 조건이 충족되어야 한다.
- 효과적인 설득은 설득자의 전문성과 상대방과의 신뢰관계에 기반을 두고 있다. 자신이 주장하고자 하는 내용에 대해 전문성이 입증되고 상대방과의 관계에 있어서 신뢰를 얻고 있다면, 그의 의견이 받아들여질 가능성은 매우 높다. 전문성과 신뢰관계가 부족할 경우, 권위 있는 외부전문가를 활용하거나 설득대상자와 이미 신뢰관계가 형성되어 있는 사람을 중재자로 활용해 볼 수 있다.
- 효과적인 설득자는 자신의 주장을 일방적으로 강요하지 않고, 상대방과의 공동의 목표, 이익, 가치를 강조하면서 Win-Win 대안을 모색한다.
- 상대방을 설득하는 데 있어서 추상적이고 복잡한 표현을 피하고, 상대방이 쉽게 이해할 수 있는 생생한 표현과 명확한 근거를 제시한다.
- 효과적인 설득자는 감정을 적절히 이용하여 상대방과 감성적 교감을 형성한다. 그러나 지나친 감정의 표현은 오히려 신뢰성을 떨어뜨릴 수 있으므로 적절한 균형과 절제가 요구된다.

4-15 설득의 6가지 원칙

6 Principles of Persuasion

Principle of	Key Points	Application to Persuasion
Liking	People like those who like them ⇨	Uncover real similarities and offer genuine praise
Reciprocity	People repay in kind ⇨	Give first what you want to receive
Social Proof	People follow the lead of similar others ⇨	Use peer power to exert influence horizontally
Consistency	Once people take a stand, they prefer to stick to it ⇨	Make their commitments active, public, and voluntary
Authority	People defer to experts ⇨	Establish expertise before influencing
Scarcity	People want more of what they can have less ⇨	Highlight unique benefits and exclusive information

Source : Cialdini, *Influence*, 2000

Cialdini 교수는 설득의 심리학적 연구를 통해 다음과 같은 6가지 원칙을 도출하였다.

1. 호감의 원칙(Principle of Liking) : 사람들은 자기 자신을 좋아하는 사람들을 좋아한다. 따라서 상대방과 공통점(예를 들어 나이, 학교, 종교, 취미 등)을 발견하고 상대방을 진심으로 칭찬함으로써 설득의 효과를 높일 수 있다.
2. 호혜주의 원칙(Principle of Reciprocity) : 사람들은 받은 것만큼 갚는다. 따라서 상대방을 설득하고 움직이려면, 받고자 하는 것을 먼저 제공한다.(예를 들어 선물, 미소, 무료샘플 등)
3. 사회적 증명의 원칙(Principle of Social Proof) : 사람들은 비슷한 사람들의 행동을 따른다. 그러므로 동료그룹이 취한 행동을 보여줌으로써 설득의 효과를 높일 수 있다.
4. 일관성의 원칙(Principle of Consistency) : 사람들은 한번 선택한 입장이 있으면, 이를 계속적으로 유지하려는 성향이 있다. 그러므로 상대방이 적극적이고 공개적으로 바람직한 입장을 밝히게 함으로써 이를 계속적으로 유지하게 할 수 있다.
5. 권위의 원칙(Principle of Authority) : 사람들은 전문가의 의견을 따른다. 그러므로 설득을 하기 전에 전문성을 확보하고 이를 밝히는 것이 효과적이다.
6. 희소성의 원칙(Principle of Scarcity) : 사람들은 희소한 것을 더욱 원한다. 따라서 한정된 공급, 한정된 시간, 배타적 정보 등을 강조함으로써 상대방을 움직일 수 있다.

4-16 효과적 회의의 중요성

Importance of Effective Meetings

- Many executives spend over 50 percent of their time in meetings, and important decisions are almost always reached in management meetings
- However, meetings are often tedious, painful, inefficient and ineffective, wasting time, talent and other resources
- Bad meetings cost organizations billions of dollars in lost time and lost opportunities, and negatively affect the organization's climate and culture
- The skill to manage a productive meeting is one of the most critical asset for executives and professionals

Source : Ware(1991), Streibel(2003), Lencioni(2004)

- 경영자들은 업무시간의 50% 이상을 회의로 보내고 있으며, 기업의 중요한 결정들은 대부분 회의를 통해서 이루어진다.
- 그러나 많은 경우에 회의는 비생산적이고 비효율적으로 운영된다. 회의가 너무 많다거나 너무 지루하고 고통스러우며, 많은 사람의 시간을 낭비한다는 불만이 자주 제기된다.
- 비생산적인 회의운영은 조직에 엄청난 금전적 손실을 초래하고 있으며, 조직의 문화와 분위기에도 부정적인 영향을 미친다.
- 그러므로 생산적이고 효과적인 회의를 운영하는 능력은 경영자의 중요한 역량이라고 볼 수 있다.

4-17 효과적 회의운영의 주요활동

Key Elements of Effective Meetings

Prepare for the Meeting	Conduct the Meeting	Close the Meeting

• Set clear goals & objectives
• Develop the agenda
  - topics
  - sequence
  - timing
• Select participants
• Set time & place
• Collect relevant information and prepare materials
• Finalize & distribute the agenda
	• Establish ground rules and assign roles
	• Review and discuss the agenda
	• Encourage discussion & manage participation
	• Keep the discussion on track
	• Reach a decision based on consensus
	• Plan action and make assignments
		• Summarize the main points, decisions, actions and assignments
		• Sketch the agenda for the next meeting, if any
		• Express appreciation for the participants
		• Evaluate the meeting through participants feedback

Source : Ware(1991), Streibel(2003)

효과적인 회의운영은 다음과 같은 활동들을 수반한다.

1. 회의 준비
   - 회의의 목표를 명확히 하고, 토의할 주제를 선정한다.
   - 참석인원을 선정하고, 회의 시간과 장소를 정한다.
   - 기초조사를 통해 회의 내용물을 준비하고, 회의의제를 사전에 배포한다.
2. 회의 운영
   - 회의 운영원칙을 정하고 역할분담을 한다.
   - 회의 의제를 검토하고 토의한다. 실질적인 토의가 이루어질 수 있도록 사람들의 참여를 유도하고 일정관리를 철저히 한다.
   - 합의에 의한 의사결정을 이루고, 결정된 사항이 실행될 수 있도록 역할분담을 한다.
3. 회의 종료
   - 회의의 주요내용과 결정사항을 요약하고, 회의를 종료한다.
   - 참석자들에게 감사의 표시를 하고 회의 운영에 대한 사후평가를 한다.

4-18 회의의 일반적 문제점

Common Problems of Bad Meetings

1. The meeting takes too long and accomplish too little
2. Meeting is held for the wrong reason or no reason at all
3. Agenda setting is unfocused and undisciplined
4. Participants don't know what to expect or how to contribute
5. Key people don't show up or arrive late or leave early
6. Meeting is dominated by a few people
7. Discussion is boring, tedious and gets off track
8. The meeting is not structured to produce real decision
9. Meeting ends without any plans of action

Source : Streibel(2003), Mankins(2004), Lencioni(2004)

비생산적인 회의는 일반적으로 다음과 같은 문제점을 보인다.
1. 회의가 너무 오래 걸리고 이룩하는 것이 너무 없다.
2. 회의가 필요 없는데도 열리거나 잘못된 목적을 갖고 열린다.
3. 회의 의제가 명확하지 않고 산만하다.
4. 참석자들은 회의의 목적도 모르고 어떻게 기여해야 하는지도 모른다.
5. 핵심 인물들이 회의에 참석하지 않거나 늦게 도착하고 일찍 떠난다.
6. 회의가 몇 사람에 의해 지배된다.
7. 토의가 지루하고 산만하며, 본 의제에서 자주 벗어난다.
8. 회의가 실질적인 의사결정이 이루어질 수 없게 운영된다.
9. 회의가 아무런 실행계획도 없이 종료한다.

4-19 회의운영 개선방법

Seven Techniques for More Effective Meetings

1	Separate operations and strategy meetings
2	Focus on decisions, not on discussions
3	Prioritize agenda issues based on "value at stake"
4	Get non-essential issues off the agenda as quickly as possible
5	Put real choices on the table (e.g. at least 3 alternatives)
6	Adopt common decision-making processes and standards
7	Make decisions stick (e.g. performance contracts)

Source : Mankins, "Stop Wasting Valuable Time," HBR Sept. 2004

Mankins는 효과적인 회의운영을 위해 다음과 같은 개선방법을 제안하였다.
1. 일상적 업무와 전략적 의사결정을 분리하여 별도로 회의를 진행한다.
2. 토의를 위한 토의가 되지 않도록, 실질적인 의사결정에 초점을 두고 회의를 진행한다.
3. 회의 의제의 우선순위를 명확히 하고, 우선순위의 기준은 경영성과 또는 기업가치에 대한 기여도로 한다.
4. 지엽적인 이슈들은 회의 의제에서 과감하게 삭제한다.
5. 실질적인 선택(예를 들어 3개의 전략적 대안)을 놓고 토의를 한다.
6. 공통적인 의사결정 프로세스와 기준을 적용한다. 예를 들어 모든 의사결정에 있어서 객관적 사실을 중시하고, 3개 이상의 대안을 도출하며, 합의에 의해 최종결정을 내린다는 원칙을 세우고 이를 준수한다.
7. 결정된 사항이 착오 없이 실행될 수 있게 한다. 예를 들어 실행책임자와 성과계약(Performance Contract)을 체결함으로써 책임의식을 고취한다.

4-20 회의의 4가지 유형

Four Different Types of Meetings

Meeting Type	Time Required	Purpose and Format
Daily Check-in	5 minutes	• Share daily schedules and activities • Keep it administrative
Weekly Tactical	45~90 minutes	• Review weekly activities and metrics • Resolve tactical issues and postpone strategic discussions
Monthly Strategic (or Ad Hoc Strategic)	2~4 hours	• Discuss and decide critical issues affecting long-term success • Be prepared and engage in good conflict
Off-site Review (Quarterly or Annual)	1~2 days	• Get out of office • Review strategy, organization, personnel and other long-term issues

Source : Lencioni, *Death by Meeting*, 2004

회의의 문제점을 분석한 Lencioni는 회의를 다음과 같은 4가지 유형으로 나누어서 진행할 것을 권장한다.
1. 일일 체크인(Daily Check-in)은 하루 업무가 시작되기 전에 5분 정도 모여서 그날의 일정과 주요 활동을 간략히 공유하는 시간이다.
2. 주간 업무회의(Weekly Tactical)는 그 주의 주요활동 및 성과를 검토하고, 운영상의 이슈들을 토의한다. 소요시간은 45~90분이며, 전략적인 이슈들은 여기서 다루지 않고 전략회의로 넘긴다.
3. 월간 전략회의(Monthly Strategic)는 회사의 장기적인 성공에 영향을 미치는 핵심 이슈들을 토의하고 결정한다. 회의를 위한 사전준비가 요구되며, 2~4시간 동안 심도 있고 활발한 토의가 이루어진다.
4. 오프사이트 회의(Off-site Review)는 분기별 또는 1년에 한두 번 회사 바깥에서 이루어진다. 주로 회사의 전략, 조직, 인사와 관련된 중장기적 이슈들을 토의 형식으로 진행하고 팀 빌딩을 위한 비공식적인 행사도 수행한다.

4-21 회의 의제의 준비

Developing the Meeting Agenda

Date : September 4, 2005
Time : 10:00-11:20 a.m
Purpose : Decide on marketing strategy of product XYZ

Time	What	Who
10:00-10:10	• Welcome & introduction • Review agenda	Tom
10:10-10:30	• Information on XYZ market(attached report) • Outline of 3 options for marketing XYZ	Marry
10:30-11:00	• Discussion of options • Decision on best course of action	All
11:00-11:15	• Assignment of tasks & next steps	Tom
11:15-11:20	• Summary of main points and discussion of next steps	Tom

Attached documents :
· Information on XYZ market
· Outline of 3 options
· List of meeting participants

회의가 효율적으로 이루어지기 위해서는 회의의제(Meeting Agenda)를 사전에 준비할 필요가 있다. 그림 4-21은 회의의제를 예시적으로 보이고 있는데, 이와 같은 내용을 준비하기 위해서는 다음과 같은 사항에 유의할 필요가 있다.

1. 회의의 목적과 기대성과를 명시한다.
2. 회의의제 및 주요활동들이 명확하게 정리되어 있고, 진행순서가 논리적이어야 한다.
3. 각 의제 및 활동들의 진행책임자를 명시한다.
4. 각 의제별 시작과 종료시간을 명확히 한다.
5. 회의의 시간, 장소, 참석자를 명시한다.
6. 회의의제와 첨부자료를 참석자들에게 사전에 배포한다.

4-22 그룹 문제해결의 장·단점

Strengths and Weaknesses of Group Problem-Solving

Strengths(+)
- Diversity of perspectives and problem-solving approaches
- More knowledge, information and better quality solution ideas
- Greater understanding and commitment due to participation and engagement

Weaknesses(-)
- Time consuming
- Pressure to conform
- Advocacy and individual domination
- Diffusion of responsibility

Source : Ware, "Problem-Solving and Conflict Resolution in Groups," 1991

회의를 통한 그룹 문제해결은 다음과 같은 장·단점이 있다.
1) 그룹 문제해결의 장점
   - 다양한 시각과 문제해결 방식을 적용할 수 있다.
   - 보다 풍부한 지식, 정보, 아이디어로 해결안의 질을 높일 수 있다.
   - 문제해결에 직접 참여함으로써 문제를 보다 잘 이해하고 실행과정에서 보다 협조적이 될 수 있다
2) 그룹 문제해결의 단점
   - 혼자 작업하는 것에 비해 시간이 많이 소요된다.
   - 집단적 사고의 영향을 받을 수 있다.
   - 특정 개인의 과도한 영향을 받을 수 있다.
   - 책임이 분산되어 업무추진이 지연될 수 있다.

4-23 회의운영의 리더십 기능

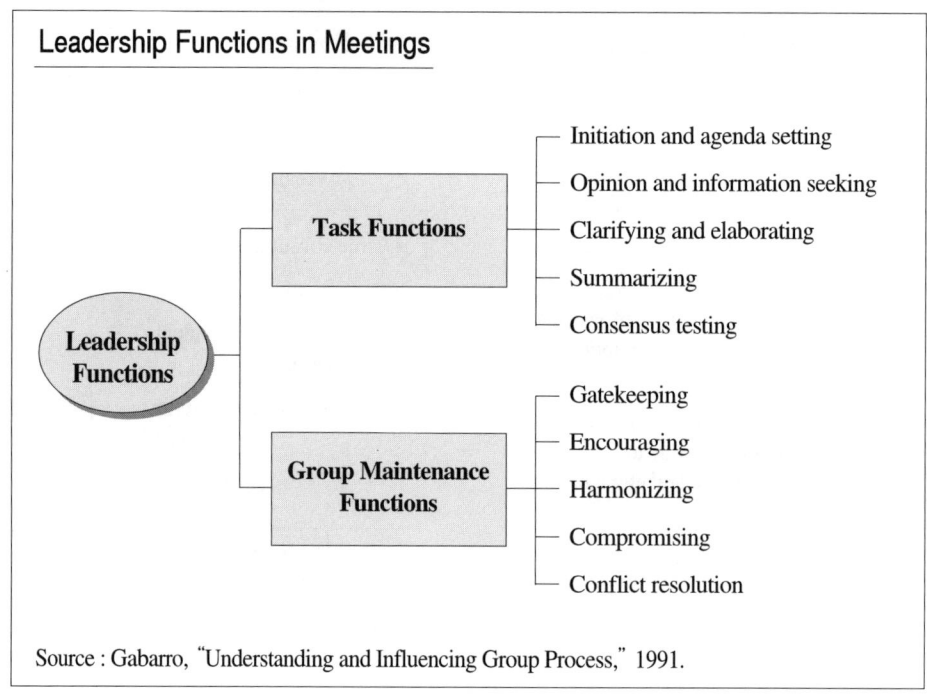

회의운영에 필요한 리더십 기능은 과제수행기능과 그룹유지기능으로 구별해 볼 수 있다.
- 과제수행기능(Task Performance)은 업무를 성공적으로 완수하는 기능으로서 다음과 같은 활동을 포함한다.
  - 의제설정
  - 의견수렴
  - 쟁점사항의 명확화
  - 토의내용의 요약
  - 합의도출
- 그룹유지기능(Group Maintenance)은 그룹 역학관계를 효과적으로 운영·유지하는 기능으로서 다음과 같은 활동을 포함한다.
  - 균등한 참여 유도
  - 동기부여
  - 의견조정
  - 갈등조정 및 해결

4-24 리더십 의사결정 스타일의 유형

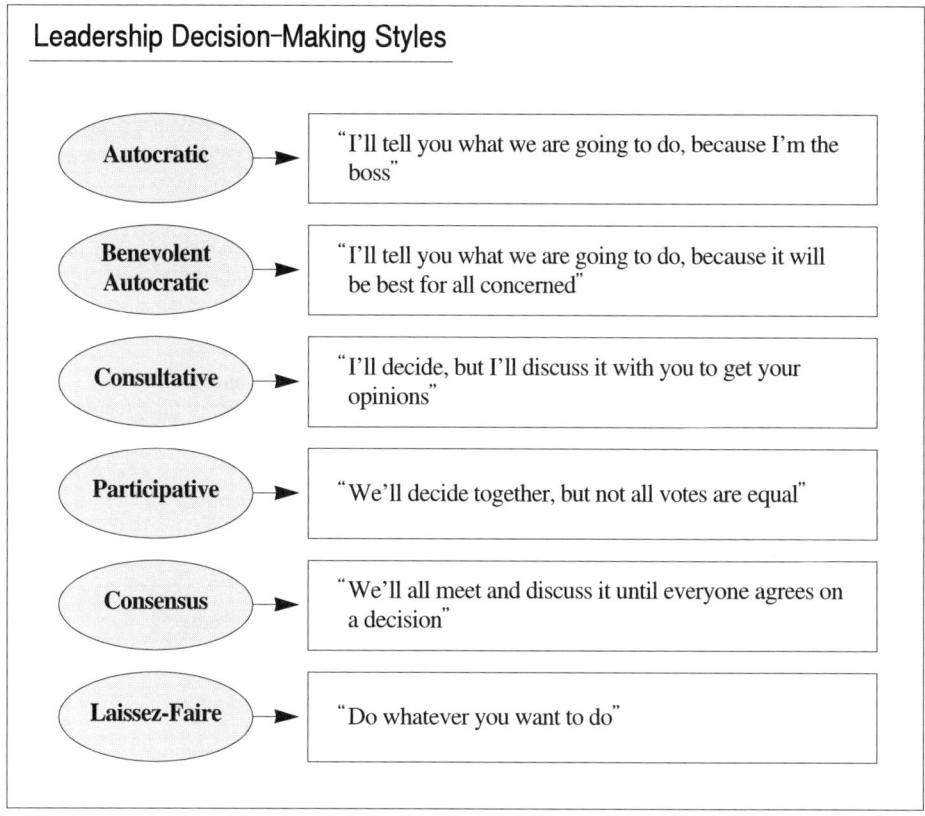

리더의 의사결정 스타일을 다음의 6가지 유형으로 구분해 볼 수 있다.
- 독재형(Autocratic)은 조직구성원의 의견에 관계없이 일방적으로 결정을 내리는 강제적인 스타일이다.
- 계도형(Benevolent Autocratic)은 독재형과 유사하지만, 자신의 결정을 조직의 관점에서 설득하고 설명한다.
- 논의형(Consultative)은 자신이 최종적인 결정을 하지만, 사전에 상대방의 의견을 듣고 결정한다.
- 참여형(Participative)은 다양한 사람들의 참여를 통해 공동으로 의사결정을 하지만, 모든 사람들의 의견이 동등한 비중을 갖는 것은 아니다.
- 합의형(Consensus)은 모든 구성원들의 합의와 찬성이 있을 때까지 논의를 진행한다.
- 자유방임형(Laissez-Faire)은 모든 권한을 위임하는 방관적인 자세이다.

4-25 그룹 역학관계 분석

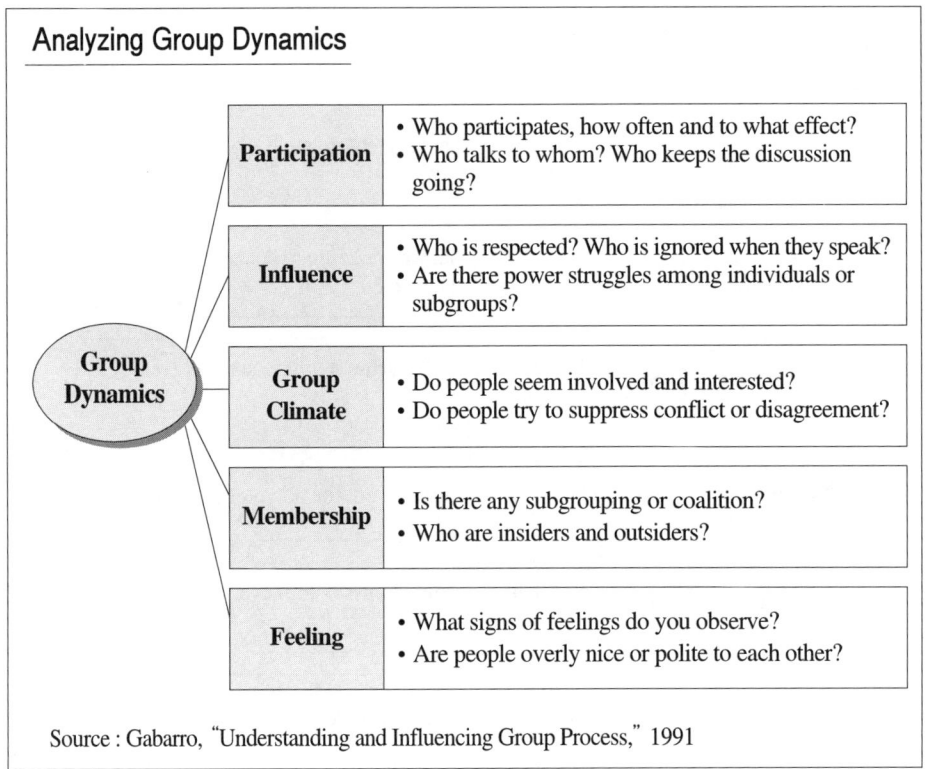

회의를 효과적으로 운영하기 위해서는 그룹 역학관계를 이해하고 관리할 필요가 있다. 다음은 그룹 역학관계 분석을 위한 체크 포인트이다.
- 참여도 : - 구성원 중 누가, 언제, 그리고 어느 정도로 회의과정에 참여하는가?
          - 누가 누구에게 말을 하고, 누가 토론을 이끌어 가는가?
- 영향력 : - 누가 존경을 받는가? 누가 말할 때 무시되는가?
          - 개인 또는 그룹 간에 권력투쟁은 없는가?
- 그룹분위기 : - 사람들이 진지하게 관심을 갖고 참여하는가?
             - 갈등이나 의견의 불일치를 억제하는 분위기인가?
- 소속감 : - 그룹 내부에 파벌 및 동맹관계가 있는가?
          - 누가 내부인이고, 누가 외부인인가?
- 감정 : - 어떤 감정을 느끼고 관찰할 수 있는가?
        - 사람들은 서로간에 지나치게 친절하거나 공손하지 않는가?

4-26 경청의 기술

Effective Listening

Poor Listener	Good Listener
• Is passive, laid back	• Listens actively, asks questions
• Is easily distracted	• Focuses attention, resists distraction
• Is minimally involved	• Makes eye contact, shows interest
• Tunes out if delivery is poor	• Listens for ideas, central themes
• Has preconception and argues	• Does not judge until comprehension is complete

Listening involves the skill of grasping and interpreting a message's genuine meaning. It requires attention, energy and care for others

Source : Daft, *Leadership*, 1999

말을 많이 하는 것보다 남의 말을 잘 듣고, 상대방 메시지의 의미를 정확히 파악하는 것은 대단히 중요한 커뮤니케이션 스킬이다. Peter Drucker는 경영자의 가장 중요한 덕목으로 "Listen first, speak last"를 강조하였다. 효과적인 경청은 많은 노력과 에너지가 요구되는데, 다음은 효과적인 경청을 위한 몇 가지 행동기준이다.
- 적극적인 자세로 듣고 질문을 통해 의미를 명확히 한다.
- 상대방과 시선을 맞추고 관심을 보인다.
- 비록 전달능력이 떨어지더라도 상대방의 핵심 아이디어와 메시지에 집중한다.
- 편견을 갖지 말고, 말이 다 끝날 때까지 경청한다.

4-27 질문을 통한 커뮤니케이션

Asking Questions to Get to the Heart of an Issue

ABC's Objective Statement

"We will increase sales by 8 percent next year, even though the market is flat"

Questions to Probe

- Where will the increase come from?
- What products will generate the growth?
- Who will buy them and why?
- What will be our competitor's response?
- What will our milestones be at the end of the first quarter?
- Are the right people in charge of getting it done?
- What are the obstacles for effective implementation?

Source : Bossidy & Charan, *Execution*, 2002

    질문은 대단히 중요한 문제해결 및 커뮤니케이션 수단이다. 예리한 질문을 통해 문제의 핵심을 파악하고, 상대방의 생각을 명확히 할 수 있으며, 문제해결의 새로운 돌파구를 찾을 수 있다. 예를 들어, ABC 사업의 매출액을 8% 늘리겠다는 보고를 들었다면, 다음과 같은 질문을 통해 문제의 핵심을 파악하고 전략을 보다 구체화할 수 있다.
- 매출증대가 어느 사업, 어느 제품에서 나올 것인가?
- 누가 ABC 제품을 구매할 것이며 왜 구매할 것인가?
- 경쟁사의 반응은 어떠할 것인가?
- 다음 분기까지의 목표 및 성과지표는 무엇인가?
- 책임자는 누구이며 적절한 인력이 배치되었는가?
- 예상되는 실행상의 문제점 및 장애요인은 무엇인가?

4-28 집단적 사고의 문제점과 극복방안

Symptoms of Groupthink and Ways to Overcome It

Symptoms
- Pressure to conform to majority opinion
- Collective rationalization to discount negative information
- Unwarranted optimism and illusion of invulnerability
- Stereotypes of the opposition as evil or stupid

Groupthink

How to Overcome Groupthink
- Legitimize and encourage dissenting points of view
- Appoint a devil's advocate
- Involve an independent outsider
- Look outside for best practices and benchmarks
- Set up a parallel process to work on the same situation
- Set aside time to step back and evaluate what is going on

Source : HBS Note 9-800-333

집단적 사고(Groupthink)는 구성원들이 서로의 생각이나 의견을 일치하려는 성향을 말하는데, 여러 가지 부작용을 초래할 수 있다. 구성원들이 만장일치의 압력을 받으면서 자신의 의견을 표출하지 않고 전체의 의견을 무비판적으로 따르게 될 수 있으며, 집단적 합리화를 통해 부정적인 정보나 경고에 귀를 기울이지 않고 지나친 낙관주의의 함정에 빠질 수 있다. 집단적 사고를 극복하기 위해서는 다음과 같은 방법을 생각할 수 있다.

- 반대되는 의견이 있더라도 이를 진지하게 경청하고 자유롭게 토의할 수 있는 분위기를 조성한다.
- 토론과정에서 의도적으로 악역을 지정해 그룹의견에 대해 문제제기를 하거나 비판적 기능을 수행한다.
- 객관적인 제3자를 초빙하여 독립적인 의견을 듣고 외부관행을 벤치마킹한다.
- 같은 문제에 대해 서로 상이한 방법을 동시에 추구해 보고, 지금까지의 과정을 객관적으로 평가해 본다.

4-29 단계별 합의도출

Building Consensus Phase by Phase

Phase		Consensus Yes	Consensus No
Phase 1	Perception : Is there a problem?	☐	☐
Phase 2	Definition : What is the problem?	☐	☐
Phase 3	Analysis : Why does the problem exist?	☐	☐
Phase 4	Alternatives : What are some possible solutions?	☐	☐
Phase 5	Evaluation : Which alternatives are better?	☐	☐
Phase 6	Decision Making : Which solution can we agree on?	☐	☐

Source : Straus, *How to Make Collaboration Work*, 2002

 회의운영에 있어서 가장 바람직한 의사결정 방식은 전구성원의 합의에 의한 의사결정이라고 할 수 있는데, 다양한 의견의 차이로 인하여 합의가 쉽게 이루어지지 않는 경우가 많다. 최종안에 대해 합의를 강요하거나 너무 급격하게 합의도출을 할 경우 오히려 부작용을 초래할 수 있으므로, 다음과 같이 각 단계별로 합의를 도출하는 점진적인 방법이 보다 효과적이다.

1. 문제의 인식 : 과연 문제가 있는가?
2. 문제의 정의 : 무엇이 문제인가?
3. 분석 : 왜 문제가 존재하는가?
4. 대안 : 문제해결의 대안은?
5. 평가 : 어떤 대안이 가장 좋은가?
6. 의사결정 : 어떤 해결책에 합의할 수 있는가?

 이와 같이 각 단계별로 합의가 이루어지면 최종결론에 대한 합의도 자연스럽게 이루어질 수 있다.

4-30 회의평가 양식

Meeting Evaluation Form

Evaluation Items	Yes 1	Somewhat 2	No 3
The meeting started on time	1	2	3
The meeting followed the agenda	1	2	3
Everyone observed the ground rules	1	2	3
Everyone came prepared	1	2	3
Everyone participated	1	2	3
Communication was courteous and constructive	1	2	3
The meeting followed a process for solving problems	1	2	3
The meeting accomplished the purpose	1	2	3
Follow-up actions were done and reported on time	1	2	3
Leadership was effective	1	2	3
The meeting ended on time	1	2	3

Source : Arredondo, *Communicating Effectively*, 2000

회의운영은 참석자들에 의한 평가와 피드백을 통해 개선될 수 있다. 다음은 회의를 평가하기 위한 주요 체크 포인트이다.
- 회의는 예정된 시간에 시작되었다.
- 회의는 준비된 의제에 따라 진행되었다.
- 모든 참석자들이 회의 운영원칙을 준수하였다.
- 모든 참석자들이 사전준비를 하였고 회의에 적극적으로 참여하였다.
- 의사소통은 원활하고 건설적이었다.
- 문제해결을 위한 일정한 프로세스를 따랐다.
- 회의는 목적을 달성하였다.
- 사후관리가 이루어지고 적시에 보고가 되었다.
- 회의운영의 리더십이 효과적이었다.
- 회의는 예정된 시간에 종료되었다.

제5장

동기부여와 조직활성화

전략적 리더십

5-1 동기부여의 중요성

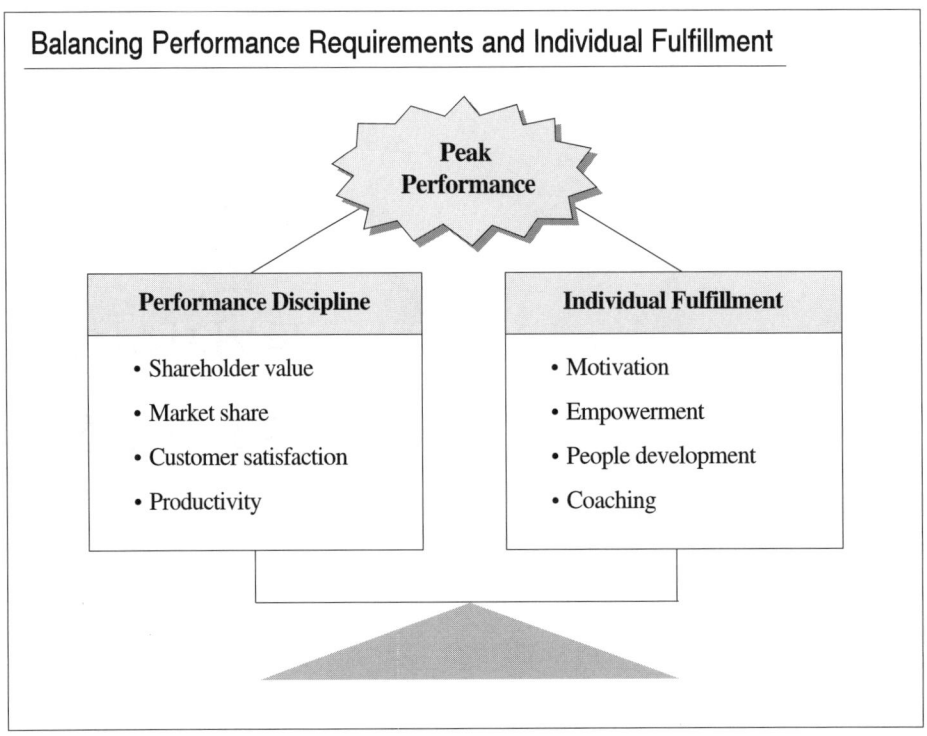

- 동기부여(Motivation)란 업무수행 및 목표달성을 위해 자신의 노력을 최대한 발휘하게 하는 내부적 또는 외부적 힘이다. 동기부여는 조직에 활력을 불어넣고, 사람들로 하여금 자발적 의지와 열정을 갖고 업무에 전념하게 함으로써 조직의 성과에 지대한 영향을 미친다.
- 기업이 지속적으로 높은 성과를 달성하기 위해서는, 업무적 측면의 성과규율(Performance Discipline)과 인간적 측면의 종업원만족(Individual Fulfillment)이 균형과 조화를 이루어야 한다. 종업원 만족은 동기부여, 임파워먼트, 능력개발, 코칭 등을 통해 향상될 수 있다.
- 전통적 경영은 당근과 채찍을 통해 부하들을 통제하고 성과를 관리하였다. 이 경우 사람들은 보상을 받기 위해 또는 벌을 받지 않기 위해 최소한의 노력을 하지만 마음속으로부터 우러난 최선의 노력을 하지는 않는다. 이에 비해 진정한 리더십은 부하들의 다양한 욕구를 잘 이해하고 이를 충족시킬 수 있는 동기부여 방법을 활용하여 개인의 목표와 조직의 목표가 일치하도록 노력한다.

5-2 동기부여 이론

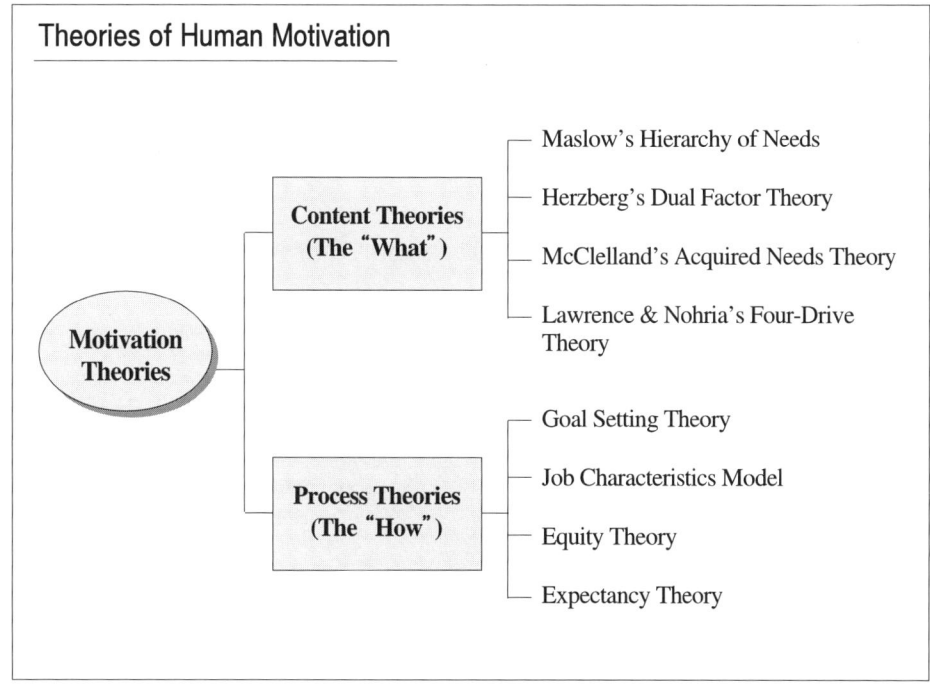

동기부여는 개인의 욕구(Need)에 의해 발생하며, 이를 설명하는 다양한 이론들이 있다. 리더는 이와 같은 다양한 이론들을 숙지하고, 조직 상황에 맞는 이론과 방법론을 활용할 수 있다.

- 내용이론(Content Theory)은 인간의 욕구와 동기의 실질적인 내용에 초점을 둔다.
  - Maslow의 욕구단계론
  - Herzberg의 2요인이론
  - McClelland의 성취동기이론
  - Lawrence와 Nohria의 동기이론
- 과정이론(Process Theory)은 동기부여가 이루어지는 과정에 초점을 둔다.
  - 목표설정이론(Goal Setting Theory)
  - 직무특성이론(Job Characteristics Model)
  - 공정성이론(Equity Theory)
  - 기대이론(Expectancy Theory)

5-3 Maslow의 욕구단계론

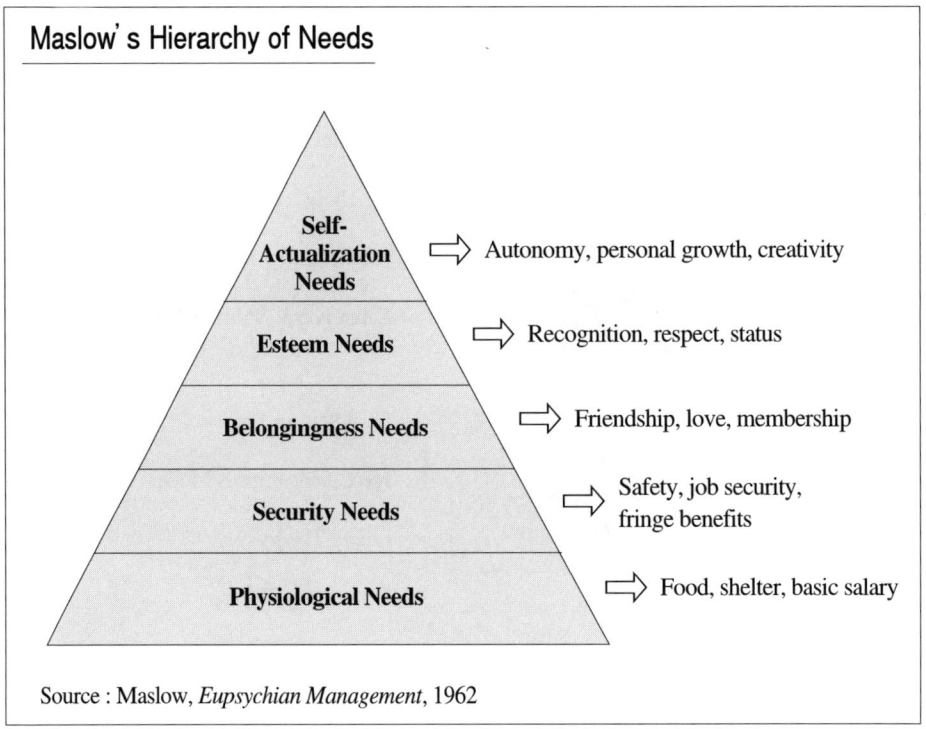

Maslow의 욕구단계론은 가장 고전적인 동기부여 이론으로서, 모든 개인에게는 기본적인 욕구가 있고 다음과 같은 5단계의 계층적 구조를 형성한다고 본다.
- 생리적 욕구(Physiological Needs) : 의·식·주 등 인간의 가장 기본적인 욕구
- 안전욕구(Safety Needs) : 직업 및 생활의 안전에 대한 욕구
- 애정욕구(Love Needs) : 사랑, 친분, 소속감 등에 대한 욕구
- 존경욕구(Esteem Needs) : 사회적 인정, 평가, 지위 등에 대한 욕구
- 자아실현 욕구(Self-Actualization Needs) : 개인의 성장, 자율성, 자기표현 등에 대한 욕구

Maslow의 이론에 의하면, 어떤 단계의 욕구가 충족되면 그 욕구는 더 이상 동기유발 요인이 되지 못하고, 그보다 높은 단계의 욕구가 동기부여의 원천이 된다고 본다. 따라서 한 개인의 욕구충족 단계와 미충족 욕구가 무엇이냐에 따라 동기부여의 내용과 방법도 달라져야 한다.

5-4 Herzberg의 2요인 이론

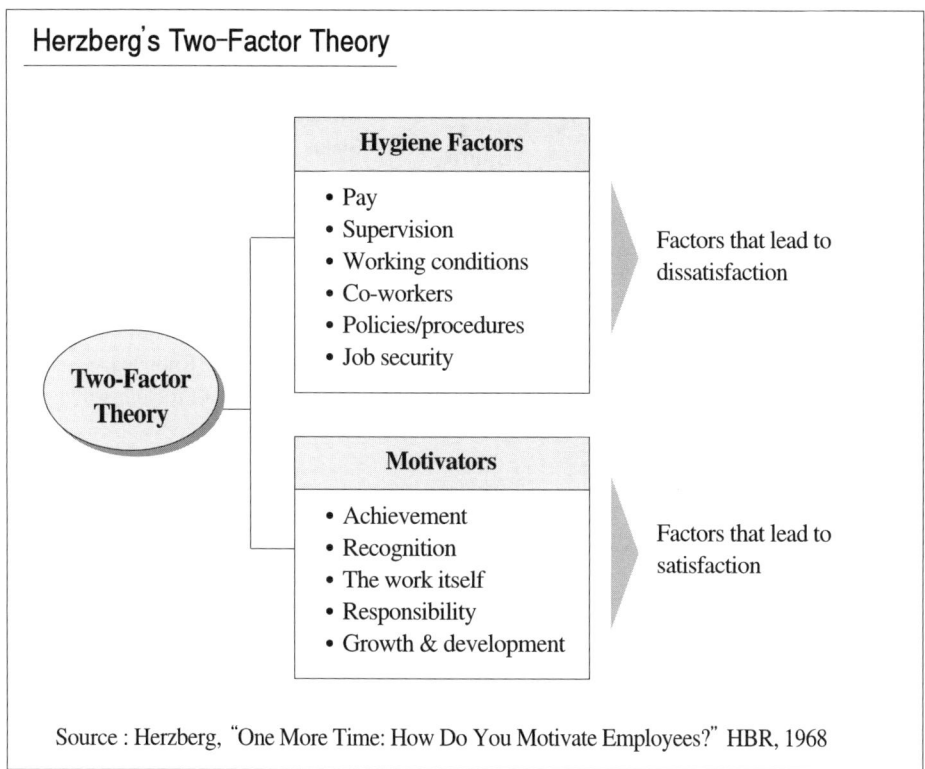

Herzberg의 2요인 이론은 인간의 욕구를 위생요인(Hygiene Factors)과 동기요인(Motivators)으로 구별하고, 이들이 각각 업무만족도 및 동기유발에 상이한 영향을 미친다는 이론이다.
- 위생요인은 급여, 작업조건, 감독의 질, 직장동료, 회사의 방침, 직업의 안정성과 같은 요인으로서, 이들이 일정수준 이하로 떨어지면 불만족 요인이 되지만, 일정수준 이상이 되더라도 그 자체로써 동기유발에 영향을 주지 않는다.
- 동기요인은 성취감, 도전감, 책임감, 보람 있는 일, 사회적 인정 등과 같은 요인으로서, 개인으로 하여금 최선을 다해 열심히 일하게 하는 진정한 만족도 제고요인이다.
- 따라서 리더는 위생요인에 대해서는 불만족을 최소화할 수 있는 적정 수준을 파악하여 이를 충족시키고, 동기요인에 대해서는 이를 극대화할 수 있도록 조직환경을 구축하고 리더십을 발휘함으로써 조직과 개인의 목표를 동시에 효과적으로 달성할 수 있다.

5-5 Lawrence와 Nohria의 동기이론

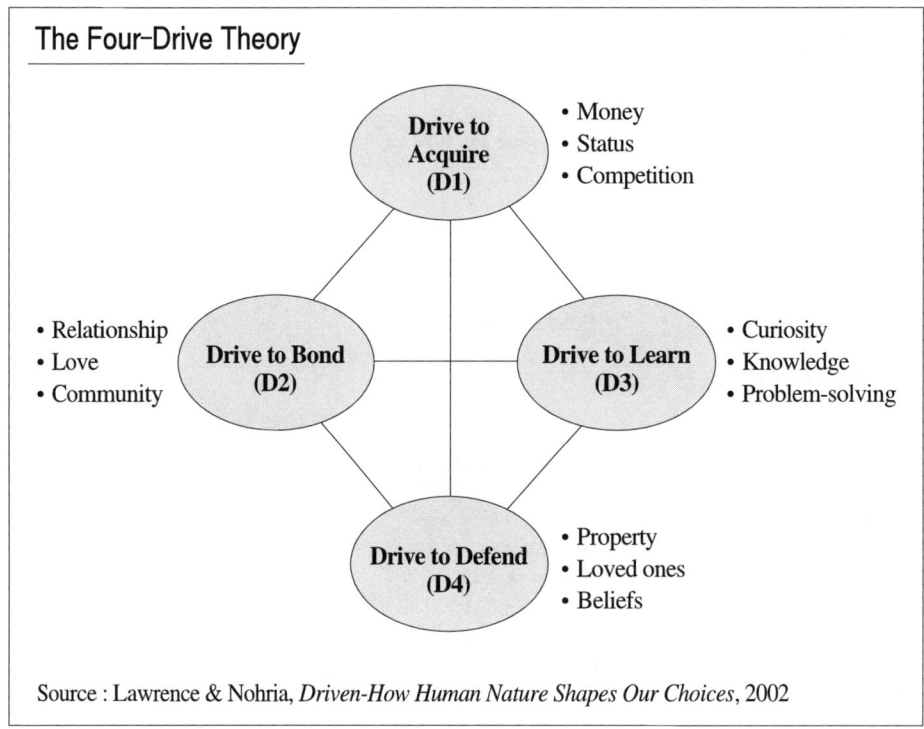

Source : Lawrence & Nohria, *Driven-How Human Nature Shapes Our Choices*, 2002

Lawrence와 Nohria는 인간의 본성에 관한 심층적인 연구를 통해 인간의 가장 본원적인 동기로서 다음의 4가지 동기이론(The Four-Drive Theory)을 제시하였다.

- 소유동기(Drive to Acquire)는 돈, 권력, 명예 등 금전적·물질적인 것과 사회적 지위를 획득하고자 하는 인간의 기본적 동기이다.
- 유대동기(Drive to Bond)는 다른 사람들과 의미있는 관계를 구축하고 협력하며, 사회적인 공동체에 소속하고자 하는 기본적인 동기이다.
- 학습동기(Drive to Learn)는 인간이 다른 동물들과 달리 지적 호기심을 갖고 끊임없이 새로운 지식과 문제해결을 추구하는 동기를 말한다.
- 방어동기(Drive to Defend)는 자신이 소중하게 생각하는 소유물, 인관관계, 가치관 등을 외부의 침략이나 공격으로부터 방어하고 보호하려는 기본적인 본능이다.

위의 4가지 동기가 균형있게 충족되었을 때 사람은 만족감을 느끼게 되며, 어느 한 동기의 미충족은 심한 결핍증을 초래할 수 있다.

5-6 목표설정이론

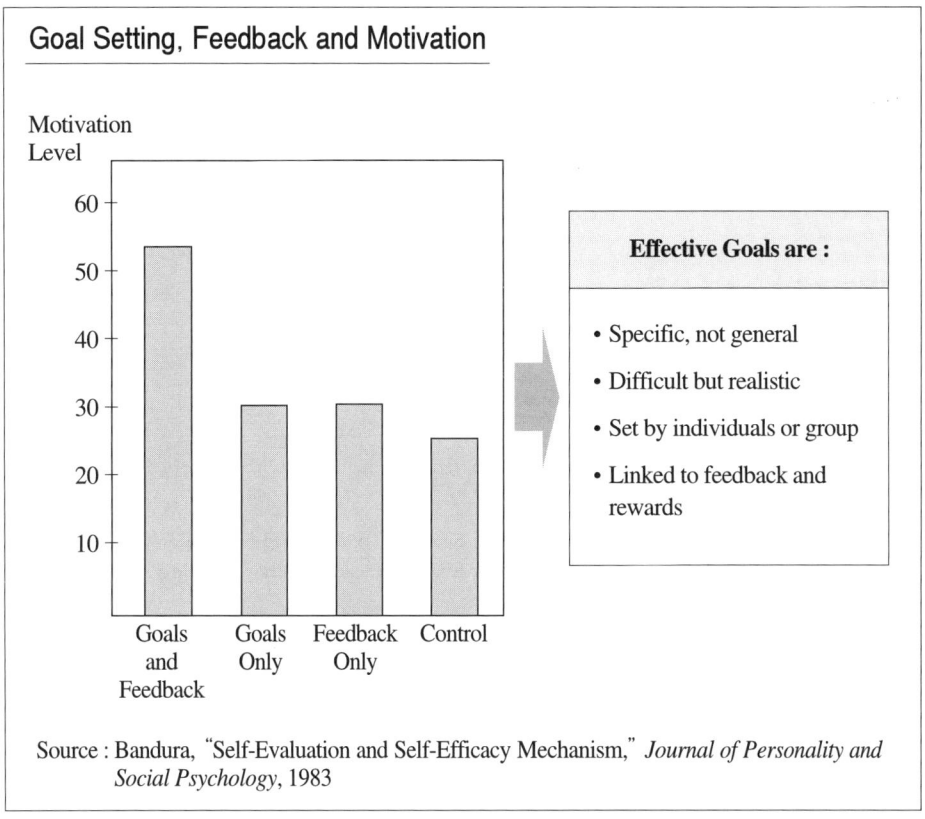

명확한 목표설정과 피드백은 동기유발에 영향을 주고 이를 촉진할 수 있다. Bandura의 연구에 의하면 동기부여 수준은 명확한 목표와 피드백이 동시에 있을 때 가장 높게 나타났으며, 목표가 없거나 피드백이 없을 경우 동기부여 수준은 상대적으로 낮게 나타났다. 동기부여를 위한 목표는 다음과 같은 경우에 효과적이다.
- 구체적이고 명확할 것. 추상적인 목표는 동기를 유발하기 힘들다.
- 어렵지만 실현가능할 것. 지나치게 비현실적인 목표는 동기를 유발하기 힘들다.
- 개인이나 그룹에 의해 자발적으로 수립되었을 것. 상의하달식 목표는 동기유발에 한계가 있다.
- 목표달성 결과에 대해 피드백이 있고 적절한 보상이 있을 것.

5-7 기대이론

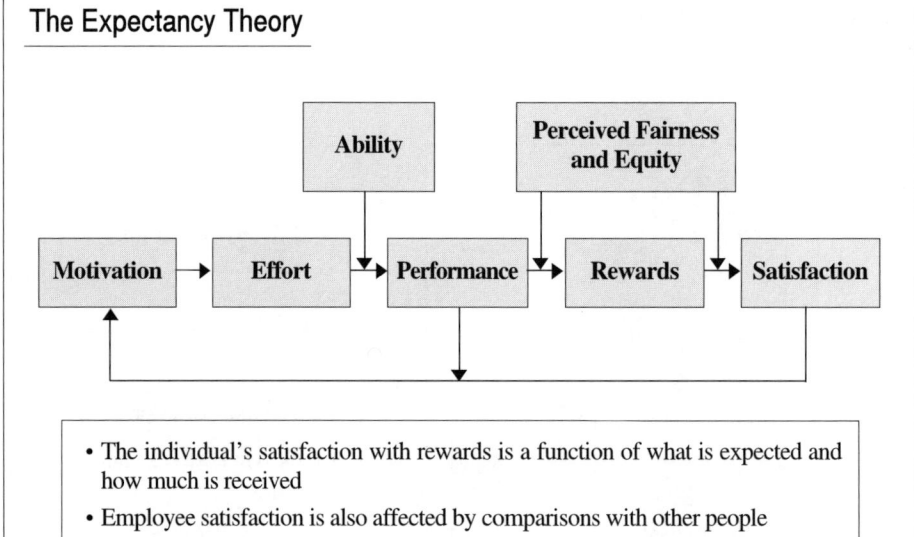

기대이론(Expectancy Theory)은 개인의 동기부여가 다음의 3가지 요인에 의해 결정된다고 본다.
- 노력하면 성과를 달성할 수 있다는 기대(Effort-to-Performance Expectancies)
- 성과를 달성하면 보상을 받을 것이라는 수단성(Performance-to-Reward Expectancies)
- 보상에 대해 느끼는 매력의 정도(Perceived Attractiveness of Rewards)

노력을 통해 목표를 달성할 것이라는 기대감과 함께 성과에 대한 보상이 충분하다고 느낄 때 사람들은 능력을 최대한 발휘하게 된다. 그러나 실제 보상이 기대수준에 못 미칠 때에는 실망을 하게 된다. 사람들은 또한 비슷한 지위의 동료들과 자신을 비교하게 되는데, 일반적으로 동료의 보상에 대해 과대평가하는 성향이 있다.

보상에 대한 만족도는 금전적 요인 뿐만 아니라 성취감, 도전감, 책임감 등 다양한 보상의 믹스에 의해 결정되고, 이는 다시 동기부여에 영향을 미친다. 보상에 대한 만족감은 일을 더욱 열심히 하겠다는 동기를 유발하고, 목표달성 및 성과개선으로 연결되는 선순환 과정을 만든다.

5-8 보상의 유형

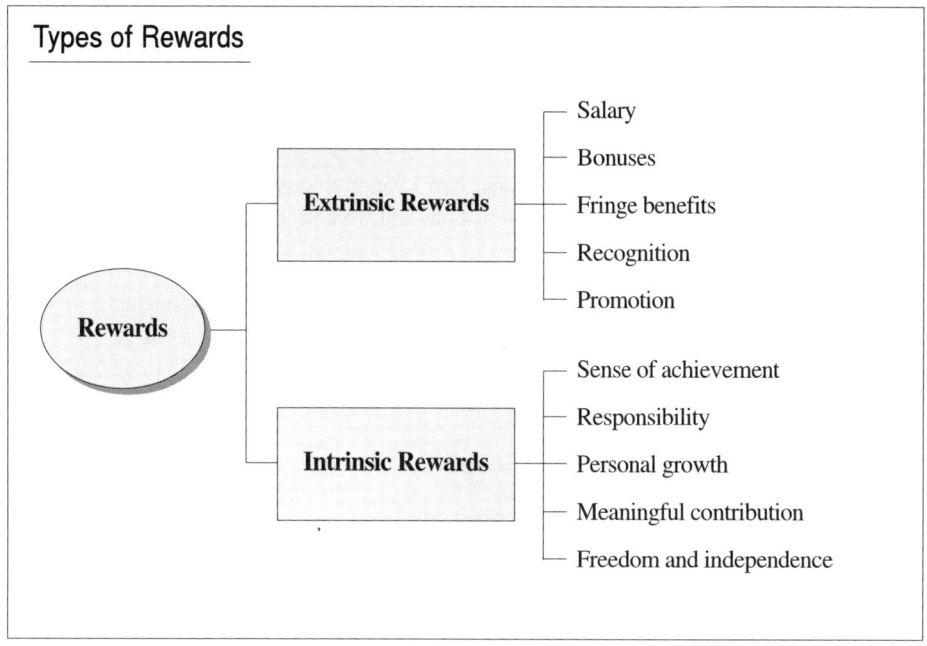

보상은 크게 외재적 보상(Extrinsic Rewards)과 내재적 보상(Intrinsic Rewards)으로 구성될 수 있다.
- 외재적 보상은 급여, 보너스, 승진 등 주로 금전적 보상을 말하며 조직의 인사평가 시스템의 핵을 이룬다. 보상의 적정수준을 결정하고, 실적차이에 따른 개인별 또는 그룹별 인센티브의 비중 및 적용기준을 결정하는 것은 직원의 사기와 조직성과에 영향을 주는 중요한 결정이다.
- 내재적 보상은 성취감, 책임감, 개인적 성장, 자부심 등 비금전적 보상을 말하는데, 사람에 따라 내재적 보상이 외재적 보상보다 중요할 수 있다.
- 조직의 성격 및 개인의 성향에 따라 외재적·내재적 보상의 상대적 중요성이 다를 수 있다. 일반적으로 외재적 보상이나 내재적 보상 한쪽으로만 충족되어서는 곤란하며, 양쪽 모두 균형있게 제공되는 것이 바람직하다. 흔히 급여에 대한 불평은 내재적 보상이 불충분한 것에 대한 마음속의 불만일 수도 있다.

5-9 보상시스템의 설계

> **Guideline for Compensation Design**
>
> 1. There is no single answer or objective solution to compensation design. Compensation is a matter of perceptions and what people perceive as fair is highly subjective.
>
> 2. In order to shape the proper expectations about pay, management should establish an overall philosophy about rewards and the role of pay in the mix of rewards.
>
> 3. The process may be as important as the system.
>   - Better communication of pay policies
>   - Participation in pay system design
>   - Trust between management and workers
>
> Source : Beer, Spector, Lawrence, Mills and Walton, *Managing Human Assets*, 1984

보상시스템은 실제로 효과를 발휘하지 못하는 경우가 많다. 보상에 대한 만족이나 불만족은 사람들이 각자 해석하고 받아들이는 주관적인 인식의 문제이기 때문에, 객관적인 해결책을 찾기가 어렵다.

- 급여에 대한 직원들의 기대수준을 적절히 관리하기 위해서는, 외재적 및 내재적 보상체계 전반에 대한 경영철학과 방침을 설정하고 직원들과 이를 공유할 필요가 있다.
- 보상은 어떤 행동을 유발하는 도구적 성격보다는 바람직한 행동이나 태도를 인정해 줌으로써, 조직에 대한 헌신도, 팀워크, 혁신 등을 제고하는 데 활용되는 것이 바람직하다.
- 보상시스템의 내용 뿐만 아니라 그것을 운영하는 과정이 보다 중요할 수 있다. 보상시스템이 효과적으로 운영되기 위해서는 보상정책에 대한 충분한 커뮤니케이션이 이루어지고, 보상시스템 설계단계에서 종업원들이 참여하여 경영진과 종업원간의 신뢰형성이 이루어지는 것이 무엇보다 중요하다.

5-10 조직활성화의 5가지 방법

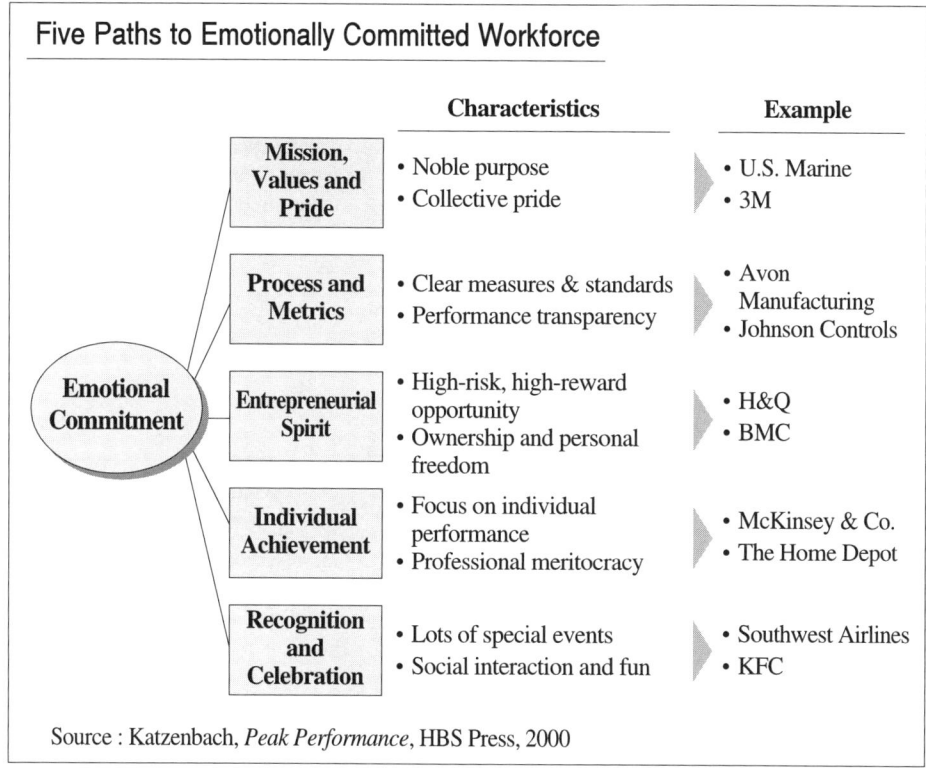

Katzenbach는 조직활성화를 위한 다음의 5가지 방법을 제시하였다.
- 사명감 고취(The Mission, Values and Pride Path) : 조직의 미션과 핵심가치에 대해 강한 믿음과 자부심을 갖게 하여 조직과 개인의 이익을 일치시키는 방법이다.
- 합리적 평가시스템(The Process and Metrics Path) : 명확하고 구체적인 성과지표와 투명하고 신뢰성 있는 평가과정을 통해 합리적인 평가를 이룩하는 방법이다.
- 기업가정신 고취(The Entrepreneurial Spirit Path) : 개인의 창의성을 존중하고, 자신의 판단에 따른 리스크를 부담해야 하는 반면, 성공에 따른 높은 보상을 기대할 수 있다.
- 개인업적 중시(The Individual Achievement Path) : 개인의 업무실적을 중시하고, 철저한 개인별 능력주의 평가를 통해 프로정신을 고취한다.
- 인정과 축하(The Recognition and Celebration Path): 개인실적보다는 그룹 및 조직 전체의 실적을 강조하며, 서로 인정하고 축하함으로써 조직에 대한 소속감을 제고하는 방법이다.

5-11 Marriott의 조직활성화

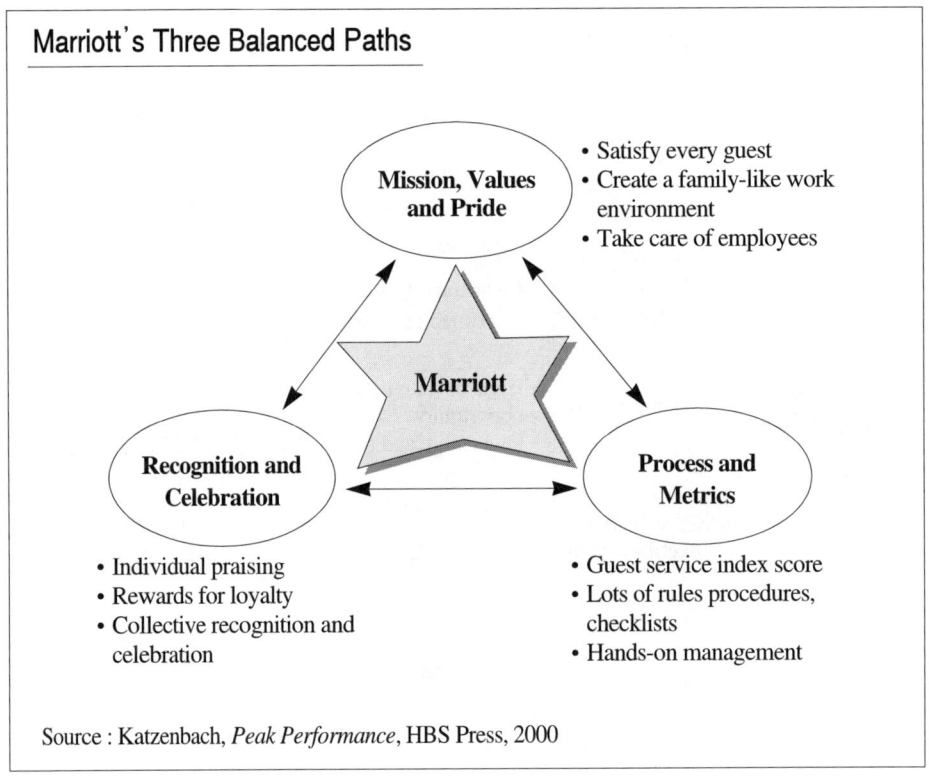

Marriott은 종업원의 동기부여와 조직활성화를 위해 다음의 3가지 방법을 활용하고 있다.
- 사명감 고취 : Marriott 창업자의 경영철학인 고객 및 현장중시, 종업원에 대한 배려, 가족적인 직장분위기 조성 등이 오늘날에도 기업문화의 핵심을 이루고 있으며 종업원들에게 회사에 대한 강한 믿음과 자부심을 갖게 한다.
- 합리적 평가시스템 : 고객서비스를 체계적으로 관리하기 위해 세부 항목으로 구성된 고객서비스 지표(Guest Service Index)를 개발하여 운영하고 있으며, 모든 업무활동에 있어서 구체적인 룰, 절차, 체크리스트를 적용하고 있다. 이러한 시스템이 투명하고 합리적으로 운영되기 때문에 조직구성원들의 신뢰를 받고 있다.
- 인정과 축하 : Marriott은 최우수 직원에 대한 시상, 그룹성과를 축하하는 각종 파티와 행사 등을 통해, 종업원들의 사기를 진작시키고 조직에 대한 충성심을 제고한다.

5-12 Southwest Airlines의 조직활성화

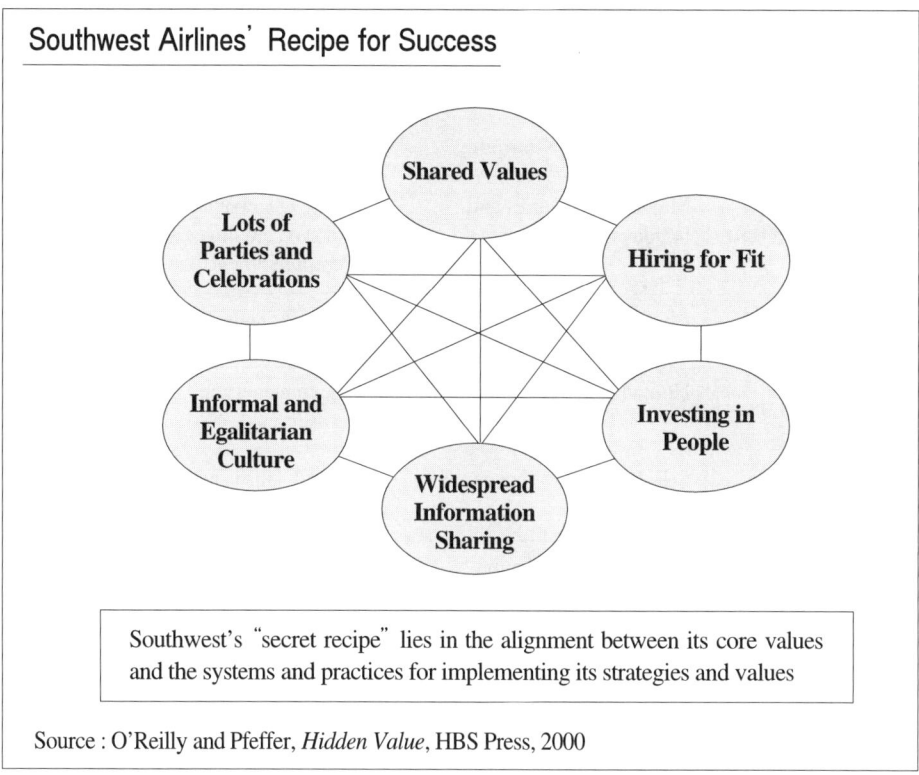

항공산업에서 최고의 성과를 올리고 있는 Southwest Airlines는 다음과 같은 독특한 기업문화와 조직시스템을 통해 조직활성화를 하고 있다.
- 회사의 공유가치는 일이 재미있고 즐거워야 하며, 종업원 개개인이 중요하다는 것이다. Southwest Airlines는 이와 같은 공유가치가 체화되고 생활화될 수 있도록 각종 시스템을 구축하고 솔선수범의 리더십을 발휘하고 있다.
- 새로운 사람을 채용할 때 전문지식이나 경력보다도 Southwest Airlines의 기업문화 및 공유가치에 맞는 사람을 우선적으로 고려하며, 채용된 사람에 대해서는 철저한 교육·훈련을 통해 기업문화를 익히게 한다.
- Southwest Airlines는 수직적 위계질서를 지양하고 매우 비공식적이며 평등주의를 지향하는 기업문화를 구축하고 있다. 부서간 정보공유를 통해 상호신뢰하는 분위기를 조성하고, 작은 성공이라도 이를 집단적으로 인정하고 축하하는 기업문화를 통해 조직에 끊임없는 활력을 불어넣고 있다.

5-13 종업원 축하행사 운영방식의 차이

Differences in Recognition and Celebration Approaches

	Typical Company	Southwest Airlines
Type of Event	Major anniversaries and holidays	Every conceivable excuse to celebrate employee accomplishments
Number of Celebrations	Dozens annually	Hundreds annually
Sponsorship	Human resources department	Line managers and employees themselves
Employee Reaction	"Ho-hum, do we have to do this again"	"Wow! This is really fun"
Funding	Company funded only, typically on company time	Often funded by employees themselves, typically on their own time

Source : Katzenbach, *Peak Performance*, HBS Press, 2000

    종업원을 위한 축하행사는 대다수 기업들이 하고 있지만, 이를 매우 중요한 조직활성화 수단으로 보고 있는 Southwest Airlines는 다음과 같이 운영하고 있다.
- 대다수 기업들은 일년에 몇 번 주요 기념일을 중심으로 종업원 축하행사를 개최하지만, Southwest Airlines는 기회가 있을 때마다 일년에 수십 번 이상 종업원을 위한 각종 행사와 모임을 갖는다.
- 대부분의 경우 축하행사 개최를 인사부서가 주관하고 회사가 재정적으로 지원하는 형태를 취하나, Southwest Airlines는 현업부서 경영자와 종업원들이 자체적으로 행사를 주관하고, 소요경비도 자체적으로 부담하는 경우가 대부분이다.
- 일반적으로 종업원 축하행사에 대해 사람들이 다소 냉소적인 반응을 보이는 경우가 많은 데 비해, Southwest Airlines의 종업원들은 이러한 행사를 진심으로 재미있어 하고 의미 있게 생각한다.

5-14 High-Performance 조직문화의 특징

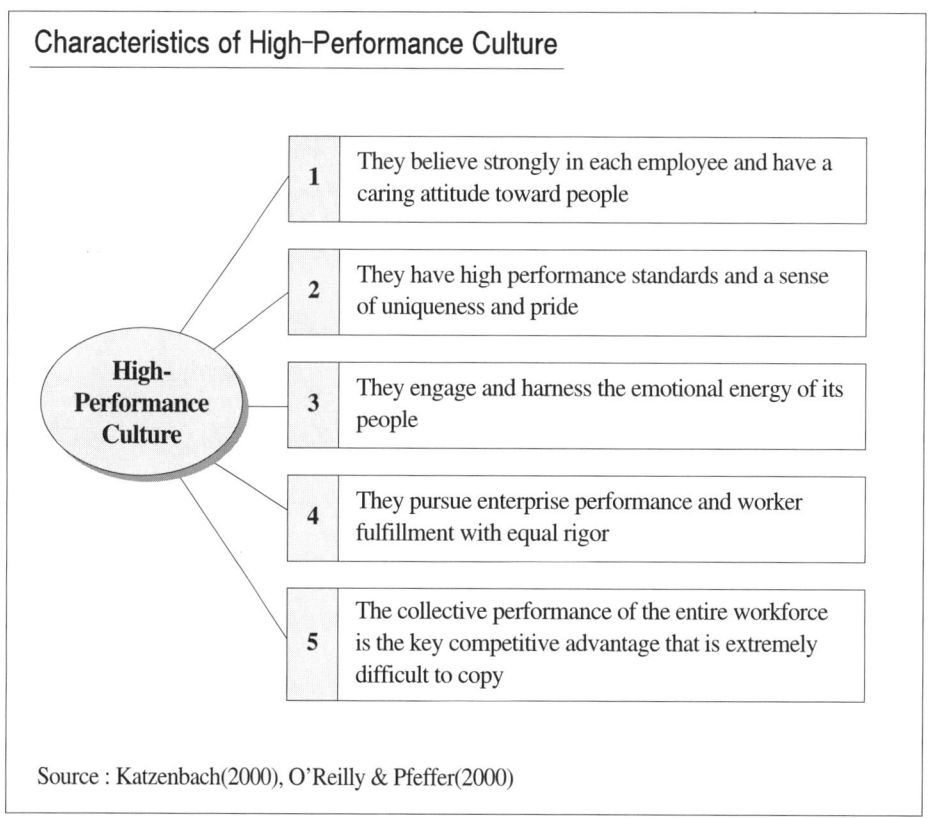

Katzenbach(2000)와 O'Reilly(2000)의 연구에 의하면, 높은 성과를 내는 기업들의 조직 문화는 다음과 같은 특성을 갖는다.
1. 종업원 개개인을 소중히 생각하며 세심한 배려를 한다.
2. 높은 성과목표를 수립하고 조직에 대해 강한 자부심을 갖는다.
3. 종업원들의 감정적 에너지(Emotional Energy)를 조직의 목표달성을 위해 적극 활용한다.
4. 조직의 성과목표와 종업원 개인의 만족을 동시에 중요시하며, 양자를 동시에 철저하게 추진한다.
5. 종업원 전체의 종합적인 성과가 남들이 쉽게 모방할 수 없는 경쟁력의 원천이라고 인식하고, 기업의 미션과 핵심가치에 부합하는 조직시스템과 기업문화를 구축한다.

5-15 임파워먼트의 특징

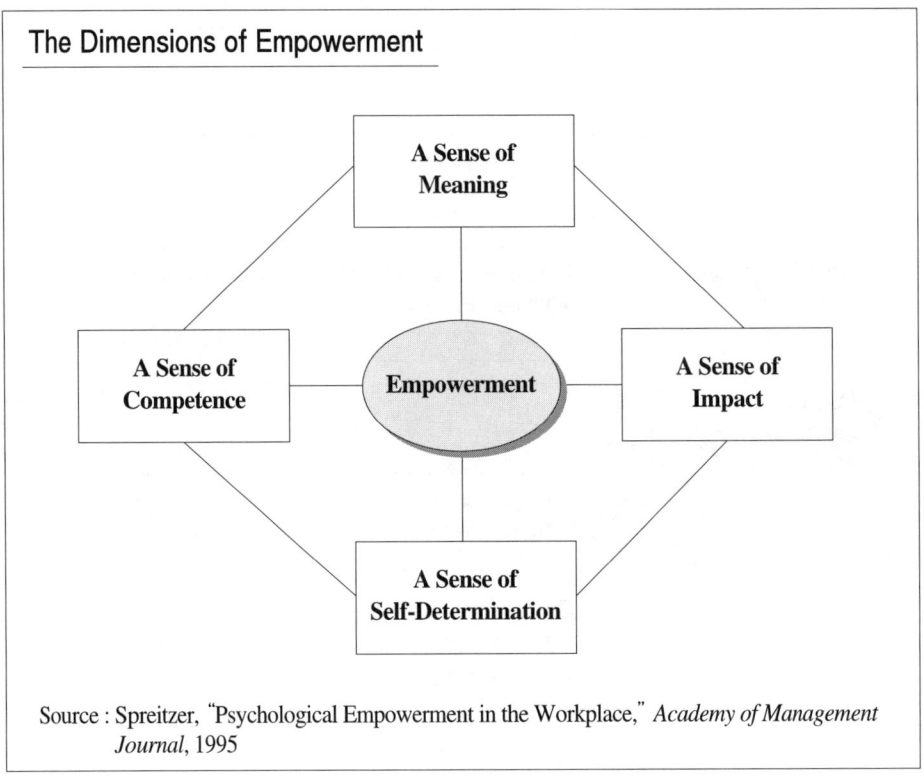

Spreitzer교수는 임파워먼트에 대한 실증연구를 통해 다음과 같은 4가지 특징을 도출하였다.
1. 의미(A Sense of Meaning) : 자신이 수행하고 있는 업무가 중요하고 가치가 있다고 생각한다.
2. 능력(A Sense of Competence) : 업무를 성공적으로 수행할 수 있다는 능력과 자신감을 갖는다.
3. 자율성(A Sense of Self-Determination) : 위로부터 세세한 간섭을 받지 않고, 업무 수행을 위한 충분한 권한을 갖고 있다고 생각한다.
4. 영향력(A Sense of Impact) : 자신의 의사결정과 행동이 성과개선에 기여하고 조직 및 사회에 영향을 미친다고 생각한다.

5-16 Feiner의 부하육성 원칙

Feiner's Laws of Leading Subordinates

1. The Law of Expectations	People respond to the level of confidence you show in them (the Pygmalion effect)
2. The Law of Intimacy	To lead your people, you must know your people
3. The Law of Building a Cathedral	Convince people that they are building a cathedral, not cutting stone
4. The Law of Personal Commitment	If you want commitment from your subordinate, you must be committed to the subordinate
5. The Law of Feedback	Feedback is a gift – but to be useful, it must be camera-lens feedback
6. The Law of Tough Love	On difficult occasions, leaders should have the courage to say what needs to be said to the subordinate
7. The Law of Competency -based Coaching	The lower a subordinate's skill and experience level, the more coaching and teaching a leader must provide

Source : Feiner, *The Feiner Points of Leadership*, 2004

PepsiCo의 인사담당 임원을 지낸 Feiner 교수는 부하육성을 위한 다음과 같은 원칙을 제시하고 있다.

1. 기대효과의 원칙 : 리더가 부하를 믿고 높은 기대를 하면, 부하는 기대에 부응하고자 최선의 노력을 하게 된다.
2. 친밀성의 원칙 : 부하를 리드하려면, 부하를 개인적으로 잘 알아야 한다.
3. 대성당 건설의 원칙 : 사람들에게 대성당을 건설한다는 숭고한 목표와 비전을 제시함으로써, 하는 일에 대한 자부심을 갖게 한다.
4. 개인적 헌신의 원칙 : 부하로부터 헌신적인 노력을 원한다면, 부하들을 위해 헌신적인 노력을 해야 한다.
5. 피드백의 원칙 : 피드백은 선물과 같이 소중한 것이며, 그것이 부하에게 도움이 되기 위해서는 구체적이고 현실적이어야 한다.
6. 솔직한 사랑의 원칙 : 리더는 부하에게 해야 할 말을 할 수 있는 용기가 있어야 한다.
7. 코칭의 원칙 : 부하의 능력이나 경험이 부족할수록, 리더의 코칭이 더욱 중요하다.

5-17 부하 실패의 악순환과정

```
The Set-Up-To-Fail Syndrome
```

Boss' Behavior Toward Weak Performers

- Has low expectations
- Emphasizes what the subordinate is doing poorly
- Is directive when discussing tasks and goals
- Imposes own views in disagreements
- Pays close attention to mistakes and unfavorable variances

⇒

- Subordinates lose self-confidence
- Performance deteriorates further
- The relationship spirals from bad to worse
- Bosses unintentionally create their own poor performers

Source : Manzioni, "The Set-Up-To-Fail Syndrome," HBR 1998

리더가 부하를 대하는 태도와 행동은 부하의 실적과 발전에 지대한 영향을 미친다. 다음과 같은 경영스타일은 부하를 위축시키고 실패의 악순환과정을 만들 수 있다.
- 실적이 나쁠 것이라고 미리 단정하고 낮은 기대수준을 갖는다.
- 부하가 잘못하고 있는 점만 강조하고 실수를 하지 않는지 의구심을 갖고 감시한다.
- 부하의 의견에 귀를 기울이지 않고, 자신의 일방적인 시각과 의견을 강요한다.
- 못마땅하게 생각하는 부하에게 중요한 업무를 맡기지 않는다.

이와 같은 리더의 부정적 태도로 인해 부하는 상사가 자신을 믿지 않는다고 느끼게 되고, 더욱 위축되어 업무에 대해 의욕을 상실하고 상사로부터 점점 더 멀어지게 된다. 상사는 부하를 더욱 신뢰할 수 없게 되며 그들의 관계는 악화되고 실적은 더욱 나빠지게 되는 악순환이 반복된다.

5-18 인재전쟁의 새로운 현실

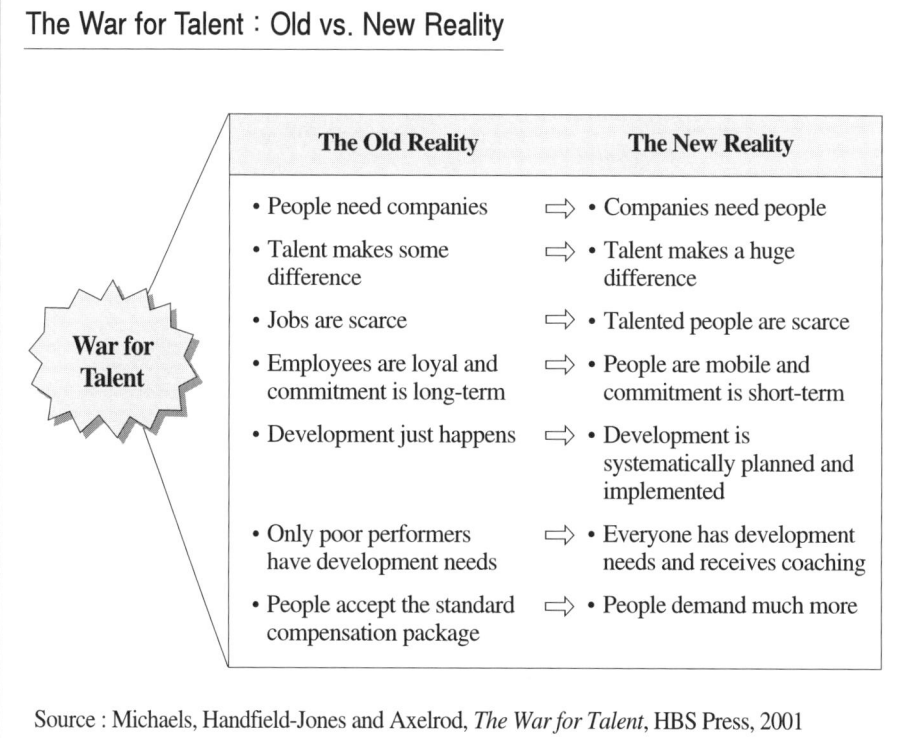

인재전쟁(The War for Talent)이란 기업 경쟁력의 핵심을 이루는 우수인재의 확보·개발·유지를 위해 기업간에 치열하게 경쟁하는 것을 말한다. 오늘날 기업들이 직면하고 있는 인재전쟁의 새로운 현실은 다음과 같다.
- 수요공급의 변화에 따라 우수인재에 대한 기업의 수요는 증가하고 있다.
- 과거에 비해 우수인재가 기업성과에 미치는 영향이 더욱 커지고 있다.
- 과거에는 좋은 직장이 희소했는데, 오늘날에는 우수인재가 희소하다.
- 과거에는 종업원들이 한 회사에 장기근속하고 조직에 대한 충성도가 높았는데, 오늘날에는 회사를 자주 옮겨 다니고 특정회사에 대한 충성도가 매우 낮다.
- 과거에 비해 인재개발 및 육성이 체계적으로 이루어지고 있으며, 성과가 부진한 사람 뿐만 아니라 모든 사람들이 교육과 코칭을 받는다.
- 우수인재는 기본적인 급여패키지 외에 보다 많은 것을 요구하고 있다.

5-19 인재전쟁 성공방안

Five Imperatives to Win the War for Talent

War for Talent

1. Embrace a talent mindset
- CEO's top priority
- All managers accountable for strengthening the talent pool

2. Craft a winning employee value proposition
- Ask why talented people should join our company
- Reshape jobs and policies to appeal to talented people

3. Rebuild your recruiting strategy
- Recruiting is more like marketing than purchasing
- Sell, sell, sell to attract the best people

4. Strengthen people development system
- Training is not enough
- Emphasize stretch jobs, coaching and mentoring

5. Differentiate and affirm your people
- Not everyone is the same or equally capable
- Invest differentially in A, B, C players

Source : Michaels, Handfield-Jones and Axelrod, *The War for Talent*, 2001

맥킨지는 인재전쟁에서 성공하기 위한 방안을 다음과 같이 제시하고 있다.
1. 인재 마인드를 갖는다 : 최고경영자의 최우선 순위 중의 하나가 되어야 하며, 인사부서 뿐만 아니라 모든 경영자들이 인재풀을 강화하기 위한 노력을 해야 한다.
2. 우수인재에게 매력적인 가치를 제공한다 : 왜 우수인재가 우리 회사에서 일하고자 하는가를 묻고, 그들에게 매력적인 조직환경과 인사정책을 구축한다.
3. 인재유치 전략을 새롭게 짠다 : 인재유치를 마케팅처럼 보고, 우수인재를 유치하기 위해 적극적인 영업 및 설득작업을 전개한다.
4. 인재개발 시스템을 강화한다 : 교육·훈련 뿐만 아니라 도전적인 과제, 코칭, 멘토링 등을 강조한다.
5. 인사평가를 차별화한다 : 모든 사람들이 동등한 능력을 갖는 것은 아니므로, A, B, C 등급에 따라 평가·보상을 차별화한다.

5-20 매력적인 종업원 가치의 제공

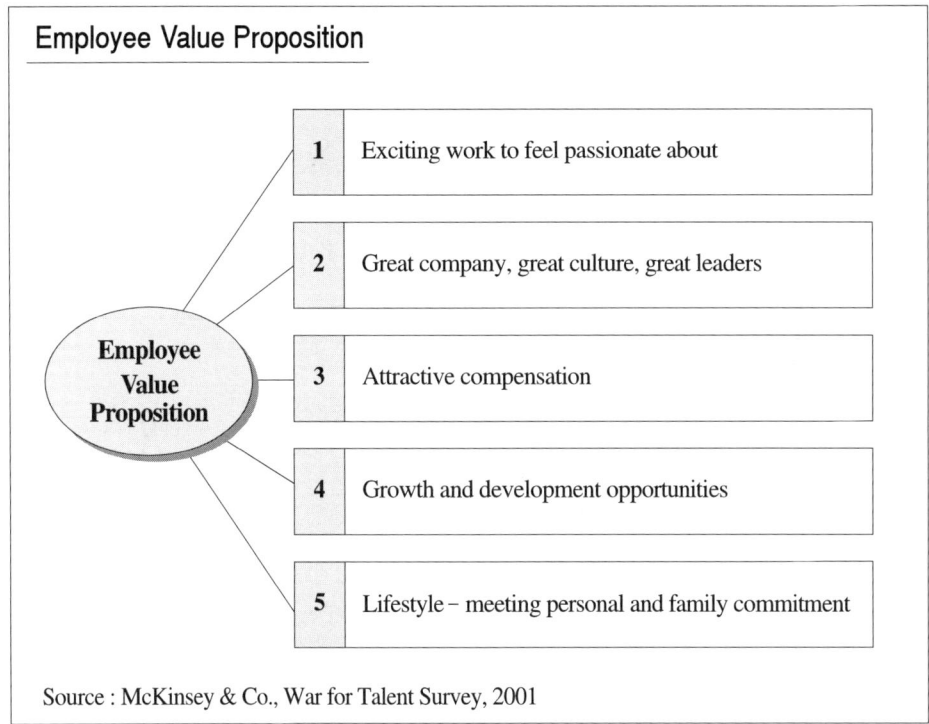

Source : McKinsey & Co., War for Talent Survey, 2001

　기업이 제품시장에서 경쟁사와 차별화하기 위해 매력적인 고객 가치제안(Value Proposition)을 제공하듯이, 우수인재를 확보하기 위해서도 매력적인 종업원 가치제안(Employee Value Proposition)을 개발할 필요가 있다. 맥킨지의 인재전쟁 설문조사에서는 다음의 5가지가 가장 중요한 것으로 나타났다.
1. 열정을 갖고 일할 수 있는 신나고 도전적인 업무
2. 경영성과, 조직문화, 리더십이 우수한 기업
3. 매력적인 보수
4. 계속적인 성장과 발전을 할 수 있는 기회
5. 라이프 스타일 - 직장과 개인 및 가정생활의 조화

　위의 5가지를 모두 완벽하게 제공할 수는 없지만, 필요로 하는 우수인재를 확보·개발하기 위해 가장 중요한 것이 무엇인가를 파악하고, 이를 제공하기 위해 기존제도, 인사정책, 조직문화 등을 과감히 혁신할 필요가 있다.

5-21 인재개발을 위한 Best Practice

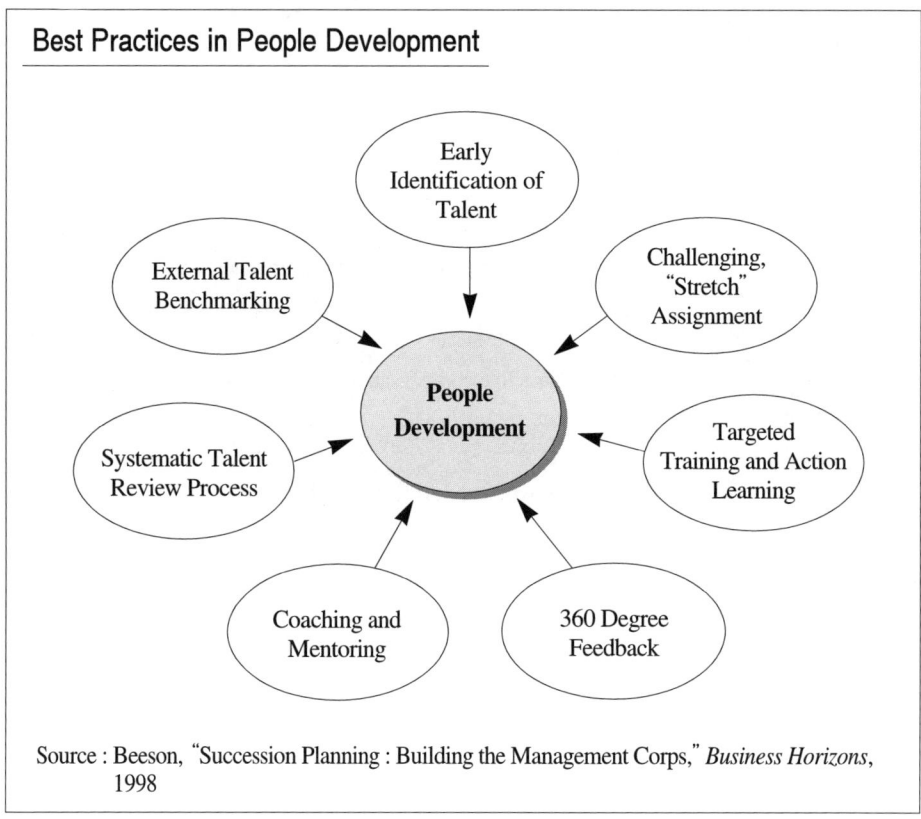

인재개발의 중요성을 강조하는 기업들은 다음과 같은 체계적인 시스템을 통해 우수인력 양성을 제도화하고 있다.
- 잠재력이 있는 우수인재를 조기 발굴하여 장기적 안목에서 리더십 역량을 키운다.
- 도전적인 특수 프로젝트에 투입하여 능력개발을 가속화한다.
- 개인의 개발목표에 맞는 실용적이고 성과지향적인 교육·훈련을 제공한다.
- 360도 평가, 코칭 및 멘토링을 제도화한다.
- 체계적인 인사평가 및 후계자 양성계획을 수립하고 운영한다.
- 내부지향적 관성을 타파하기 위해 수시로 내부인력을 외부인재와 벤치마킹한다.

5-22 코칭의 중요성

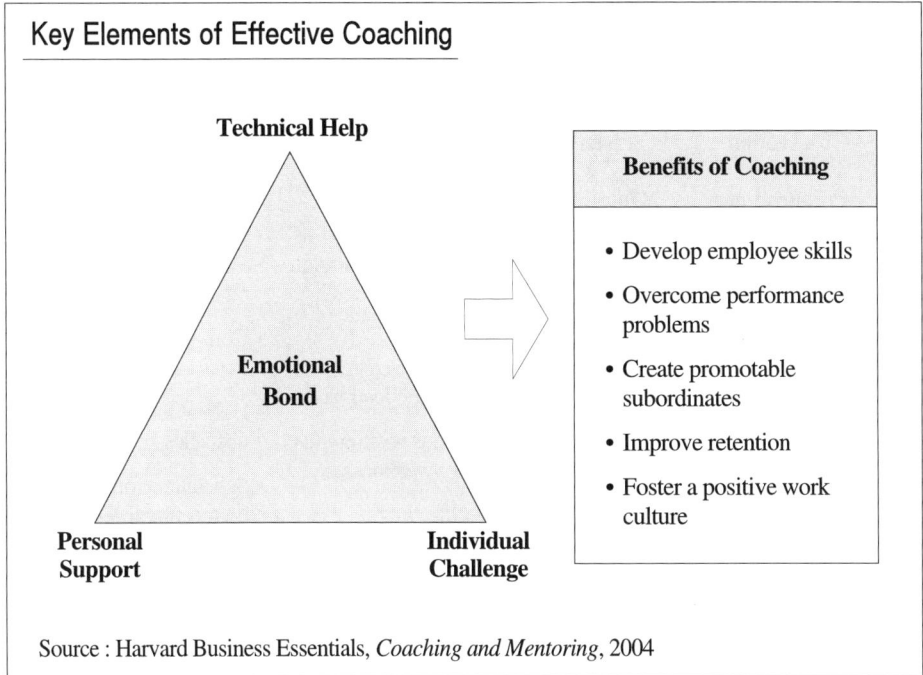

코칭이란 경영자와 종업원 간의 일대일 면담, 피드백 및 지원을 통해 종업원의 능력개발과 문제해결을 도모하는 것을 말한다. 효과적인 코칭은 다음과 같은 특징을 갖는다.
1) 업무와 관련된 기술적 지원의 제공
2) 개인적인 문제에 대한 상담·지원
3) 도전을 통한 성장·발전
4) 경영자와 코칭 대상자 간의 정서적 유대

코칭은 오늘날 많은 기업들에 의해 효과적으로 활용되고 있는데, 다음과 같은 이점을 제공한다.
1) 종업원의 능력개발을 촉진한다.
2) 성과가 부진한 종업원에 대한 개인상담을 통해 문제해결을 도모한다.
3) 승진 가능한 인재풀을 육성한다.
4) 종업원 만족도를 제고하고 이직률을 낮춘다.
5) 보다 긍정적인 조직문화를 형성한다.

5-23 코칭 프로세스

Coaching Process

Observation & Preparation	Listening & Questioning	Providing Feedback	Follow-up
• Observe day-to-day behavior • Assess performance and team dynamics • Check multiple data sources • Avoid premature judgment	• Listen actively • Encourage open, honest communication • Show genuine interest in the person • Give emotional support and build mutual trust	• Ask for permission before giving feedback • Provide clear, specific feedback • Focus on strengths, not weaknesses • Offer help, assistance and role modeling	• Work together on an action plan • Communicate clear expectations • Help reduce obstacles • Schedule a follow-up meeting to evaluate progress

Source : Harvard Management Communication Letter, December 2001

효과적인 코칭은 다음과 같은 4단계를 통해 이루어진다.
1. 관찰과 준비
    - 코칭 대상자의 일상적인 행동을 관찰하고, 경영성과 및 팀 분위기에 미치는 영향을 평가한다.
    - 다양한 자료를 통해 확인하고, 선입관이 없는 오픈 마인드를 유지한다.
2. 경청과 질문
    - 상대방의 말에 귀를 기울이고, 솔직한 대화가 이루어질 수 있도록 분위기를 조성한다.
    - 상대방에 대해 진심으로 관심을 보이고, 정서적 교감과 상호신뢰를 형성한다.
3. 피드백 제공
    - 상대방 의견을 존중하면서, 구체적이고 명확한 피드백을 제공한다.
    - 상대방의 약점보다는 강점을 강조하고, 도움이 될 수 있는 다양한 방법을 모색한다.
4. 사후관리
    - 구체적인 실행계획을 수립하고, 중간평가를 통해 진행상황을 확인한다.
    - 기대사항을 명확히 전달하고, 필요시 각종 지원을 제공한다.

5-24 GROW 모델

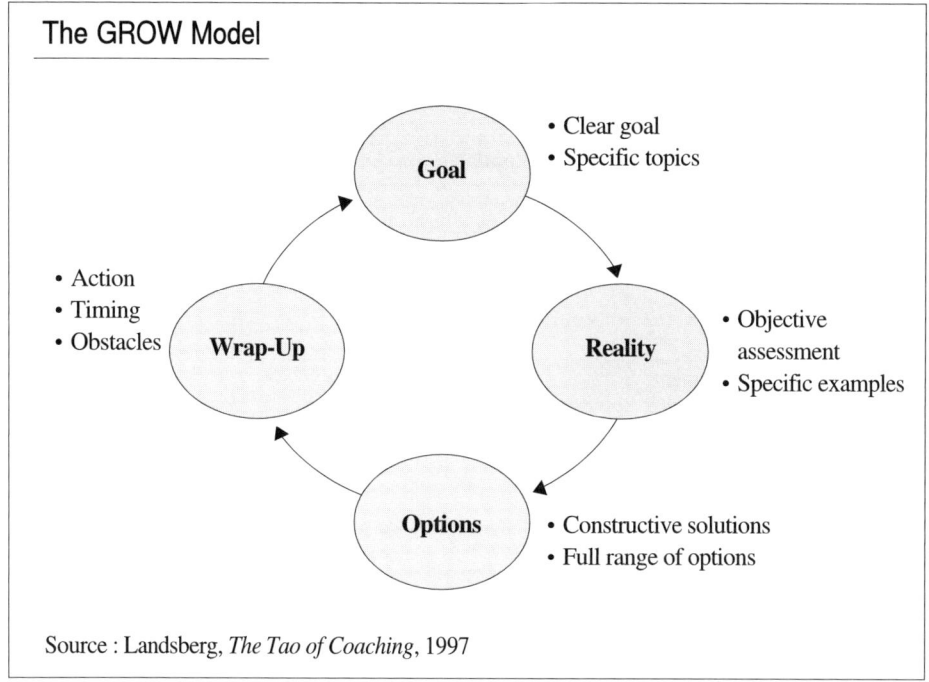

Source : Landsberg, *The Tao of Coaching*, 1997

효과적인 코칭을 위해 다음과 같은 GROW모델을 활용할 수 있다.
1. 목표(Goal)
   - 코칭의 목표를 명확히 하고 구체적인 이슈를 중심으로 논의한다.
   - 부하의 의견, 제안 등을 귀담아 듣고, 질문을 통해 상대방의 생각을 파악한다.
2. 현실(Reality)
   - 현실을 객관적으로 파악하고 구체적인 예를 통해 건설적인 피드백을 제공한다.
   - 부하의 마음을 이해하려고 노력하고 정신적인 후원을 보내준다.
3. 대안(Options)
   - 개선책을 찾기 위해 가능한 많은 대안을 도출하고, 충분한 토의를 통해 최선의 대안을 모색한다.
   - 솔선수범을 통해 바람직한 모델을 제시한다.
4. 정리(Wrap-up)
   - 토의내용을 정리하고 구체적인 실행계획, 목표, 타이밍을 합의한다.
   - 실행상의 애로사항을 파악하여 이를 극복할 수 있는 방안을 모색한다.

5-25 개인 실적 및 스킬 평가

Individual Performance and Skill Assessment

Employee Name : SJ Kim, Marketing VP

Skills	Below Standard	At Standard	Excellent
Strategic insight		●	
Customer focus			●
Business acumen		●	
Values and ethics	●		
Action & commitment		●	
Teamwork			●
Developing people		●	
Expertise/Knowledge			●
Performance			●

Performance Highlights	Strengths	Development Needs	Development Plan
—	—	—	—
—	—	—	—
—	—	—	—

조직의 인재풀을 강화하기 위해서는 코칭과 더불어 체계적인 인사평가를 정기적으로 실시할 필요가 있다. 세계 우량기업들의 인사평가는 예산항목을 다루듯이 매우 엄격하고 세밀하게 이루어지고 있다.

- 우선 평가기준과 프로세스를 명확히 한다. 평가항목으로는 개인별 실적 뿐만 아니라 회사의 비전과 부문별 목표를 성공적으로 달성하기 위해 필요한 자질, 능력, 자세 등을 포함시킨다. 그리고 각 항목별 도달수준을 명확히 평가할 수 있게 A, B, C 등급으로 나눈다.
- 일반적으로 평가과정은 평가자와 피평가자 간에 불편한 관계를 초래할 수 있으므로 형식적으로 이루어지는 경우가 많다. 실질적인 평가가 이루어지기 위해서는 객관적인 사실에 입각한 솔직한 대화와 건설적인 피드백의 제공, 그리고 이를 겸허하게 수용하는 자세가 필요하다.
- 평가내용을 요약·정리할 때에는 성과실적 뿐만 아니라 개인의 강점과 앞으로 개발이 필요한 스킬, 그리고 스킬개발을 위한 구체적인 계획을 기술한다.

5-26 인재풀 평가 Matrix

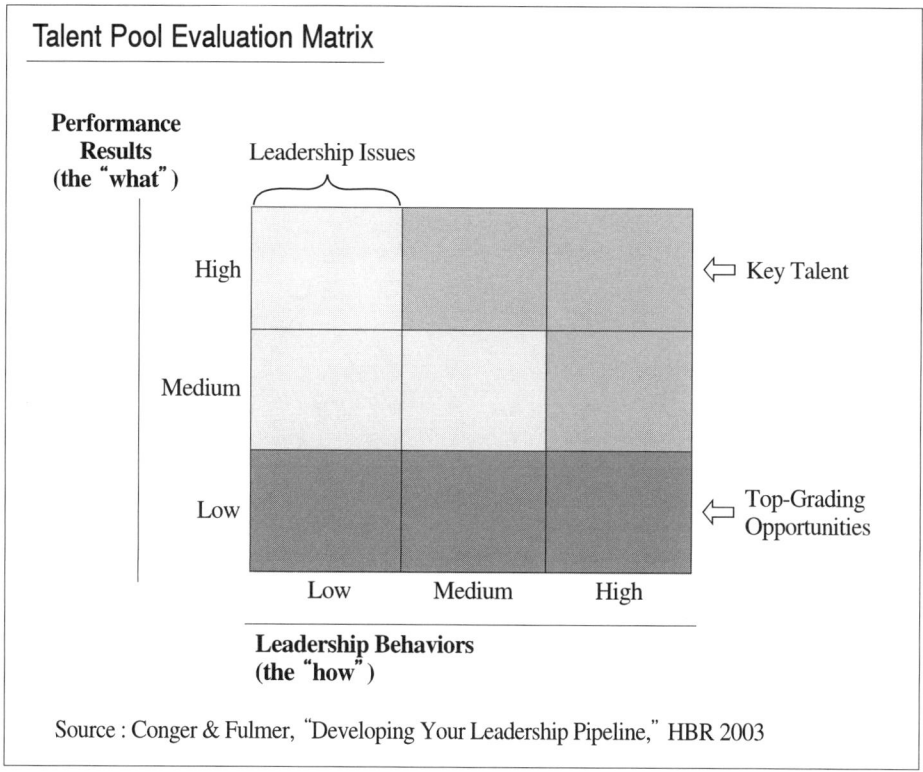

Bank of America는 다음과 같은 매트릭스를 이용해 인재풀을 체계적으로 평가·개발하고 있다.
- 매트릭스의 종축은 목표대비 성과(the "what")를 나타내고, 횡축은 회사의 역량모델에 기초한 리더십 행동(the "how")을 나타내며, 이들을 각각 기대수준 도달 여부에 따라 3등급으로 구분한다.
- "Key Talent"는 경영성과와 리더십이 모두 우수한 핵심인재로서, 회사의 집중적인 관심과 지원을 받는다.
- "Top-Grading Opportunities"는 리더십은 우수하나 기대성과를 내지 못하는 인재로서, 60~90일간의 성과개선 프로젝트에 투입되거나 구체적인 개선활동을 보여야 한다.
- "Leadership Issues"는 기대성과를 내고는 있으나 리더십에 문제가 있는 경우로서, 리더십 역량개발을 위한 코칭과 리더십 관련 교육·훈련을 받게 된다.

5-27 GE의 인사차별화 정책

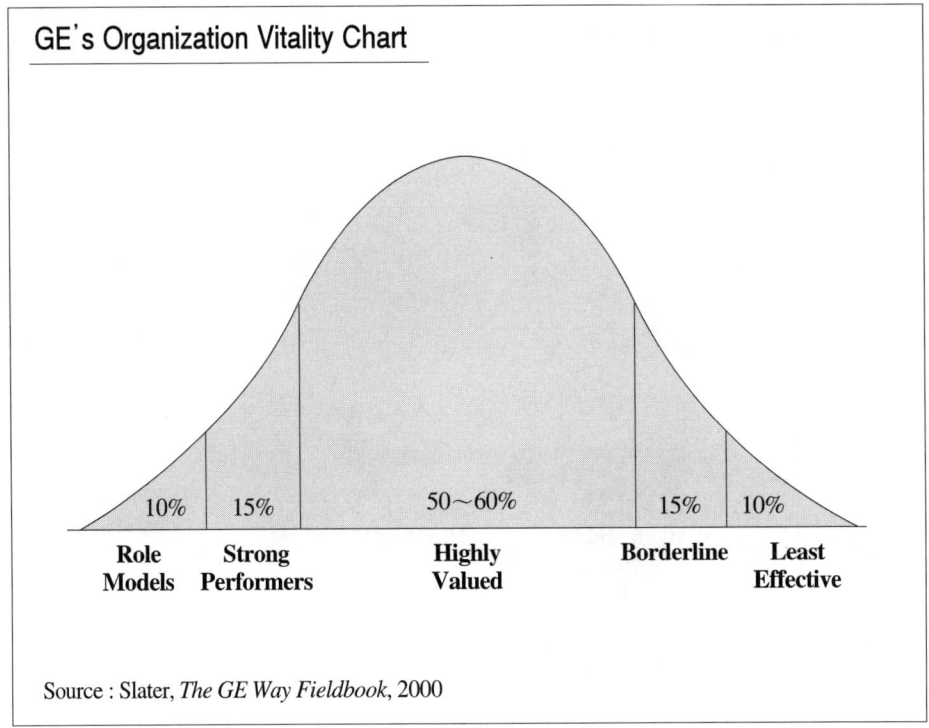

GE는 그림 5-27의 조직활력차트(Organization Vitality Chart)에서와 같이 경영자들을 다음과 같은 5단계로 구분하고 평가·보상 시스템의 차별화를 추구하고 있다.
- "Role Models"는 뛰어난 실적을 내고 타의 모범이 되는, 회사의 상위 10%의 핵심인재로서, 회사의 집중적인 관심과 지원을 받고 스톡옵션을 부여받는다.
- "Strong Performers"는 상위 15%의 우수인재로서, 회사의 인정을 받고 대부분 스톡옵션을 부여받는다.
- "Highly Valued"는 상위 50~60%의 평균 수준의 인재로서, 경영실적에 따라 부분적으로 스톡옵션을 부여받는다.
- "Borderline"과 "Least Effective"는 각각 하위 15%와 10%에 해당되는 실적부진의 인력으로서 스톡옵션을 받지 못한다. 이들은 성과개선 및 능력개발을 위한 확실한 노력을 보여야 하며, 그렇지 않을 경우 회사를 떠나야 한다.

5-28 인재전쟁 성공전략 - 체크 포인트

Winning the War for Talent - Checklist

1. Is talent one of the top CEO priorities?
2. Is management explicitly held accountable for strengthening the talent pool?
3. Do you have a winning employee value proposition that attracts talent to your organization?
4. Are you aggressively recruiting new talent, in new places, at all levels?
5. Do you give top performers accelerated development opportunities, differentiated compensation and real mentoring?
6. Do you provide your people with candid feedback and helpful coaching?
7. Do you know the attrition rate of your high-performing people and why they are leaving?
8. Does your organization have a talent review process that has the intensity and rigor of the budget process

Source : McKinsey & Co, The War for Talent, 2001

인재전쟁에서 성공하기 위한 체크 포인트는 다음과 같다.
1. 인재확보 및 개발의 문제가 최고경영자의 최우선 과제 중의 하나인가?
2. 인재풀을 강화하기 위한 책임이 경영진에 명확히 부여되었는가?
3. 우수인재를 유치할 수 있는 매력적인 종업원 가치제안이 있는가?
4. 우수인재를 발굴하고 확보하기 위해 조직 전계층에서 적극적으로 노력하고 있는가?
5. 성과가 우수한 인재에 대해 빠른 승진기회, 차별적인 보상, 그리고 실질적인 멘토링을 제공하고 있는가?
6. 종업원 개개인에게 솔직한 피드백과 코칭을 제공하는가?
7. 우수인재의 이직률과 그 원인을 알고 있는가?
8. 조직의 인사평가는 예산평가와 같이 매우 철저하고 엄격하게 이루어지고 있는가?

제6장

협상전략

전략적 리더십

6-1 협상이란 무엇인가?

What is Negotiation?

1. A negotiation is an interactive communication process that takes place whenever we want something from someone else or another person wants something from us
2. Negotiation normally occurs for one of two reasons:
   1) to create something new that neither party could do on its own
   2) to resolve a problem or dispute between the parties
3. Two elements must normally be present for negotiation to take place:
   1) common interests
   2) issues of conflict

"Without common interests there is nothing to negotiate for; Without conflicting interests there is nothing to negotiate about"
- F.C. Ikle

Source : Lewicki(1999), Shell(1999), Watkins(2002)

- 협상이란 다양한 이해당사자들과 이해조정을 통해 자신이 원하는 것을 얻어내기 위한 일련의 커뮤니케이션 활동 및 상호작용 패턴을 말한다.
- 일반적으로 협상은 자신의 힘만으로 이룰 수 없는 어떤 새로운 일을 하고자 할 경우, 또는 상대방과의 분쟁이나 문제를 해결하고자 할 때 이루어진다. 특히 한정된 자원을 갖고 조직의 다양한 이해관계자들과 이해조정을 통해 성과를 이루어야 하는 경영자의 입장에서 협상은 매우 중요한 과정이다.
- 협상이 이루어지기 위해서는 다음의 두 가지 소선이 존재해야 한다.
  1) 공동의 이익(Common Interests)
  2) 상충되는 이슈(Issues of Conflict)

"공동의 이익이 없으면, 협상을 할 이유가 없으며,
 상충되는 이해관계가 없으면, 협상을 할 필요가 없다."
- F. C. Ikle -

6-2 협상의 유형

Types of Negotiations

	Transaction	Relationship
Deal	**Deal Making** ex) Selling a business unit	**Relationship Building** ex) Creating a corporate alliance
Dispute	**Dispute Resolution** ex) Resolution of a law suit	**Conflict Management** ex) Settling a labor strike

Source : Watkins, *Breakthrough Business Negotiation*, Jossey-Bass, 2002

협상의 내용 및 기간에 따라 다음과 같이 4가지로 분류해 볼 수 있다.
- 거래계약(Deal Making) : 사업매각 협상과 같이 거래관계가 일회성으로 끝나고, 과거로부터의 분쟁이나 적대적 관계가 없는 경우이다.
- 관계구축(Relationship Building) : 전략적 제휴 협상과 같이 장기적인 관계가 예상되며 과거로부터의 분쟁이나 적대적 관계가 없는 경우이다.
- 분쟁해결(Dispute Resolution) : 법적 소송을 해결하는 경우와 같이, 과거로부터의 적대적 관계가 있으며, 분쟁이 해결되면 더 이상의 상호작용이 없는 경우이다.
- 갈등관리(Conflict Management) : 노사분쟁을 해결하는 경우와 같이, 과거로부터의 적대적 관계가 있으며, 분쟁해결 후에도 계속적인 상호작용이 있는 가장 어려운 협상유형이다.

6-3 협상의 4단계

Four Phases of the Negotiation Process

1. Prepare Your Strategy	2. Exchange Information	3. Bargaining & Influencing	4. Closing & Commitment
• Set goals & objectives • Analyze key issues, interests & alternatives • Assess the other side and develop strategies	• Open the discussion at the table • Get information & establish rapport • Test the other side's position & interests	• Make offers & counter offers • Influence & shape perception • Trade concessions & move towards an agreement	• Formulate an agreement • Gain mutual commitment • Ensure implementation

Source : Hiltrop(1995), Shell(1999)

일반적으로 협상과정은 다음의 4단계를 통해 이루어진다.
1. 협상준비 및 전략수립
    - 협상의 목표를 수립하고, 주요이슈, 이해관계 및 대안을 분석한다.
    - 상대방에 대한 분석을 토대로 전략을 수립한다.
2. 협상개시 및 정보교류
    - 협상을 시작하면서 양측이 다루어야 할 이슈를 파악한다.
    - 초기 대화를 통해 상대방의 입장을 파악한다.
3. 협상전개 및 해결안 모색
    - 본격적인 협상에 들어서면서 각자의 입장을 관철시키기 위한 설득과 홍정이 이루어진다.
    - 적절한 양보와 타협을 통해 양측이 합의할 수 있는 해결안을 모색한다.
4. 합의도출 및 실행

6-4 협상이 실패하는 이유

Common Negotiation Mistakes

Negotiation Mistakes
1. Entering negotiation without sufficient preparation
2. Unclear goal regarding the final outcome of negotiation
3. Neglecting the other side's problem
4. Focusing on positions, not interests
5. Neglecting BATNA
6. Letting price bulldoze other interests
7. Focusing too much on relationships and harmony
8. Neglecting the value of differences
9. Lack of cultural and political sensitivities

Source : Fisher(1981), Hiltrop(1995), Sebenius(2001)

일반적으로 협상이 실패하는 이유는 다음과 같다.
1. 협상에 대한 사전준비 부족
2. 협상의 최종결과에 대한 명확한 목표 및 기준 결여
3. 상대방의 문제에 대한 정확한 이해 부족
4. 실질적인 이익에 초점을 두지 않고 자신의 입장에만 집착함
5. 최선의 대안(BATNA)에 대한 사고 부족
6. 가격문제에만 집착함으로써 다른 이슈에 대한 고려 부족
7. 지나치게 인간관계와 화합에 신경을 씀으로서, 실질적인 내용을 소홀히 함
8. 상대방과의 차이에서 오는 다양한 기회를 보지 못함
9. 문화적 및 정치적 감각 부족

6-5 협상준비를 위한 진단

Diagnosing the Seven Structural Elements of Negotiation

Key Elements	Key Questions
Parties	• Who will participate, or could participate, in the negotiation? • Identify all the potential players and analyze coalitions
Rules	• What are the rules of the game? • What laws, regulations, or social conventions apply here?
Issues	• What agenda of issues will be, or could be negotiated? • Identify the full set of issues including relationships and toxic issues
Interests	• What goals are you and others pursuing? • Think carefully about what you really want
Alternatives	• What will you do if you don't reach agreement? • Define your walk-away position based on BATNA
Agreements	• Are there potential agreements that would be acceptable to all sides? • Define the bargaining range and create a win-win solution
Linkages	• Are your current negotiations linked to other negotiations? • Are there opportunities to create new linkages?

Source : Watkins, *Breakthrough Business Negotiation*, Jossey-Bass, 2002

Watkins 교수는 협상준비를 위해 다음 7가지 요인에 대한 체계적인 진단을 제시하였다.

1. 협상주체(Parties) : 협상에 참여할 수 있는 모든 이해관계자를 파악하고 제휴관계를 분석한다.
2. 룰(Rules) : 법, 규정, 사회적 관행 등 게임의 룰을 파악한다.
3. 이슈(Issues) : 협상의 대상이 될 수 있는 모든 이슈들을 파악한다.
4. 이익(Interests) : 자신과 상대방이 추구하는 목표가 무엇인지 정확히 파악한다.
5. 대안(Alternatives) : 협상이 이루어지지 않을 경우에 최선의 대안(BATNA)이 무엇인지를 생각한다.
6. 합의(Agreements) : 상호 합의할 수 있는 협상영역과 Win-Win 해결안을 모색한다.
7. 연계(Linkages) : 다른 협상과의 연계가능성을 생각한다.

6-6 협상 스타일의 5가지 유형

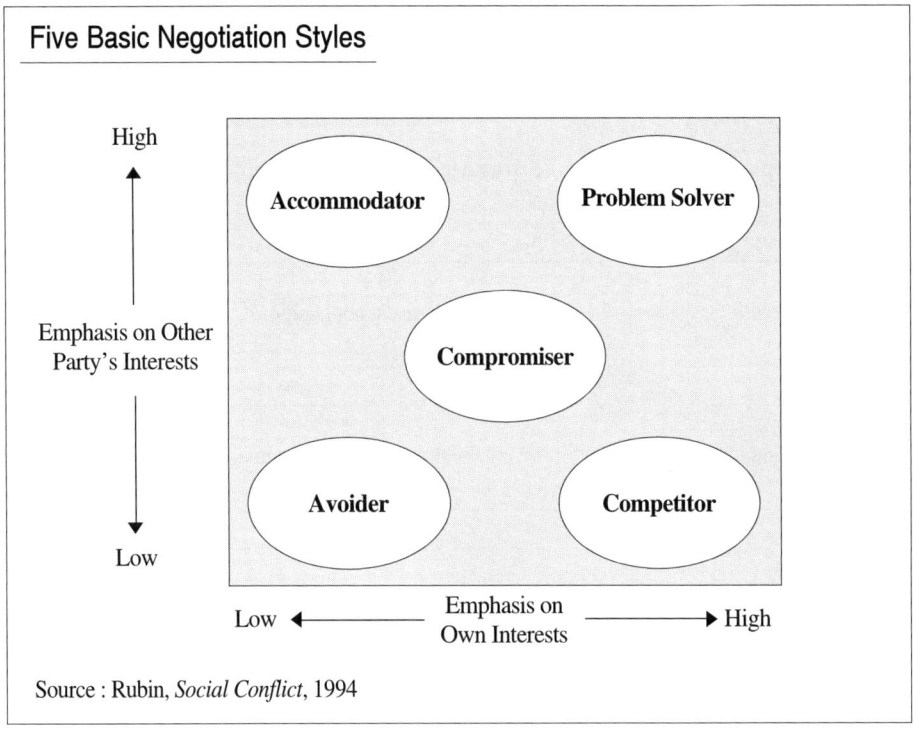

협상당사자간의 갈등을 조정하고 해결하는 방법에 따라 다음과 같은 5가지 협상 스타일을 도출할 수 있다.
- 경쟁형(Competitor)은 자기의 입장에만 집착하고 상대방에 대한 고려가 부족하다. 협상이 자주 난관에 부딪치게 되고 갈등이 더욱 커져 좋은 협상결과를 기대할 수 없다.
- 순응형(Accommodator)은 상대방의 이해관계에 지나친 배려를 하고 자기의 이익을 소홀히 하는 경우이다. 지나치게 우호적인 방식으로서, 상대방의 페이스에 휘말려 자기에게 유리한 결과를 얻을 수 없다.
- 회피형(Avoider)은 갈등과 협상자체를 기피하는 소극적인 자세이다.
- 타협형(Compromiser)은 상대방과 자기입장의 중간에서 타협을 하는 형이다.
- 문제해결형(Problem-Solver)은 상대방과 자신의 입장을 충분히 고려하면서 갈등과 문제를 정면으로 해결하는 가장 합리적인 유형이다.

6-7 Win-Win 협상의 기본원칙

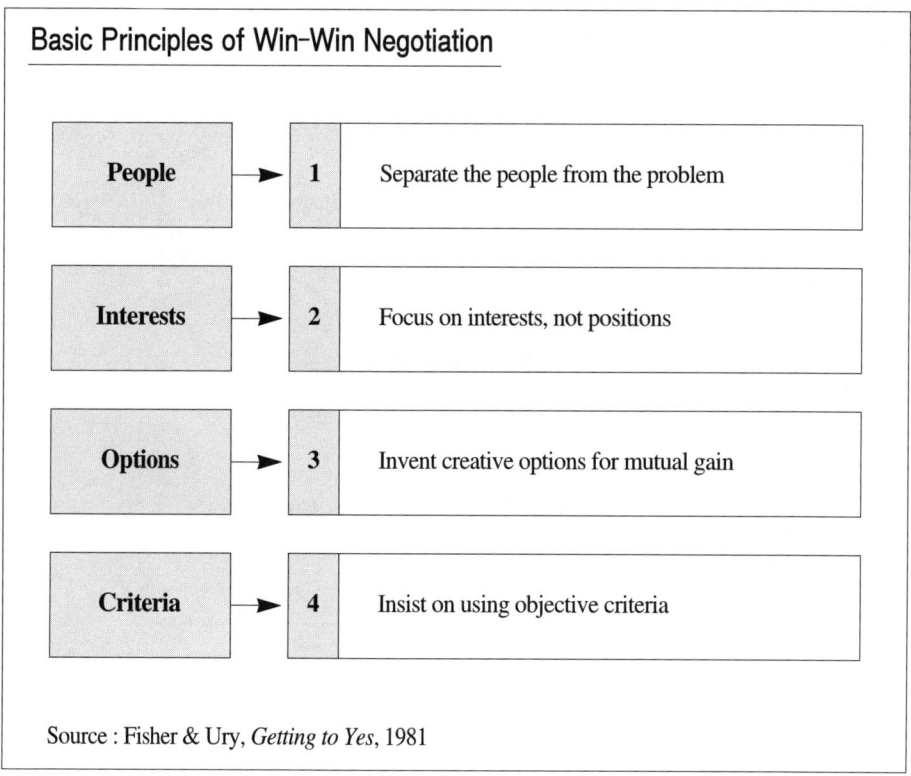

Fisher와 Ury는 성공적인 협상의 기본조건으로 다음의 4가지 원칙을 제시하고 있다.
1. 사람과 문제 분리 : 상대방과 문제를 동일시하다 보면, 자칫 감정에 치우쳐 협상을 그르칠 수 있다. 그러므로 항상 냉정하게 문제와 사람을 분리하고, 상대방의 입장과 감정을 이해하려고 노력한다.
2. 이해관계에 초점 : 자신의 입장(Position)에 너무 집착하지 않고, 이해관계(Interest)에 초점을 둔다. 양쪽 모두 실제로 이득이 되는 것이 무엇인지를 파악하여, 상호이익이 되는 협상안을 도출한다.
3. Win-Win 대안개발 : 상호이익이 되는 방향으로 문제를 정의하고, 전체 파이를 키울 수 있는 다양한 대안을 모색한다.
4. 객관적인 기준과 원칙 중시 : 협상과정에서 주관적인 판단과 편견을 배제하고, 누구나 공감할 수 있는 객관적인 기준과 원칙에 따라 해결안을 도출한다.

6-8 Win-Win 협상의 예

Example of a Win-Win Negotiation

	Issue	Negotiation over pay between a lawyer and his secretary	

	Secretary	Lawyer	Win-Win Solution
Position	Demands pay raise of 30–50% based on comparable legal secretaries pay level in the area	Can't afford the increased outlay due to tight budget	• She keeps the current job at the current pay level • She works part-time as a freelancer at an hourly rate fives times what she was paid • Working every Saturday, she makes more than she would have received from the pay raise
Interests	• Needs more money to pay for children's education • Likes the current job and doesn't want to go somewhere else • Would be happy to put in some extra time	• Wants to keep her at current pay level • Willing to arrange for her to do part-time work for another attorney	

Source : Jandt, *Win-Win Negotiating*, 1985

Win-Win 협상의 예로서 다음과 같은 변호사와 비서 간의 급여에 관한 협상을 들 수 있다.
- 입장 : 비서는 자신의 급여를 30~50% 인상해 줄 것을 요구하였으나, 변호사는 예산제약상 급여인상이 불가능하다는 입장을 고수함으로써, 양쪽은 해결의 실마리를 찾지 못하였다.
- 이해관계 : 비서가 급여인상을 요구한 이유는 자녀 교육비를 충당하기 위해 돈이 더 필요했기 때문이며, 돈을 더 벌 수 있다면 초과시간 근무를 할 의향이 있었다. 한편, 변호사는 현 비서에 대해 매우 만족하고 있으며, 본인이 원한다면 다른 변호사 회사의 파트타임 작업을 소개해 줄 의향이 있었다.
- Win-Win 해결안 : 비서는 급여인상 없이 현직을 유지하면서, 변호사가 소개해준 회사에서 토요일마다 파트타임으로 시간당 근무를 함으로써, 급여인상을 요구한 금액보다 많은 돈을 벌 수 있었고, 변호사는 유능한 비서를 급여인상 없이 유지할 수 있었다.

6-9 협상 상대방에 대한 분석

Analyzing the Other Party

- What are their interests, needs and objectives?
- What are their alternatives?
- What are their negotiation style?
- Who has the authority to make decisions?
- What are the informal influences that can make or break a deal?
- How is the performance of the negotiation team measured and rewarded?
- Could other parties get involved and change the game?

- Put yourself in the other person's shoes
- Listen actively
- Analyze past negotiation behavior

Source : Lewicki(1999), Sebenius(2001)

협상이 성공하기 위해서는 철저한 사전준비가 필요하며, 상대방에 대해 다음과 같은 체계적인 분석이 필요하다.
- 상대방의 이해관계, 욕구, 목표가 무엇인가?
- 상대방의 대안은 무엇인가?
- 상대방의 협상스타일은 어떠한가?
- 누가 최종결정 권한을 갖고 있는가?
- 협상의 성패를 좌우할 수 있는 비공식적인 영향력은 무엇인가?
- 협상 팀의 성과가 어떻게 측정되고 보상되는가?
- 다른 이해관계자가 참여하여 게임을 바꿀 수 있는가?

협상 상대방에 대한 정보는 과거 협상사례를 통해 부분적으로 파악할 수 있고, 주로 협상을 진행하는 과정에서 예리한 질문과 관찰을 통해 파악할 수 있다.

6-10 다국적기업과 정부간 협상의 주요 이슈

MNC-Host Government Negotiation

Host Government Goals
- Economic growth
- Employment
- Balanced of payment
- Technology transfer
- Tax revenue
- Sovereignty

MNC Resources
- Capital
- Technology
- Brand
- Management skills
- Global network
- Reputation effect

다국적기업과 현지국 정부의 외자유치 협상의경우, 다음과 같은 서로 상충적인 이해관계가 존재한다.
- 현지국 정부는 다국적기업의 투자를 유치함으로써 자금조달, 고용창출, 기술이전, 세수확보 등의 효과를 기대하는 반면, 다국적기업은 현지시장에의 접근, 이익실현 및 전세계적 관점에서 기업활동의 최적화를 추구한다.
- 다국적기업은 자본, 기술, 경영 노하우, 브랜드, 글로벌 네트워크 등을 보유함으로써 협상력을 발휘할 수 있으며, 다국적기업의 협상력이 강할수록 현지국 정부의 요구에 순응해야 할 필요성은 감소한다. 현지국 정부 역시 목표달성을 위한 다국적기업 이외의 다른 대안이 있으면 협상력을 높일 수 있다.
- 이와 같이 다국적기업과 현지국 정부 간의 협상은 이해관계의 상충으로 항상 갈등의 소지가 있다. 그러나 이해당사자들이 서로의 협상력만 믿고 갈등을 해소하지 못한 채 협상을 결렬시키면 양자 모두에게 손실이 될 수 있다. 그러므로 양쪽은 합의가 이루어지지 않을 경우의 최선의 대안(BATNA)을 생각하면서 상호이익이 될 수 있는 Win-Win 대안을 모색할 필요가 있다.

6-11 BATNA의 중요성

BATNA – Defining Your Walk-Away Position

BATNA = Best Alternative to Negotiated Agreement

- A negotiator's BATNA is the course of action he will pursue if the current negotiation fails
- The better your BATNA, the stronger your bargaining position.
  If your BATNA is poor, try to improve it by generating other alternatives
- Preparing BATNA before the negotiation is critical to decide when to walk away or accept an offer
- Based on BATNA, calculate your reservation value – the minimum values you would accept in an agreement
  - If the value of the deal is lower than your reservation value – walk away
  - If the final offer is higher than your reservation value – close the deal

Source : Fisher & Ury(1981), Hiltrop(1995)

BATNA(Best Alternative to Negotiated Agreement)는 협상이 성사되지 않을 경우, 당사자들이 선택할 수 있는 최선의 대안을 말하며, 협상의 성공여부를 판단할 수 있는 기준을 제공한다.

- 협상을 시작하기 전부터 BATNA를 명확히 하여, 상대방의 제안을 수용할 것인지 아니면 거절할 것인지에 대한 기준을 명확히 할 필요가 있다. 합의를 하는 것이 꼭 최선의 방법은 아니며, BATNA보다 안 좋을 경우, 합의를 안 하는 것이 나을 수 있다.
- BATNA를 기초로 유보가치(Reservation Value)를 계산한다. 협상안의 가치가 유보가치에 미달하면, 합의를 하지 않고 협상을 중단하거나 새로운 합의점을 모색하기 위해 협상을 재시도 한다. 협상안의 가치가 유보가치보다 높을 때에만 합의를 한다.
- 자신의 BATNA뿐만 아니라 상대방의 BATNA도 파악하도록 노력한다. BATNA가 좋을수록 보다 유리한 입장에서 협상을 할 수 있으며, BATNA가 좋지 않을 경우, 다른 대안의 모색을 통해 이를 개선하도록 노력해야 한다.

6-12 분배적 협상의 협상영역

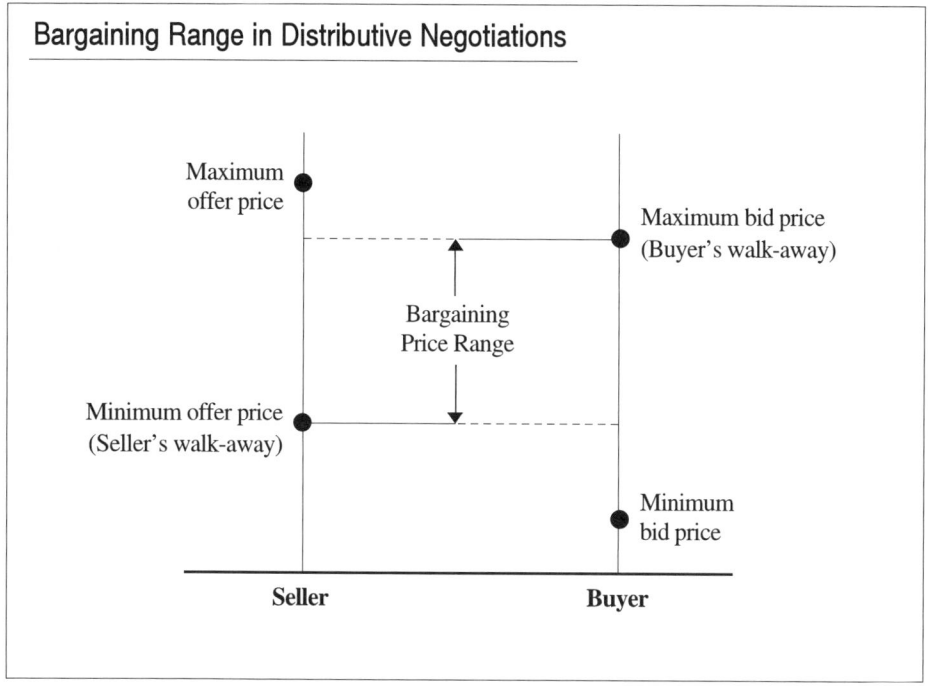

- 분배적 협상(Distributive Negotiation)은 고정된 파이를 놓고 협상당사자들이 서로 더 많은 가치를 얻기 위해 경합하는 경우로서, 한쪽의 이득은 다른 쪽의 손실이 되는 제로섬 게임의 성격을 갖는다.
- 분배적 협상은 가격중심의 상업적 거래에서 볼 수 있는데, 판매자와 구매자는 각각 최저가격과 최고가격을 설정하고 자신에게 가장 유리한 가격을 얻어내기 위해 다양한 근거와 정보를 제시하며 흥정을 벌인다.
- 그림 6-12에서와 같이 판매자가 제시하는 최저 오퍼가격과 구매자가 제시하는 최고 입찰가격 사이에서 협상영역(Bargaining Range)이 결정된다. 판매자의 오퍼가격이 구매자의 최고 입찰가격보다 높거나, 구매자의 입찰가격이 판매자의 최저 오퍼가격보다 낮으면 양쪽을 만족시킬 수 있는 합의점이 없으므로 협상이 결렬된다.

6-13 M&A 가격협상의 결정요인

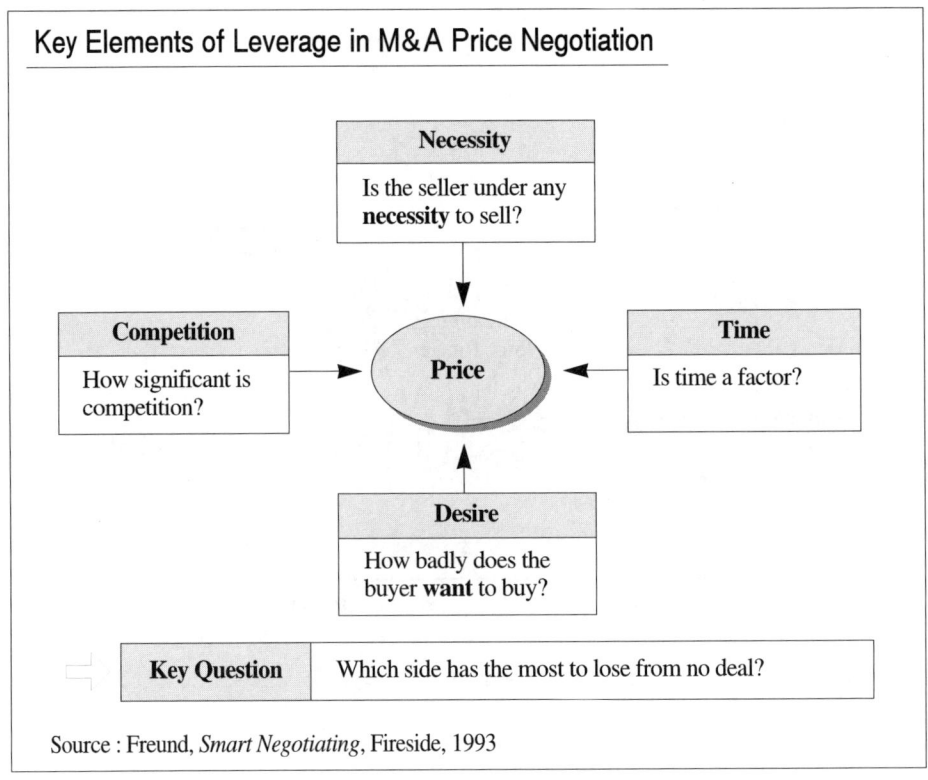

M&A 협상에 있어서, 인수기업의 가격은 다음과 같은 요인에 의해 결정된다.
- 사업을 매각해야 할 필요성(Necessity)이 얼마나 있는가? 예를 들어 심각한 유동성 위기에 처한 기업은 사업매각을 통해 현금흐름을 긴급히 창출해야 하므로 협상가격이 낮아질 수 있다.
- 인수자의 입장에서 피인수 기업은 얼마나 매력적인가? M&A에 따른 시너지 효과가 크고 인수자의 인수의지가 높을수록 협상가격은 높아진다.
- 동일한 기업을 인수하고자 하는 경쟁업체가 많을수록 협상가격은 높아진다.
- 협상과정에서 시간의 제약을 받으면 협상력이 떨어질 수 있다. 시간적 여유가 있는 기업은 시간에 쫓기는 기업에 비해 시간을 협상의 무기로 활용할 수 있다.
- 협상이 결렬되면 누가 더 손해를 보는가를 따져봄으로써, 상대적인 협상력을 평가해 볼 수 있다.

6-14 통합적 협상의 협상영역

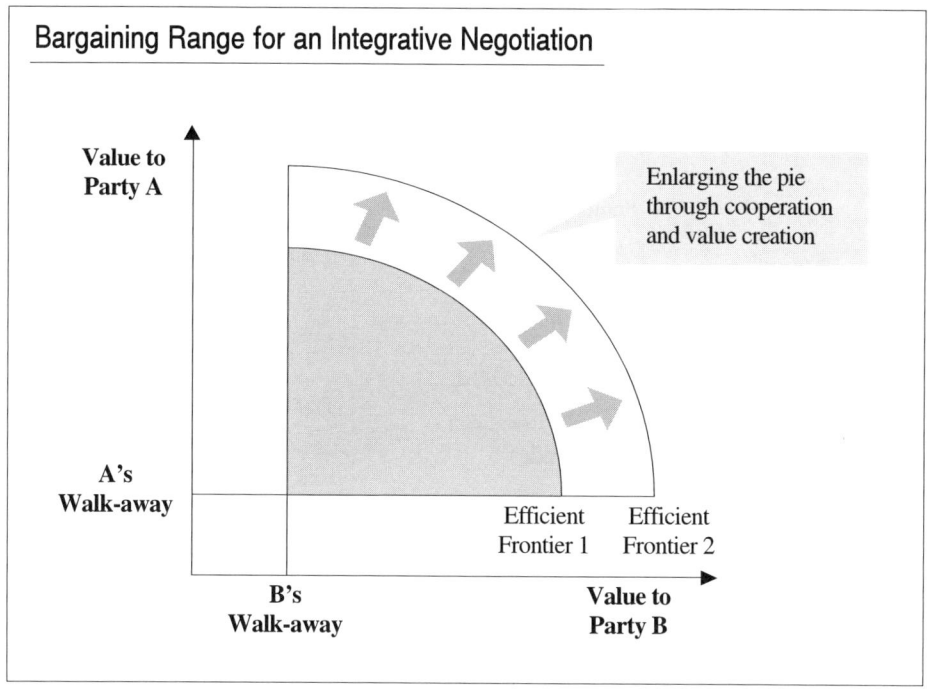

- 통합적 협상(Integrative Negotiation)이란 협상당사자들이 서로 협력하여 상호이익이 되는 해결안을 창출함으로써, 전체 가치를 증대하는 협상을 말한다.
- 통합적 협상에서의 협상영역(Bargaining Range)은 그림 6-14에서와 같이 A와 B 사이의 효율적 경계(Efficient Frontier)에 의해 형성된다. A와 B간의 합의점이 효율적 경계선상에 있게 되면, 상대방의 손실 없이는 양쪽 누구나 이득을 볼 수 없기 때문에 '효율적'이라고 할 수 있다. 한편 A와 B간의 합의점이 효율적 경계선 내에 있게 되면, 상대방의 손실 없이도 최소한 한쪽이 이득을 볼 수 있는 합의안이 있을 수 있으므로 '비효율적'이다.
- 통합적 협상의 협상영역은 협상당사자간의 협력과 가치창조를 통해 확대될 수 있다. 즉 A와 B간의 효율적 경계선이 우상향으로 이동하여 보다 다양한 합의점이 형성될 수 있다. 일반적으로 가치창조는 다양한 이슈들을 연계하여 새로운 패키지 딜(Package Deal)을 만들어냄으로써 이루어진다.

6-15 협상을 통한 가치창조 방안

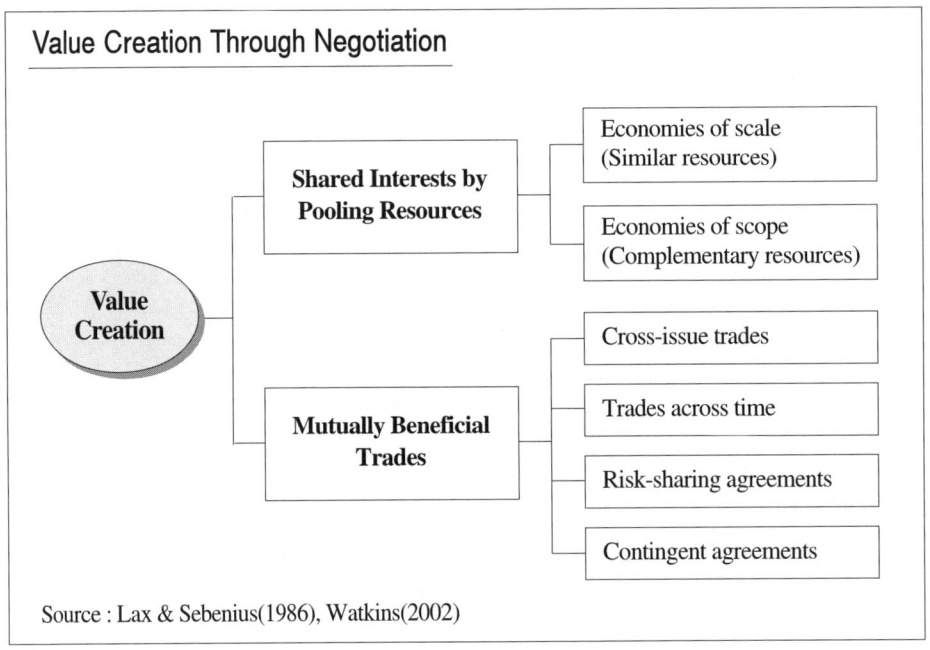

협상을 통한 가치창조 방법에는 공동의 이익을 추구하거나 상호이익이 되는 것을 교환하는 방법이 있다.

- 공동의 이익을 추구하는 방법으로는 서로 유사한 자원을 합쳐 규모의 경제(Economies of Scale)를 실현하거나, 서로 보완적인 자원을 결합해 범위의 경계(Economies of Scope)를 실현할 수 있다.
- 상호이익이 되는 것을 교환하기 위해서는 자기보다 상대방에게 더 가치가 있는 것을 파악하고, 이를 상대방보다 자기에게 더 가치가 있는 것과 교환한다. 그러기 위해서는 협상의 각 이슈별로 양쪽이 생각하는 상대적 중요도 및 우선순위를 평가하여, 이슈간의 교환을 통한 가치창조 가능성을 모색할 수 있다.
- 협상당사자간에 시간, 리스크 및 미래에 대한 기대에 있어서 서로 차이가 있으면, 이를 효과적으로 배분함으로써 상호이익을 추구할 수 있다. 예를 들어, A가 B보다 리스크를 감수할 의향이 있고 미래에 대해 보다 낙관적인 기대를 갖고 있다면, A가 보다 많은 리스크를 감수하고 미래성과에 따라 보상이 지급되는 불확정 성과급 계약을 체결할 수 있다. A는 리스크 감수에 대한 반대급부로 다른 이슈에서의 양보를 요구함으로써 상호이익이 되는 협상안을 타결할 수 있다.

6-16 협상의 구조변화

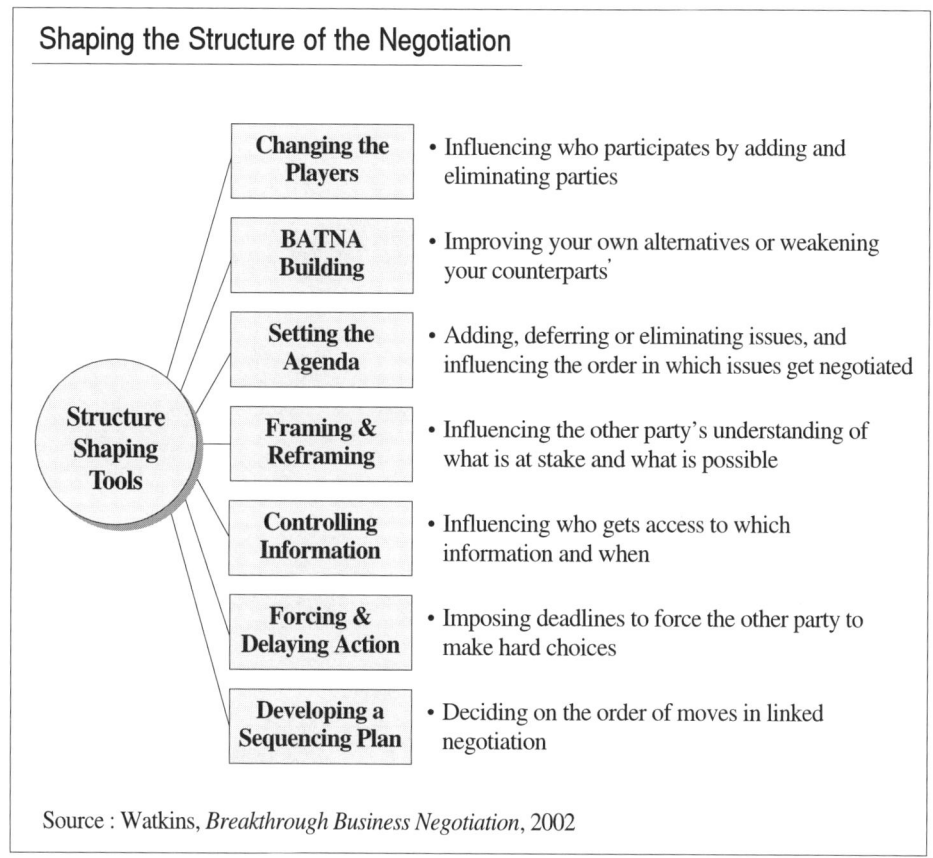

Source : Watkins, *Breakthrough Business Negotiation*, 2002

협상의 구조변화란 협상을 주어진 틀 내에서 수행하는 것이 아니라, 혁신적으로 구조적인 요인들을 변화시킴으로써, 협상을 자기에게 유리하게 전개하는 것을 말한다. 협상의 구조변화는 다음과 같은 방법들을 통해 이루어질 수 있다.

- 협상참가자의 변화를 통해 협상구조에 영향을 미친다. 즉 새로운 참가자의 추가 또는 삭제, 새로운 경쟁 또는 제휴관계의 형성을 통해 협상을 자기에게 유리하게 전개한다.
- 협상이슈의 추가, 삭제, 통합 및 진행순서에 영향을 미침으로써 협상안건을 주도적으로 설정한다.
- 자신의 BATNA를 개선함으로써 협상력을 제고하고, 상대방의 BATNA를 약화시킨다.
- 협상의 주요이슈 및 기대성과에 대한 상대방의 인식을 자기에게 유리한 방향으로 설득하여 변화시킨다.

6-17 협상의 순차적 진행

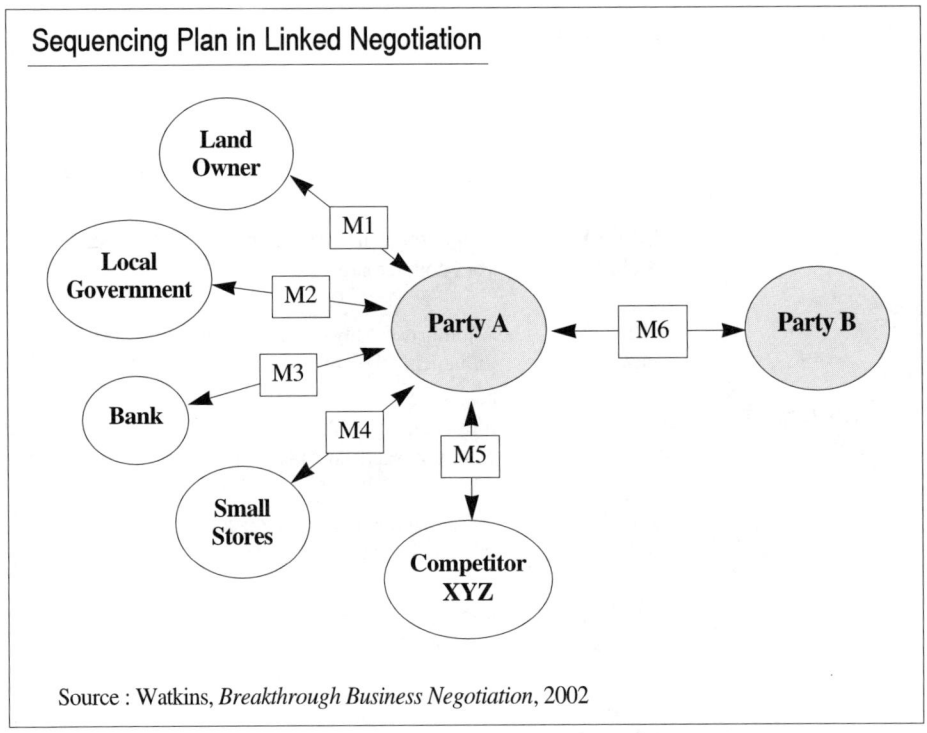

Source : Watkins, *Breakthrough Business Negotiation*, 2002

다양한 이해관계자들이 참여하는 다자간협상(Multi-Party Negotiation)의 경우, 협상의 진행순서를 정하는 것은 중요한 전략적 판단이다. 그림 6-17은 쇼핑몰 개발업체인 A와 대형할인점 B와의 협상에 있어서, 다양한 이해관계자들과의 순차적 협상을 나타내고 있다. A는 B와의 협상을 유리하게 전개하기 위해 다음과 같은 순서로 협상을 진행한다.

- M1 : 토지 소유자와의 협상을 통해 쇼핑몰 부지를 확보한다.
- M2 : 지방정부와의 협상을 통해 주변도로 및 인프라개발을 위한 재정지원을 얻어 낸다.
- M3 : 은행과의 협상을 통해 시설투자 및 운영자금에 대한 융자를 받는다.
- M4 : 소규모 영세업체들과의 협상을 통해 입주조건·시기 등에 대해 원칙적인 합의를 본다.
- M5 : 대형할인점 B의 경쟁업체인 XYZ와의 초기접촉을 통해 입주가능성 및 조건에 대해 논의한다.
- M6 : 대형할인점 B와 입주조건·시기 등에 대해 최종합의를 본다. 합의가 이루어지지 않을 경우 경쟁사 XYZ와 협상을 시작한다.

6-18 협상의 딜레마

The Negotiator's Dilemma

		B	
		Be Truthful	Seek to Mislead
A	Be Truthful	A and B both make modest gains	A gain a little, B gain a lot
A	Seek to Mislead	A gain a lot, B gain a little	A and B both gain nothing

Source : HBS Note 9-800-333

- 협상의 딜레마(Negotiator's Dilemma)는 상대방과 협력하여 상호이익이 되는 결과를 추구하려는 성향과 자신에게 가장 유리한 결과를 얻어 내려는 경쟁적인 성향이 공존함으로써 발생한다.
- 그림 6-18은 A와 B가 신의를 지키는 경우와 그렇지 않을 경우에 각각 어떤 결과를 얻게 되는가를 보여 준다. 양쪽 모두 신의를 지키지 않고 속임수를 쓸 경우, 양쪽 모두 손실을 보게 된다. 양쪽이 모두 신의를 지키는 경우에는 서로 적당한 양보를 통해 합의에 이르게 되므로, 양쪽 모두 적절한 이익을 얻을 수 있다. 그러나 한쪽이 신의를 지키고 다른 쪽이 속임수를 쓰는 경우에는 신의를 지킨 쪽이 일방적으로 손실을 보고, 상대방이 이익을 보게 된다.
- 이와 같이 협상의 딜레마는 가치를 창조하려는 협력적인 측면과 가치를 쟁취하려는 경쟁적인 측면이 공존하기 때문에 발생한다. 협상의 딜레마를 극복하기 위해서는 상대방과의 정보공유를 통해 신뢰관계를 형성해 가는 것이 중요하다.

6-19 신뢰형성의 선순환과정

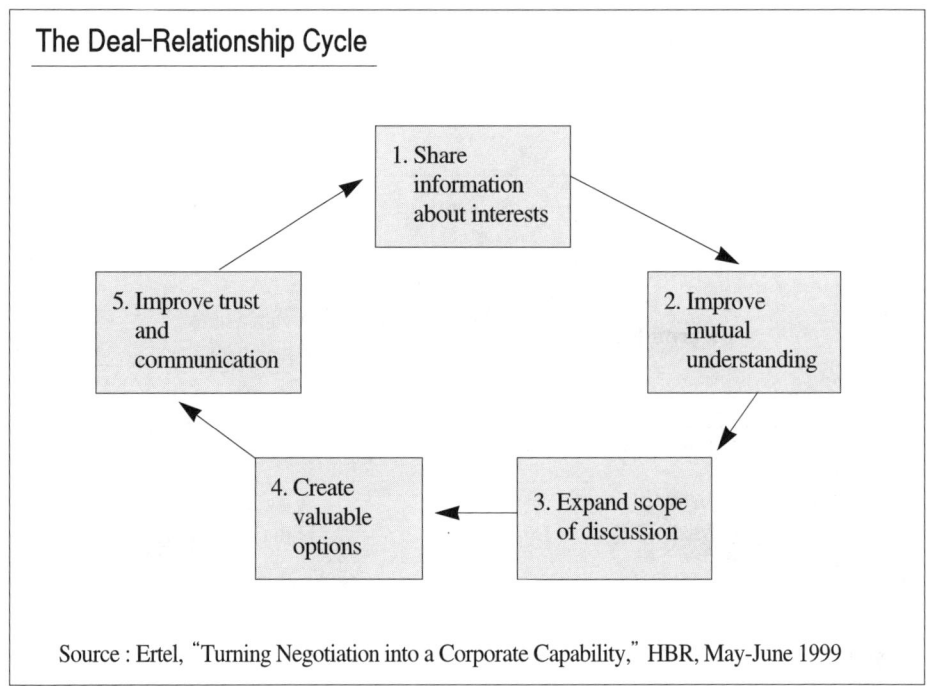

협상과정에 있어서 정보공유와 신뢰형성은 협상결과에 지대한 영향을 미친다.
- 상대방과 신뢰관계가 구축되면 각자의 이해관계와 입장에 대한 충분한 정보가 공유되어 상호이해의 폭이 넓어진다. 이에 따라 서로 토론할 수 있는 이슈의 범위가 넓어지고, 보다 다양하고 가치 있는 대안의 창출이 가능해진다. 그 결과 보다 만족스러운 협상결과가 나오게 되고, 이는 다시 상호 신뢰관계의 개선을 가져오는 선순환 과정을 만든다.
- 반대로 신뢰형성이 부족하면 상호간의 정보흐름이 줄어들고, 잘못된 추측이나 의심이 생기면서 불신감이 조성된다. 자연히 협상에 임하는 태도가 소극적으로 되고, 창의적인 아이디어가 나오지 않는다. 협상은 충분한 가능성을 검토하지 못한 채 양쪽에 모두 불만족스러운 결과를 낳게 되고, 이는 다시 신뢰관계의 악화를 초래하는 악순환과정을 만든다.
- 이와 같이 협상에서의 인간관계는 정보교류, 해결안 모색, 합의도출에 중요한 영향을 미친다. 그러므로 항상 상대방의 입장에서 의견을 충분히 듣고, 상호신뢰를 바탕으로 양측 모두 만족할 수 있는 해결안을 도출하는 것이 중요하다.

6-20 협상방식의 문화적 차이

Cross-Cultural Differences in Negotiation Approaches

U.S. Negotiator

Preparation	Bidding	Info. using	Info. gath.	Close	Implementation

Japanese Negotiator

Relationship Building	Preparation	Info. gath.	Info. using	Bidding	Close	Implementation

Ideal Model

Preparation	Relationship Building	Information Gathering	Information Using	Bidding	Closing the Deal	Implementation

Source : Greenhalgh, *Managing Strategic Relationships*, Free Press, 2001

협상은 문화적 차이에 따라 접근방식이 매우 다를 수 있다. 그림 6-20은 전형적인 미국인의 협상방식과 일본인의 협상방식을 비교분석하고 있다.

- 미국인은 일반적으로 협상과정에서 자기의 입장을 명확히 하고, 상대방을 설득하기 위해 각종 논리와 근거를 제시한다. 상대방에 대한 정보수집이나 인간관계 구축에 앞서 자신의 목표와 입장을 분명히 하고, 사전에 준비된 분석과 정보를 토대로 자신의 제안의 우수성을 설파하고 상대방이 이를 수용하도록 설득하고 강요한다. 그리고 합의가 도출되면 이를 계약으로 명문화하고 계약은 철저히 지키는 것을 원칙으로 한다.
- 일본인은 협상과정에서 인간관계를 매우 중요시하고 인간관계 구축을 위해 많은 시간을 보낸다. 인간관계가 형성되지 않으면 협상은 형식적으로 이루어지거나 결렬되기 쉽다. 인간관계가 형성되면 협상준비는 상대방과의 협력적인 공동작업이 되며, 합의는 비교적 쉽게 이루어진다. 일본인은 계약의 중요성을 인정하면서, 합의된 내용이 상황의 변화에 따라 수정될 수 있다고 보며, 지속적인 개선(Continuous Improvement)을 중시한다.
- 이와 같은 협상방식의 차이는 상호 오해와 불신을 초래할 수 있으므로, 문화적 차이를 잘 이해하고 대처할 수 있는 안목과 지혜가 필요하다.

6-21 협상에서 심리적 편견

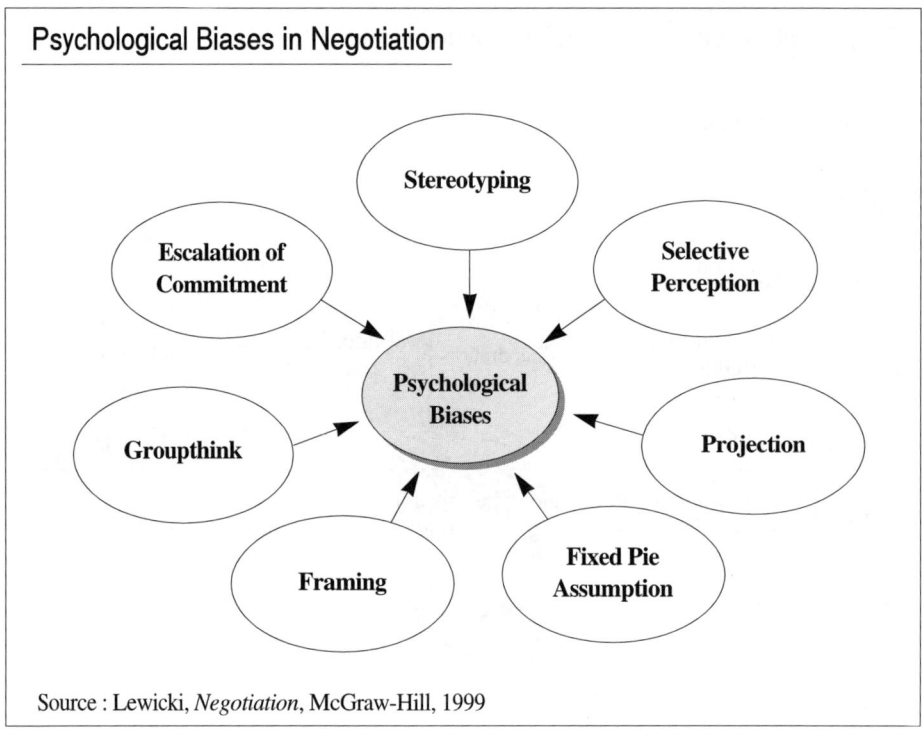

Source : Lewicki, *Negotiation*, McGraw-Hill, 1999

협상과정에 영향을 미치는 다음과 같은 심리적 편견에 유의할 필요가 있다.
- Stereotyping : 자신이 가진 고정관념의 틀에 맞춰 사물을 판단함으로써 현실을 지나치게 단순하게 해석할 수 있다.
- Selective Perception : 사물을 자기가 원하는 방향으로 선택적으로 인지함으로써 객관성을 상실할 수 있다.
- Projection : 상대방의 생각과 의도를 자신의 입장에서 추정함으로써, 상대방의 진의를 잘못 파악할 수 있다.
- Fixed Pie Assumption : 협상과정을 한정된 가치의 분배과정으로만 생각함으로써, 상호 이익이 되는 가치창조 방안의 모색을 소홀히 할 수 있다.
- Groupthink : 개인이 속한 집단의 영향을 받아, 독자적인 판단을 하지 못하고 집단적 사고에 구속되는 경우이다.
- Escalation of Commitment : 협상이 진행됨에 따라 성공에 대한 집념이 점점 강해지면서 합리적인 판단을 잃고 감정적으로 대응하는 경우이다.

6-22 불합리한 협상전술과 대응책

Responding to Hardball Tactics

Types of Hardball Tactics	Strategic Response
• Phony facts • Ambiguous authority • Snow job • Good guy / bad guy • Intimidation • Bluffing • Calculated delay • "Take it or leave it"	1. Recognize the tactic 2. Ignore them 3. Raise the issue explicitly and question the tactic's legitimacy and desirability 4. Suggest to change to more productive methods

Source : Fisher, Ury and Patton, *Getting to Yes*, 1991

협상이 항상 합리적으로만 이루어지는 것은 아니다. 상대방을 속이거나 협박하는 등 다양한 불합리한 전술이 활용될 수 있다. 이 같은 불합리한 전술이 사용될 경우, 이를 빨리 알아채고 적절한 대응을 하는 것이 필요하다.

- 일반적으로 많이 활용되는 불합리한 협상전술에는 고의적인 사실의 조작, 협박, 인신공격, 고의적인 지연작전, 최종결정자를 불분명하게 둠으로써 최종안에 대한 판단을 어렵게 하는 등 다양한 방법이 있을 수 있다.
- 불합리한 협상전술이 파악되면 일단 이를 무시하는 방법이 있고, 아니면 분명하게 문제를 제기하면서 그 같은 전술의 정당성에 대해 따져볼 수도 있다. 그리고 협상방식을 보다 건설적인 방향으로 변화할 것을 제안해 본다.
- 불합리한 협상전술에 대한 가장 확실한 대응방법은 이에 휘말리지 않고 협상의 기본원칙을 충실히 지키는 것이다. 즉 자기 자신과 상대방의 목표와 BATNA를 정확히 평가하고, BATNA를 개선할 수 있는 방안을 모색하며, 합의점에 도달할 수 없으면 과감하게 협상을 철회함으로써 상대방에게 분명한 메시지를 전달한다.

6-23 객관적 기준의 적용

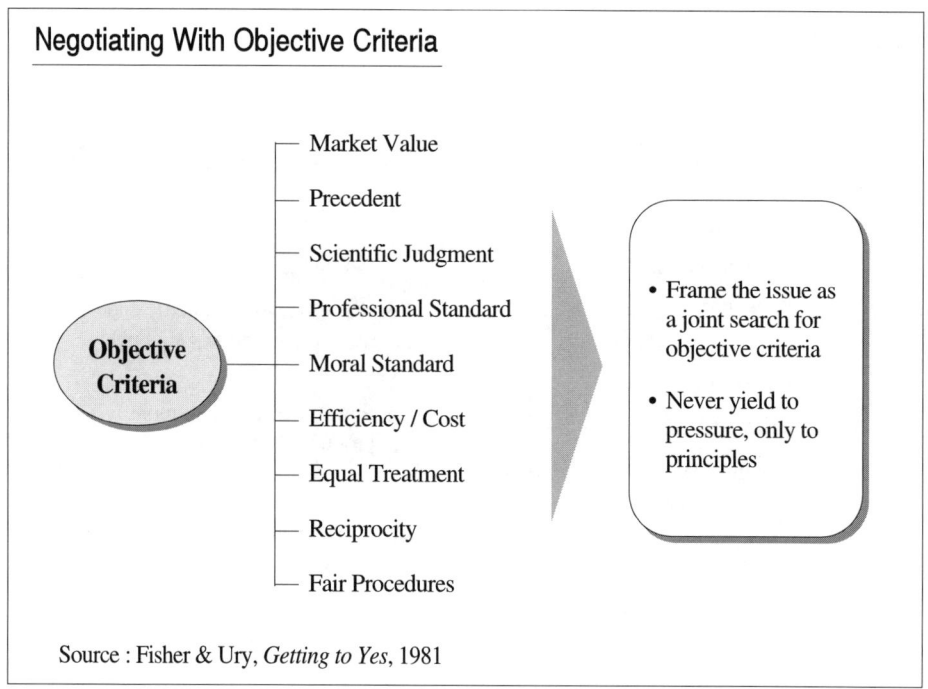

Source : Fisher & Ury, *Getting to Yes*, 1981

- 협상과정에서 발생하는 이견과 갈등을 해결하기 위해서는 가능한 한 주관적인 판단과 편견을 배제하고 객관적인 기준과 원칙을 적용하는 것이 중요하다. 협상당사자들은 합의된 결과가 공정하고 합리적으로 이루어졌다고 생각하기를 원할 뿐만 아니라, 앞으로의 계속적인 관계를 위해서도 객관적인 기준과 원칙의 적용은 매우 중요하다.
- 객관적인 기준과 원칙으로는 다음과 같은 것을 적용할 수 있다 : 시장가치(Market Value), 선례(Precedent), 과학적 판단(Scientific Judgment), 전문가적 기준(Professional Standard), 도덕적 기준(Moral Standard), 효율성/비용(Efficiency/Cost), 형평의 원칙(Equal Treatment), 호혜주의 원칙(Reciprocity), 공정한 절차(Fair Procedures).
- 이와 같이 다양한 원칙과 기준이 존재하므로, 상황에 가장 적합한 기준을 선정하는 것이 중요하며, 선정된 기준과 원칙이 왜 가장 적합한지를 설명할 수 있어야 한다. 상대방이 납득할 수 있는 기준과 원칙을 제시하면, 제안을 함부로 거부하기가 어려워지며, 합의된 결과에 대해서도 보다 만족할 가능성이 높다.

6-24 협상에서의 도덕적 판단

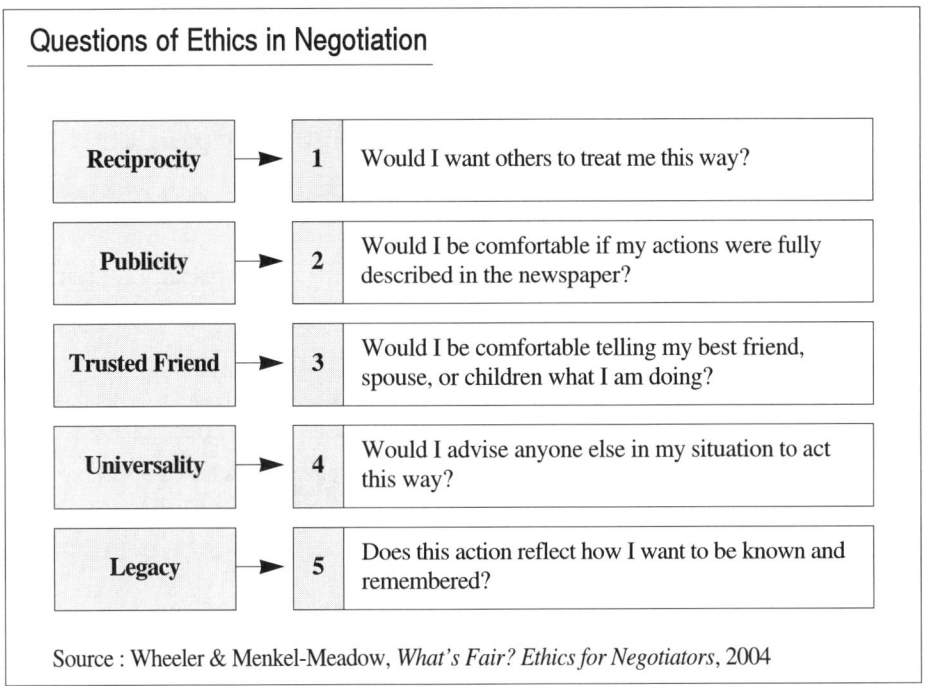

협상을 하다 보면 도덕적 문제에 직면하게 되는데, 올바른 도덕적 판단을 하는 것은 매우 중요하다. 비록 목표달성을 위해 수단과 방법을 가리지 않고 유리한 협상결과를 얻었다고 하여도, 이는 단기적이고 일시적인 성공에 불과하며, 장기적으로는 신뢰상실과 명예추락으로 보다 큰 대가를 치를 수 있다.

협상에서의 도덕적 판단을 명확히 하기 위해 다음과 같은 질문을 해 볼 필요가 있다.

1. 호혜주의(Reciprocity) : 다른 사람이 나에게도 이러한 행동을 하기를 원하는가?
2. 일반공개(Publicity) : 이러한 행동이 신문에 자세히 보도된다면 어떻게 느끼겠는가?
3. 신뢰하는 친구(Trusted Friend) : 나의 이러한 행동을 가장 친한 친구나 부인 또는 아이들에게 말할 수 있겠는가?
4. 보편성(Universality) : 나의 이러한 행동을 다른 사람에게도 권유할 수 있겠는가?
5. 유산(Legacy) : 나의 이러한 행동이 나의 업적 및 기억되고 싶은 이미지와 부합되는가?

올바른 도덕적 판단은 분명히 비용을 부담하게 하지만, 장기적으로는 비도덕적인 행동이 보다 큰 비용을 초래하게 된다.

6-25 성공적인 협상의 평가기준

Key Criteria for Evaluating the Success of Negotiation

Interests	Have we crafted a win-win deal that satisfy both parties' interests?
Options	Have we searched for innovative and efficient solutions that offer joint gains?
Alternatives	Have we measured the proposed deal against our BATNA?
Legitimacy	Have we used objective criteria to evaluate and choose an option?
Communication	Have we engaged in constructive conversations aimed at solving problems?
Relationship	Have we developed a trust-based relationship?
Commitment	Have we generated a workable commitments that both sides are prepared to implement?

Source : Ertel, "Turning Negotiation into a Corporate Capability," HBR May-June 1999

협상의 결과를 다음과 같은 기준으로 평가해 볼 수 있다.
1. Interests : 자기 자신과 상대방의 이익을 동시에 만족시키는 Win-Win 협상안을 만들었는가?
2. Options : 상호이익이 되는 혁신적이고 효율적인 대안을 개발하였는가?
3. Alternatives : 최선의 대안(BATNA)을 설정하고, 이를 기준으로 협상안을 평가하였는가?
4. Legitimacy : 대안을 평가하고 선택하는 데 있어서 객관적인 기준과 원칙을 적용하였는가?
5. Communication : 상대방과 문제해결을 위한 건설적인 대화를 하였는가?
6. Relationship : 상대방과 상호신뢰할 수 있는 관계를 구축하였는가?
7. Commitment : 양쪽이 실행에 옮길 수 있는 구체적인 합의가 이루어졌는가?

제7장

변화관리

전략적 리더십

7-1 변화관리의 필요성

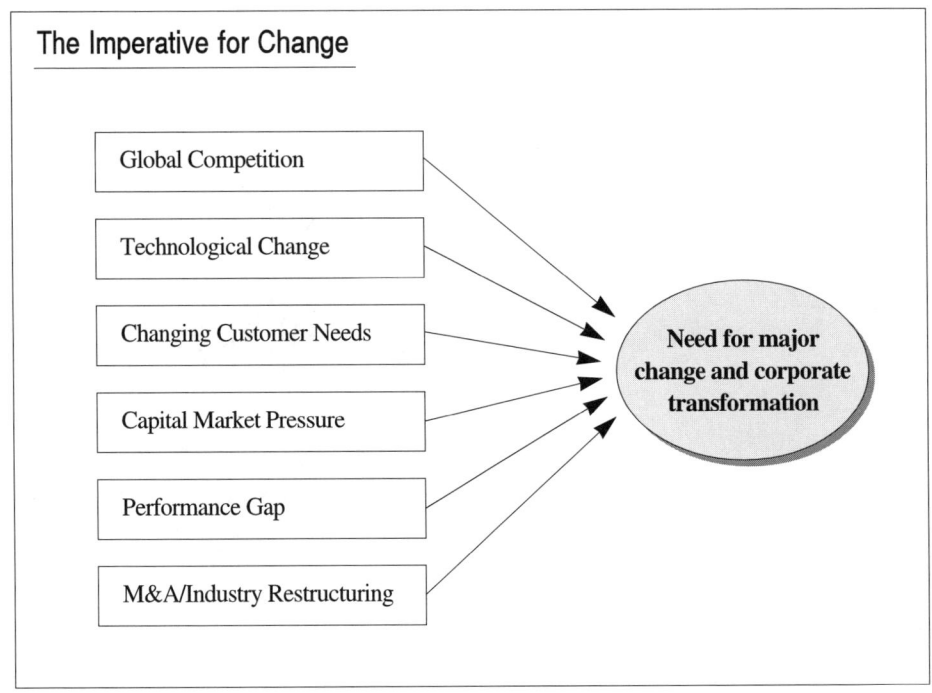

기업을 둘러싸고 있는 경영환경은 시시각각 변화하고 있다. 변화는 기업에게 기회와 위협을 동시에 제공하는데, 변화에 적응하지 못하는 기업은 도태되고 만다. 오늘날 어려움을 겪고 있는 많은 기업들은 변화관리에 실패한 기업들이라고 볼 수 있다.

기업이 계속적인 변화를 추구할 수밖에 없는 요인들은 다음과 같다.
- 글로벌 경쟁의 가속화
- 기술혁신과 신제품개발
- 고객니즈의 변화
- 자본시장의 압력
- 기업의 성과부진
- M&A 및 산업의 구조적 변화

7-2 성공의 함정 - 기업이 실패하는 이유

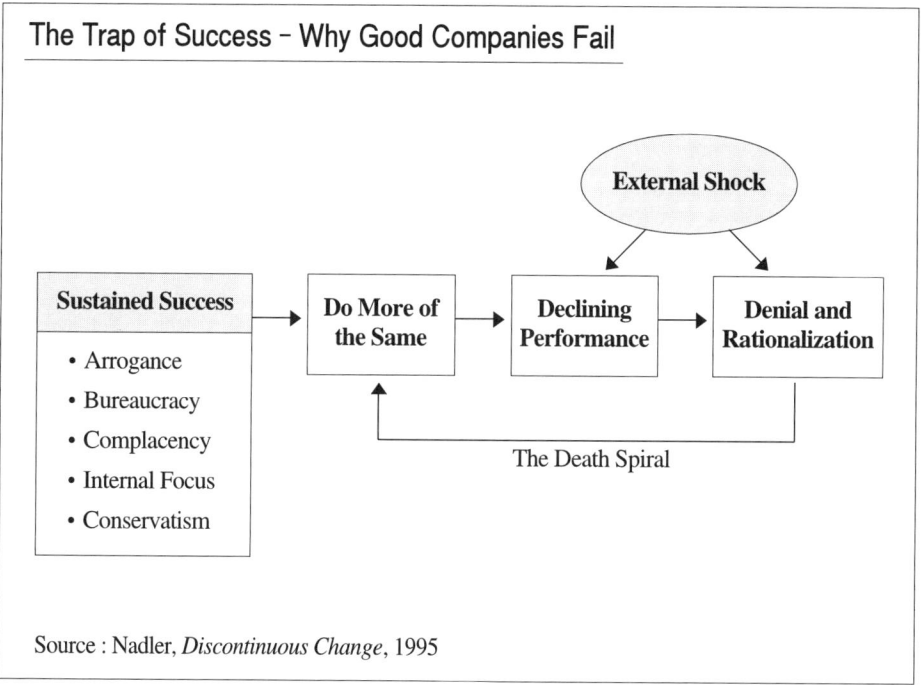

한때 잘 나가던 기업이 위기를 맞고 쇠락해 가는 경우를 흔히 볼 수 있다. 기업이 실패하는 이유는 대부분 외부적인 요인보다 기업내부적인 요인이 더 많은데, 다음과 같은 성공의 함정에 빠지는 경우가 많다.
- 지속적인 성공은 조직구성원들에게 자신이 최고라는 자민심을 갖게 한다.
- 조직이 비대해지고 경직화·관료주의화 된다.
- 현상에 만족하고 안주하려고 한다.
- 고객·경쟁 등 외부시장보다는 내부관리 및 정치에 더 신경을 쓴다.
- 조직이 보수화되고 새로운 변화와 혁신을 거부하게 된다.

이와 같은 상황이 지속되면, 기업은 환경변화에 둔감해지고, 외부충격에 직면해서도 현실을 직시하기보다는 이를 부정하거나 자기합리화의 함정에 빠진다. 이런 악순환이 반복되면 실적은 더욱 악화되고, 기업은 서서히 죽음의 길을 걷게 된다.

7-3 변화관리의 주요이슈

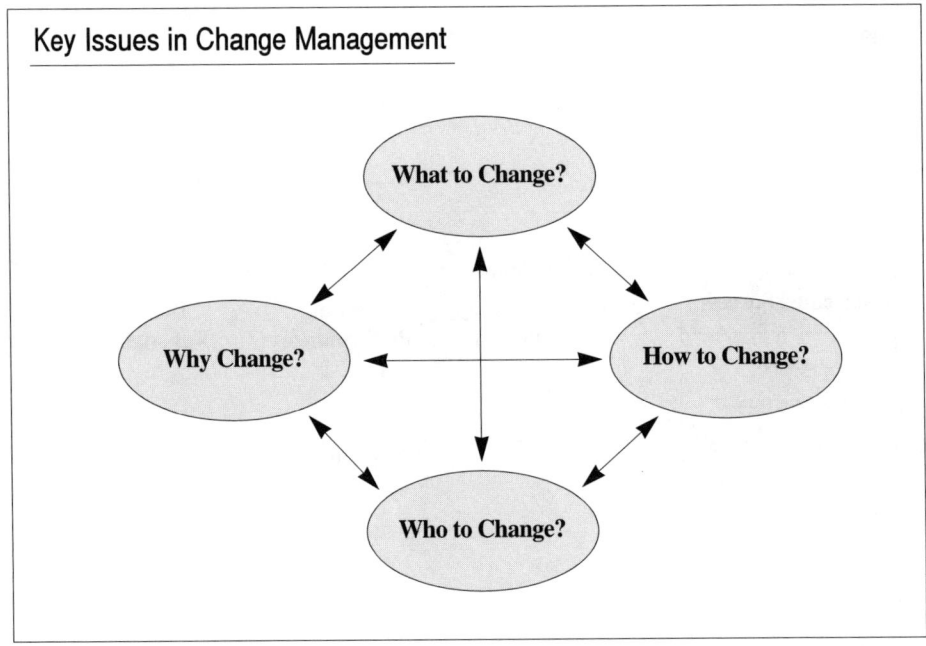

변화관리의 주요 이슈들을 다음과 같은 4가지 관점에서 살펴볼 수 있다.
1. 무엇(What)을 변화할 것인가?
    - 변화의 대상과 내용을 말한다.
    - 예를 들어 기업전체를 변화시킬 것인가 아니면 특정사업, 부서, 프로세스, 시스템, 문화를 변화시킬 것인가?
2. 왜(Why) 변화를 해야 하는가?
    - 변화의 목적과 당위성을 말한다.
    - 변화는 비용과 고통이 수반되므로 변화의 당위성을 명확히 할 필요가 있다.
3. 어떻게(How) 변화할 것인가?
    - 변화의 방법론과 구체적인 스킬을 말한다.
4. 누가(Who) 변화해야 하는가?
    - 일반적으로 최고경영자 및 변화를 추진하는 주체가 먼저 변해야 조직이 따라서 변한다.

7-4 변화관리 프로그램의 유형

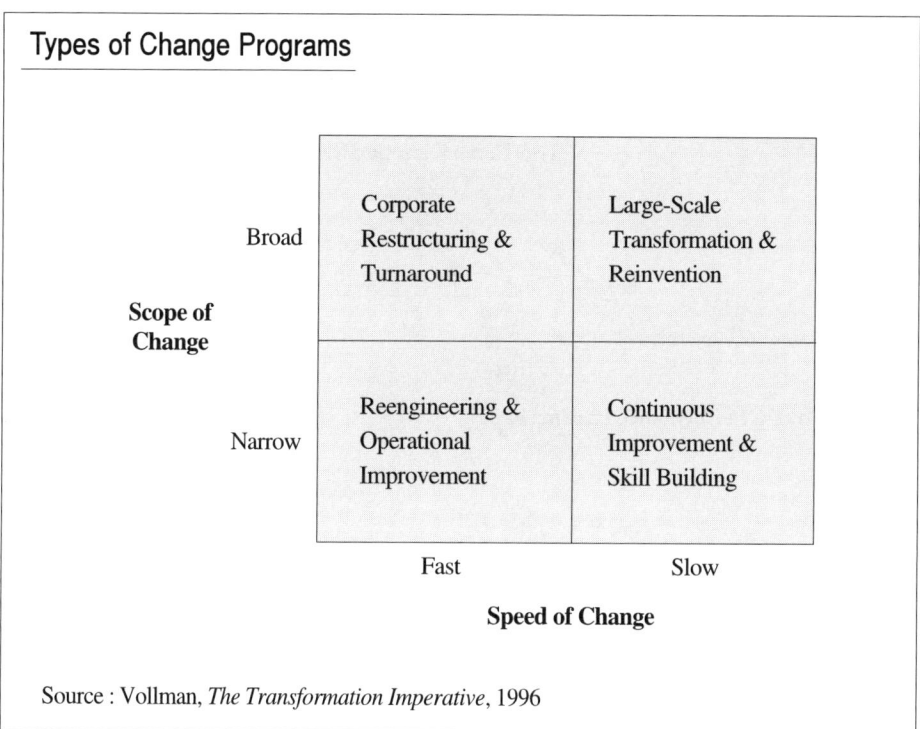

변화관리 프로그램은 변화의 범위와 속도에 따라 다음의 4가지 유형으로 구분해 볼 수 있다.
- 기업구조조정과 기업회생은 위기에 처한 기업을 과감하게 수술하여 신속한 성과개선을 이룩하는 것이다.
- 리엔지니어링 및 업무개선 프로그램은 특정 프로세스나 부서를 대상으로 생산성·효율성을 획기적으로 개선하는 것이다. 변화의 범위는 상대적으로 좁으나 변화의 속도는 매우 빠르다.
- 지속적 개선과 역량개발 프로그램은 기존업무의 생산성 및 핵심역량을 점진적으로 개선하는 경우로서, 변화의 범위는 좁고 변화의 속도는 서서히 이루어진다.
- 대규모 변혁 및 재창조 프로그램은 조직구성원의 의식과 행동의 변화를 장기간에 걸쳐 추진하는 경우로서, 변화의 범위는 넓고, 속도도 서서히 이루어진다.

7-5 변화관리 추진방법

Change Management Approaches

Top-Down Direction-Setting

Bottom-Up Performance Improvement

Horizontal Process Redesign

Source : Orgland, "Initiating, Managing and Sustaining Corporate Transformation", *European Management Journal*, Feb. 1998

변화를 추진하는 방법에는 변화를 주도하는 방향에 따라 다음과 같은 3가지 방법이 있다.
1. Top-down 방향설정 : 최고경영자에 의해 Top-down으로 추진되는 변화관리 방법으로서, 새로운 비전과 전략수립, 조직개편, 구조조정 등 조직에 큰 변화를 일으킨다. 최고경영자의 높은 관심과 지원으로 혁신을 강하게 추진할 수 있는 장점이 있으나, 지나친 Top-down 방식은 조직구성원의 반발과 저항을 일으킬 수 있다.
2. Bottom-up 성과개선 : 현업부서에서 자체적으로 추진되는 성과개선 방법으로서, 품질혁신, 업무개선, 생산성 향상 등 구체적인 현장혁신 활동들이 여기에 속한다. 혁신활동은 구성원의 자발적인 참여와 구체적인 성과를 이룩할 수 있는 장점이 있으나, 전체 기업목표와 전략과의 연계성이 부족하거나 산만하게 운영될 경우 혼란과 낭비를 초래할 수 있다.
3. 수평적 프로세스 재설계 : 부서간의 장벽을 허물고 보다 협력적인 관계구축 및 업무개선을 추진하는 방법으로서, 리엔지니어링, BPR 등이 여기에 속한다.

7-6 GE의 경영목표와 사업구조 개편

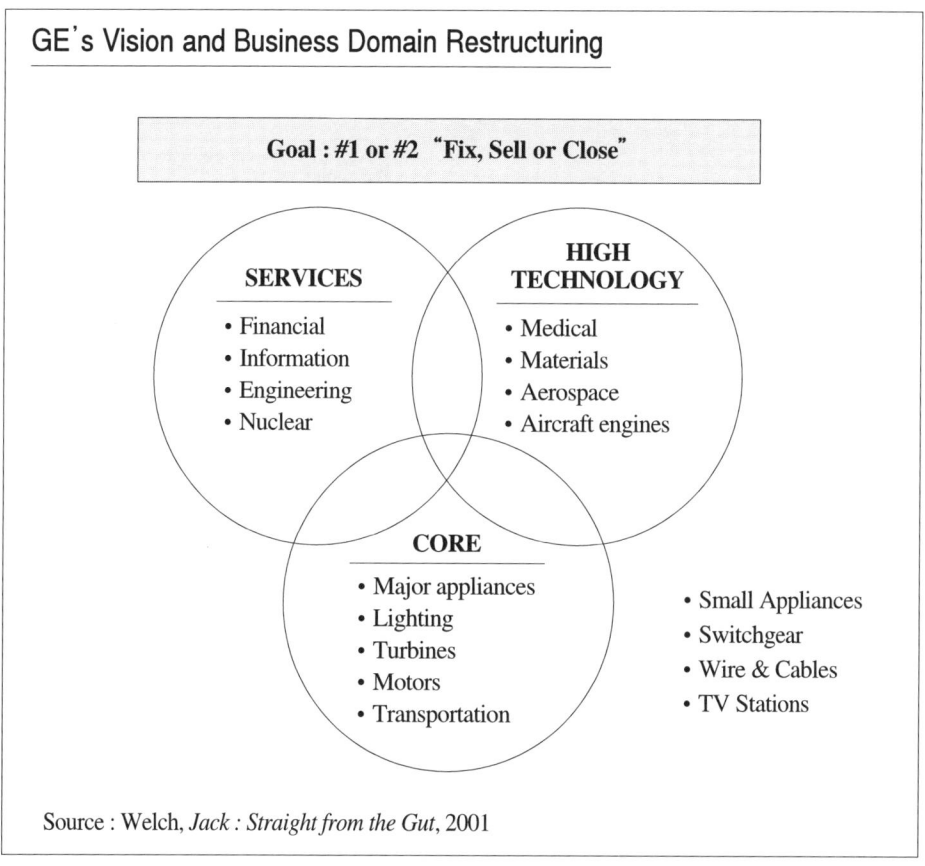

Source : Welch, *Jack : Straight from the Gut*, 2001

Jack Welch 회장에 의해 추진된 GE의 사업구조개편은 Top-down식 변화관리의 대표적인 예이다.
- Jack Welch 회장은 GE의 사업구조를 3대 영역, 즉 핵심(Core), 첨단기술(High Technology), 서비스(Services)로 재편하고, 각 사업단위들은 세계시장에서 1위 또는 2위의 시장점유율을 유지해야 하며, 그러지 못할 경우 "Fix, Sell or Close"의 대상이 된다.
- 각 사업단위들은 생산성 향상, 매출성장 및 한계사업의 매각을 통해 수익성과 현금흐름을 극대화해야 하며, 각 사업부에서 창출된 현금흐름은 경쟁력 있는 사업에 재투자되거나 신규사업 및 M&A에 활용된다.

7-7 GE의 경영혁신 프로그램

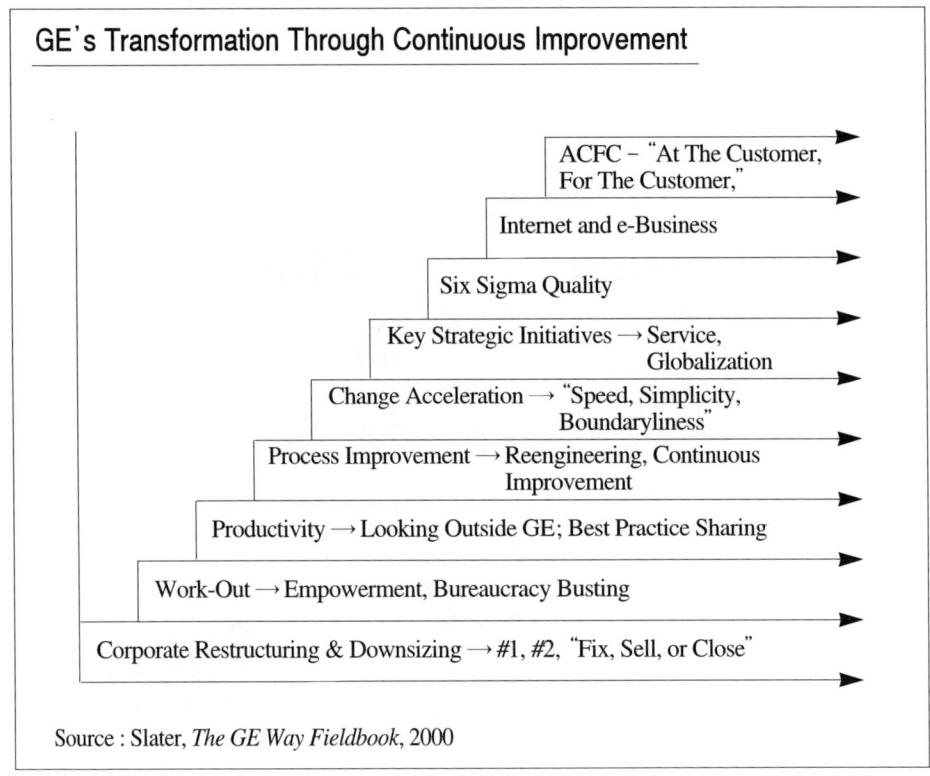

GE는 사업구조조정과 인력감축과 같은 '하드웨어' 개혁만으로는 한계가 있다는 것을 인식하고, 조직구성원의 광범위한 참여를 통한 '소프트웨어' 개혁을 위해 다음과 같은 다양한 경영혁신 프로그램을 지속적으로 추진하고 있다.

- 워크아웃(Work-Out)을 통한 현장업무개선, 조직 임파워먼트 및 관료주의 타파
- 선진기업 벤치마킹 및 Best Practice 공유
- 리엔지니어링, 프로세스 혁신 및 지속적 개선의 추구
- 변화가속화(Change Acceleration)를 통해 스피드 및 부서간 장벽 제거
- 서비스사업 강화, 글로벌 경영 등 주요 전략과제 추진
- 6-시그마를 통한 품질혁신과 비용절감
- 인터넷을 활용한 업무혁신 및 새로운 비즈니스 모델 개발
- ACFC("At the Customer, For the Customer") : 고객밀착형 서비스 제공을 통해 새로운 성장기회 발굴

7-8 변화관리 실패요인

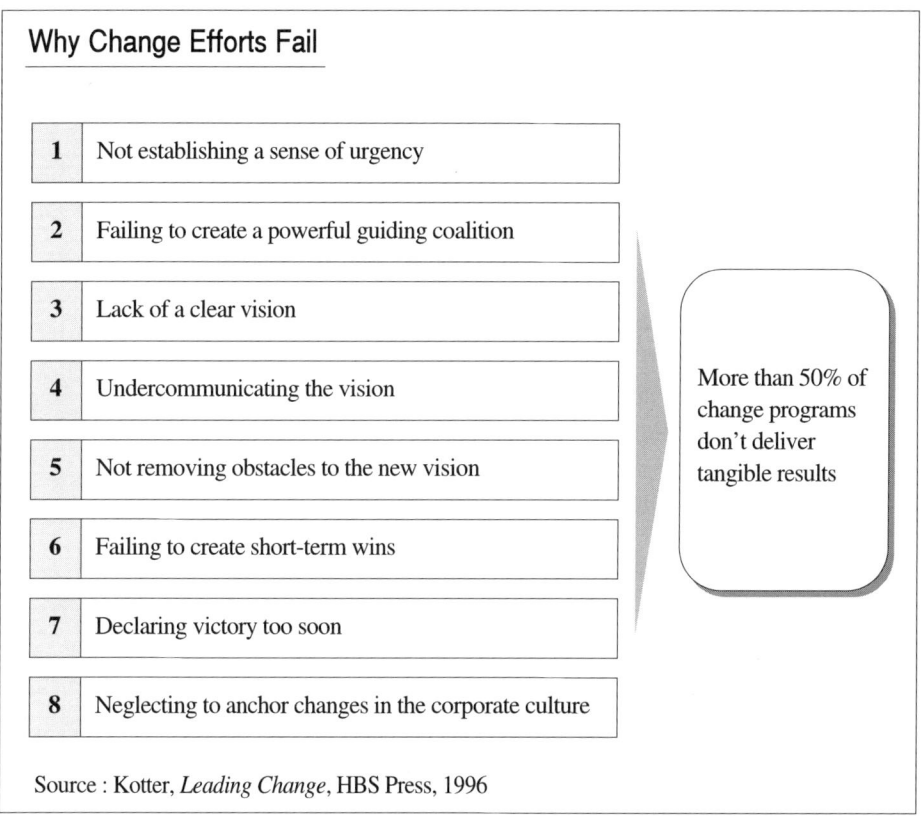

Source : Kotter, *Leading Change*, HBS Press, 1996

　다양한 기업의 변화관리 프로그램을 연구한 Kotter 교수는 변화관리의 성공확률을 50% 미만으로 보고, 변화관리가 실패하는 이유를 다음과 같이 제시하고 있다.
　1. 위기의식이 부족해 변화의 필요성을 조직구성원들이 느끼지 못한다.
　2. 변화를 주도하는 강력한 핵심 그룹이 형성되지 못하였다.
　3. 변화의 방향을 제시하는 명확한 비전이 없다.
　4. 비전이 있어도 커뮤니케이션 부족으로 구성원들에 의해 공유되지 않고 있다.
　5. 비전달성을 위한 각종 장애요인을 제거하지 못하였다.
　6. 단기적인 성공(Short-term Wins)을 만들지 못하였다.
　7. 너무 빨리 승리를 선언하였다.
　8. 변화의 결실이 기업문화로 정착되지 못하였다.

7-9 변화관리 8-단계 모델

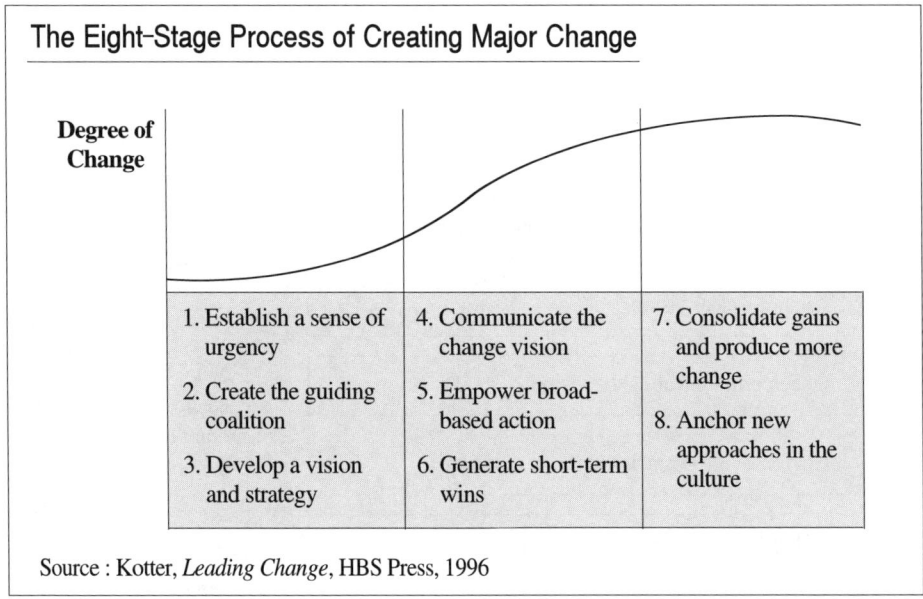

Kotter 교수는 성공적인 변화관리를 위한 다음과 같은 8단계 모델을 제시하였다.
1. 변화의 필요성을 전 조직구성원들이 피부로 느낄 수 있도록 위기의식을 조성하고 공유한다.
2. 변화를 주도할 강력한 핵심 그룹을 형성하고 지원세력을 넓혀 간다.
3. 변화의 목적과 방향을 명확히 할 수 있는 비전과 전략을 수립한다.
4. 비전이 공유될 수 있도록 모든 채널을 통해 커뮤니케이션을 하고 솔선수범을 보인다.
5. 변화의 장애요인을 파악하여 이를 제거하고, 조직의 임파워먼트를 실현한다.
6. 단기적인 성공경험을 통해 자신감을 얻고, 변화의 추진력과 스피드를 높인다.
7. 지금까지 이룩한 성과를 통합하고 새로운 혁신과제 추진을 통해 지속적인 개선을 추구한다.
8. 새로운 의식과 행동이 기업문화로 정착될 수 있도록 조직시스템을 개편하고 제도화한다.

7-10 변화관리 진단 Framework

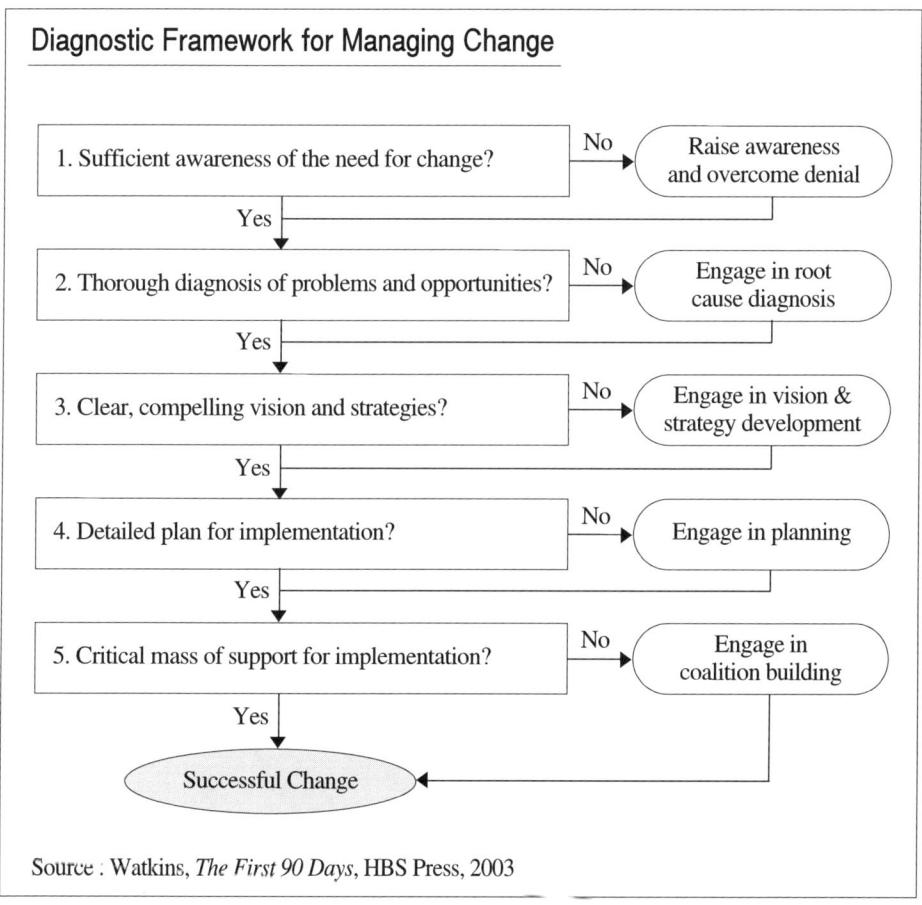

Watkins교수는 변화관리를 진단하기 위한 Framework을 다음과 같이 제시하였다.
1. 변화의 필요성을 충분히 인식하고 있는가?
2. 문제와 기회에 대한 철저한 진단이 있었는가?
3. 명확하고 설득력 있는 비전과 전략을 수립하였는가?
4. 구체적인 실행계획이 있는가?
5. 실행을 위한 충분한 지원세력이 있는가?

7-11 변화의 의지/능력 분석

The Change Board-Diagnosing Change Readiness

	Will		Skill	
	Understanding	Commitment	Individual skill	Institutional support
CEO & Top Management				
Manufacturing				
Sales				
R&D				
Headquarters Staff				
Overseas Offices				

성공적인 변화가 이루어지기 위해서는 조직구성원들이 변화에 대한 의지와 능력을 갖추고 있어야 한다. 그림 7-11은 조직의 각 계층별·부문별로 변화에 대한 의지와 능력을 진단할 수 있는 Change Board를 나타내고 있다.

- 변화에 필요한 능력은 있으나 의지가 약할 경우, 변화의 필요성에 대해 충분히 설득하고 공감대를 형성한다.
- 변화의지는 있으나 능력이 부족할 경우, 취약한 능력에 대한 집중적인 교육과 코칭을 제공한다.
- 변화의지와 능력을 모두 갖추고 있을 경우, 과감한 권한위임을 통해 변화의 주도적인 역할을 하게 한다.
- 변화에 대한 의지와 능력이 모두 약할 경우에는 강력한 리더십으로 이끌어 가야 한다.

7-12 변화에 대한 저항요인

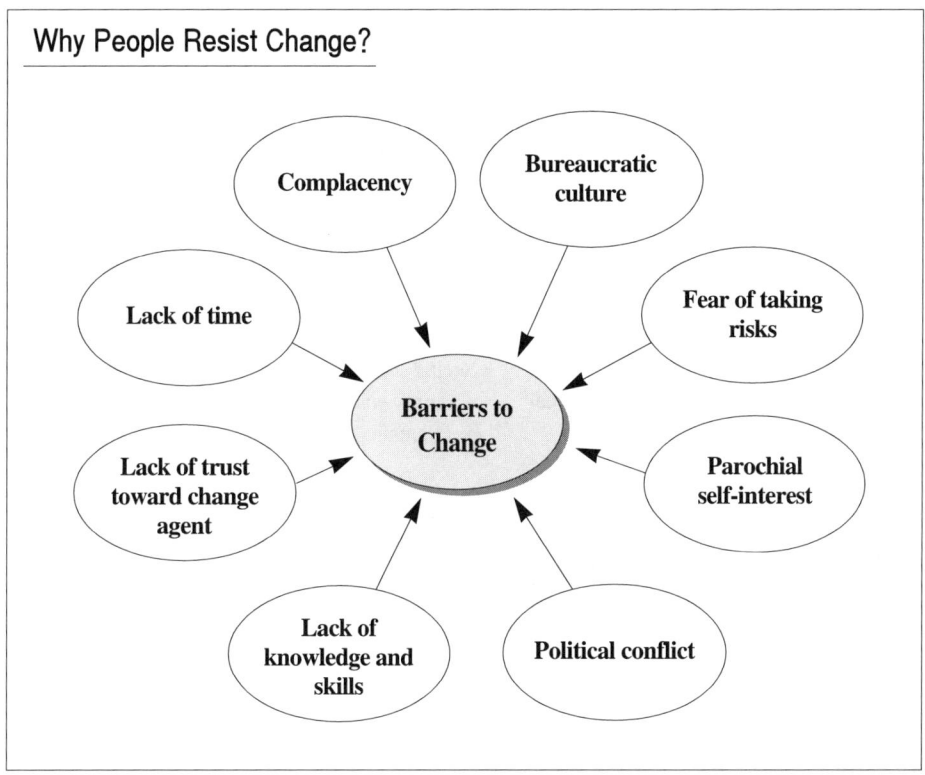

변화가 성공하지 못하는 가장 큰 이유는 변화에 대한 저항 때문이라고 볼 수 있다. 일반적으로 변화에 대한 저항은 다음과 같은 요인들에 의해 발생한다.
- 현상에 만족하고 안주하려는 안이한 사고
- 절차, 규정, 형식 등을 중시하는 관료주의적 문화
- 변화와 불확실성에 대한 두려움
- 조직 전체의 이익보다 자기 자신의 이익에만 집착하는 이기주의
- 기득권의 방어 및 정치적 갈등
- 새로운 변화에 적응하는 데 필요한 지식과 역량 부족
- 변화 추진 세력에 대한 불신
- 과중한 업무로 변화에 대해 생각할 시간적 여유가 없음

변화에 대한 저항을 극복하기 위해서는 변화의 필요성을 설득하는 작업과 리더의 솔선수범이 무엇보다 중요하다.

7-13 위기의식 제고방법

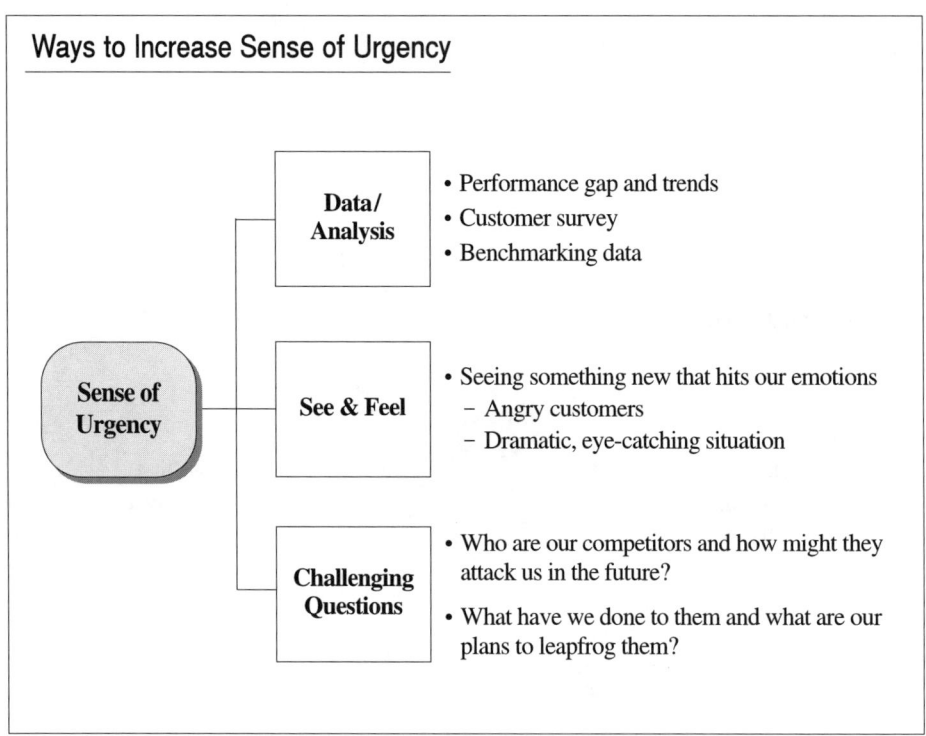

위기의식이 없으면 변화는 추진될 수 없다. 위기의식은 변화를 촉발하는 에너지로서 다음과 같은 방법을 통해 제고할 수 있다.

1. 객관적 자료와 분석 : 기업이 처한 현실을 객관적인 자료와 분석을 통해 인식하고 공유한다. 예를 들어 매출, 손익, 시장점유율 데이터, 고객설문조사, 경쟁사 벤치마킹 등을 통해 경쟁사와의 갭을 인식하면서 위기의식을 갖게 한다.
2. 현장방문 : 간접자료의 한계를 극복하기 위해 현장에 직접 가서 보고 느끼게 한다. 예를 들어 고객과의 대화를 통해 불만을 직접 경청하고, 자사제품의 불량유통재고를 보면서, 강한 자극을 받게 한다.
3. 도전적인 질문 : GE의 Jack Welch는 경영자들의 위기의식을 제고하기 위해 다음과 같은 질문을 던진다.
   - 가장 위협적인 경쟁사는 누구이며, 그들은 앞으로 어떤 전략으로 공격해 올 것인가?
   - 우리는 그들에게 무엇을 했으며, 앞으로 그들을 뛰어넘기 위해 어떤 전략을 수립하였는가?

7-14 변화 커뮤니케이션의 기본원칙

Change Communication

1. The CEO is the communication champion
   - Personally delivers key messages, listens and clarifies questions
   - Match actions and words
2. Middle managers and front-line supervisors are key communicators of operational information
   - Link the "big picture" with the "little picture"
   - Translate abstract concept into specific, actionable measures
3. The primary communication channel is face-to-face, two-way communications
   - Secondary channels are web-based and print as reference
4. The message is tailored to its intended audience
5. Bad news is candidly reported
   - Tell employees first before the bad news gets to external audiences
6. Treat communication as an on-going process
   - Provide timely, accurate, up-to-date information

Source : Kotter(1996), Robbins(2002)

변화관리에 있어서 효과적인 변화 커뮤니케이션의 기본원칙은 다음과 같다.
1. 최고경영자가 커뮤니케이션의 챔피언이다.
   - 핵심 메시지를 직접 전달하고, 사람들의 의견을 청취하며, 질문에 대해 답변을 한다.
   - 말과 행동이 일치하도록 한다.
2. 중간관리자와 현장관리자는 운영정보의 커뮤니케이션 역할을 한다.
   - '큰 그림'과 '작은 그림'을 연결하고 추상적인 개념을 구체적이고 이해할 수 있게 번역한다.
3. 일차적인 커뮤니케이션 채널은 대면적, 쌍방향 커뮤니케이션이고, 2차적 채널로서 인터넷과 문서화된 자료를 이용한다.
4. 메시지는 목표 고객층의 특성에 맞게 전달한다.
5. 나쁜 소식은 숨기지 말고 솔직히 보고한다.
6. 커뮤니케이션을 지속적인 과정으로 보고, 정확한 정보를 적시에 제공한다.

7-15 성과 결정요인 분석

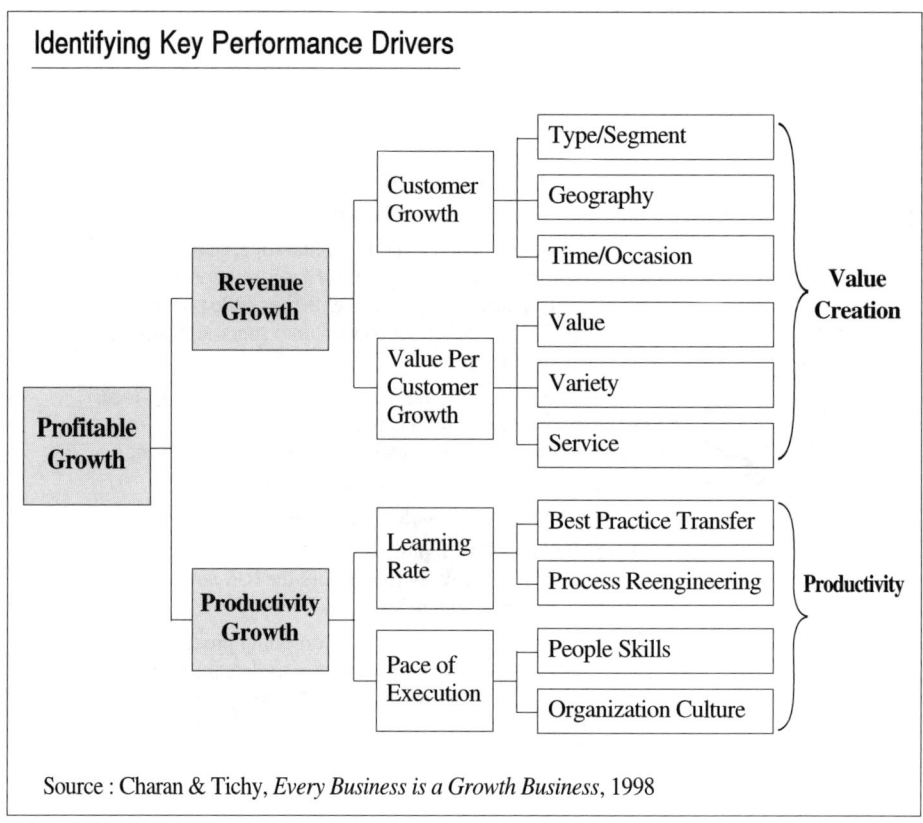

Source : Charan & Tichy, *Every Business is a Growth Business*, 1998

    변화관리가 구체적인 성과개선으로 연결되기 위해서는 경영성과의 주요 결정요인을 파악하여 개선노력을 집중하는 것이 효과적이다. 성과 결정요인을 체계적으로 파악하기 위해서는 그림 7-15와 같은 Logic Tree를 이용하여 전체와 부분 간의 관계를 명확히 한다.

- 예를 들어, 수익성과 성장성은 매출성장과 생산성 향상을 통해 이루어지고, 매출성장은 고객수의 증가와 고객당 가치의 증대를 통해 이룩할 수 있다.
- 고객수의 증가는 시장세분화에 의한 고객의 유형, 고객의 지리적 위치, 구매하는 계기와 시간에 의해 결정된다. 한편 고객당 가치의 증가는 제공하는 가치의 매력도, 제품의 다양성, 그리고 서비스 수준에 의해 결정된다.
- 생산성 향상은 학습의 속도와 실행력에 의해 좌우되는데, 학습의 속도는 Best Practice 공유와 프로세스 재설계를 통해 개선하고, 실행력은 종업원의 역량강화와 조직문화혁신을 통해 제고한다.

7-16 Pilot 프로젝트를 통한 단기성공 실현

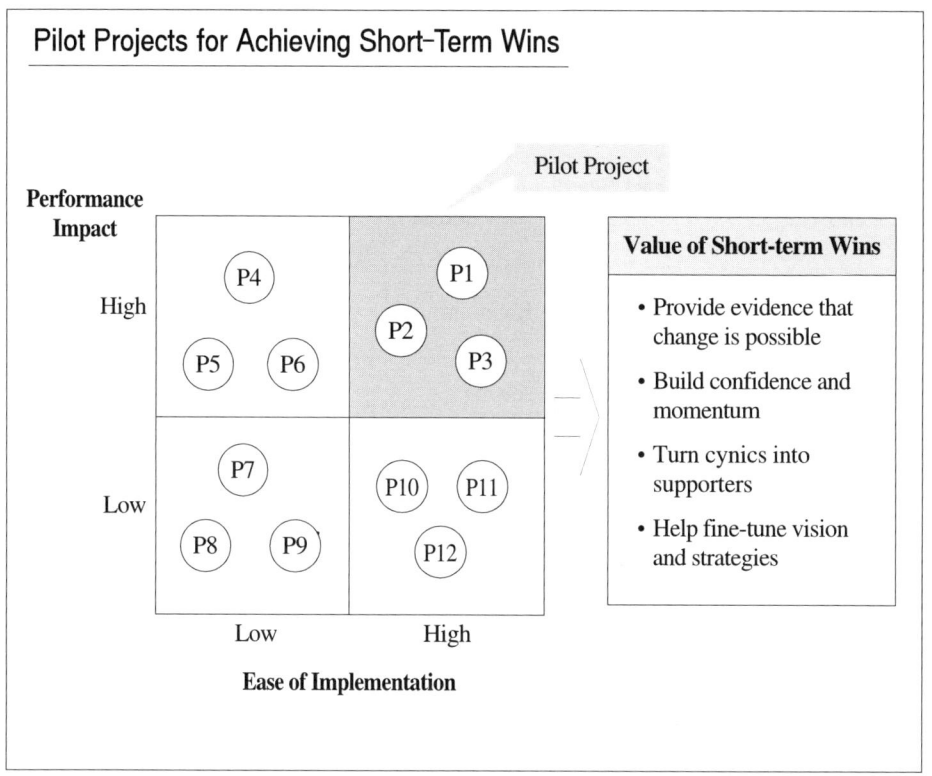

변화관리가 구체적인 성과 없이 장기화되면, 사람들은 의욕을 상실하고 변화에 대해 회의적으로 될 수 있다. 이와 같은 성향을 극복하기 위해 Pilot 프로젝트를 통해 단기적인 성공(Short-Term Wins)을 이룩하는 것이 중요하다. 단기적 성공을 통해 다음과 같은 효과를 기대할 수 있다.

- 성공체험을 통해 자신감을 얻고, 변화에 대한 열정과 추진력을 높인다.
- 변화에 반대하거나 회의적인 사람들을 지원세력으로 바꿀 수 있다.
- 중장기 비전과 전략을 보다 현실성 있게 수정·보완할 수 있다.
- 최고경영자 및 주요 이해관계자들의 신뢰를 구축할 수 있다.

Pilot 프로젝트는 기대효과가 크고 실행이 비교적 쉬운 과제를 선정하여 추진한다. 가시적인 성과를 보이기 위해 프로젝트를 조급하게 추진하거나 결과를 조작해서는 안 되며, 누구나 공감할 수 있는 객관적인 결과와 공정한 절차가 중요하다.

7-17 조직단위별 혁신활동

```
Unit-Level Performance Improvement
```

Set Goals and Targets	Fact-Based Analysis	Generate Ideas	Review & Decide	Implement
• Benchmarking • Stretch targets • Clear picture of the future	• Assemble database • Root cause analysis • MECE	• Brainstorming • Problem-solving • Breakthrough thinking	• Go/no-go • Consensus • Commitment	• Clear responsibilities • Action plan • KPI

Focused, Disciplined, Action-Oriented

    변화관리가 전사적으로 확산되고 구체적인 성과가 이루어지기 위해서는 각 조직단위별로 성과개선을 위한 혁신활동이 전개되어야 한다. 성과개선을 위한 주요 개선활동은 다음과 같은 체계적인 문제해결과정을 통해 이루어질 수 있다.

1. 목표수립 : 벤치마킹을 통해 도전적인 목표를 수립하고 바람직한 미래에 대해 명확한 그림을 그린다.
2. 객관적 분석 : 데이터베이스를 구축하고 MECE 원칙에 입각해 문제에 대한 원인을 체계적으로 분석한다.
3. 아이디어 개발 : 브레인스토밍 및 문제해결을 통해 혁신적인 대안을 도출한다.
4. 검토 및 결정 : 합의를 통해 최종결정을 하고 결정에 대한 Commitment를 확실히 한다.
5. 실행 : 명확한 책임과 구체적인 실행계획 및 성과지표를 갖고 추진한다.

7-18 Best Practice 공유

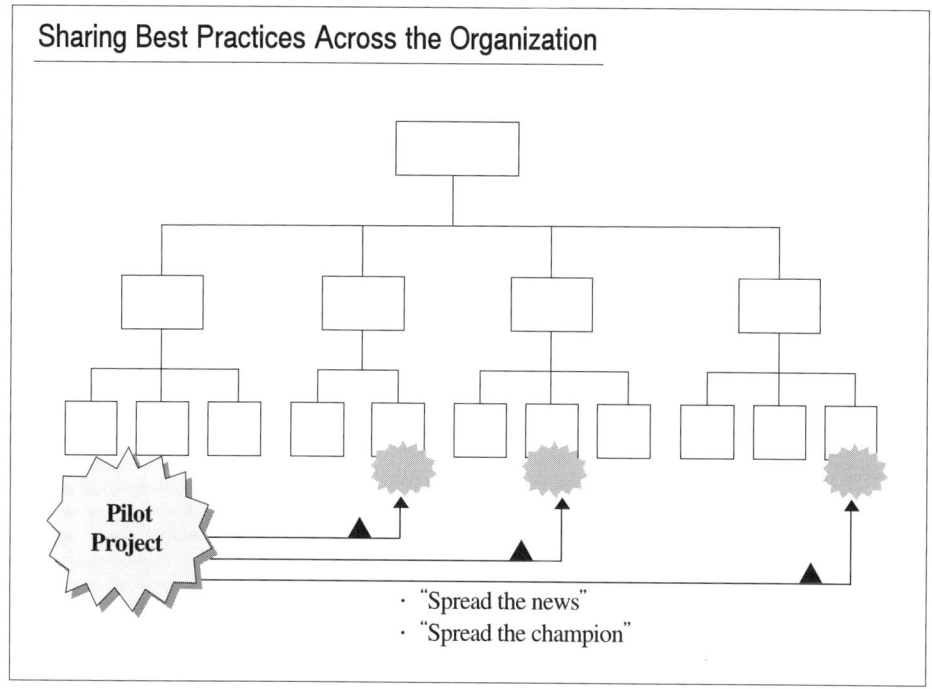

경영혁신이 전사적으로 확산되기 위해서는 특정 부문에서의 Best Practice를 타부문으로 전파하고 공유하는 과정이 필요하다. GE는 Best Practice 공유를 다음과 같이 체계적으로 운영하여 좋은 성과를 얻고 있다.

- Best Practice에 대해 모든 사업장들을 다음과 같은 5단계로 평가한다.
    - 0 = Best Practice에 대해 알고 있다.
    - 1 = Best Practice에 대한 계획이 수립되었다.
    - 2 = Best Practice를 실행 중이다.
    - 3 = Best Practice를 부분적으로 실행완료하였다.
    - 4 = Best Practice를 완전히 실행하였다.
    - 5 = Best Practice의 모델 사업장이다.
- 평가결과는 다음의 3카테고리로 구분하고 실행에 옮긴다.
    - 0~1 = Best Practice 모델 사업장을 방문하고 구체적인 계획을 수립한다.
    - 2~3 = 노력을 가속화하고 성과를 올린다.
    - 4~5 = 타사업장을 지도하면서 지속적인 개선을 추구한다.

7-19 변화 장애요인의 해소

Identifying and Resolving Bottlenecks to Change

Bottlenecks	Corrective Actions
1. Formal structures make it difficult to act	Redesign the organization structure and make it more flexible
2. Lack of needed skills undermine actions	Provide the training and tools employees need
3. Personnel and information systems make it difficult to act	Align information and personnel system to the new vision
4. Bosses discourage actions for change	Remove supervisors who undercut needed change
5. Lack of clear incentives for achieving change	Make rewards and incentives clear and explicit

Source : Kotter, *Leading Change*, HBS Press, 1996

변화가 지속되기 위해서는 조직 임파워먼트의 장애요인들을 파악하여 이를 해소하는 것이 중요하다.
1. 조직구조상의 문제점 : 책임과 권한이 불명확하거나, 결재단계가 너무 많고, 부서간 협조가 잘 안 되는 경우, 보다 유연하고 고객중심적인 조직으로 재설계할 필요가 있다.
2. 필요역량 부족 : 교육·훈련 및 코칭을 통해 부족한 역량을 보강해 나간다. 전문지식 뿐만 아니라 변화를 위한 새로운 의식과 태도에 관한 교육도 중요하다.
3. 운영시스템의 문제 : 인사, 정보, 예산 등 운영시스템이 새로운 비전과 맞지 않을 경우, 이를 수정·보완한다.
4. 문제 있는 상사 : 상사가 변화의 장애요인이 될 경우, 변화의지가 없으면 교체할 필요가 있다.
5. 인센티브의 문제 : 변화달성을 위한 인센티브가 없거나 약할 경우, 이를 명확히 하여 충분한 동기부여가 될 수 있게 한다. 실적을 강조하는 풍토조성을 통해 자신이 목표한 실적을 반드시 달성하도록 한다.

7-20 조직진단을 위한 7-S 모델

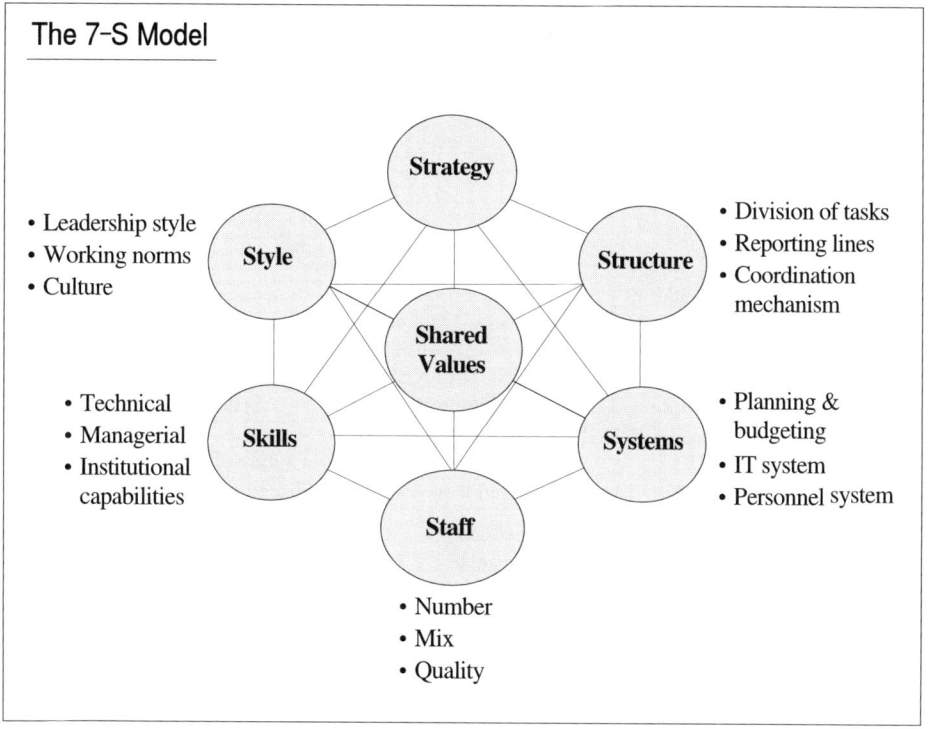

7-S 모델은 맥킨지에서 개발한 조직진단 Framework으로서, 다음과 같은 7가지 요소에 대한 체계적인 분석을 통해 조직의 문제점을 파악하고 개선방향을 모색한다.

- Strategy : 조직의 목표와 전략방향, 자원배분의 우선순위, 주요 전략과제
- Structure : 조직의 역할분담, 보고체계, 의사결정과 조정 메커니즘
- Systems : 예산관리시스템, 인사관리시스템, 정보관리시스템 등
- Staff : 조직의 인력구성
- Skill : 조직의 핵심역량
- Style : 조직문화, 리더십 스타일 등
- Shared Value : 조직의 공유가치

일반적으로 Strategy, Structure, System을 "Hard-S"라고하고, Staff, Skill, Style, Shared Value를 "Soft-S"라고 하는데, 이들간의 균형과 조화를 이룩하는 것이 중요하다.

7-21 Good-to-Great 기업들의 성공요인

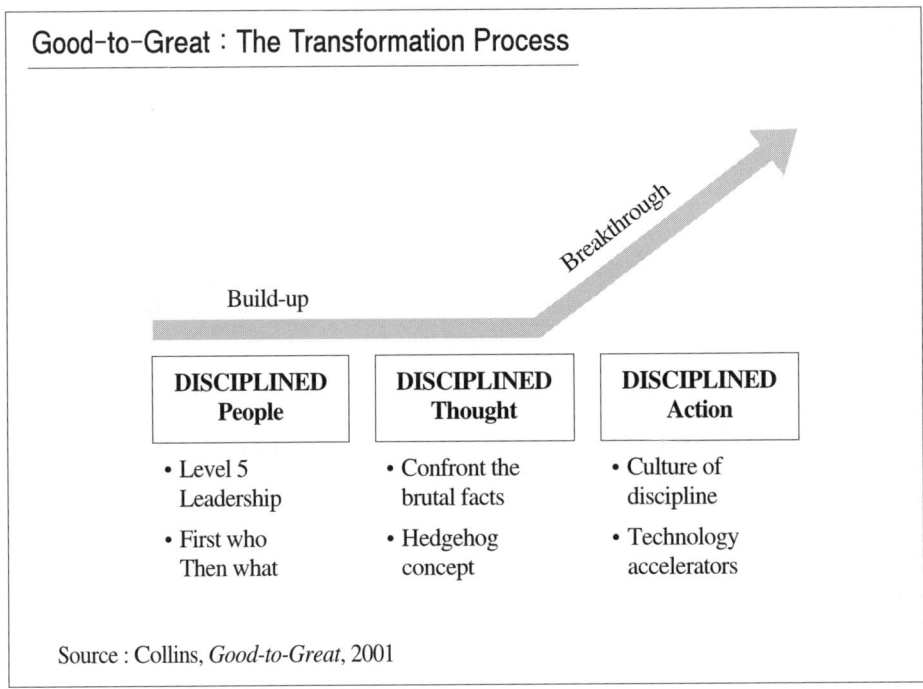

좋은 기업이 위대한 기업으로 성장·발전하는 과정을 연구한 Collins는, 실증분석을 통해 다음의 7가지 성공요인을 도출하였다.
1. 위대한 기업의 CEO는 화려하고 카리스마적이라기보다는 조용하고 겸손하며 조직의 장기적인 성공을 위해 헌신하는 강력한 의지의 소유자들이다.
2. 비전과 전략을 수립하기에 앞서, 최고의 팀을 구성하고 적재적소에 배치한다.
3. 현실을 직시하면서, 어떤 어려움도 극복해 낼 수 있다는 확신을 갖는다.
4. 고슴도치 개념에 입각하여 세계에서 최고가 될 수 있는 것, 가장 열정이 있는 것, 수익성 결정요인을 이해하고 여기에 집중한다.
5. 철저한 자기 규율의 조직문화를 형성하여 관리통제를 최소화한다.
6. 기술개발의 선도기업은 아니지만, 기술을 선별적으로 활용하여 변화를 가속화한다.
7. 일확천금이나 혁명적인 변화를 추구하기보다는, 끊임없는 작은 노력을 통해 도약할 수 있는 기반을 구축한다.

7-22 신임경영자의 변화추진 사이클

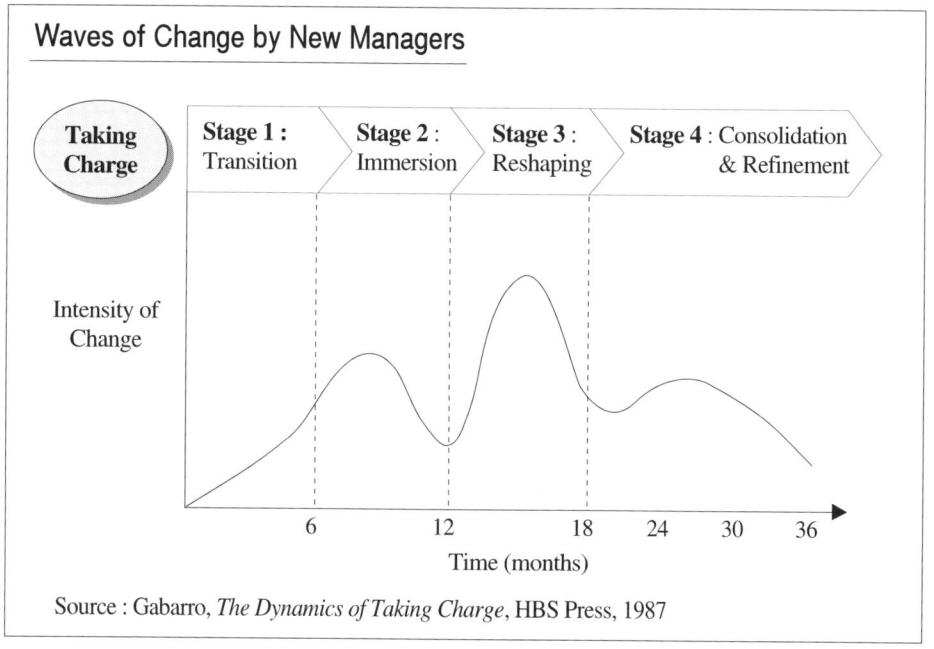

Source : Gabarro, *The Dynamics of Taking Charge*, HBS Press, 1987

    신임경영자가 새로운 직책을 맡아 변화를 추진하는 과정을 연구한 Gabarro 교수는, 다음과 같은 4단계 과정을 제시하였다.
- 1단계는 새로운 업무를 파악하고 새로운 인간관계를 구축하며, 달성해야 할 목표를 수립하고 주요 인사에 관한 결정을 내리는 전환기로서 보통 6개월 정도가 소요된다.
- 2단계는 조직을 보다 깊이 있게 이해하기 위해 잠복하는 기간으로서, 변화의 강도와 속도는 줄어든다.
- 3단계는 조직에 대한 보다 깊은 이해를 바탕으로 새로운 전략의 수립, 조직개편, 혁신과제 추진 등 보다 근본적인 변화를 추구하는 가장 역동적인 기간이다.
- 4단계는 새로운 변화의 추구보다는 기존의 혁신활동을 유지하고 개선해 가는 통합기로서, 경영자의 재임기간 동안 계속된다.

    일반적으로 신임경영자가 구체적인 성과를 내는 데에는 2~3년이 걸리므로, 처음부터 달성해야 할 목표와 자신이 남겨야 할 업적을 생각할 필요가 있다. 무엇을 이룩하지 못하면 아쉬운지를 사전에 생각하고 몇 개의 핵심과제에 집중한다. 그리고 단기적인 성공을 통해 조직 구성원들의 신뢰와 변화에 대한 지지를 확보하는 것이 중요하다.

7-23 전환기의 도전

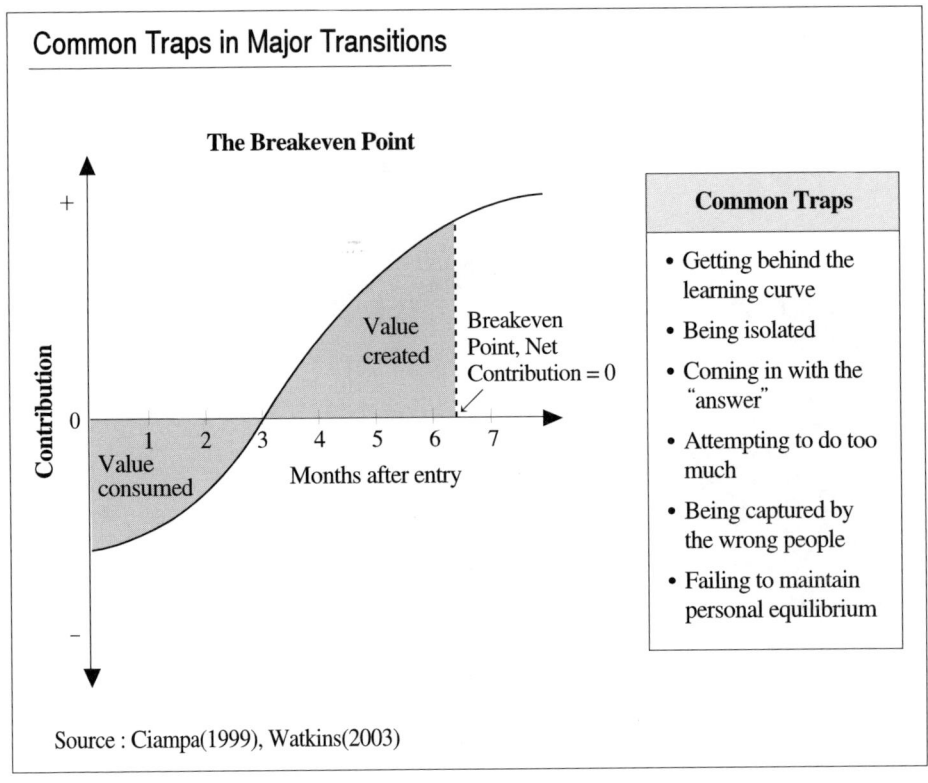

신임경영자의 첫 3~6개월은 매우 중요한 전환기로서, 경영자의 궁극적인 성공과 실패를 좌우할 수 있다. 일반적으로 신임경영자는 첫 3개월 동안은 새로운 업무를 학습하느라 조직에 기여를 하지 못하지만, 평균 6.2개월부터 손익분기점에 도달하여 조직에 순기여를 한다. 신임경영자는 다음과 같은 전환기의 함정에 유의해야 한다.
- 새로운 업무에 대한 학습이 지연되어 고전한다.
- 새로운 인간관계 형성이 미흡하여 조직에서 고립된다.
- 새로운 조직의 특성을 고려하지 않고 자신의 일방적인 제안을 강요한다.
- 지나치게 의욕이 높아서 너무 많은 일을 무리하게 추진한다.
- 일부 사람에게만 의존함으로써 잘못된 판단을 한다.
- 과중한 업무와 스트레스 하에서 개인의 정서적 균형을 유지하지 못한다.

7-24 신임경영자의 업무 피라미드

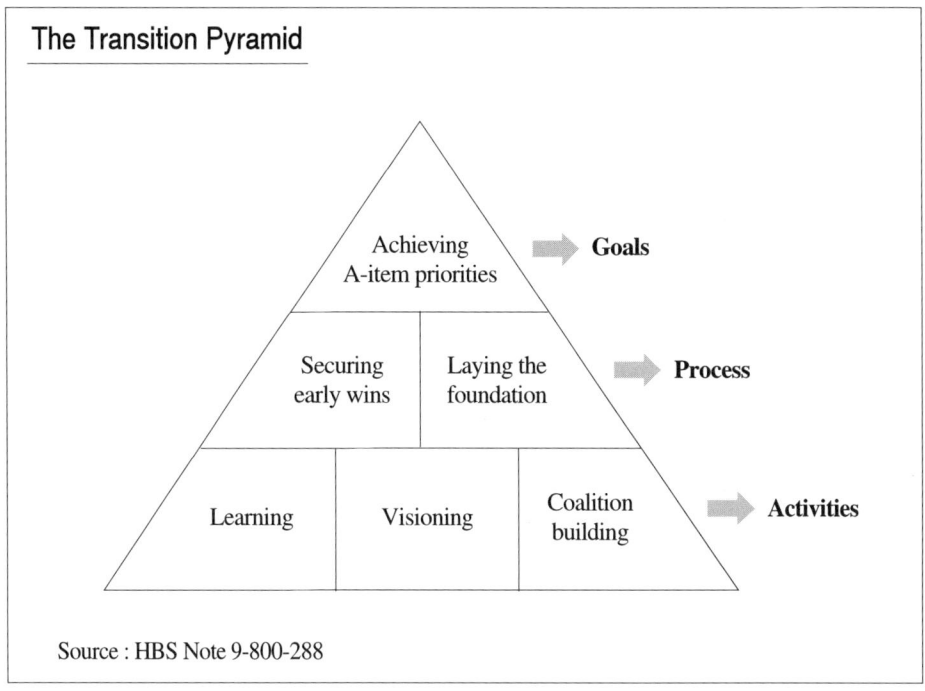

전환기의 신임경영자는 추진해야 할 업무를 다음과 같은 피라미드 형태의 목표(Goals), 과정(Process), 활동(Activities)으로 구조화할 수 있다.

- 목표 : 가장 시급하게 해결해야 할 과제를 명확히 설정한다. 모든 것을 한꺼번에 추진할 수 없으므로, ABC 원칙에 따라 우선순위를 정하고, A 과제에 노력을 집중한다.
- 과정 : 초기에 성과를 낼 수 있는 단기과제와 장기적인 목표달성을 위한 기반구축을 균형 있게 추진한다. 특히 초기에 성공체험은 조직구성원들에게 자신감을 불어넣고 상사로부터 신임을 얻는 데 중요하다.
- 활동 : 새로운 업무에 대한 학습, 미래 비전에 대한 구상, 그리고 다양한 이해관계자들과의 유대강화를 계속적으로 추진해 나간다. 모든 것을 혼자서 할 수 없으므로 어떤 일을 누구에게 맡길 것인가를 생각하고 언제든지 가동할 수 있는 협력관계 및 네트워크 구축에 신경을 쓴다.

7-25 전환기의 100일 계획

Example of New Manager's 100-Day Plan

Week 1	By End of Month 1	By End of Month 3
• Get a general sense of the place • Review key performance metrics • Have conversation with key people • Generate hypotheses on key strategic issues • Clarify boss's expectations	• Visit key customers and distributors • Cultivate detailed understanding of strategy • Assess capabilities of top management team • Identify possible influential allies • Refine assumptions about boss's style and agenda	• Have a solid grasp of the business and people • Identify major priorities to focus in the short-term • Clarify change initiatives with clear targets • Decide who should stay and who should leave

신임경영자의 첫 100일은 매우 바쁘고 중요한 기간이므로, 다음과 같은 체계적인 계획을 수립하여 일정을 관리해 나갈 필요가 있다.

- 첫 1주 동안에는 사업에 대한 전반적인 현황과 주요 성과지표를 검토한다. 조직 내 주요 경영자들과 대화를 통해 그들의 생각을 듣고 핵심이슈에 대한 가설을 수립한다. 그리고 상사가 무엇을 기대하는지를 파악하고 원만한 관계를 유지한다.
- 취임 후 1개월 내에는 고객, 유통채널, 공장, 연구소 등 현장을 돌아보고 다양한 의견을 청취하며 전략적 이슈에 대해 보다 깊은 이해를 한다. 현 경영진의 능력과 의지를 평가하고, 다양한 이해관계자들과의 협력체제를 구축한다. 그리고 상사의 생각과 업무스타일을 보다 잘 이해한다.
- 취임 후 3개월 내에는 사업 및 조직에 대해 완전히 파악하고, 목표와 우선순위를 명확히 하며, 본격적인 변화와 혁신을 추진한다. 그리고 인사·조직에 관한 중요한 결정을 내린다.

7-26 신임경영자의 전환기 체크 리스트

Checklist for Successful Transition

Core Challenge	Diagnostic Questions
1. Mindset	Are you adopting the right mindset for your new job and letting go of the past?
2. Learning	Are you figuring out what you need to learn and how to speed up the learning process?
3. Strategy	Are you diagnosing the type of transition you are facing and developing the right strategy that matches the situation?
4. Early Wins	Are you focusing on the vital priorities that advance long-term goals and build short-term momentum?
5. Boss	Are you building your relationship with your new boss and managing proper expectations?
6. Alignment	Are you achieving alignments of strategy, structure, systems, and skills?
7. Team	Are you building your team to achieve your goals?
8. Coalitions	Are you building a base of internal and external support for your initiatives?

Source : Watkins, *The First 90 Days*, HBS Press, 2003

신임경영자가 전환기 첫 90일을 성공적으로 수행하기 위한 체크 리스트는 다음과 같다.

1. Mindset : 과거 업무의 관성을 버리고, 새로운 업무에 맞는 마인드와 자세를 갖추고 있는가?
2. Learning : 무엇을 새로 학습해야 되며, 어떻게 학습을 신속히 할 수 있는가?
3. Strategy : 전환기의 특성에 맞는 전략을 수립하였는가?
4. Early Wins : 장기적인 목표달성을 위한 우선순위와 단기 성공을 균형 있게 추구하고 있는가?
5. Boss : 상사와 원만한 관계를 유지하며 기대를 효과적으로 관리하고 있는가?
6. Alignment : 전략, 구조, 시스템, 스킬 간의 균형과 조화를 이루고 있는가?
7. Team : 목표달성을 위해 상호보완적인 팀을 구축하고 있는가?
8. Coalitions : 추진과제에 대해 대내외적으로 협조관계를 구축하였는가?

제8장

기업가 정신
(Entrepreneurship)

8-1 기업가 정신이란?

What Is Entrepreneurship?

- The term "entrepreneurship" was coined in the eighteenth century by economist Richard Cantillon, who believed that the primary role of the entrepreneur was to bear risk.

- Entrepreneurs are finders and exploiters of opportunity. They constantly ask :
  - Where is the opportunity?
  - How do I capitalize on it?
  - What resources do I need?
  - How do I gain control over them?

- According to Peter Drucker, entrepreneurship is a not a certain kind of personality, but a commitment to the systematic practice of innovation.

Source : Drucker(1985), Stevenson(1989), Salhman(1991)

- 기업가정신(Entrepreneurship)이라는 용어는 18세기 경제학자 Richard Cantillon에 의해 처음 사용되었는데, 그는 기업가의 기본적인 역할이 위험을 감수하는 것이라고 보았다.
- 오늘날 기업가정신은 기업성장과 혁신의 중요한 원동력으로 인식되고 있다.
  기업가는 기회를 찾고 활용하는 사람들로서 다음과 같은 질문을 끊임없이 던진다.
  - 기회는 어디에 있는가?
  - 어떻게 기회를 포착할 수 있는가?
  - 어떤 자원이 필요한가?
  - 자원을 어떻게 확보하고 통제할 수 있는가?
- Peter Drucker는 기업가정신을 개인적인 특성이나 성격이 아니라, 혁신을 체계적으로 추구하는 하나의 Commitment로 보고 있다.

8-2 기업가정신과 경영관리의 차이

Dimensions of Entrepreneurship and Administrative Management

	Entrepreneurial	Administrative
Strategic Orientation	• Driven by perception of opportunity	• Driven by controlled resources
Planning & Adaptation	• Opportunistic adaptation • Limited planning & research	• Extensive planning & research • Limited adaptation
Commitment of Resources	• Many stages, with minimal exposure at each stage	• A single stage, with complete commitment of decision
Securing Resources	• Leveraging other parties' resources	• Ownership or employment of needed resources
Organization Structure	• Flat, informal networks	• Hierarchy

Source : Stevenson(1989), Bhide(2000)

기업가정신은 경영관리와 다음과 같은 차이를 보인다.
- 경영관리가 기존자원의 효율적 관리에 중점을 둔다면, 기업가정신은 새로운 사업기회를 적극적으로 추구하는 자세이다.
- 경영관리는 행동에 앞서 치밀한 분석과 계획을 수립하지만, 기업가정신은 기회에 민첩한 대응을 하는 행동지향적인 자세이다.
- 기업가정신은 불확실성에 대비하여 대규모 자원투입을 하지 않고 다단계 소규모 자원투입으로 위험부담을 최소화한다.
- 기업가정신은 자원의 직접적인 소유보다는 외부자원의 적극적인 활용을 통해 투자를 최소화한다.
- 경영관리가 수직적 명령계통의 관료형 조직에 적합하다면, 기업가 정신은 보다 유연하고 수평적인 네트워크형 조직을 지향한다.

8-3 기업가의 특징

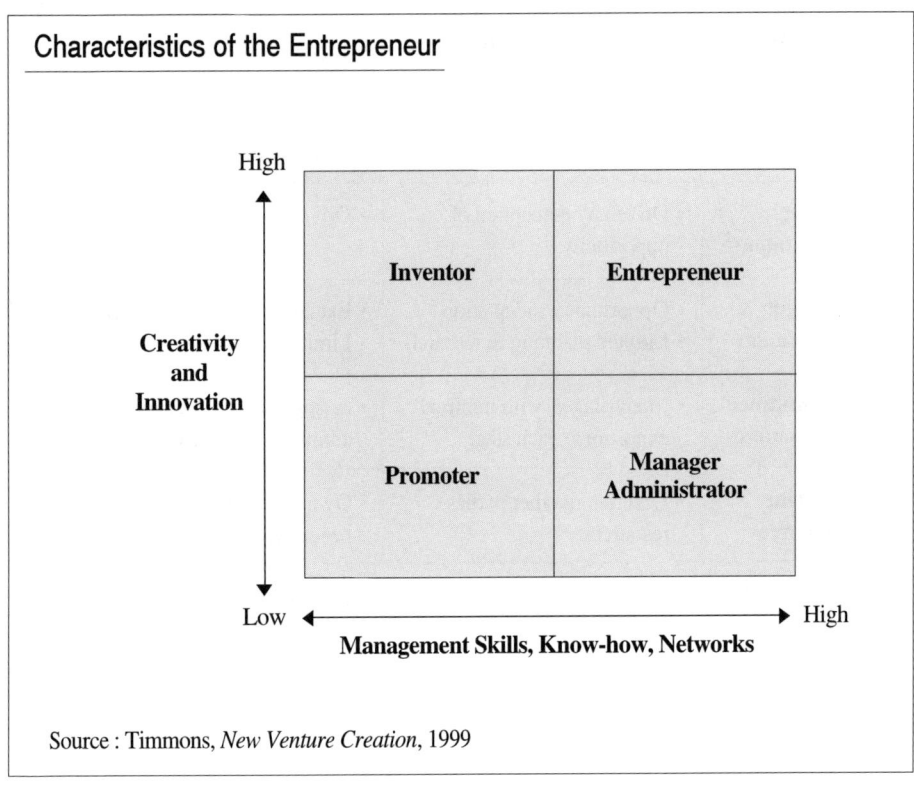

- 기업가(Entrepreneur)는 창의성과 혁신성이 있을 뿐만 아니라 사업을 효과적으로 경영할 수 있는 능력이 있는 사람이다. 즉 사업기회를 포착하고, 부족한 자원을 확보하며, 조직의 리더십을 발휘할 수 있는 경영자로서의 자질과 역량, 네트워크 등을 갖추고 있어야 한다.
- 발명가(Inventor)는 창의성과 혁신성은 뛰어나지만 경영능력이 부족한 사람이다. 아이디어는 풍부하지만, 이를 사업화하고 관리할 수 있는 능력이 부족해 결실을 보지 못하는 경우가 많다.
- 관리자(Administrator)는 경영능력은 있으나 창의성과 혁신성이 부족한 사람으로서 기존자원의 효율적 관리를 중시하는 관료형 조직에 적합하다.
- 후원자(Promoter)는 창의성, 혁신성 및 경영능력이 모든 낮은 사람으로서 기업가에 대한 금전적 또는 비금전적 지원을 통해 기여를 할 수 있다.

8-4 부자가 되는 5가지 방법

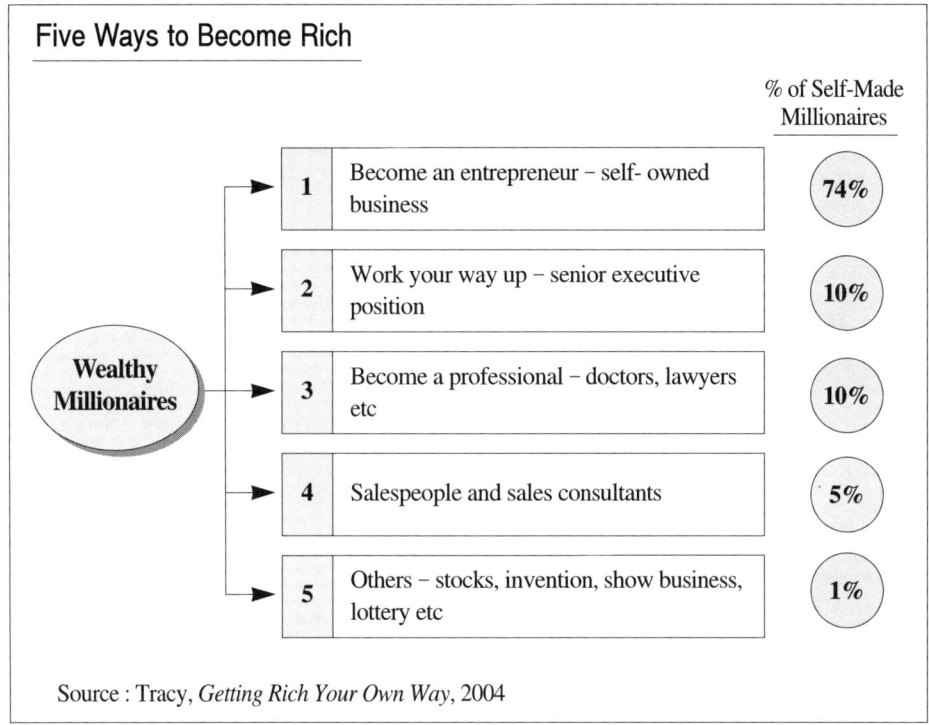

부자가 되는 방법에는 다음의 5가지 유형이 있다.
1. 기업가(자영업) : 기업가정신을 발휘하여 새로운 사업을 시작하고 이를 성공적으로 키워 부자가 되는 경우로서, 미국 백만장자 중 가장 많은 74%가 여기에 해당된다.
2. 전문경영인 : 대기업에 입사하여, 최고경영자의 자리에 오르고 스톡옵션을 부여받아 부자가 되는 경우로서, 백만장자의 약 10%가 여기에 속한다.
3. 전문직 : 의사, 변호사 등 전문분야에서 성공하여 높은 보수를 받는 사람들로서 백만장자의 약 10%가 여기에 속한다.
4. 영업직 : 약 5%는 특정 제품의 영업활동을 통해 부자가 되는 경우이다.
5. 기타 : 나머지 1%는 주식투자, 발명, 연예계, 스포츠, 저술, 창작, 복권 등 다양한 활동을 통해 부자가 되는 경우이다.

8-5 기업가의 교육 및 사회적 배경

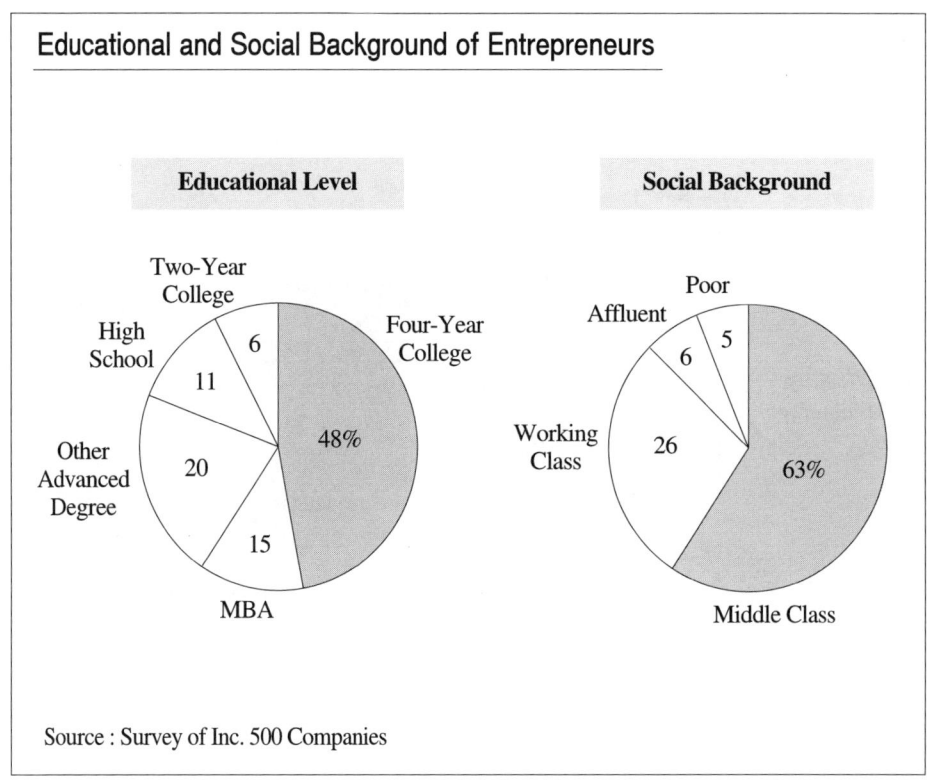

기업가의 교육수준 및 사회적 배경에 관한 Inc. 500 기업의 설문조사 결과는 몇 가지 흥미로운 사실을 보여주고 있다.

- 창업자의 48%는 4년제 대학 출신이며, 35%는 MBA를 포함한 대학원 교육을 이수하였다. 이는 과거에 비해 기업가의 교육수준이 높아지고 있다는 것을 알 수 있다.
- 사회적 배경을 보면, 63%가 중산층이고 5%만이 빈곤층으로 나타났다. 이는 성공적인 사업가는 어려운 사회적 환경에서 탄생한다는 일반적인 통념이 사실이 아니라는 것을 알 수 있다.
- 창업연령을 보면, 30대에 창업하는 경우가 가장 많으며, Bill Gates나 Michael Dell과 같이 20대에 창업하여 성공하는 경우도 흔히 볼 수 있다. 대부분의 기업가는 돈을 벌기 위해 창업을 한다기보다는 꿈과 성취감을 위해 창업을 하며, 돈은 하나의 수단이지 궁극적인 목표가 아니라고 한다.

8-6 신규사업의 성공확률

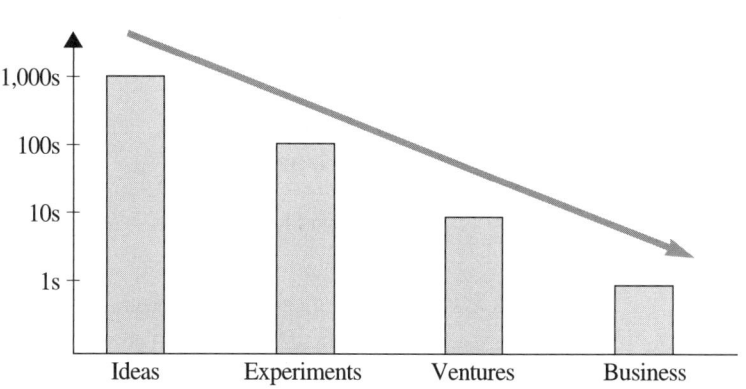

Success Rate of New Ventures

- The chances are 6 in a million for a business idea to become a successful company that goes public
- On average, a venture capitalist finances only 6 out of every 1,000 business plans received each year
- Bankruptcies occur for 60 percent of the companies that succeed in getting venture capital
- Mergers or liquidations occur in 30 percent of start-up companies

Source : Nesheim, *High-Tech Start-Up*, 2000

    Nesheim의 연구에 의하면 신규사업 및 벤처기업의 성공확률은 매우 낮은 것으로 분석되고 있다.
- 사업 아이디어가 성공적인 기업공개(IPO)로 이어지는 경우는 1백만 개 중 6개 정도에 불과하다. 그만큼 새로운 아이디어가 사업으로 성공하기 위해서는 많은 어려움을 극복해야 한다.
- 벤처캐피탈 회사는 연간 제안되는 1천여 개의 사업계획서 중에서 평균 6개에만 투자한다.
- 벤처캐피탈 회사로부터 투자자금을 성공적으로 모은 회사 중에서 IPO에 이르는 경우는 20%에 불과하며, 60%는 부도처리된다.
- 창업기업의 30%는 합병되거나 청산된다.

8-7 기업가의 3대 질문

Key Questions for Aspiring Entrepreneurs

Goals

Are my goals well-defined?
- Personal aspirations
- Business size and sustainability
- Tolerance for risk

Strategy

Do I have the right strategy?
- Clear focus and priority
- Profit and growth potential
- Durability and rate of growth

Execution

Can I execute the strategy?
- Resources and relationships
- Organizational infrastructure
- The founder's role

Source : Bhide, "The Questions Every Entrepreneur Must Answer," HBR, 1996

기업가는 자신이 궁극적으로 추구하는 목표, 전략 및 실행에 대해 명확한 답을 갖고 있어야 한다.
- 목표(Goal) : 개인의 비전과 목표가 무엇이며, 사업의 규모는 어느 정도로 할 것인지, 그리고 리스크는 어느 정도로 감수할 자세가 되어 있는지를 명확히 한다.
- 전략(Strategy) : 고객에게 어떤 가치를 제공하고, 경쟁사와 어떻게 차별화할 것이며, 사업의 수익성과 성장성을 어떻게 지속가능하게 할 것인지를 구체화한다.
- 실행(Execution) : 전략을 실행하기 위해 경영자원과 네트워크를 어떻게 활용하고, 조직 구조와 시스템을 어떻게 설계하며, 창업자는 어떤 역할을 할 것인가를 명확히 한다.

8-8 벤처창업과정

The Venture Creation Process

1. Idea Generation	2. Business Plan Creation	3. Filling Management Team	4. Raising Seed Capital	5. Closing Capital & Incorporation
6-12 months	2-6 months	2-9 months	2-12 months	1-2 months

6. Start-up	7. Secondary Capital Rounds	8. Launch First Product	9. Raise Working Capital	10. IPO
6-18 months	2-6 months	3-12 months	3 months	4 months

Source : Nesheim, *High Tech Start-Up*, 2000

신규사업을 창업하는 과정은 일반적으로 다음과 같은 과정을 거친다.
1. 사업 아이디어 개발
2. 사업계획 수립
3. 경영진 구성
4. 창업자금 조달
5. 회사설립
6. 사업개시
7. 2차 자금조달
8. 신제품 출시
9. 운영자금 조달
10. 기업공개(IPO)

8-9 창업 아이디어의 원천

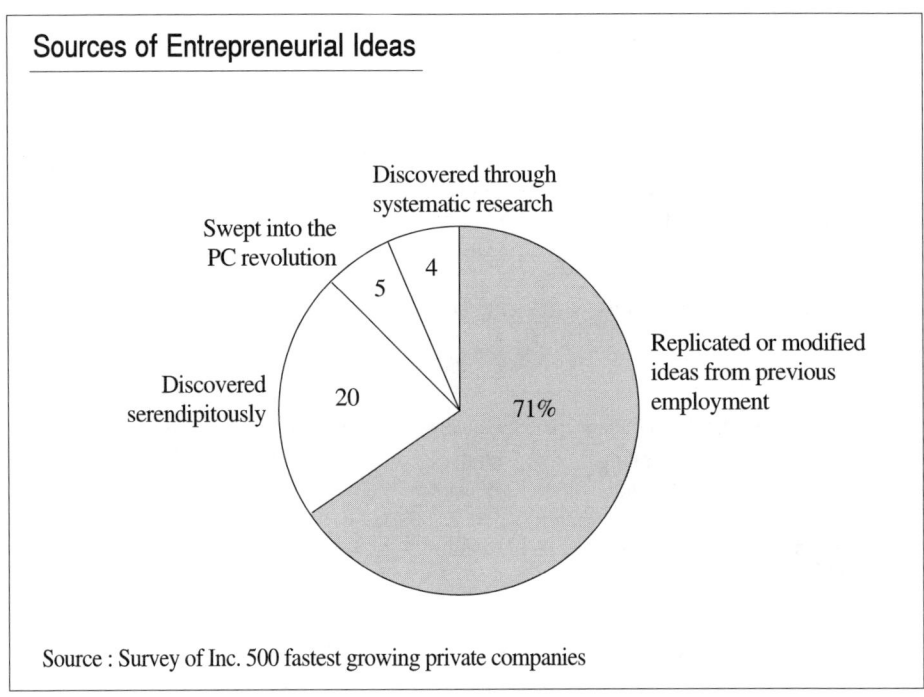

신규사업의 씨앗이 되는 창업 아이디어는 어디에서 오는가?
- Inc. 500 기업의 창업자를 대상으로 실시한 설문조사에 의하면, 가장 많은 71%가 자신이 근무했던 직장에서 업무수행 중에 발견하였거나 이를 변형하였다고 응답하였다. 즉 직장생활을 하면서 특정 제품이나 기술에 대한 전문적인 지식을 익히고, 시장에서 충족되지 않은 틈새시장을 발견하거나 업무 프로세스의 개선 가능성을 파악하여 이를 사업기회로 연결하는 경우가 많다.
- 응답자의 20%는 우연한 기회에 사업 아이디어를 발견하였다. 즉 자신이 즐겨하는 취미생활로부터 아이디어를 얻었거나, 일상적인 관찰이나 새로운 사람과의 만남을 통해 우연히 사업 아이디어를 발견하는 경우이다.
- 응답자의 5%는 PC 혁명에 휩쓸려서, 그리고 4%만이 체계적인 연구를 통해 발견하였다. 결국 대부분의 사업 아이디어들은 직장생활을 하면서 또는 우연한 기회에 발견된다는 것을 알 수 있다.

8-10 혁신의 유형

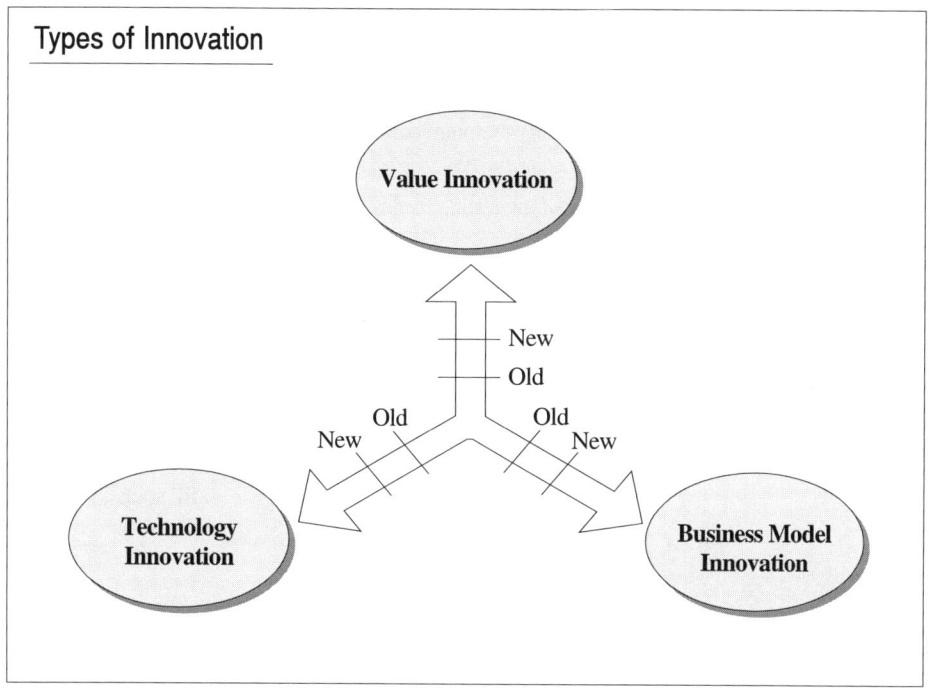

성공적인 혁신(Innovation)은 기술혁신 뿐만 아니라 고객을 위한 가치혁신(Value Innovation)과 비즈니스 모델의 혁신을 수반한다.
- 아무리 좋은 기술을 갖고 있어도, 고객에 대한 가치를 창조하지 못하는 혁신은 실패로 끝나게 된다. 고객가치를 창조하기 위해서는 고객의 욕구에 대한 세밀한 분석이 요구된다. 기존고객이 원하는 욕구 뿐만 아니라, 고객의 불만족 요인과 고객이 표현하지 못하는 잠재적 욕구(Latent Needs)를 파악하여 새로운 시장을 창조할 수 있다.
- 비즈니스 모델의 혁신은 고객에게 가치를 전달하는 과정을 혁신적으로 재구축하는 것을 말한다. 성공적인 비즈니스 모델은 핵심역량을 바탕으로 경쟁사와 차별화될 수 있고 견실한 이익을 낼 수 있는 수익모델을 갖추고 있어야 한다.
- 오늘날 많은 기업들의 성공은 기술혁신 뿐만 아니라 고객을 위한 가치혁신과 비즈니스 모델의 혁신을 통해 이루어지고 있다.

8-11 Starbucks의 가치혁신

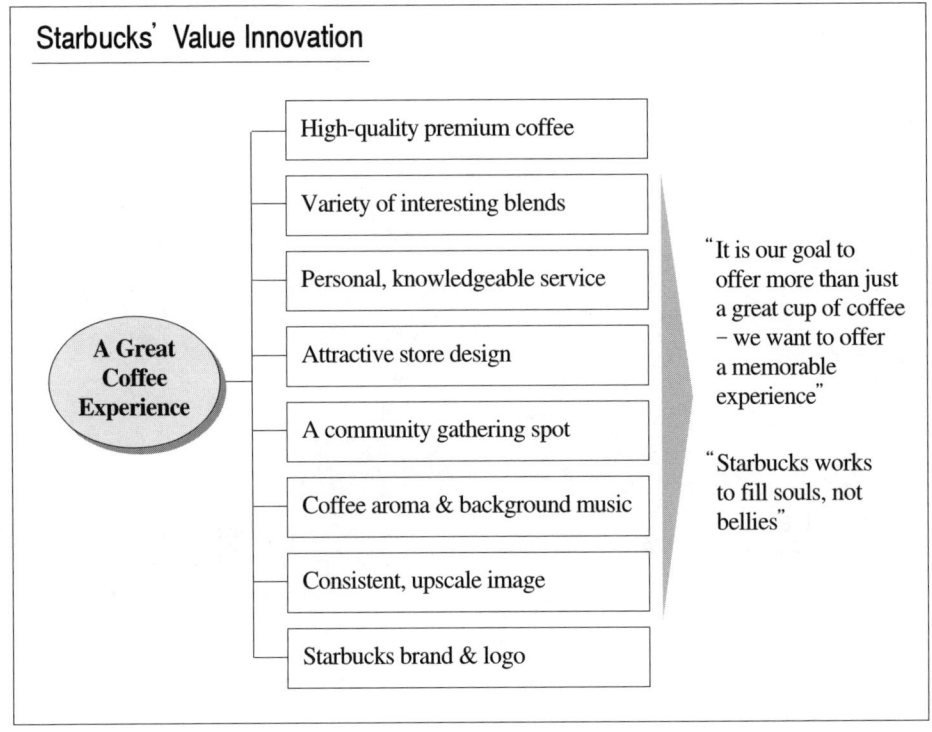

Starbucks의 가치혁신은 단순히 맛있는 커피를 제공하는 것이 아니라, 다음과 같은 요소로 구성된 총체적인 고객경험을 제공하는 것이다.
- 양질의 고급 커피
- 커피 종류의 다양성
- 친절하고 전문적인 서비스
- 매력적인 점포 디자인
- 편안한 공동체적 분위기
- 커피향과 배경음악
- 일관성 있는 고급 이미지
- Starbucks 브랜드와 로고

Starbucks의 창업자인 Howard Schultz는 Starbucks는 배를 채우는 곳이 아니라 영혼을 채우는 곳이라고 한다.

8-12 Starbucks의 Business System

Starbucks' Business System

Sourcing	Roasting and Blending	Distribution	Retail Sales
• Strict quality control in the selection of suppliers and beans • Maintain direct relationship with exporters • Diversified sourcing portfolio to hedge risk	• State-of-the-art roasting plants • Highly skilled roasters developing proprietary know-how • Vacuum-sealed packaging to ensure freshness	• Fully integrated supply chain operation • Very accurate forecasting and distribution models • Best transportation rates in the industry	• Direct ownership of retail stores to ensure quality • Extensive training of staff to deliver a great coffee experience • Attractive store design and atmosphere

Strict quality control and attention to detail to deliver a great coffee experience

Starbucks는 고객에게 인상적인 경험을 제공하기 위해 Business System 전반에 걸쳐 철저한 품질관리와 효율적인 운영 시스템을 유지하고 있다.
- 원료구매 단계에서는 철저한 품질위주로 공급업체를 선정하고 이들과 직거래 관계를 유지하며, 리스크를 분산하기 위해 구매선을 다원화하고 있다.
- 커피 제조는 최첨단 시설을 갖춘 공장에서 독자적인 노하우를 가진 숙련된 기술자에 의해 이루어지며, 커피의 신선도를 유지하기 위해 포장에 특별히 신경을 쓴다.
- 원료구매에서 최종제품 배송에 이르는 전체 공급체인을 통합관리하고, 정확한 수요예측 모델과 업계 최고의 운송효율을 유지하고 있다.
- 고객에 대한 서비스 품질을 보장하기 위해 각 점포를 직접 소유·운영하고 있으며, 종업원에 대한 철저한 교육과 매력적인 점포 설계 및 분위기를 유지하고 있다.

8-13 전략적 게임보드

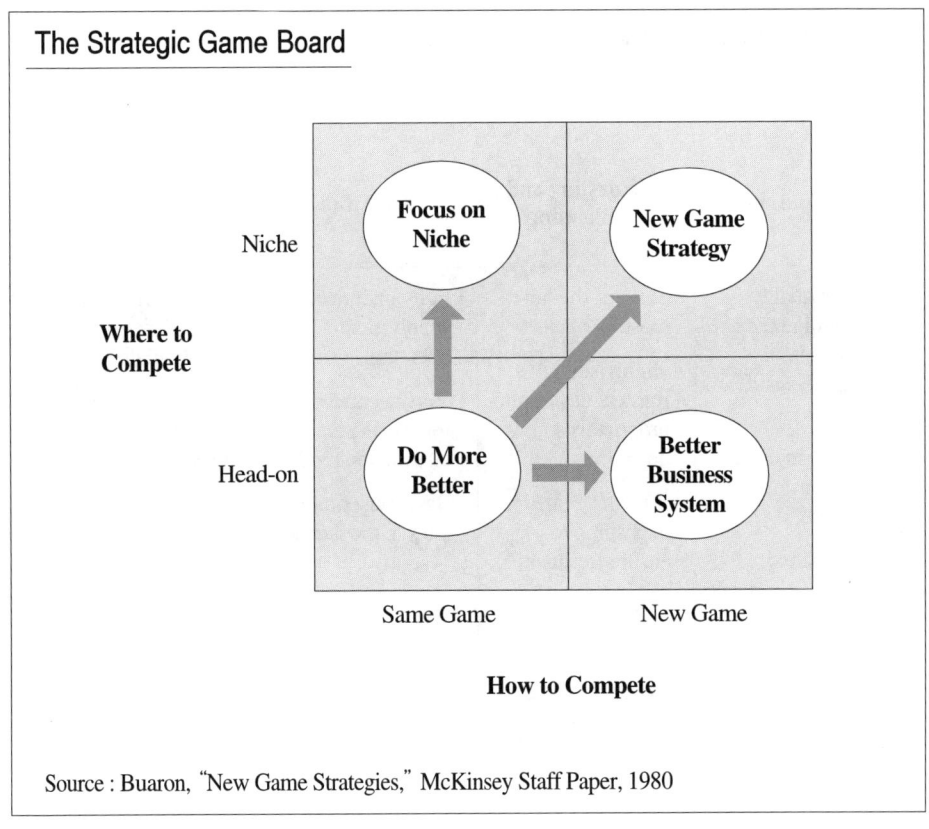

전략적 게임보드(Strategic Game Board)를 통해 다음과 같은 4가지 전략적 대안을 도출할 수 있다.
- Do More Better: 기존 경쟁사와 같은 시장에서 유사한 방식으로 경쟁하는 전략으로서, 상호 파괴적인 소모전으로 전락할 수 있다.
- Focus on Niche : 기존 경쟁사와의 정면충돌을 피해 틈새시장에 집중하는 전략이다. 틈새시장이 매력적이고 방어가능할 경우 유효한 전략이 될 수 있다.
- Better Business System : 기존 경쟁사와 같은 시장에서 차별화된 새로운 비즈니스 모델을 갖고 경쟁하는 전략으로서, 비용이나 차별화 측면에서 명확한 경쟁우위가 있어야 한다.
- New Game Strategy : 틈새시장에서 기존업체와 차별화된 비즈니스 모델을 갖고 경쟁하는 전략으로서, 신규 벤처기업에 적합한 모델이다.

8-14 기회의 창

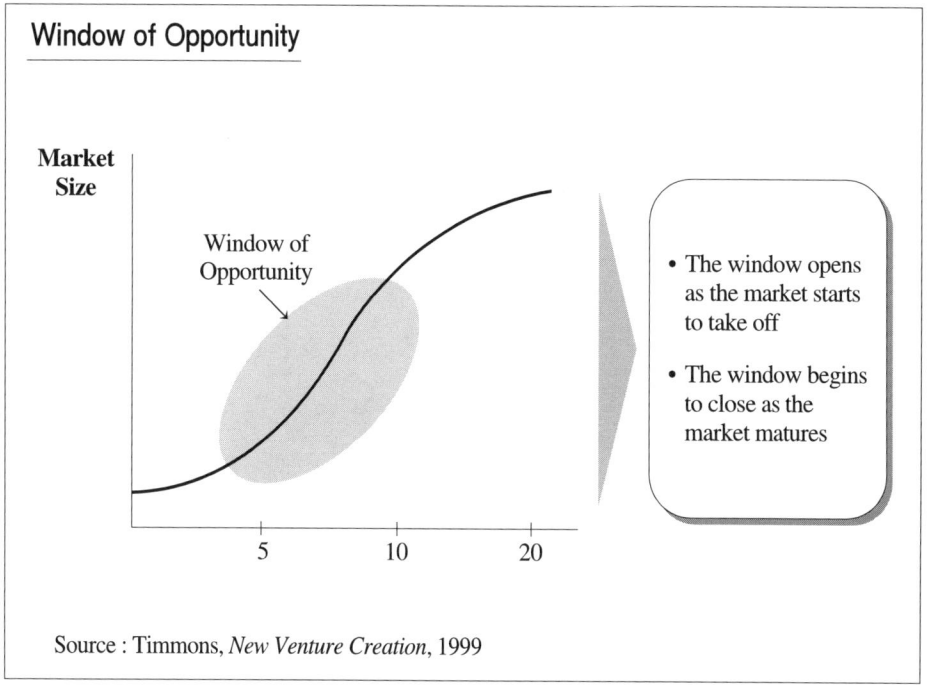

사업기회를 포착하기 위해서는 타이밍이 중요하다. 그림 8-14는 시장의 성장과정에서 사업기회가 일정기간 동안에만 포착될 수 있는 기회의 창(Window of Opportunity)을 나타내고 있다.

- 시장이 형성되면서 5년 후부터 기회의 창이 열리기 시작하고, 시장이 성숙되어 갈수록 기회의 창이 좁아지다가 10년 후부터는 기회의 창이 닫히게 된다.
- 사업기회는 5년 내지 10년 사이에 포착해야만 시장성장과 기회선점에 따른 이득을 볼 수 있다. 본격적인 성숙기에 들어가면 시장이 포화상태에 이르고 경쟁이 너무 치열해져 성공하기가 어렵게 된다.
- 산업이 성숙기에 이르면 기술이 보편화되고, 가격경쟁이 심화되면서 가격경쟁력이 중요해지고, 궁극적으로 M&A를 통한 산업의 재편이 이루어진다.

8-15 창업자금의 원천

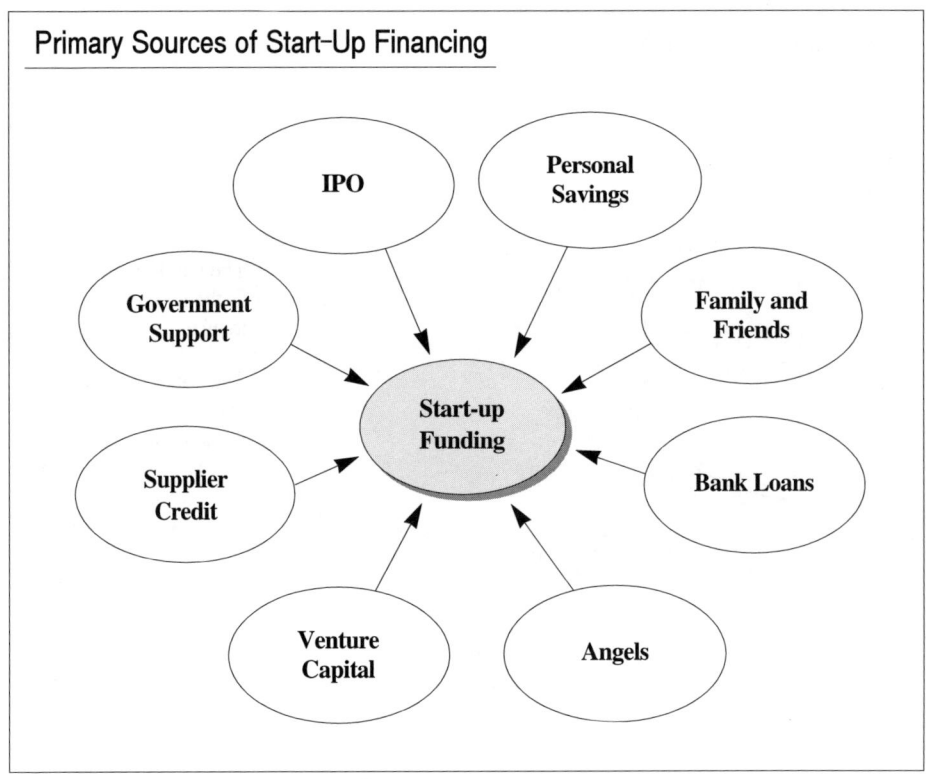

아무리 좋은 사업 아이디어가 있어도 자금조달이 안 되면 성공적인 창업을 할 수 없다. 창업자금을 언제, 누구로부터, 어떻게 조달할 것인가는 중요한 과제이다.
- 일반적으로 창업초기에는 개인의 자금에 의존하게 되지만, 사업을 키우고 지속적으로 성장하기 위해서는 외부자금을 유치해야 한다.
- Inc. 500 기업의 조사에 의하면, 다음 5가지 원천이 초기 창업자금의 80% 이상을 차지한다.
  - 창업자 개인저축(55%)
  - 가족과 친구(13%)
  - 은행대출(7%)
  - 벤처캐피탈(4%)
  - 에인젤 투자자(3%)

각각의 자금원은 자금조달 비용과 경영통제 면에서 장·단점이 있으므로, 이에 대한 체계적인 분석을 통해 자사에게 가장 적합한 자금조달 믹스를 구축할 필요가 있다.

8-16 사업계획서의 구성

Outline of a Business Plan

1. Executive Summary
2. Company Background and Objectives
3. Products/Services
4. Industry and Market Opportunities
5. Business Strategy and Key Milestones
6. Marketing Plan
7. Operations Plan
8. Management and Key Personnel
9. Financial Projections

- Clear
- Compelling
- Easy to Understand

사업계획서(Business Plan)는 일반적으로 사업내용을 구체화하고 외부자금을 조달하기 위해 수립된다. 사업계획서는 투자자의 입장에서 명확하고 매력적이며, 이해하기 쉽게 작성해야 한다.

1. 요약(Executive Summary) : 간결하면서 투자자의 관심을 끌 수 있게 핵심 메시지를 요약한다.
2. 회사소개 : 회사의 현황과 연혁, 미션과 비전, 경영진의 약력을 간략히 소개한다.
3. 제품/서비스 : 제품의 특성, 고객에게 제공하는 가치, 경쟁사와의 차별화 포인트, 특허 보유현황 등
4. 산업 및 시장기회 : 시장의 규모와 성장률, 고객의 유형과 구매특성, 경쟁사 현황, 진입장벽 등
5. 경영전략 : 비전과 목표, 사업범위와 경쟁전략, 단계별 성장전략과 일정 등
6. 마케팅 계획 : 제품개발, 가격, 유통, 광고, 판촉, 서비스 등에 대한 실행계획
7. 생산 및 운영 : 설비, 인력, 구매, 품질, 재고관리 등에 대한 운영계획
8. 경영진 및 조직 : 핵심경영진, 주주와 이사회의 구성, 조직도, 기타 제휴관계
9. 재무계획 : 손익계산서, 대차대조표, 현금흐름의 현황과 미래전망 추정

8-17 벤처 투자가들이 중시하는 항목

What Venture Capitalists Are Looking For

1	A strong management team with good track record
2	A brilliant idea or technology that can be commercialized
3	A large, rapidly expanding market
4	Clear, tangible value proposition to customers
5	A well thought-out strategy that can win

Source : Timmons(1999), Nesheim(2000), Bhide(2000)

벤처 투자가들이 사업계획서를 검토하고 유망 벤처를 선발할 때 특히 중요시하는 요인들은 다음과 같다.
1. 과거경력이 우수하고 목표를 성취해 낼 수 있는 유능한 경영진의 구성
2. 사업화가 가능한 뛰어난 아이디어 및 기술
3. 시장의 규모와 성장가능성
4. 고객에게 제공하는 가치의 내용 및 매력도
5. 지속적인 경쟁우위를 창출할 수 있는 명확한 전략

8-18 경영진에 대한 체크 포인트

> **Key Questions About The Management Team**
>
> - Where are the founders from? Where have they been educated?
> - Where have they worked and for whom?
> - What have they accomplished – professionally and personally – in the past?
> - What experience do they have that is directly relevant to the opportunity they are pursuing?
> - What is their reputation within the business community?
> - How committed are they to this venture?
> - What are their motivations?
> - How realistic are they about the venture's chances for success?
> - How will they respond to adversity?
>
> Source : Sahlman, "How to Write a Great Business Plan," HBR 1997

투자자는 벤처기업의 경영진에 대해 다음과 같은 사항을 체크할 필요가 있다.
- 경영진의 출신지역과 교육배경은?
- 과거의 직장경험은 어디서 누구와 일했는가?
- 과거의 주요 업적 및 성공경험은?
- 현재 사업과 직접적으로 관련이 있는 경험은?
- 업계에서의 명성은?
- 사업에 어느 정도 몰두하고 있는가?
- 사업을 하게 된 동기는?
- 사업의 성공가능성에 대해 어느 정도의 현실적 판단을 하고 있는가?
- 역경을 어떻게 극복할 것인가?

8-19 사업기회에 대한 체크 포인트

Key Questions About The Business Opportunity

- What exactly is the product?
- How big is the market and who are the customers?
- Why would they buy from you and what are their alternatives?
- How does the customer make decisions about buying this product?
- How will the product be priced?
- How will the venture reach all the identified customer segments?
- How much does it cost to produce and deliver the product?
- How much does it cost to acquire a customer?
- How easy is it to retain a customer?

Source : Sahlman(1997), Tracy(2004)

사업계획서는 사업기회에 대한 다음과 같은 질문에 답변할 수 있어야 한다.
- 제품은 정확히 무엇이고 어떤 기능을 수행하는가?
- 시장의 규모는 얼마나 되며 고객은 누구인가?
- 고객은 왜 우리 제품을 구매하며 다른 대안은 무엇인가?
- 고객의 구매의사결정 과정은 어떻게 이루어지는가?
- 제품가격은 어떻게 책정할 것인가?
- 목표 고객층에 어떻게 접근할 것인가?
- 제품을 생산하고 전달하는 데 소요되는 비용은?
- 신규고객을 확보하는 데 드는 비용은?
- 기존고객을 유지하는 데 드는 비용은?

8-20 신규사업의 현금흐름 분석

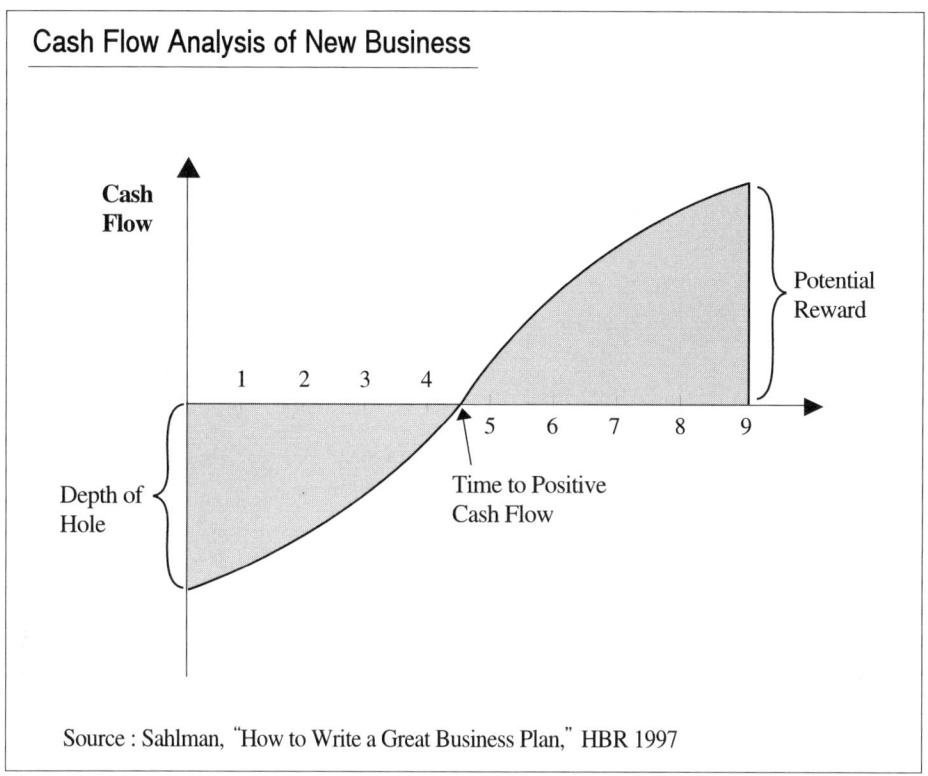

사업계획서는 투자자의 관심사항이 되는 투자수익률, 현금흐름의 패턴, 손익분기점 및 투자회수 방안 등을 충실히 기술할 필요가 있다. 그림 8-20은 사업의 예상 현금흐름을 나타내고 있는데, 여기서 투자자에게 전달되는 핵심적인 포인트는 다음의 3가지라고 볼 수 있다.
1. 초기 4~5년 간의 현금유출의 깊이(Depth of Hole)
2. 손익분기점 달성기간(Time to Positive Cash Flow)
3. 예상되는 잠재수익(Potential Cash Flow)

사업계획서 작성시 무분별한 숫자의 나열은 오히려 투자자의 판단을 흐리게 할 수 있으므로, 사업의 핵심이 되는 사항을 이해하기 쉽게 전달해야 한다.

8-21 고객생애가치 분석

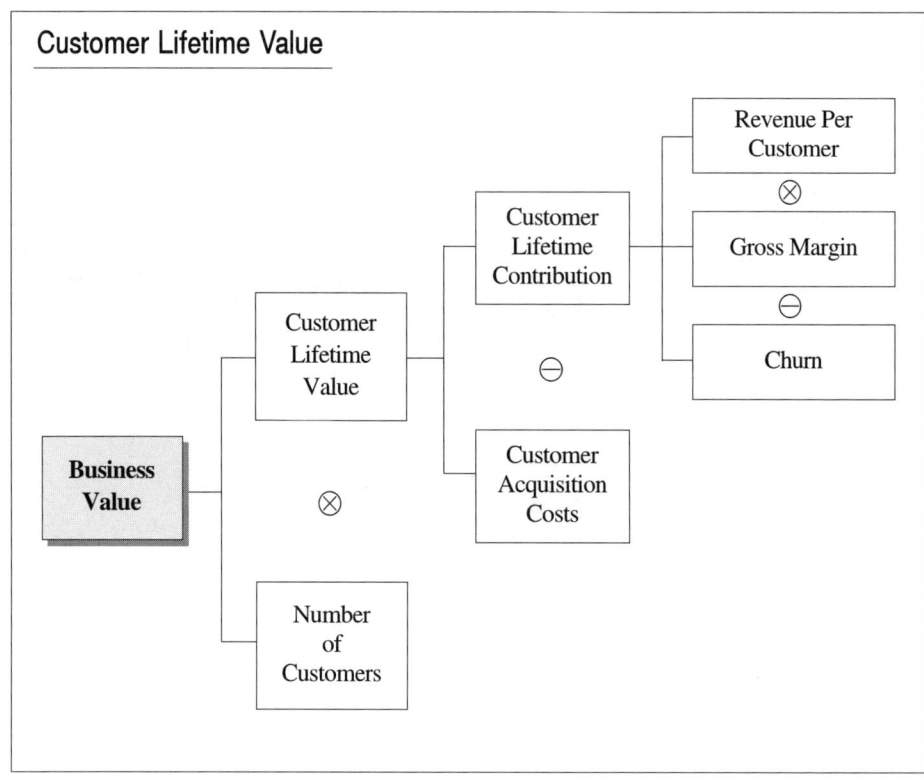

- 고객은 기업의 가장 중요한 전략적 자산이므로 고객생애가치(Customer Lifetime Value)를 통해 기업의 가치를 추정할 수 있다. 고객생애가치는 고객과의 장기적인 관계를 유지할 경우 예상되는 미래 현금흐름의 현재가치를 말한다.
- 기업의 가치를 올리기 위해서는 고객당 생애가치와 고객 수를 늘리거나, 고객당 유치비용과 고객이탈률을 줄여야 한다.
- 일반적으로 고객이탈을 5% 줄일 경우 30% 이상의 손익개선효과를 기대할 수 있다. 신규고객을 개발하는 것이 기존고객에게 판매하는 경우보다 평균 5배의 비용이 더 소요되므로, 기존고객의 충성도를 높이고 고객이탈을 최소화하는 것이 기업가치에 큰 영향을 미친다.

8-22 벤처기업의 성장단계

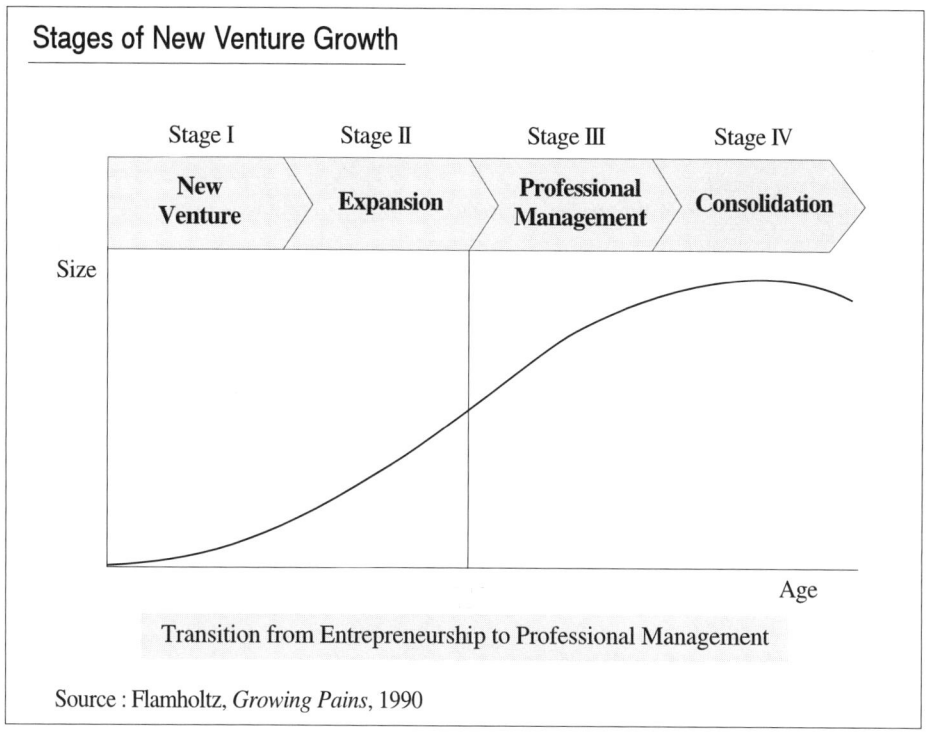

일반적으로 벤처기업은 다음과 같은 성장과정을 통해 전문경영 체제로 전환하게 된다.
1. 창업기 : 사업기회를 파악하고, 초기 제품을 개발하며, 초기 고객과 자금을 확보하는 단계이다. 조직과 경영시스템은 매우 단순하며, 창업자는 하루하루의 업무를 수행할 수 있는 조직을 갖추는 데 급급하다.
2. 도약기 : 제품이 시장에서 좋은 반응을 보이면서, 매출과 사업규모가 급격히 성장하는 단계이다. 주요 경영상의 이슈는 성장을 뒷받침할 충분한 자금과 인력을 확보하는 문제와 내부운영시스템을 확립하는 것이다.
3. 제 3단계는 벤처기업에 전문경영 체제가 본격적으로 도입되는 전환기이다. 더 이상 창업자 개인의 능력만으로는 성장을 지속하기 어려우며, 급성장하는 조직의 다양한 문제를 해결하고 새로운 성장의 발판을 마련하기 위해 전문경영인이 영입되고 전문경영시스템이 도입되기 시작한다.
4. 제 4단계는 전문경영시스템이 안정화되는 성숙기로서, 효율적인 경영관리시스템이 정착되고 성과지향적인 기업문화가 형성된다.

8-23 전문경영 체제로의 전환

Transition From Entrepreneurial to Professional Management

	Entrepreneurial	Professional
Profit	• Profit seen as by-product	• Profit is an explicit goal
Planning	• Informal, ad hoc planning	• Formal strategic planning system • Budget, cash flow, cost control system
Organization	• Informal structure • Overlapping responsibilities	• Formal, explicit role description • Clear responsibilities & evaluation
Management Development	• Ad hoc development • Learning by doing	• Systematic, planned management development
Culture	• Loosely defined, family-oriented culture	• Performance-driven "professional" culture

Source : Flamholtz, *Growing Pains*, 1990

    전문경영 체제로의 전환은 경영전반에 걸쳐 보다 합리적이고 체계적인 경영방식이 도입되는 것을 말한다. 창업기의 대부분의 기업은 창업자 개인의 능력과 인적관계를 중심으로 조직운영이 비공식적·즉흥적으로 이루어지는 경우가 많은데, 전문경영 체제로의 전환은 다음과 같은 조직운영상의 변화를 초래한다.
- 수익성을 구체적인 성과목표로 잡고 체계적으로 관리한다.
- 체계적인 사업계획, 예산통제, 관리회계시스템이 구축된다.
- 보다 전문적이고 책임소재가 명확한 조직구조가 설계된다.
- 체계적인 인력개발 및 평가·보상시스템이 구축된다.
- 가족적인 분위기에서 보다 성과지향적인 조직문화가 조성된다.

8-24 혁신의 장애요인

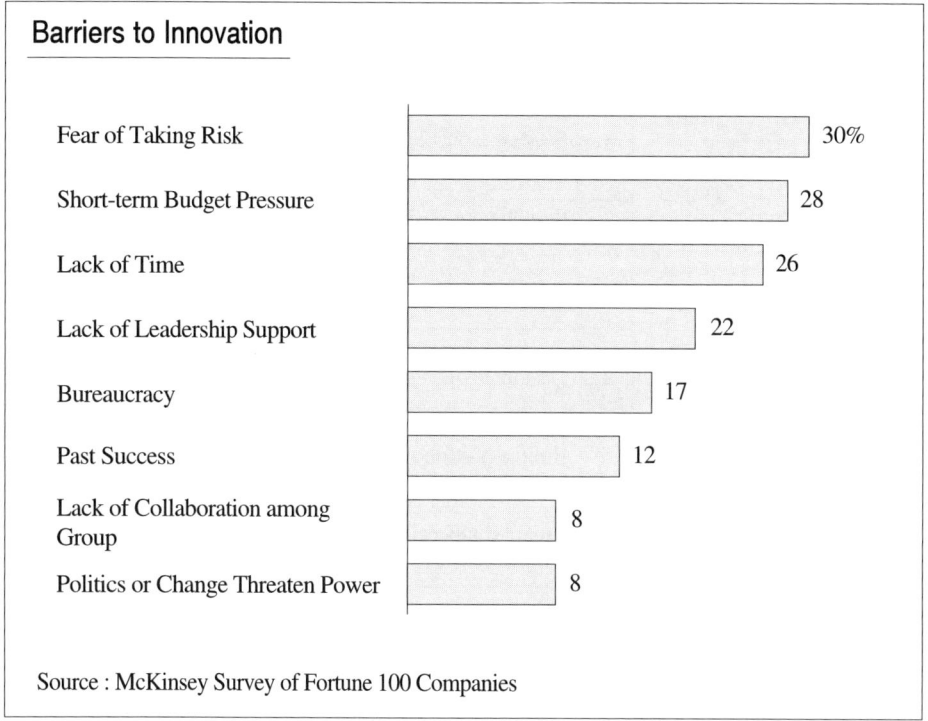

전문경영 시스템이 지나치게 강조되다 보면 오히려 혁신을 저해하고 조직의 경직화·관료화를 초래할 수 있다. 맥킨지는 대기업에서의 혁신의 장애요인을 다음과 같이 파악하였다.
- 위험감수 및 실패에 대한 두려움
- 단기실적에 대한 압력
- 업무과중으로 시간부족
- 리더십 지원의 부족
- 관료주의 문화
- 과거 성공에 집착
- 부서간 협조 부족
- 정치적 조직역학 관계

오늘날 많은 기업들의 핵심과제는 전문경영 시스템의 장점을 살리면서 기업가정신을 접목시켜 지속인 혁신과 성장을 추구하는 것이라고 할 수 있다.

8-25 대기업에서 기업가정신을 활성화하는 방법

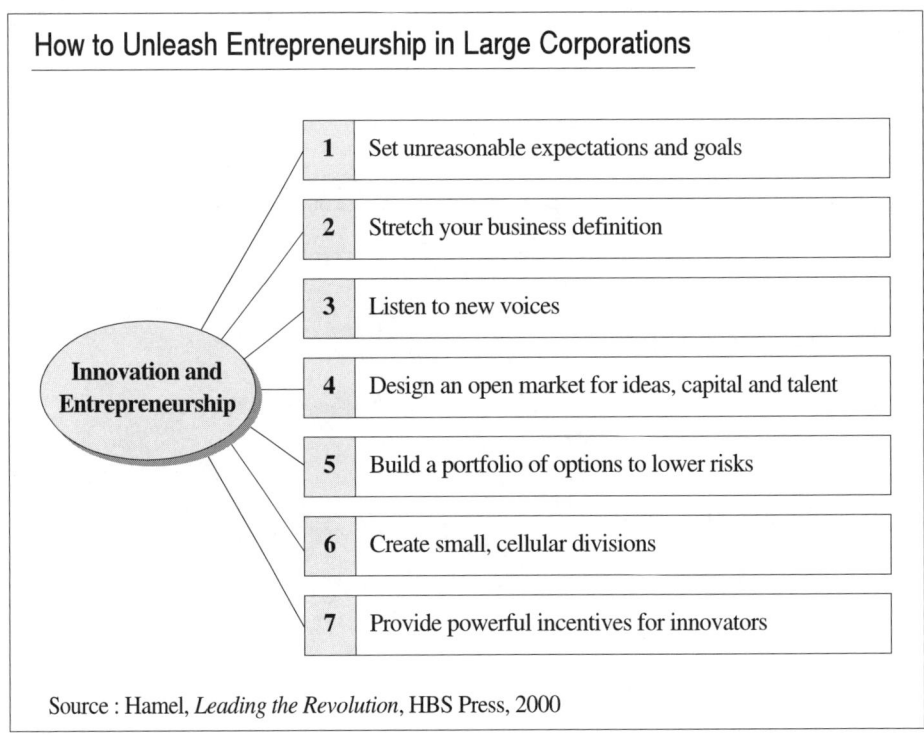

Gary Hamel은 대기업의 관료주의적 성향을 타파하고 기업가정신을 활성화하기 위한 방안을 다음과 같이 제시하고 있다.
1. 획기적인 발상이 나올 수 있게 과감한 목표를 설정한다.
2. 기존제품·기존시장 중심의 사고를 탈피하고, 핵심역량과 전략적 자산을 활용한 새로운 사업기회를 모색한다.
3. 항상 새로운 목소리에 귀를 기울인다. 특히 젊은 세대, 조직에 새로 입사한 사람들, 그리고 소외된 사람들은 신선한 아이디어의 원천이 될 수 있다.
4. Silicon Valley와 같이 아이디어, 자금, 인재가 자유롭게 움직이고 거래되는 개방된 시스템을 사내에 도입하여 혁신활동을 일상화한다.
5. 위험을 관리하기 위해 다양한 옵션에 선별적 투자를 하고, 포트폴리오를 구성하여 계속적인 실험과 탐색을 한다.
6. 조직을 작은 단위로 세분화하고 혁신을 추진하는 사업가적 인재를 양성한다.
7. 과감한 혁신에 성공한 인재들에게 직위에 관계없이 파격적인 인센티브를 제공한다.

8-26 기업가정신의 패러독스

The Paradoxes of the Entrepreneurial Process

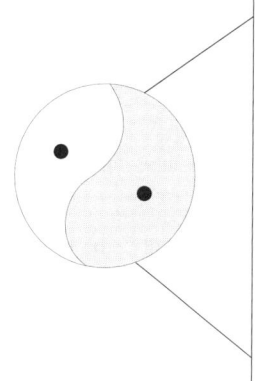

1. An opportunity with no or very low potential can be an enormously big opportunity
2. Entrepreneurship requires considerable thought, preparation and planning, yet is basically an unplannable event
3. In order for creativity and innovation to prosper, rigor and discipline must accompany the process
4. In order to make money, one has to first lose money
5. In order to succeed, one first has to experience failure
6. In order to create and build wealth, one must relinquish wealth

Source : Timmons, *New Venture Creation*, 1999

다양한 벤처기업의 창업과 성장과정을 연구한 Timmons 교수는 기업가정신의 패러독스를 다음과 같이 설명한다.
1. 잠재력이 없어 보이거나 매우 작은 기회가 후에 엄청나게 큰 사업기회가 될 수 있다.
2. 기업가정신은 사전에 많은 생각과 준비 및 계획이 필요하지만, 기본적으로 계획할 수 없는 현상이다.
3. 창의성과 혁신이 활성화되기 위해서는 엄밀한 사고와 철저한 규율이 수반되어야 한다.
4. 돈을 벌기 위해서는, 돈을 먼저 잃어야 한다.
5. 성공을 하기 위해서는, 먼저 실패를 경험해야 한다.
6. 부를 창조하고 증가시키려면, 부를 포기할 수 있어야 한다.

8-27 Sam Walton의 사업성공 10대 원칙

Sam Walton's 10 Rules for Building a Business

Rule 1 : **COMMIT** to your business. Believe in it more than anybody else

Rule 2 : **SHARE** your profits with all your associates and treat them as partners

Rule 3 : **MOTIVATE** your partners. Money and ownership alone aren't enough

Rule 4 : **COMMUNICATE** everything you possibly can to your partners.

Rule 5 : **APPRECIATE** everything your associates do for your business

Rule 6 : **CELEBRATE** your success. Find some humor in your failures. Have fun.

Rule 7 : **LISTEN** to everyone in your company

Rule 8 : **EXCEED** your customers' expectations. If you do, they will come back over and over.

Rule 9 : **CONTROL** your expenses better than your competitors.

Rule 10 : **SWIM** upstream. Go the other way. Ignore the conventional wisdom.

Source : Sam Walton, *Sam Walton: Made in America*, 1993

Walmart의 창업자인 Sam Walton은 자신의 경험을 중심으로 사업성공을 위한 10대 원칙을 다음과 같이 제시하였다.
1. 사업에 전념하라. 누구보다도 사업에 열정을 갖고 이를 확실히 믿는다.
2. 이익을 종업원들과 공유하고 그들을 파트너로 대우한다.
3. 종업원의 사기를 진작한다. 돈과 주식만으로는 부족하므로 항상 새로운 동기부여 방법을 생각한다.
4. 종업원들과 가능하면 모든 것을 커뮤니케이션한다.
5. 종업원들이 회사를 위해 하는 모든 활동들을 인정하고 격려한다.
6. 성공을 축하하고 실패에서 교훈을 찾도록 노력한다.
7. 회사내 모든 사람들의 말에 항상 귀를 기울인다.
8. 고객의 기대를 능가한다. 그러면 고객은 계속적으로 다시 올 것이다.
9. 경쟁사보다 비용을 보다 철저하게 통제하고 관리한다.
10. 남들이 하는 것을 그대로 따르지 말고, 역발상을 한다.

제9장

글로벌 경영과 전략적 제휴

전략적 리더십

9-1 세계경제의 글로벌화

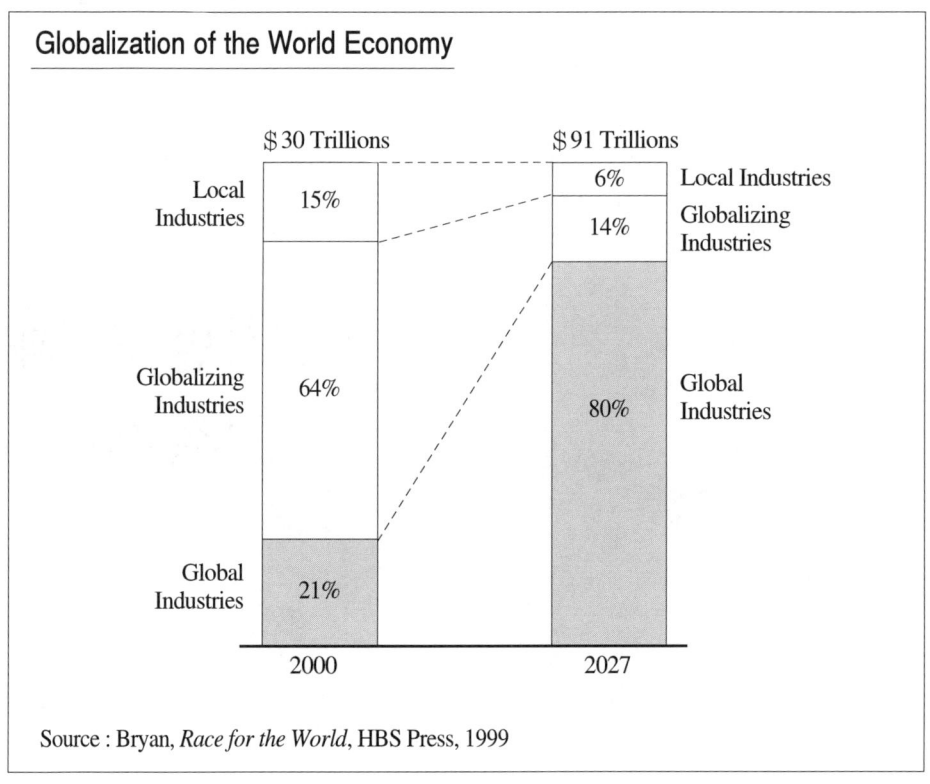

글로벌화(Globalization)는 세계경제가 하나의 단일시장으로 통합되면서 국가간 상호의존성이 높아지고, 시장이 개방되어 제품·서비스·자본·기술의 흐름이 자유롭게 이루어지는 것을 말한다.

- 맥킨지 분석에 의하면 완전 개방된 글로벌 산업의 비중은 세계경제의 21%로 추정되고 있으며, 글로벌화 초기단계에 있거나 급속한 글로벌화 과정에 있는 산업의 비중은 세계경제의 64%로 추정되고 있다.
- 정보통신기술의 발달, 세계자본시장의 통합, 정부규제의 완화, 소비자 수요의 동질화 등 글로벌화가 가속화되면서 2027년에는 글로벌 산업의 비중이 세계경제의 80%로 증가할 것으로 추정되고 있다.
- 글로벌화가 진전됨에 따라, 소비자는 전세계 공급자로부터 제품을 구매할 수 있으며, 생산자는 전세계 소비자에 대한 접근이 가능하게 되고, 글로벌 수요와 공급에 따라 글로벌 시장 및 가격이 형성된다.

9-2 기업의 글로벌화 추구 원인

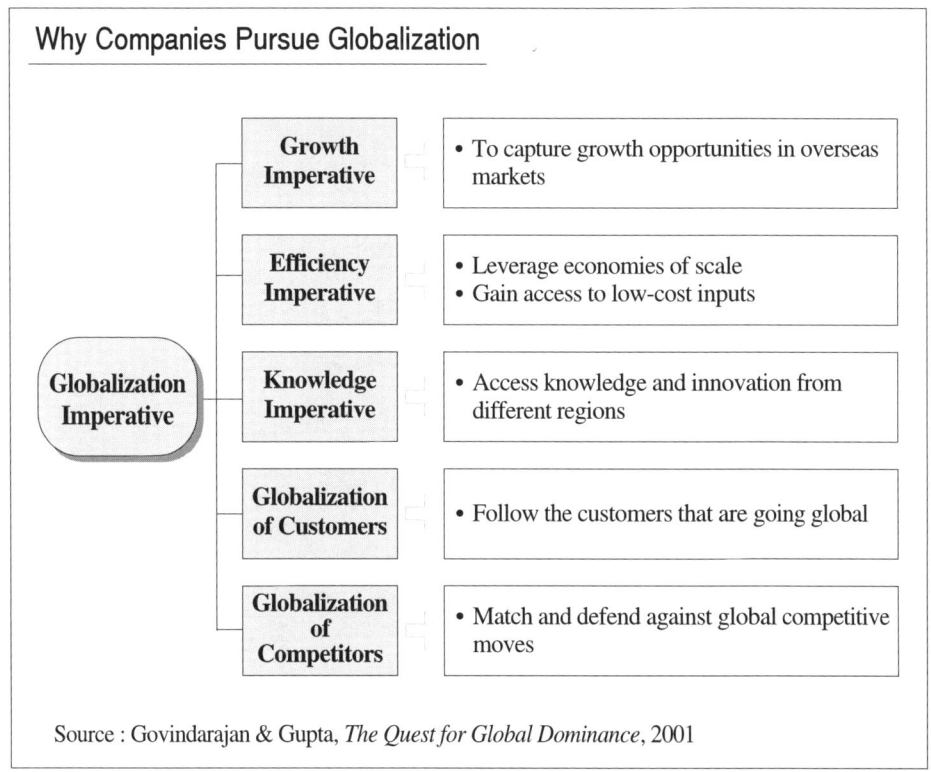

오늘날 기업의 글로벌화는 선택의 문제가 아니라 생존의 문제로 인식되고 있다. 기업이 글로벌화를 추구하지 않을 수 없는 이유는 다음과 같다.

1. 성장 추구 : 국내시장이 성숙화 또는 사양화되고 있으면, 해외시장에서 새로운 성장기회를 찾는 것이 유일한 돌파구가 될 수 있다.
2. 효율성 추구 : 규모의 경제를 달성하기 위해 글로벌 시장을 대상으로 영업활동을 전개하며, 해외에서 저렴한 생산요소를 확보함으로써 생산비용을 낮출 수 있다.
3. 지식 획득 : 국내에서 부족한 기술, 지식 등을 해외에서 확보하기 위해 글로벌화를 추구할 수 있다.
4. 고객의 글로벌화: 고객이 해외로 진출할 경우, 고객을 계속적으로 유지하기 위해 해외 동반 진출을 하는 경우이다.
5. 경쟁사의 글로벌화: 경쟁사가 글로벌화를 하면 자사에 위협이 될 수 있으므로, 이를 견제하고 방어하기 위해 글로벌화를 추진하는 경우도 있다.

9-3 글로벌 기업의 해외사업비중

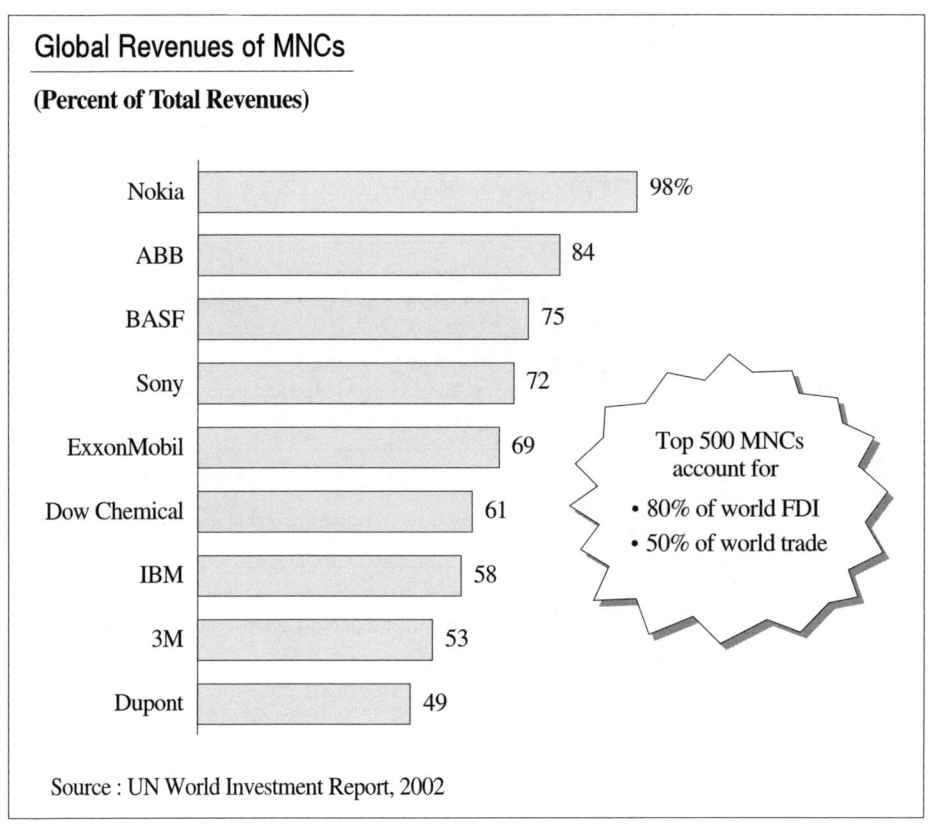

글로벌화는 범세계적으로 사업을 전개하는 다국적 기업들에 의해 활발하게 이루어지고 있다. 다국적 기업들은 국경을 초월하여 세계시장을 하나의 통합된 시장으로 보고 범세계적인 경제활동을 전개하고 있다.

- UN통계에 의하면 약 3만 5천 개의 다국적 기업들이 존재하며, 이들은 전세계적으로 17만 개의 자회사를 거느리고 있다.
- 상위 500대 다국적 기업들은 세계 해외직접투자의 80%를 수행하고 있으며, 세계 무역의 50%를 차지하고 있다.
- 그림 9-3은 대표적인 다국적 기업들의 해외매출 비율을 나타내고 있다. 핀란드에 본사를 두고 있는 Nokia의 해외매출 비중은 98%에 달하며, 스위스에 본사를 두고 있는 ABB의 해외매출 비중은 84%에 이른다.

9-4 글로벌 기업의 조건

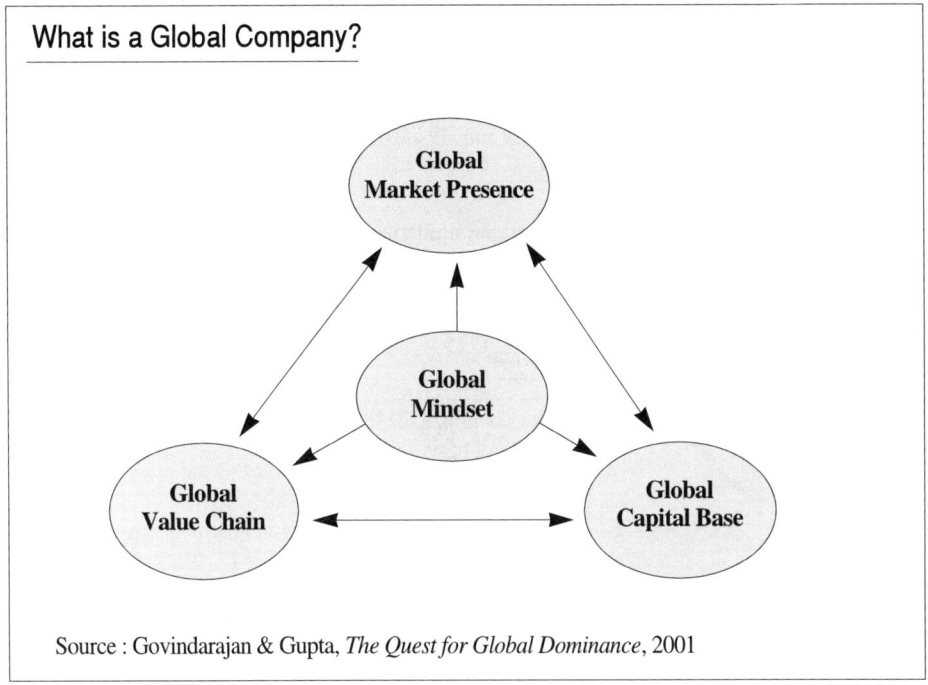

일반적으로 글로벌 기업이란 다음의 4가지 조건을 충족하고 있는 기업을 말한다.
1. 글로벌 시장참여
   전세계시장을 대상으로 제품·서비스를 제공하며, 해외매출 비중 및 글로벌 시장점유율을 통해 측정될 수 있다.
2. 글로벌 가치사슬
   R&D, 생산, 판매, 서비스 등 가치사슬의 주요활동을 전세계적으로 배치하고 조정함으로써 글로벌 최적화를 추구한다.
3. 글로벌 자본조달
   글로벌 차원에서 자본을 조달하고 자금의 흐름을 관리·조정함으로써 전사적 재무성과의 최적화를 이룩한다.
4. 글로벌 마인드
   자국 중심의 폐쇄적인 사고를 지양하고 다양한 문화를 수용할 수 있는 개방된 사고 및 기업문화를 갖는다.

9-5 글로벌 마인드의 중요성

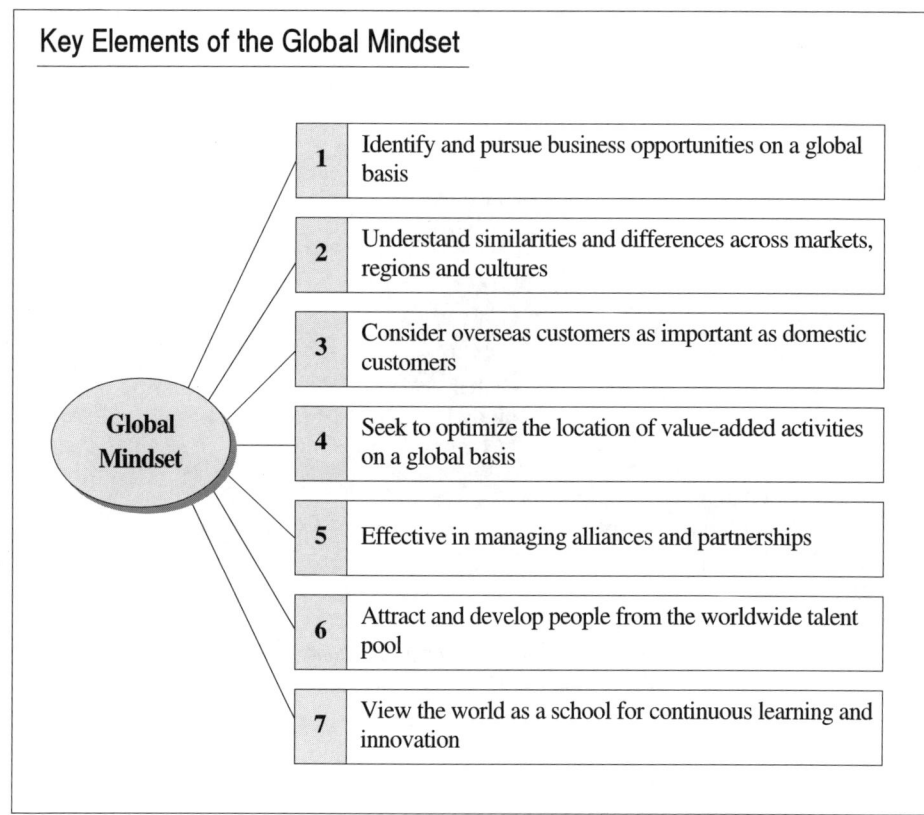

 진정한 글로벌 기업이 되기 위해서는 경영자들이 글로벌 마인드를 갖고 있어야 한다. 글로벌 마인드는 다음과 같은 요인으로 평가할 수 있다.
 1. 사업기회를 글로벌 차원에서 파악하고 추구하고 있는가?
 2. 다양한 지역, 문화, 시장 간의 공통점과 차이점을 깊이 있게 이해하고 있는가?
 3. 해외고객을 국내고객 못지않게 중요하게 생각하고 있는가?
 4. 글로벌 차원에서 가치활동의 최적배치와 조정을 이루고 있는가?
 5. 전략적 제휴와 파트너십을 효과적으로 수립하고 운영하고 있는가?
 6. 국적에 관계없이 유능한 인재를 전세계에서 유치하고 육성하고 있는가?
 7. 세계시장을 지속적인 학습과 혁신의 장으로 생각하고 있는가?

9-6 후발업체의 글로벌화 전략

Globalization Strategy of Challengers in High-Tech Industries

1. Set the Direction	2. Exploit Industry Shifts	3. Develop Global Products	4. Growth & Consolidation	5. Refinement & Next Step
• Set global objectives • Focus on technology trends and customer needs • Enter lead markets	• Identify industry shifts & strategic inflection point • Achieve first mover advantage	• Develop innovative, high-quality products • Timing and speed critical	• Organic growth and alliances • Selective foreign investment to access skills, resources and low-cost inputs	• Nurture global coordination and learning • Expand product scope and develop new models

• Global challengers take advantage of industry shifts, develop innovative, high-quality products and achieve rapid geographic spread for that product

Source : Alahuhta, *Global Growth Strategies for High-Technology Challengers*, 1990

Nokia의 전략담당 부사장을 지낸 Alahuhta는 후발업체의 성공적인 글로벌화 전략을 다음과 같이 제시하고 있다.
1. 글로벌 시장에서의 시장점유율 목표를 수립하고, 기술추이와 고객니즈의 변화에 주목하면서, 주요 전략시장에 진출한다.
2. 산업의 구조적 변화와 전략적 변곡점(Strategic Inflection Point)을 기회로 활용하여 초기진입의 우위를 구축한다.
3. 혁신적이고 높은 품질의 제품을 개발하여 이를 신속히 주요시장에 출시한다.
4. 전략적 제휴 및 선별적 해외투자를 병행하면서 성장을 가속화한다.
5. 글로벌 조정과 학습능력을 배양하고, 새로운 모델개발을 통해 제품의 범위를 넓혀 나간다.

9-7 Nokia의 글로벌시장 세분화

Nokia's Product Category Matrix

Lifestyle Segments \ Application Areas	Voice	Entertainment	Imaging	Media	Business Application
Premium	✔				✔
Fashion	✔				
Classic	✔	✔	✔		✔
Active	✔				
Expression	✔	✔	✔		
Basic	✔				

Source : Nokia 10-K

세계 휴대폰 시장의 선두주자인 Nokia는 글로벌시장을 제품의 용도와 소비자 라이프 스타일에 따라 다음과 같이 세분화하고 새로운 성장기회를 모색하고 있다.

- 소비자 라이프 스타일을 중심으로 시장을 Premium, Fashion, Classic, Active, Expression, Basic 등 6개 카테고리로 세분화하고, 각 라이프 스타일 특성에 맞는 차별적인 제품을 제공하고 있다. Nokia는 휴대폰의 기능적인 측면뿐만 아니라 감성적인 측면을 중시하면서 디자인, 패션, 브랜드 육성에 많은 투자를 하고 있다.
- 다른 한 축으로는 제품의 용도에 따라 음성, 엔터테인먼트, 이미징, 미디어, 비즈니스 등 5개 카테고리로 세분화하고, 각 용도별 신제품 및 신기술 개발을 통해 새로운 사업영역을 개척하고 있다.
- Nokia는 전 세계 52개 R&D센터에서 계속적인 신제품 및 신기술 개발을 하고 있지만, 부족한 기술을 보완하고 불확실성하에 기술표준을 주도적으로 확립하기 위해 다양한 형태의 전략적 제휴를 구축하고 있다.

9-8 전략적 제휴를 통한 기술표준 확립

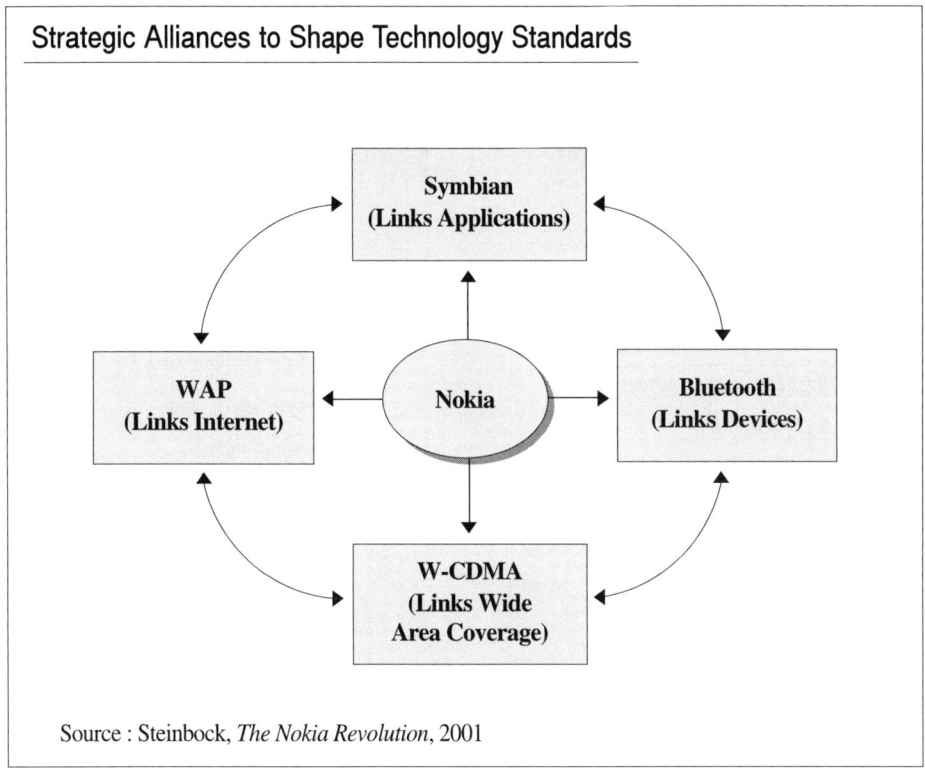

Nokia는 다양한 전략적 제휴를 통해 기술표준 확립에 주도적인 역할을 하고 부족한 기술역량을 보완하고 있다.
- 전략적 중요도가 높고, 내부역량이 어느 정도 있는 기술은 집중적인 R&D를 통해 자체 개발하고, 내부역량이 취약한 기술은 전략적 제휴, 라이센싱, 공동개발 프로젝트 등을 통해 외부에서 확보한다.
- 기술적 불확실성이 높은 상황에서 과도한 투자를 줄이고, 다양한 옵션에 선별적 투자를 함으로써 위험을 분산시킬 수 있으며, 상황의 전개에 따라 단계적으로 투자규모를 늘려 나가면서 위험을 효과적으로 관리할 수 있다.
- 경쟁사를 포함한 산업의 다양한 이해관계자들과 복합적인 제휴 네트워크를 구축하여 산업표준을 주도적으로 확립하고, 오픈 스텐다드를 유지하면서 새로운 기술을 신속히 도입하고 응용한다.

9-9 전략적 제휴의 특징

Characteristics of Strategic Alliances

Types of Strategic Alliances
- Joint venture
- Equity investment
- Technology licensing
- Marketing/distribution agreement
- Long-term supply agreement
- R&D partnership
- Cross-licensing
- Co-branding
- Multi-party coalition
- Business webs

How Alliances Capture Value
- Build new businesses
- Access new markets
- Access skills and learning
- Gain economies of scale
- Improve supply chain effectiveness
- Create advantaged networks

   전략적 제휴는 두개 이상의 기업이 상호보완적인 경영자원과 조직역량을 공유함으로써 상호이익을 추구하는 협조전략이다.
- 전략적 제휴는 합작투자, 소수지분투자, 주식교환 등과 같은 지분형 제휴(Equity-Based Alliance)와 기술라이센싱, 마케팅 제휴, 장기공급관계, R&D 파트너십 등과 같은 계약형 제휴(Contractual Alliance)로 구분할 수 있다.
- 전략적 제휴는 일반적으로 다음과 같은 목적을 위해 활용된다.
  1) 신규사업 개발
  2) 신규시장 진출
  3) 새로운 기술과 역량의 확보
  4) 규모의 경제 실현
  5) 공급체인 거래관계의 개선
  6) 유리한 네트워크 구축

9-10 Starbucks의 제휴 네트워크

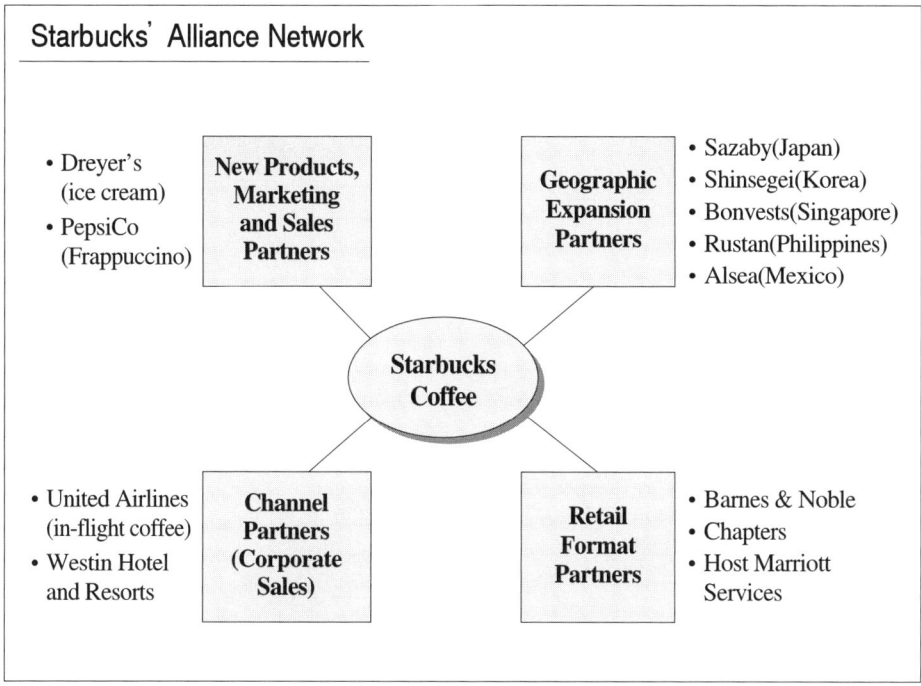

Starbucks는 다양한 제휴관계를 통해 새로운 성장기회를 신속히 포착하고 있다.
1. 신제품개발 및 공동마케팅
    Dreyer's와 아이스크림을 공동개발하고, PepsiCo와 Frappuccino를 공동개발하면서 마케팅 활동을 공유하고 있다.
2. 신규채널 파트너십
    항공사(United Airlines), 호텔(Westin Hotel and Resorts), 서점(Barnes & Noble) 등 다양한 신규채널과 전략적 제휴를 수립하고 안정적인 거래관계를 유지하고 있다.
3. 해외사업 파트너십
    해외사업 진출을 촉진할 수 있는 현지 파트너를 엄격히 선발하여 제휴관계를 구축하고 있다. 예를 들어 일본에서는 Sazaby, 한국에서는 신세계와 전략적 제휴관계를 맺고 현지 영업활동을 전개하고 있다.

Starbucks는 이와 같은 전략적 제휴를 통해 투자규모와 리스크를 줄이면서 새로운 시장 기회를 신속하게 포착할 수 있게 된다.

9-11 Li & Fung의 글로벌 네트워크 모델

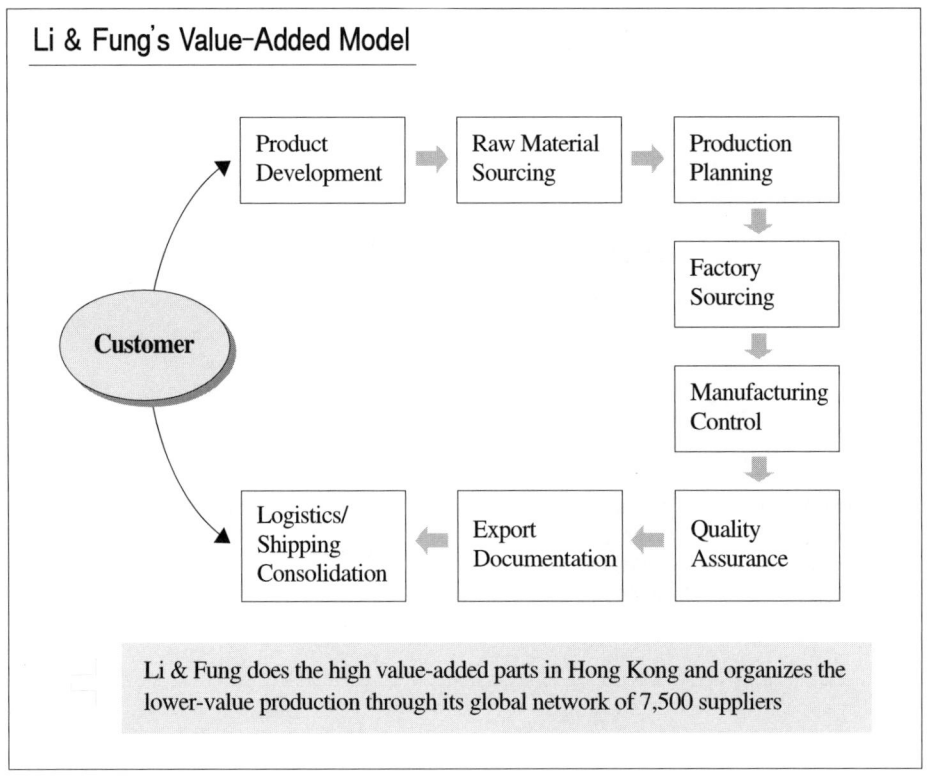

홍콩의 무역회사로 출발한 Li & Fung은 단순한 무역중개 업무에서 벗어나 수요자와 생산자를 연결하는 네트워크 조정자(Network Orchestrator)의 역할을 수행하고 있다.
- Li & Fung은 고객으로부터 주문을 받아 부가가치가 높은 기획·조정 기능은 홍콩에서 직접 수행하고, 부가가치가 낮은 생산기능은 전세계 7,500개 이상의 생산업체로 구성된 글로벌 제휴 네트워크를 통해 제공한다.
- Li & Fung이 직접 수행하는 기능은 제품개발, 원재료 구매, 생산계획, 공장선정, 생산관리, 품질관리, 수출문서, 물류/운송관리 등이며, 이와 같은 기능을 매우 신속하고 효율적으로 운영함으로써 고객에게 명확한 가치를 제공한다.
- Li & Fung은 중국, 동남아, 서남아, 중남미, 아프리카 등 40개 국가에 7,500개 이상의 공급업체와 제휴관계를 맺고, 생산공장을 직접 소유하지 않으면서 네트워크 조정을 통해 높은 부가가치를 창조하고 있다.

9-12 경쟁사간 전략적 제휴

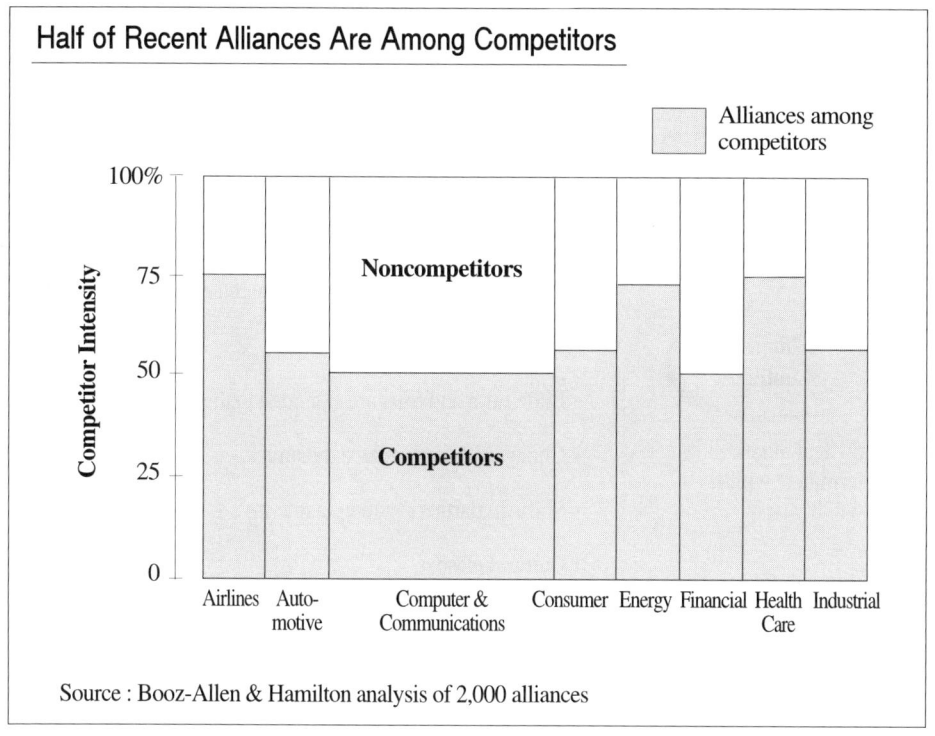

전략적 제휴는 경쟁사간에 이루어지는 경우가 많다. Booz-Allen의 분석에 의하면 항공, 자동차, 정보통신, 금융 등 주요산업에 있어서 전략적 제휴의 절반 이상이 경쟁사간에 이루어지는 것으로 추정되고 있다.

- 항공산업에서는 Star, One World, Sky Team 등 3개의 글로벌 네트워크가 형성되면서 경쟁사간의 Code-Sharing을 비롯한 다양한 협력관계가 이루어지고 있다.
- 통신산업에서는 Symbian, Bluetooth, W-CDMA 등 새로운 기술 표준을 확립하기 위해 경쟁사간 전략적 제휴가 활발하게 이루어지고 있다.
- 가전분야에서 경쟁관계에 있던 Sony와 삼성전자가 LCD의 공동생산을 위해 합작법인을 설립하였다.
- 경쟁관계에 있는 다양한 금융기관들이 각자 보유하고 있는 고객 신용정보를 통합하여 별도의 합작법인을 설립하고 다양한 형태의 개인신용정보 서비스를 제공하고 있다.

9-13 전략적 제휴의 갈등요인

Common Areas of Conflicts in Strategic Alliances

Alliance Conflict
- 50% of alliances terminate within 6 to 8 years

- Partner goals are incompatible
- Partners compete with the alliance's business
- Resources and benefits are not shared equally
- Information is not easily shared
- Little faith and trust are extended to the partners
- Changes in marketplace dynamics
- Shifts in partners' strategic intent
- Cultural clashes

전략적 제휴는 파트너간의 갈등으로 인하여 실패하는 경우가 많다. 맥킨지 분석에 의하면 전략적 제휴의 50%가 설립 후 6~8년 내에 종결되는데, 다음과 같은 갈등요인들에 유의해야 한다.

- 파트너간의 전략목표가 상충한다.
- 파트너의 본업과 제휴사업이 서로 경쟁을 한다.
- 투입자원과 이익의 배분이 불공평하게 이루어지고 있다.
- 정보공유가 잘 안 된다.
- 상대방에 대해 믿음과 신뢰가 부족하다.
- 시장환경의 변화에 따라 전략적 제휴의 이점이 사라지고 있다.
- 파트너의 전략적 의도가 변화하고 있다.
- 상대방 문화에 대한 이해가 부족하다.

9-14 Nissan과 Renault의 전략적 제휴

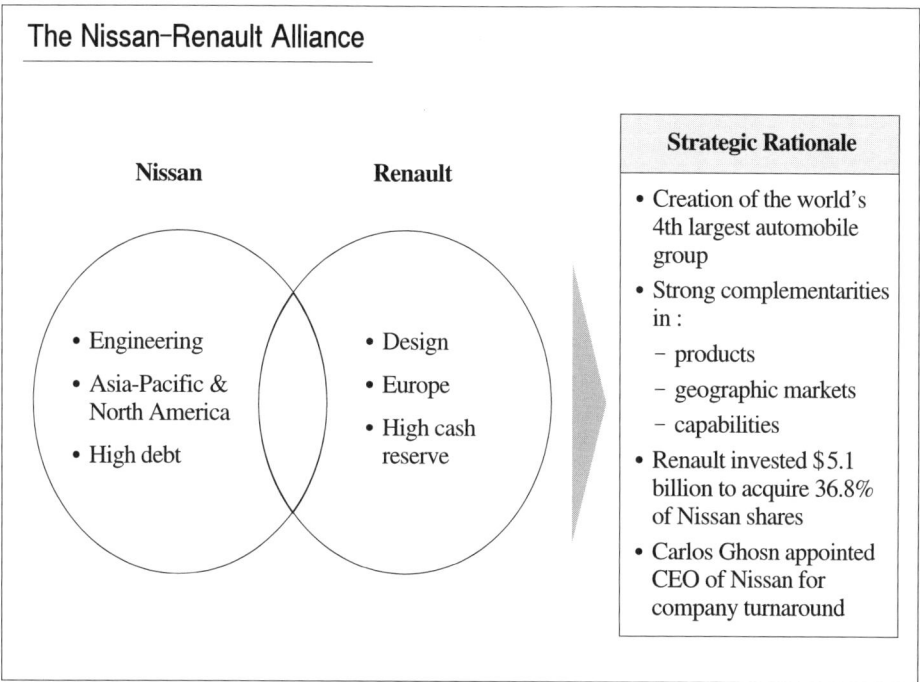

Nissan과 Renault는 전략적 제휴를 통해 서로의 약점을 보완하고 상호이익이 되는 시너지를 추구하면서 자동차산업의 재편에 적극적으로 대응하고 있다.

- 1999년 전략적 제휴 체결 당시, Nissan은 높은 부채와 적자에 허덕이고 있었고, Renault는 견실한 이익을 내고 있었지만 아시아와 북미지역에서 어려움을 겪고 있었다. Nissan은 전통적으로 엔지니어링에 강하고, 아시아와 북미지역에서 견실한 시장지위를 유지하고 있는 반면, Renault는 혁신적인 디자인이 강점이었고 유럽지역에서 비교적 강했다.
- 이와 같이 양사는 상호보완적인 제품, 시장 및 역량을 보유하고 있었으며, 양사를 합치면 세계 4위의 자동차 그룹으로 도약할 수 있었다.
- Renault는 재정적으로 어려움을 겪고 있던 Nissan에 5조 1천억 달러를 투입하고 Nissan 주식의 36.8%를 소유하게 되었으며, Nissan의 구조조정과 기업회생을 위해 Carlos Ghosn을 Nissan의 총괄책임자로 임명하였다.

9-15 Nissan 회생계획

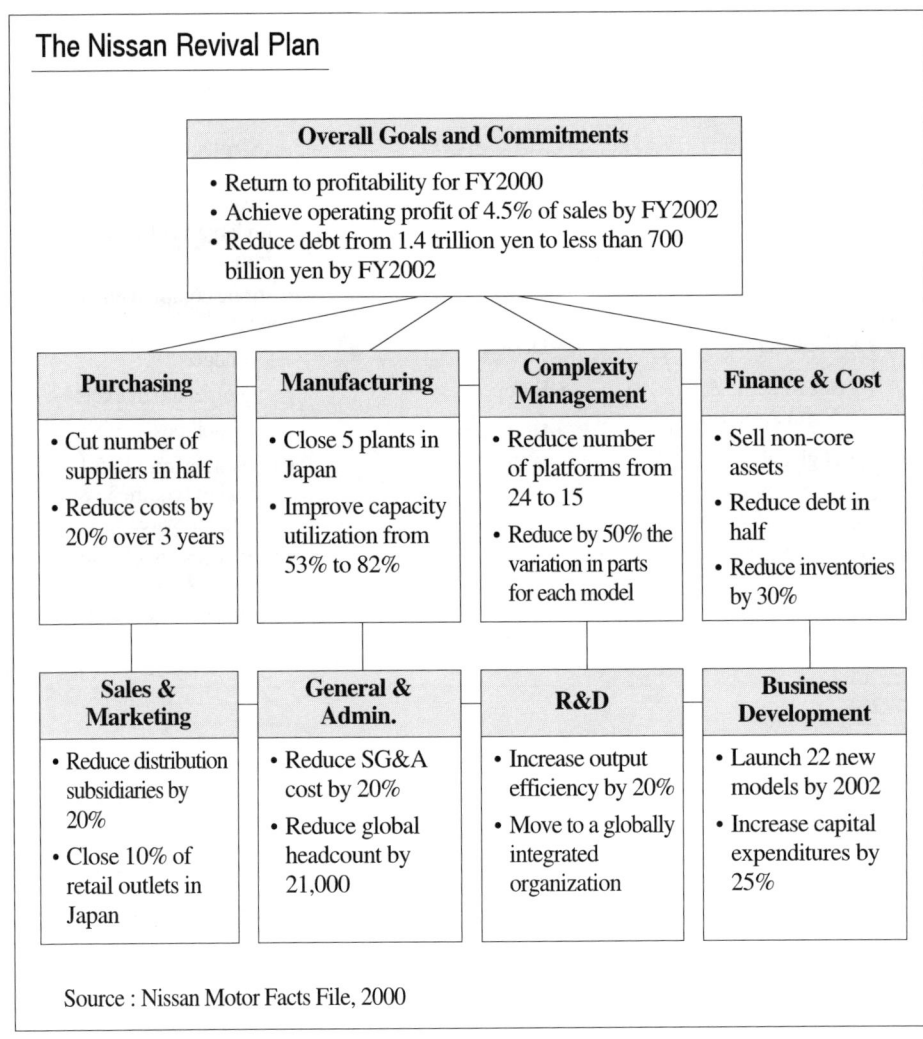

Carlos Ghosn의 리더십 하에 Nissan과 Renault는 9개의 Cross-Functional 팀을 구성하고 다음과 같은 기업회생계획을 발표하였다.
- 전체 목표는 2000년까지 흑자전환하고, 2002년에는 영업이익 4.5%를 달성하고 부채를 절반인 700조 엔으로 줄이는 것이었다.
- 목표달성을 위해 500명의 중간관리자로 구성된 9개의 Cross-Functional 팀이 구성되고 3개월 만에 계획수립 작업을 완료하였다.

9-16 제휴를 통한 시너지 창출

Achieving Synergies Through the Alliance

Purchasing	• Establishment of RNPO to pursue common global sourcing • Adoption by Renault of Nissan's quality management system • Adoption by Nissan of Renault's modular vehicle design
R&D	• Joint research on fuel-cell development • Sharing resources and know-how in basic R&D
Manufacturing	• Adoption of Nissan's manufacturing know-how to upgrade Renault's productivity • Implementation of Renault's cost management system and factory ergonomics at Nissan • Sharing overseas production facilities and vehicle platforms
Distribution	• Reorganization of dealer networks throughout the globe • Merging of back office operations in Europe • Consolidation of financing subsidiaries

Source : Yoshino & Fagan, "The Renault-Nissan Alliance," HBS Case, 2003

Nissan과 Renault는 전략적 제휴를 통해 다음과 같은 시너지를 추구하고 있다.
- 구매 : 양사간의 공동구매를 통합관리하기 위해 별도의 구매전담 법인을 설립·운영하고 있으며, Renault는 Nissan의 품질관리시스템을 도입하고, Nissan은 Renault의 디자인 개념을 도입하고 있다.
- R&D : 연료전지에 대한 공동연구를 수행하며, 기초 R&D를 위한 지식을 공유하고 있다.
- 생산 : Renault는 Nissan의 생산현장 노하우를 습득하여 생산성을 개선하고 있으며, Nissan은 Renault의 원가관리시스템과 공장의 인간공학적 설계 개념을 도입하고 있다. 그리고 양사는 해외공장시설과 차량 플랫폼을 공유한다.
- 판매 : 전 세계적으로 딜러 네트워크를 재구성하고 후선업무 및 금융자회사를 통합운영하고 있다.

9-17 전략적 제휴의 주요 이슈

Key Issues in Strategic Alliances

Strategy Formation	Partner Selection	Negotiation	Alliance Management
• Strategic vision and rationale for alliance • Benefits/costs vs. next best alternatives • Value creation potential	• Strategic fit • Complementary resources • Cultural fit • Trust and commitment	• Business scope • Partner contribution • Ownership structure • Governance mechanism • Formal contract	• Day-to-day management • Conflict resolution • Learning and skill transfer • Evolution of bargaining power

전략적 제휴의 성공확률을 높이기 위해서는 다음과 같은 이슈들을 명확히 해결할 필요가 있다.

1. 전략수립 : 전략적 제휴의 비전과 목적을 명확히 하고, 타 대안들과의 장·단점을 비교 분석하며, 제휴를 통해 창조될 수 있는 잠재적 가치를 추정한다.
2. 파트너 선정 : 제휴 파트너의 선정은 전략목표의 일치여부, 경영자원의 보완성, 조직문화의 양립가능성, 신뢰와 커미트먼트 등을 기준으로 한다.
3. 협상 : 협상단계에서는 사업의 범위, 파트너의 공헌, 소유구조, 지배구조 등을 명확히 하고 계약을 체결한다.
4. 제휴경영 : 파트너간 갈등을 해결하고, 학습과 기술이전이 이루어질수 있도록 노력하며, 협상력의 변화에 대처할 수 있는 방안을 모색한다.

9-18 제휴 파트너 선정기준

Partner Selection Criteria	Importance of Factor	Company A	Company B
1. Complementary Capabilities - Product/technology - Brand ownership - Channel control - Manufacturing capacity - Capital - Local relationships - Global network			
2. Compatibility - Vision and goals - Time horizons - Corporate culture - Decision-making style			
3. Conflicts of Interests - Overlapping geographic markets - Competing sources of production - Transfer pricing across companies			
4. Commitment to the Alliance			

Source : Bamford, Gomes-Casseres and Robinson, *Mastering Alliance Strategy*, 2003

제휴 파트너의 선정은 다음과 같은 4C를 기준으로 한다.
1. 보완적 능력(Complementary Capabilities)
   제품, 기술, 브랜드, 유통채널, 생산능력, 자본력, 현지인맥, 글로벌 네트워크 등
2. 양립성(Compatibility)
   비전과 목표, 시간, 기업문화, 의사결정 스타일 등
3. 이해상충(Conflicts of Interests)
   지역시장간의 중복, 경쟁관계에 있는 생산기지, 회사간 이전가격의 문제 등
4. 제휴에 대한 커미트먼트(Commitment to the Alliance)
   최고경영자의 의지, 시간과 인력 투입, 본사의 지원 등

9-19 전략적 제휴의 경제성 분석

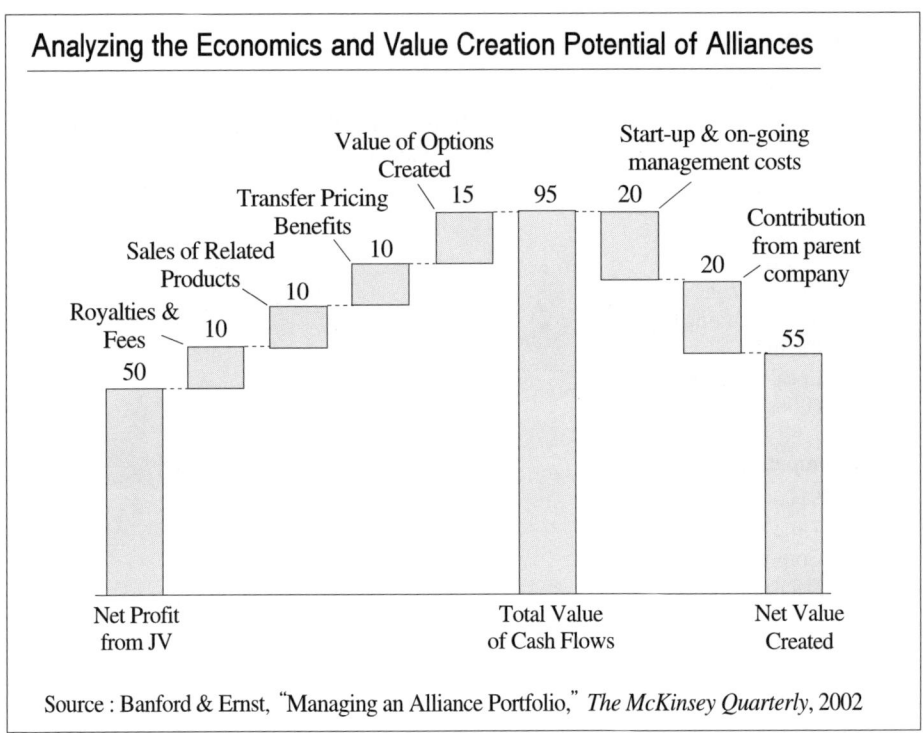

전략적 제휴의 경제성은 전략적 제휴로부터 발생하는 총현금유입(Total Value of Cash Flows)에서 제반 비용을 뺀 순가치창조(Net Value Created)를 계산하여 평가할 수 있다.
- 전략적 제휴의 총현금유입은 다음과 같은 요인으로부터 발생한다.
  - 합작법인의 순이익
  - 로열티와 수수료
  - 관련제품의 추가판매
  - 이전가격 조정
  - 미래 옵션의 가치
- 전략적 제휴의 제반 비용은 초기 시작비용과 운영비용, 그리고 모회사로부터의 각종 지원을 포함한다.

9-20 Corning의 전략적 제휴 원칙

Corning's Alliance Principles

- Know your partner
- Seek partners with compatible corporate cultures
- Ask both parents to make roughly equal contributions of skills, capabilities, and so on.
- Build alliances around sizable business opportunities – those that could be the basis for a company that will last for fifty or a hundred years.
- Structure alliances as real career opportunities for their managers.
- Allow the alliance management team to work without undue interference
- Spend time with your partner's leadership team – become friendly on a social basis.
- Do business only with people you trust

Source : Bamford, *Mastering Alliance Strategy*, 2003

다양한 전략적 제휴 경험을 축적한 Corning은 다음과 같은 전략적 제휴 원칙을 제시하고 있다.
- 제휴 파트너를 잘 알아라.
- 기업문화가 양립할 수 있는 파트너를 찾아라.
- 양쪽 기업에 서로 비슷한 수준의 공헌을 요구하라.
- 앞으로 50년 또는 100년 이상 지속될 수 있는 큰 사업기회를 중심으로 제휴를 만들어라.
- 전략적 제휴에 종사하는 경영자들에게 매력적인 직장기회가 될 수 있게 하라.
- 전략적 제휴의 경영진이 불필요한 간섭 없이 일할 수 있도록 하라.
- 제휴 파트너의 리더십 팀과 많은 시간을 보내고 인간적으로 친해져라.
- 신뢰할 수 있는 사람들 하고만 비즈니스를 하라.

9-21 비즈니스와 인간관계의 균형유지

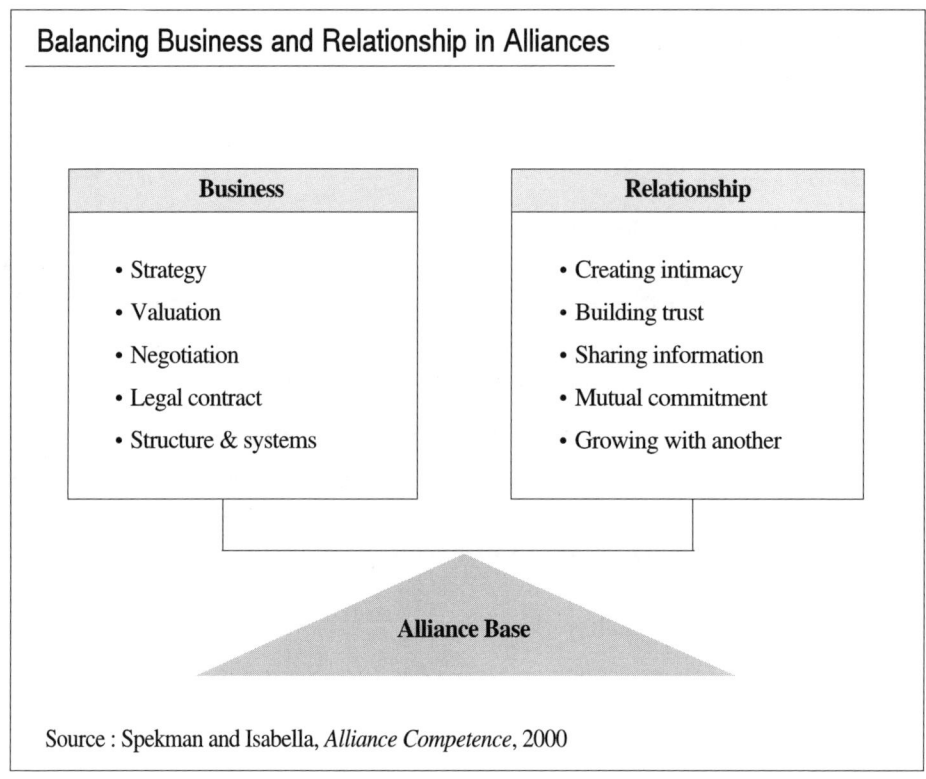

전략적 제휴가 성공하기 위해서는 비즈니스 측면 못지않게 제휴 파트너간의 인간관계와 신뢰구축이 중요하다.
- 전략적 제휴의 비즈니스 측면은 전략수립, 가치평가, 협상, 법적계약, 조직구조와 시스템 등을 말하는데, 이를 지나치게 강조하다 보면 인간관계의 악화를 초래하고 제휴파트너 간에 신뢰를 상실할 수 있다.
- 전략적 제휴의 인간관계적 측면은 상대방과의 친밀함, 신뢰형성, 정보공유, 동반성장 등을 말하는데, 이를 지나치게 강조하다 보면 비즈니스 측면을 경시하게 될 수 있다.
- 그러므로 전략적 제휴가 성공하기 위해서는 비즈니스 측면과 인간관계적 측면이 균형을 이루고 있어야 하고 제휴 파트너 간의 신뢰형성이 무엇보다도 중요하다.

9-22 신뢰 형성과정

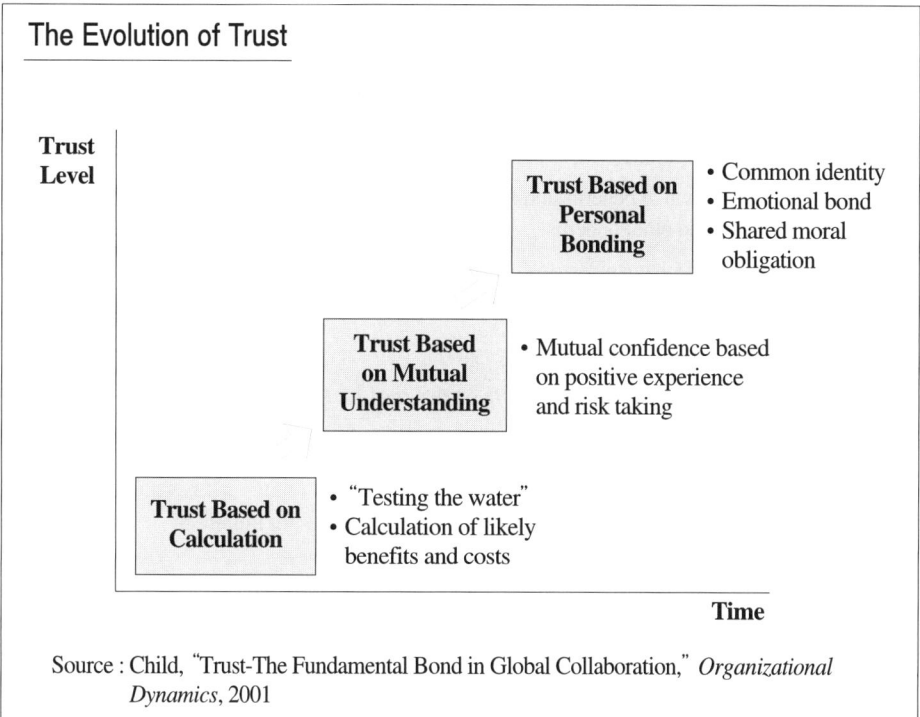

전략적 제휴의 성공을 위해 신뢰가 중요하지만, 신뢰는 하루아침에 이루어지지 않는다. 일반적으로 신뢰는 다음과 같은 몇 단계 과정을 거치면서 서서히 형성된다.
- 처음에는 신뢰가 합리적인 계산에 의해 이루어진다. 상대방에 대해 잘 모르는 상황에서 조심스럽게 상대방을 테스트해 보고, 비용·편익을 계산하면서 신뢰를 구축해 나간다.
- 상대방에 대한 상호 이해가 증진되면서 신뢰수준이 한 단계 높아질 수 있다. 상호 긍정적인 경험 및 위험감수를 통해 서로 간에 자신감이 형성되면서 신뢰수준이 높아질 수 있다.
- 개인적인 유대를 통해 신뢰수준이 더욱 높아질 수 있다. 이 단계에서는 상호간에 동질성을 느끼며, 강한 정서적 유대와 도덕적 의무감을 갖게 된다.

9-23 신뢰구축 방안

Guidelines for Cultivating Trust

1. Select your partner with trust in mind
2. Focus on mutual benefits and establish a fair process for sharing profits, rewards, and other benefits
3. Establish mechanism for open communication and conflict resolution
   - Personal visits between senior executives
   - Regular and frequent meetings among managers and staff
   - Lots of social activities to develop personal friendship and bonding
4. Careful selection of alliance managers
   - Act as the alliance champion and trust guardian
   - In addition to technical competence, "soft" skills are important selection criteria
   - Sufficient length of appointment to build personal relationship and maintain continuity
5. Develop cross-cultural awareness and sensitivity

제휴파트너간의 신뢰구축을 위해 다음과 같은 몇 가지 방안을 생각할 수 있다.
1. 신뢰를 염두에 두고 제휴파트너를 선정한다.
2. 상호이익이 되는 것에 집중하고, 이익배분을 위한 공정한 절차를 확립한다.
3. 오픈 커뮤니케이션과 갈등해결을 위한 메커니즘을 구축한다.
   - 최고경영자간의 개인적 방문
   - 중간관리자와 스탭 간의 정기적인 회의
   - 개인적인 유대관계 형성을 촉진할 수 있는 각종 업무 외 사교활동
4. 제휴담당 경영자를 신중하게 선정한다.
   - 제휴 챔피언 및 신뢰 수호자의 역할을 한다.
   - 기술적 역량 외에 대인관계 능력을 주요 선정기준으로 한다.
   - 인간관계 구축 및 연속성을 유지하기 위해 재임기간을 충분히 길게 설정한다.
5. 상대방 문화에 대한 이해와 감수성을 높인다.

9-24 문화적 차이의 이해

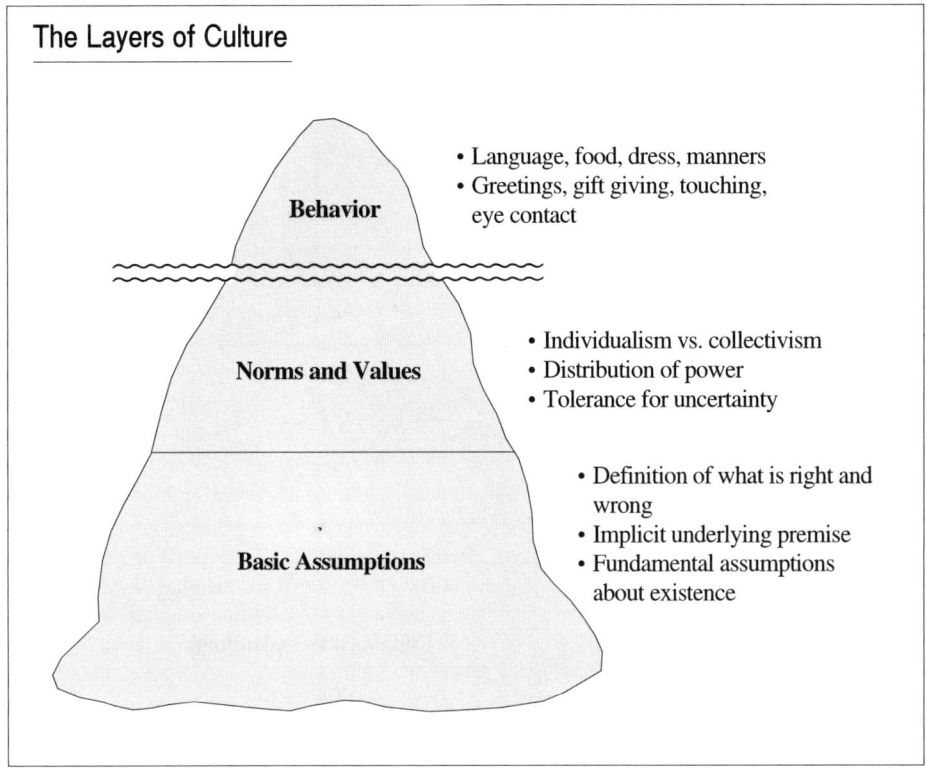

문화적 가치의 상이성을 인정하고 이를 이해하려고 노력하지 않으면 문화적 충돌을 피하기 어렵다. 문화적 차이를 보다 깊이 있게 이해하기 위해서는 다음과 같은 문화의 계층적 구조를 이해할 필요가 있다.
- 표면적으로 나타나는 문화적 차이는 언어, 음식, 의복, 매너, 인사하는 방법 등과 같은 행동(Behavior)으로서 가장 뚜렷하게 인식할 수 있다.
- 이와 같은 행동 이면에는 사회구성원에 의해 공유되는 규범과 가치가 있다. 예를 들어, 개인주의를 중시하느냐 집단주의를 중시하느냐, 권력에 대한 태도, 불확실성에 대한 자세 등은 사회구성원들의 사고방식과 행동양식에 영향을 미친다.
- 가장 기본이 되는 것은 사회구성원들이 암묵적으로 중시하는 기본가정(Basic Assumptions)들이다. 예를 들어, 무엇이 옳고 그르고, 인간의 존재에 대한 기본적 가정 등은 겉으로 드러나지 않지만 문화적 차이의 가장 기본이 되는 것이므로 이를 잘 이해할 필요가 있다.

9-25 경쟁우위와 협력우위의 구축

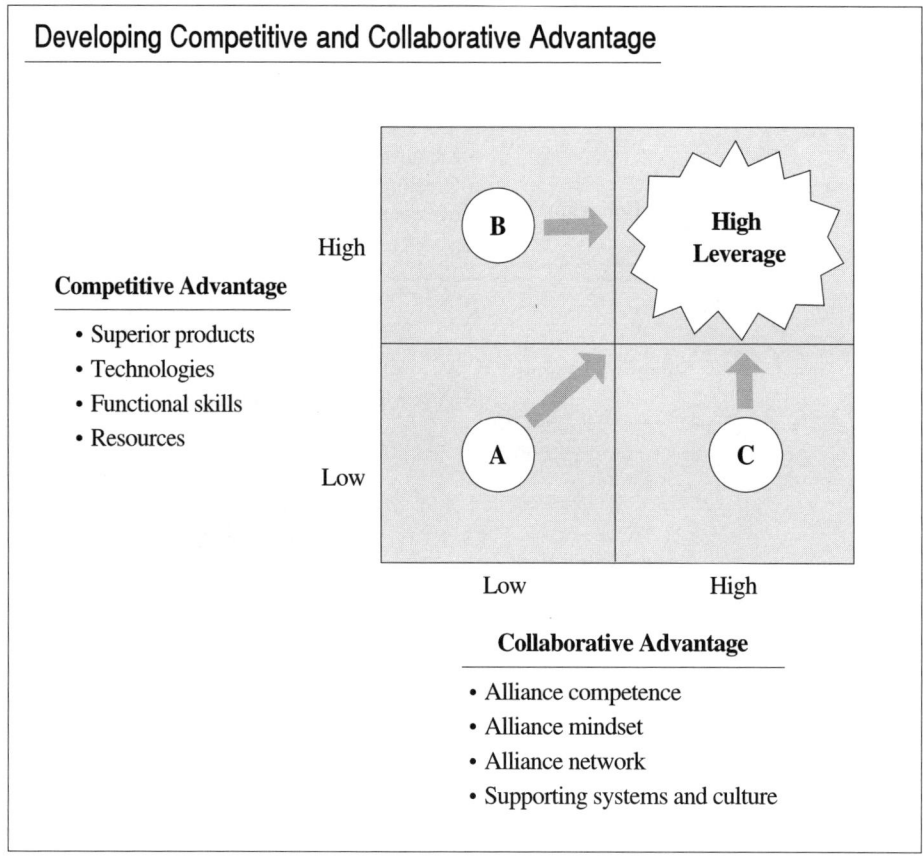

글로벌 경쟁시대에서 성공하기 위해서는 경쟁우위 뿐만 아니라 협력우위(Collaborative Advantage)를 구축할 수 있어야 한다.

- 협력우위는 전략적 제휴를 효과적으로 수립하고 운영할 수 있는 능력, 제휴 마인드, 제휴 네트워크 및 이를 뒷받침하는 조직시스템과 문화에 의해 형성된다.
- 전략적 제휴능력은 기업의 핵심역량이 될 수 있으며, 다양한 경험을 통해 축적한 지식과 노하우를 체계적으로 정리하고 공유할 필요가 있다.
- 제휴 마인드와 능력은 조직문화의 일부로 정착될 수 있다. 조직 내에서 부서간 협조와 팀워크가 원활히 이루어지는 기업은 외부에 있는 기업과의 협력에 있어서도 협력우위를 발휘할 수 있다.

9-26 협력 마인드 구축을 위한 체크 포인트

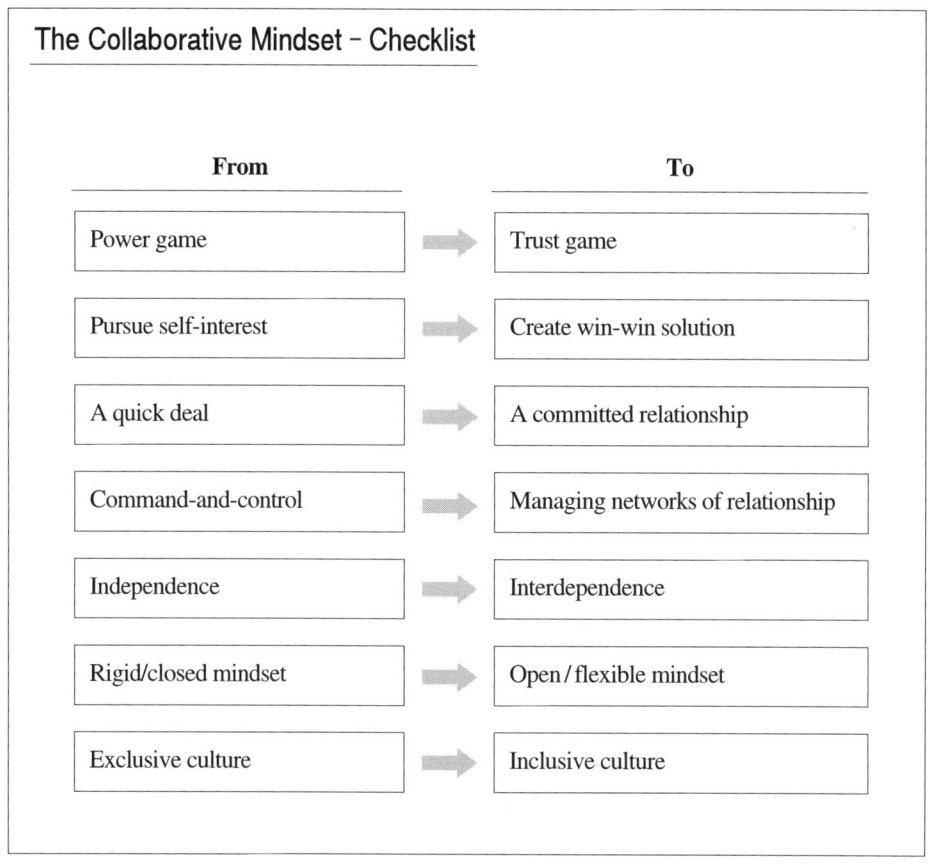

소식의 협력 마인드를 다음과 같이 평가해 볼 수 있다.
1. 파워게임(Power Game)을 하고 있는가, 신뢰게임(Trust Game)을 하고 있는가?
2. 개인적인 이익만을 추구하고 있는가, Win-Win 해결안을 만들고 있는가?
3. 일시적인 거래를 하고 있는가, 장기적인 신뢰 관계를 형성하고 있는가?
4. 지휘통제식(Command-and-Control)인가, 수평적 네트워크를 관리하고 있는가?
5. 독립성을 강조하고 있는가, 상호의존성을 강조하고 있는가?
6. 사고가 경직적이고 폐쇄적인가, 유연하고 개방적인가?
7. 배타적인 문화를 갖고 있는가, 다른 문화를 수용할 수 있는 개방성이 있는가?

제10장

위기관리와 기업회생

전략적 리더십

10-1 위기의 유형

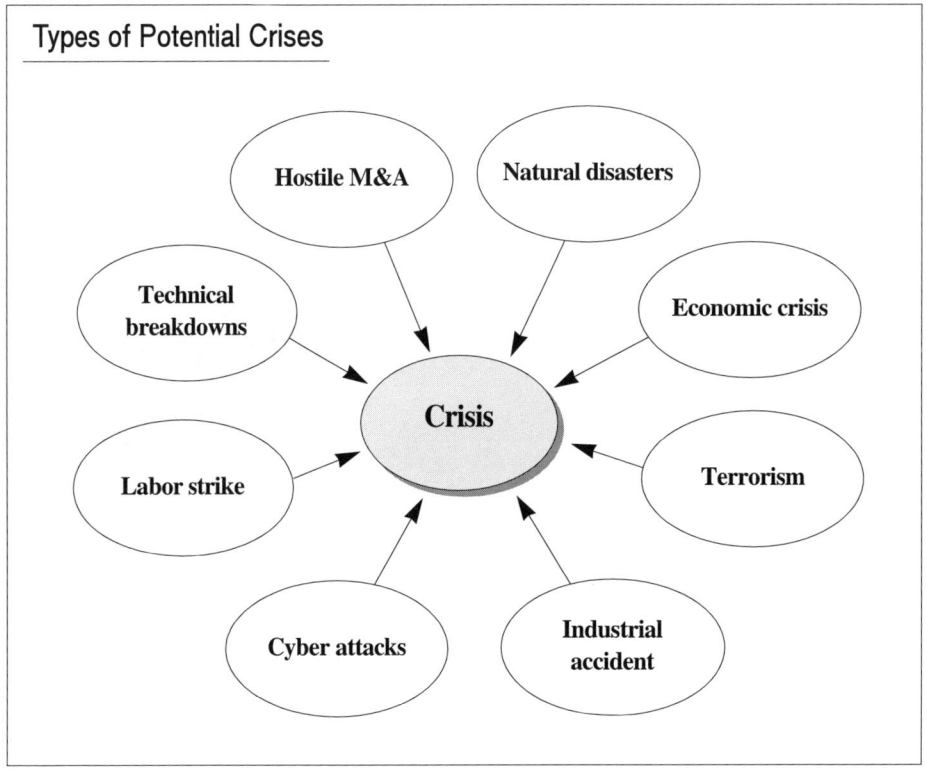

 기업을 경영하다 보면 크고 작은 위기에 봉착하게 된다. 위기(Crisis)는 예측할 수 없고 갑자기 발생하는 경우가 많으며, 기업에 치명적인 영향을 미칠 수 있으므로 이에 대한 신속한 대응 및 사전예방이 중요하다. 최근에 많이 발생하는 위기의 유형은 다음과 같다.
- 자연적 재해 : 화재, 홍수, 지진, 폭풍 등
- 경제적 위기 : 금융/외환 위기, 경제불황, 오일쇼크, 무역마찰, 기업부도 등
- 산업재해 · 노조파업
- 테러 · 범죄 행위
- 사이버 공격, 전산마비
- 적대적 M&A
- 법적 소송

10-2 위기의 양면성

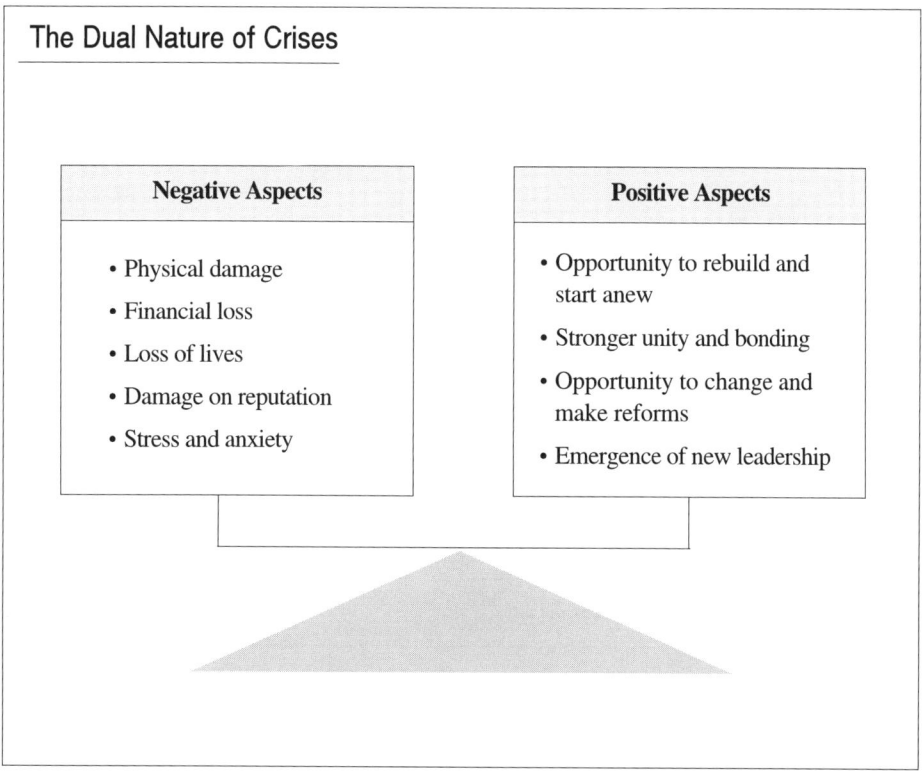

위기는 기업에 많은 손실과 치명적인 영향을 미칠 수 있으나, 이를 슬기롭게 극복하면 전화위복의 계기가 될 수 있다.
- 위기의 부정적 측면
  - 물리적 · 재정적 손실
  - 인명피해
  - 기업 이미지 추락
  - 각종 스트레스와 정신적 피해
- 위기의 긍정적 측면
  - 새롭게 탄생할 수 있는 기회
  - 조직구성원간 단합과 유대강화
  - 개혁을 단행할 수 있는 기회
  - 새로운 리더십의 부상

10-3 위기관리의 주요 프로세스

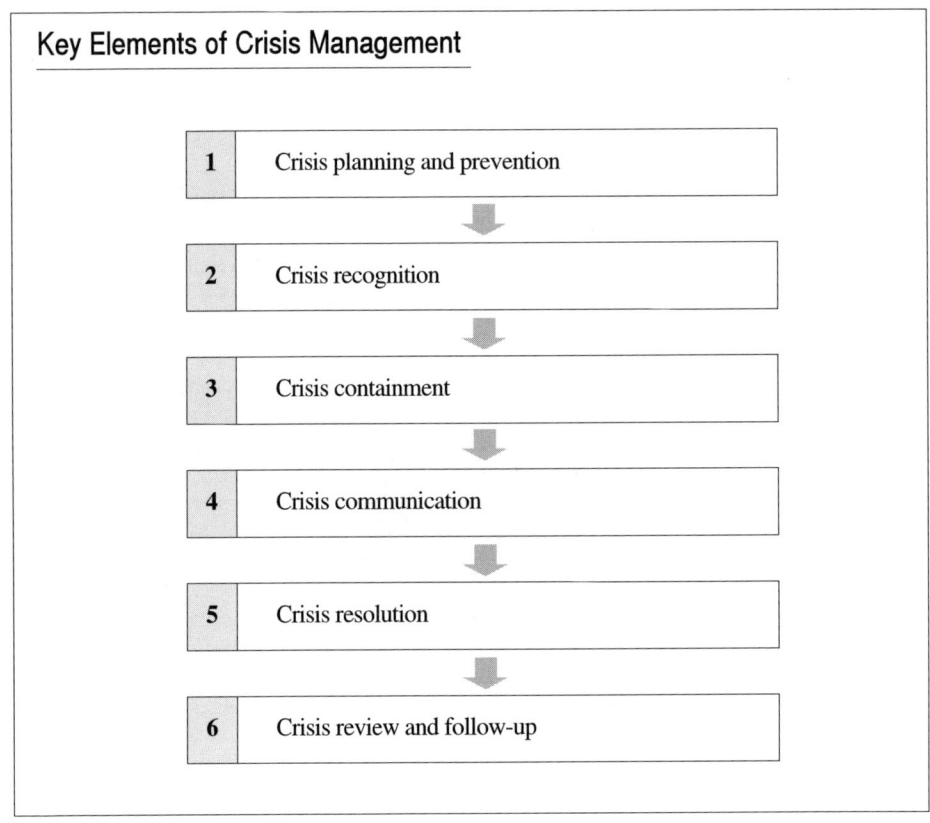

위기를 체계적으로 관리하기 위한 주요 프로세스는 다음과 같다.
1. 위기 계획 및 사전예방 준비
2. 위기상황의 인식
3. 위기 긴급대응
4. 위기 커뮤니케이션
5. 위기 수습
6. 위기 평가 및 사후관리

10-4 위기 계획수립

Crisis Planning and Prevention

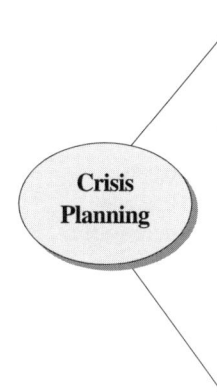

Crisis Planning

1. Conduct regular crisis audit at all levels
   - Make risk identification a regular component of business planning and evaluation
2. Seek broad-based input
   - Empower rank-and-file employees to speak up of warning
   - Ask customers, suppliers, regulators, media on a regular basis
3. Prioritize issues based on probability, impact, and cost of avoidance
4. Develop contingency plans based on a number of scenarios
5. Practice your responses through training simulations
6. Establish a crisis center to monitor information and plan the crisis response systematically
7. Be alert to signals of impending crises
   - Don't ignore problems. Instead, confront and resolve them before they escalate into serious crises

Source : Harvard Business Essentials, *Crisis Management*, 2004

위기를 사전에 예방하고 체계적으로 대처할 수 있는 계획을 다음과 같이 준비할 수 있다.
1. 위기에 대한 진단을 조직 계층별로 정기적으로 실시한다.
2. 잠재적 위기를 파악하기 위해 조직구성원들과 고객, 정부, 언론 등 외부 이해관계자들의 의견을 정기적 묻는다.
3. 각 이슈별로 발생확률, 기대효과, 예방비용 등을 분석하고 우선순위를 명확히 한다.
4. 다양한 시나리오 하에서의 비상계획을 수립한다.
5. 시뮬레이션 훈련을 통해 대처방안을 사전에 연습한다.
6. 위기관리 센터를 설립하여 관련정보를 모니터하고 체계적인 위기대응계획을 수립한다.
7. 잠재적인 위기의 신호에 항상 주의를 기울인다. 문제를 외면하지 말고, 심각한 위기가 되기 전에 문제를 해결한다.

10-5 위험요인 평가

Analyzing Risks to Prioritize Potential Crises

Risk Description	Estimated Impact(A)	Probability of Occurrence(B)	Expected Value(A x B)	Estimated Cost of Avoidance
Labor strike in factory A	$500,000 in lost profits	10%	$50,000 in lost profits	$10,000 to improve safety conditions
Hacker attack	$120,000/day in lost profits	8%	$9,600/day in lost profits	$30,000 to upgrade current system
Flood in region X	$8 million in lost profits	5%	$400,000 in lost profits	$50,000 to rebuild river banks

위기는 사전에 예측할 수 없는 경우가 대부분이지만, 다음과 같이 위기유형별 예상효과, 발생확률, 예방비용 등을 평가하여 우선순위를 명확히 할 수 있다.

- 예를 들어 공장 A에서 노조파업이 발생할 경우, 50만 달러의 손실이 발생할 것으로 기대된다. 파업이 일어날 확률이 10%라면 기대가치는 5만 달러이고, 파업을 예방하는 데 소요되는 비용은 1만 달러이다.
- 컴퓨터 해커의 공격을 받을 경우, 하루에 12만 달러의 손실이 발생할 수 있으며, 발생확률이 8%라면 기대가치는 하루에 9,600 달러이다. 해커 공격을 예방하기 위해 기존 시스템을 업그레이드하는 데 소용되는 비용은 3만 달러이다.
- 이와 같이 각 위험요인별로 기대효과, 발생확률, 예방비용의 평가를 통해 이슈들 간의 우선순위를 명확히 하고, 한정된 자원의 효율적인 배분을 위한 기준을 설정할 수 있다.

10-6 위기대응의 기본원칙

Key Principles of Crisis Containment

Crisis Containment

1. **Act quickly and decisively**
   - Delay will only allow the situation to grow worse
2. **Put people first**
   - Property and material things can all be recouped; the lives of people cannot
3. **Be on the scene**
   - This will demonstrate that the situation is extremely important and high priority
4. **Communicate the facts that exist - no more, no less**
   - This is the best way to counter rumors and speculation
5. **When in doubt, let your training, values and instincts guide you**
   - Your ethical sense of right and wrong is a powerful compass

Source : Harvard Business Essentials, *Crisis Management*, 2004

위기가 발생하면 어떻게 대응해야 하는가? 상황에 따라 위기대응방법이 달라져야겠지만, 다음과 같은 몇 가지 원칙을 참고할 수 있다.

1. 일단 위기가 발생했으면, 신속하고 과감하게 행동한다. 모든 정보가 있을 때까지 의사결정을 지연할 경우, 상황은 더욱 악화될 수 있다.
2. 사람을 최우선적으로 생각한다. 재산이나 물질적인 것은 복구될 수 있으나 인명은 복구될 수 없다.
3. 현장에 직접 나가 있는다. 그렇게 함으로써 문제가 매우 중요하고 최고경영자의 높은 관심과 우선순위가 있다는 것을 전달할 수 있다.
4. 객관적인 사실만을 커뮤니케이션한다. 그렇게 하는 것이 각종 소문과 억측을 방지할 수 있다.
5. 확신이 안 설 경우, 과거에 받았던 교육·훈련, 평소에 믿고 있는 가치관, 그리고 도덕적인 감각과 본능에 따른다.

10-7 위기 커뮤니케이션

Guideline for Crisis Communication

Crisis Communication

1. Have a crisis communication team in place
   - The best time to develop a communication strategy is before a crisis occurs
2. Move fast and decisively
   - Inform key constituencies within 2 hours of the crisis
3. Communicate a small number of carefully chosen messages
   - Give the facts. Be honest about what you know and what you don't know
4. Communicate all the bad news at once
   - Don't attempt to minimize the situation
5. Don't blame the victims
   - Accept responsibility and communicate a plan to fix it
6. Handle the media with care
   - Be responsive and help make the reporter's job easy
   - Frame your messages as you would like them reported and provide the facts that support your messages

위기상황에서의 커뮤니케이션을 할 경우, 다음과 같은 사항에 유의할 필요가 있다.
1. 위기가 발생하기 전부터 위기 커뮤니케이션 팀을 구성하고 커뮤니케이션 전략을 수립한다.
2. 위기가 발생한 후 2시간 이내에 주요 이해관계자들에게 정보가 전달될 수 있게 신속히 움직인다.
3. 신중하게 선정된 몇 개의 핵심 메시지를 전달하고 객관적인 사실을 중시한다. 아는 것과 모르는 것에 대해 솔직하게 입장을 밝힌다.
4. 상황을 은폐하거나 최소화하려고 하지 말고, 나쁜 소식을 한번에 전달할 수 있도록 한다.
5. 피해자에게 책임을 전가하지 말고, 모든 책임을 지고 문제를 해결할 계획을 커뮤니케이션한다.
6. 기자들이 취재하기 쉽도록 도와주고, 원하는 방향으로 취재가 될 수 있도록 메시지와 이를 뒷받침하는 사실을 제공한다.

10-8 커뮤니케이션 계획수립

Segmented Communications Strategy

Segment	Key Messages	Media/Channel	Timing	Spokesperson
Employees				
Customers				
Suppliers				
Investors				
Regulators				
General Public				

위기상황에서의 커뮤니케이션 효과를 높이기 위해서는 청중을 세분화하고, 각 집단별로 핵심 메시지를 차별화하고, 가장 적합한 채널, 시간, 커뮤니케이션 책임자를 선정한다.
- 예를 들어 공장폐쇄에 관한 커뮤니케이션을 할 경우, 종업원, 고객, 협력업체, 주주, 정부, 일반대중의 관심사항이 제각기 다를 수 있으므로, 청중의 이해관계에 따라 메시지를 차별화할 필요가 있다. 예를 들어 종업원에게는 새로운 고용기회, 재교육 프로그램, 연봉과 퇴직금에 대해 명확한 커뮤니케이션을 해야 하며, 고객과 협력업체에게는 앞으로의 서비스와 거래관계에 미치는 영향을 보다 명확하게 설명할 필요가 있다.
- 매체 선정의 경우, 종업원을 위해서는 특별회의를 소집하여 최고경영자가 기자회견에 앞서 상세히 설명하고, 고객과 협력업체를 위해서는 개별적인 편지와 이메일을 통해 메시지를 전달할 수 있다.
- 이와 같이 체계적인 커뮤니케이션 계획을 수립하고 위기에 대응하면, 많은 혼란과 실수를 줄일 수 있다.

10-9 위기상황에서의 리더십

Leadership During a Crisis

1. Be present – physically and emotionally
   - During periods of crisis, people look to a strong leader
2. Ensure that people are safe first, and then address the key issues
3. Create an environment where people can freely express emotions and share feelings
4. Demonstrate your own compassion and humanity
   - Help find meaning amid chaos and uncertainty
5. Communicate company values to remind people about their work's larger purpose
6. Don't forget to get people back to work
   - The fact that they are doing something useful will help relieve tension, reduce fear, and resolve the crisis

Source : Dutton, "Leading in Times of Trauma," HBR Jan. 2002

위기상황에서 요구되는 리더십은 다음과 같다.
1. 위기상황에서 사람들은 강한 리더를 찾는다. 그러므로 사람들과 가까이 있으면서 자주 모습을 보일 필요가 있다.
2. 사람들의 안전에 가장 먼저 신경을 쓰고, 다음으로 주요 이슈들을 다룬다.
3. 사람들이 자유롭게 감정을 표현하고 공유할 수 있는 환경을 조성한다.
4. 리더 자신이 동정심과 인간성을 보이면서, 혼란과 불확실성하에서 의미를 찾도록 도와준다.
5. 회사의 숭고한 가치를 설명하면서 사람들에게 자기가 하는 일의 의미와 가치를 상기시킨다.
6. 사람들이 복귀하여 정상적인 근무를 할 수 있도록 한다. 사람들은 자기 자신이 무언가 유익한 일을 한다고 느낄 때 긴장이 완화되고 두려움을 극복할 수 있다.

10-10 위기관리 체크 리스트

> **Crisis Management Checklist**
>
> 1. What are the early warning signs of crisis?
> 2. Have we assessed the risks and prioritized the issues?
> 3. Do we have a contingency plan in response to the crises?
> 4. Do we conduct regular rehearsals?
> 5. Do we have a crisis team with clear chain of command and back-up resources?
> 6. Do we conduct disciplined post-crisis reviews?
> 7. Was our leadership highly visible and effective?
> 8. Were our responses timely and adequate for the situation?
> 9. How effective was our communication to different audiences?
> 10. What were our biggest mistakes? What could we have done better?

다음은 위기관리를 위한 체크 리스트이다.
1. 위기를 예고할 수 있는 신호들은 무엇인가?
2. 주요 이슈별로 리스크를 평가하고 우선순위를 명확히 하였는가?
3. 위기에 대처할 수 있는 비상계획이 준비되었는가?
4. 위기대응 연습을 정기적으로 실시하고 있는가?
5. 명확한 지휘계통과 비상자원을 갖춘 위기관리팀이 구성되었는가?
6. 위기에 대해 철저한 사후 평가를 하고 있는가?
7. 위기상황에서 리더십이 가시적이고 효과적이었는가?
8. 위기대응이 시의적절하며 상황에 맞게 이루어졌는가?
9. 다양한 이해관계자 집단에 대한 커뮤니케이션은 얼마나 효과적이었는가?
10. 가장 큰 실수는 무엇이었는가? 무엇을 더 잘할 수 있었는가?

10-11 Turnaround의 주요단계

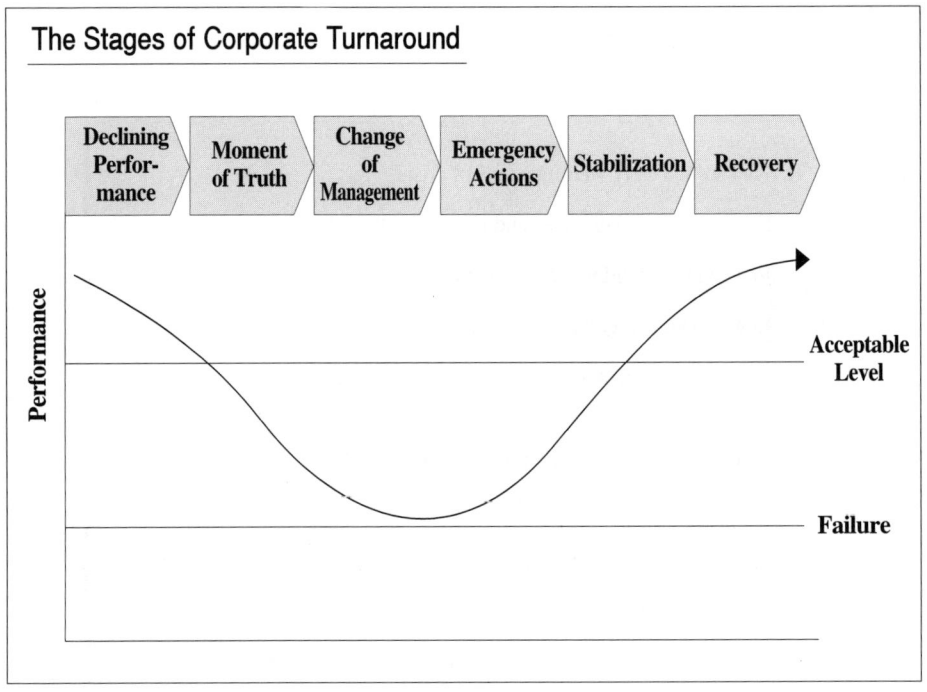

　턴어라운드(Turnaround)란 적자상태에 있거나 유동성 위기에 직면하고 있는 기업을 정상화시키기 위한 일련의 경영활동을 말한다. Turnaround는 회사의 사활이 걸려 있는 매우 긴박한 상황으로서, 신속하고 과감한 리더십이 요구된다. 일반적으로 Turnaround는 다음과 같은 과정을 밟게 된다.

1. 경영성과의 악화(Declining Performance)
2. 위기상황의 인식(Moment of Truth)
3. 경영진 교체(Change of Management)
4. 긴급조치(Emergency Actions)
5. 안정화 단계(Stabilization)
6. 회복단계(Recovery)

10-12 기업위기의 징후와 원인

Common Symptoms and Causes of Declining Performance

Symptoms	Common Causes of Bad Management
• Declining profit and margin • Declining market share • Excessive debt/equity ratio • Inability to pay debt service • Rapid turnover of people • Decline in the rate of reinvestment	• Failure to keep pace with changes in the marketplace • Loose financial and operating controls • Overexpansion and overdiversification • Excessive leverage • One-man rule and lack of management depth

Source : Bibeault, *Corporate Turnaround*, 1999

- 기업의 재무적 위기가능성은 다음과 같은 성과지표를 통해 사전에 파악할 수 있다.
  - 수익성과 시장점유율의 계속적인 하락
  - 과도한 부채비율
  - 이직률의 급격한 상승
  - 재투자율의 감소
- 기업의 경제적 위기는 다음과 같은 경영상의 문제에 원인이 있다.
  - 시장 변화에 대응 미흡
  - 방만한 관리시스템
  - 과도한 성장 및 다각화
  - 지나치게 높은 부채의존도
  - 일인독재 및 능력 있는 경영자의 부족

10-13 Turnaround의 성공요인

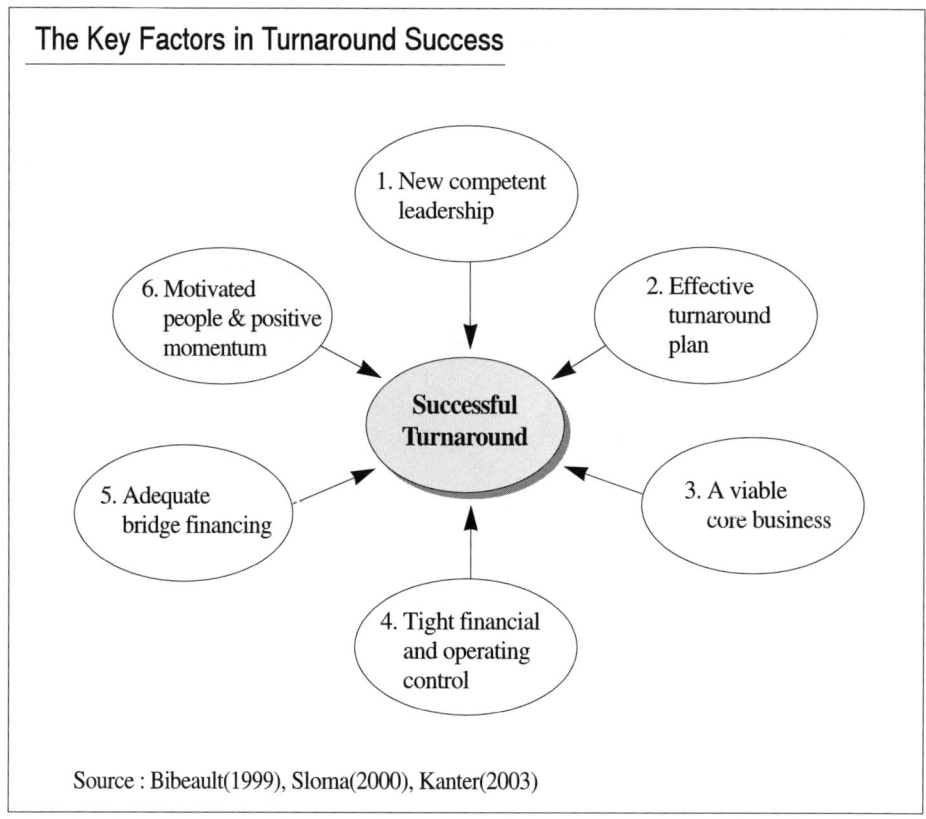

Turnaround가 성공하기 위한 조건은 다음과 같다.
1. 과감하고 신속한 행동을 취할 수 있는 강력한 리더십
2. 효과적인 기업회생 계획
3. 경쟁력이 있는 핵심사업의 구축
4. 빈틈없는 관리시스템
5. 충분한 브리지 금융
6. 종업원의 동기부여와 긍정적 사고

10-14 Turnaround 리더의 특성

Characteristics of Turnaround Leaders

1. Tough-minded and action-oriented
2. Excellent analytic ability under time constraints
3. Entrepreneurial instinct and broad business experience
4. Good communication and negotiation skills
5. Fast implementation skills
6. Ability to work to a punishing schedule under stress
7. Positive attitude and self-confidence that inspire confidence in others

일반적으로 Turnaround에 적합한 리더의 특성은 다음과 같다.
1. 강인하고 행동지향적이다.
2. 시간적인 제약에도 불구하고 뛰어난 현실진단과 분석능력이 있다.
3. 사업가적 자질과 폭넓은 비즈니스 경험이 있다.
4. 효과적인 커뮤니케이션 및 협상스킬이 있다.
5. 신속한 실행능력이 있다.
6. 과중한 업무에도 불구하고 일을 성취해 내는 능력이 있다.
7. 사람들의 사기를 진작시킬 수 있는 긍정적인 자세와 자신감을 갖고 있다.

10-15 Lou Gerstner의 IBM 회생전략

IBM's Turnaround under Lou Gerstner

Key Strategic Actions(1993~94)

1. Keep the company together – provide total solution to customers
2. Launch cost reduction program – $8.9 billion in total
3. Reduce manpower by 35,000 people
4. Reengineer 11 core processes
5. Sell unproductive assets (corporate jets, buildings, FSC)
6. Reinvest in the mainframe business
7. Protect the fundamental R&D budget
8. Reorganize around global industry teams
9. Change the compensation system toward performance-based
10. Revive the IBM brand-one voice, one agency

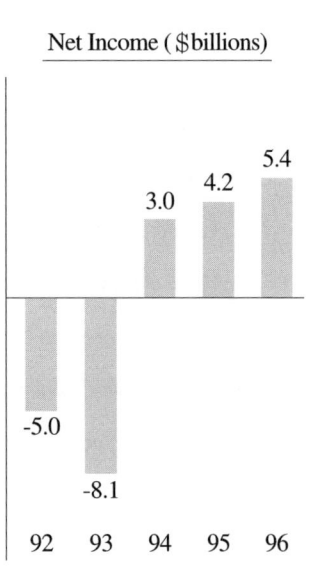

Net Income ($billions)

Source : Gerstner, *Who Says Elephants Can't Dance*, 2002

IBM의 Lou Gerstner 회장은 다음과 같은 전략적 행동을 통해 적자상태에 있던 IBM의 경영실적을 획기적으로 개선하였다.

1. IBM을 해체하지 않고 단일기업으로 유지하면서 고객에게 총체적인 솔루션을 제공한다는 전략을 수립
2. 대대적인 비용절감 프로그램을 통해 8조 9천억 달러 삭감
3. 35,000명의 인원 감축
4. 11개의 핵심 프로세스에 대해 리엔지니어링 실시
5. 비생산적인 자산 매각(회사 전용기, 빌딩, FSC 자회사 등)
6. Mainframe 사업에 재투자
7. R&D 예산은 줄이지 않고 보호함
8. 영업조직을 글로벌 산업팀으로 재편
9. 성과중심의 보상시스템 설계
10. IBM 브랜드 회생 및 통합 기업 이미지 구축

10-16 General Dynamics의 구조조정과 기업회생

Corporate Restructuring and Turnaround of General Dynamics

Crisis

- Defense budget cut
- Stock price fell by 75% in 1990

Corporate Restructuring & Turnaround

1. Portfolio Restructuring - Sell six defense-related businesses and focus on two – submarines and tanks
2. Cost Reduction
   - $600 million annual cost reduction
   - 20% headcount reduction
   - Senior management team reduced from 250 to 50
3. Organizational Change
   - Simplified reporting line
   - Compensation linked to ROE & cash flow
4. Growth Strategy & Repositioning
   - Acquisition of 25 "orphaned" defense businesses

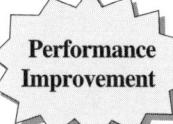

Performance Improvement

- EBIT rose by $1 billion
- ROE : 14.3% vs. Industry : 11%
- 1990~1996 stock price increased 1,200%

Source : Altman(2002), Dranikoff(2002)

국방예산 감축으로 위기상황을 맞았던 General Dynamics사는 다음과 같은 과감한 구조조정을 통해 기업회생에 성공하였다.

1. 사업구주조정 : 6개의 방위관련 사업들을 매각하고, 경쟁력이 있는 2개 사업(잠수함과 탱크)에 집중
2. 비용절감 : 매년 6억 달러의 비용절감을 이룩하고 인원을 20% 감축하였으며, 고위관리자 수를 250명에서 50명으로 축소
3. 조직개편 : 보고라인을 단순화하고, 경영자의 보수를 ROE 및 현금흐름과 연계
4. 성장전략 : 구조조정으로 창출된 현금흐름을 25개의 방위관련 사업의 M&A에 활용하여 새로운 성장기반을 구축

이와 같은 구조조정 노력으로 EBIT 1조 달러, ROE 14.3%를 이룩하고 1990~1996 주가는 1,200% 상승하였다.

10-17 Turnaround 계획 수립

Key Elements of Business Plan by Turnaround Stages

	Emergency Plan	Stabilization Plan	Return-to-Growth Plan
Objectives	• Survival • Return to positive cash flow	• Profit improvement • Acceptable ROI	• Growth in market share and profits
Strategies	• "Stop the bleeding" • Liquidation/divestment • Cost reduction • Product elimination • Reduce capacity • Restructure debt	• "Manage for earnings" • Product mix enhancement • Operations improvement • Strategic divestment • Strengthen balance sheet	• "Invest for future growth" • Build market share • New product development • New markets • Strategic acquisitions
Review & Control	• Daily and weekly cash reports • "Hands-on" management	• Weekly operations reviews • Monthly profit and loss review	• Monthly operations review • Quarterly planning reviews

Source : Bibeault, *Corporate Turnaround*, 1999

Turnaround 과정을 다음과 같이 3단계로 구분하고, 각 단계별로 목표, 전략, 평가시스템을 명확히 한다.
- 위기수습 단계에서는 당장의 출혈을 막고, 자산매각, 비용절감, 제품축소, 설비감축, 부채조정 등을 통해 현금흐름의 개선을 이룩하고, 매일 그리고 매주마다 현금상황을 보고 받는다.
- 안정화 단계에서는 제품믹스 개선, 운영효율성 향상, 전략적 자산매각, 대차대조표 개선 등을 중점적으로 추진한다.
- 성장복귀 단계에서는 미래 성장을 위한 기반을 조성하고, 시장점유율을 높이면서 신제품 개발, 신시장 개척, 전략적 M&A 등을 적극적으로 추진한다.

10-18 Turnaround를 위한 주요 개선활동

Common Turnaround Actions

Immediate Cash Flow Improvement	Cost Reduction	Asset Redeployment
1. "Fire-sale" Inventory 2. Factor accounts receivable 3. Renegotiate union contracts 4. Renegotiate credit lines and debt service 5. Renegotiate vendor terms 6. Reduce purchases	1. Reduce material cost 2. Reduce labor cost 3. Reduce overhead 4. Reduce selling cost 5. Reduce inventory cost 6. Eliminate unprofitable products 7. Eliminate unprofitable customers 8. Eliminate unprofitable channels	1. Divestment of business units 2. Divestment of operating assets 3. Shutdown of facilities 4. Relocation of facilities 5. Acquisition of new businesses

Source : Sloma(2000), Bibeault(1999)

Turnaround 상황에서 많이 활용되는 개선 활동들은 다음과 같다.
1. 즉각적인 현금흐름 개선
   재고처분, 매출채권 회수, 노조계약 재협상, 은행 융자조건 재협상, 협력업체와 거래조건 재협상, 각종 구매지출 감축 등
2. 비용절감
   재료비 절감, 노무비 절감, 간접비 절감, 판매비 절감, 재고비용 감축, 수익성 없는 제품 · 고객 · 채널 정리 등
3. 자산 재배치
   사업매각, 운영자산 매각, 시설폐쇄, 시설이전, 기업 인수 · 합병 등

10-19 비용절감의 주요원칙

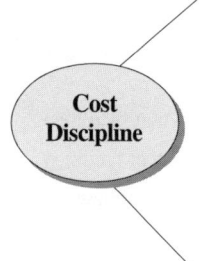

Key Principles for Cost Reduction

Cost Discipline

1. Make clear the link between cost reduction and future growth. Create collective will for tackling the issues
2. Find strong champions to lead the effort. Empower the advocate
3. Conduct quick and rigorous analysis upfront. Focus on high-impact areas (e.g. IT system, purchasing cost)
4. Set aside investment dollars for cost reduction. Nothing is free
5. Exercise strong oversight and review. "Inspect what you expect"
6. Cost reduction should be a never ending process. Make it a discipline and core competence

Source : Altman, "Turn Cost Cutting into a Core Competence," Harvard Management Update, December 2002

비용절감을 추진할 경우 다음과 같은 몇 가지 원칙을 유지한다.
1. 비용절감을 하는 목적을 명확히 하고, 비용절감을 위한 조직 전체의 강한 의지와 공감대를 형성한다.
2. 비용절감을 추진할 강력한 챔피언을 임명하고 힘을 실어준다.
3. 신속하면서 엄밀한 분석을 통해 개선효과가 큰 부문을 찾아 개선노력을 집중한다. (예를 들어 IT시스템 개선, 구매비용 절감 등)
4. 비용절감을 위한 별도의 예산을 설정한다.
5. 비용절감 활동을 철저히 관리·감독한다.
6. 비용절감을 일시적인 현상이 아니라 계속적으로 이루어지는 과정으로 인식하고 조직의 핵심역량으로 키운다.

10-20 Turnaround 단계별 마케팅전략

Marketing Strategies by Turnaround Stages

	Emergency Stage	Stabilization Stage	Return-to-Growth Stage
Market Share	• Give up share for profits • Protect current franchises	• Target high-return segments	• Aggressively build market share
Product	• Eliminate unprofitable products	• Shift to higher-profit product / customer mix • Add new products selectively	• Add line extensions • Aggressively develop new products
Pricing	• Raise even at the expense of volume	• Stabilize for maximum profit contribution	• Lower price to build share
Promotion	• Avoid	• Invest only as market dictates	• Invest heavily to build share

Source : Bibeault, *Corporate Turnaround*, 1999

Turnaround는 구조조정과 비용절감만으로 이루어질 수 없고, 시장에서 경쟁력 있는 제품을 통해 지속적인 성장과 수익창출을 해야 한다. Turnaround 단계별 마케팅 전략은 다음과 같이 수립할 수 있다.

- 위기수습 단계에서는 시장점유율을 희생하더라도 수익성 중심으로 마케팅 전략을 운영한다. 수익성이 없는 제품은 정리하고, 물량이 줄더라도 가격을 선별적으로 인상하며, 광고·판촉 투자는 가능하면 줄인다.
- 안정화 단계에서는 수익성이 높은 제품·고객믹스로 전환하고 신제품을 선별적으로 추가한다. 가격은 공헌이익을 극대화하는 방향으로 안정화시키고 광고·판촉은 시장의 필요에 따라 선별적으로 실시한다.
- 성장복귀 단계에서는 신제품개발 및 제품라인 확대 등 공격적인 성장주도 전략을 추진한다. 가격을 인하하고 광고·판촉에 과감히 투자하여 시장점유율을 늘려나간다.

10-21 전략적 사업매각

Five-Step Approach to Proactive Divestiture

1. Prepare the Organization	• Explain the rationale for the divestiture and why it's essential • Emphasize that divestiture is a sign of strength, not failure
2. Identify Candidates	• Establish concrete criteria for determining candidate (e.g. business attractiveness, cash flow, synergy, cultural fit etc.) • Analyze practical issues (e.g. taxes, availability of buyers, market reaction) to narrow the list of candidates
3. Structure the Deal	• Identify buyers and negotiate the best deal structure (e.g. simple sales for cash, spin-off to shareholders, etc.) • Untangle the unit from the rest of the company • Ensure that employees are not distracted during the sales process
4. Communicate the Decision	• Hold off on the sales announcement until the completion of the deal seems likely • Communicate the reason for the sale concisely and simply
5. Create New Businesses	• Reinvest the funds and management time in attractive new growth opportunities

Source : Dranikoff, Koller & Schneider, "Divestiture: Strategy's Missing Link," HBR May 2002

전략적 사업매각을 통해 현금흐름을 개선하고 기업가치를 제고할 수 있다.
1. 사업매각의 당위성을 설명하고, 사업매각이 실패를 의미하는 것이 아니라 경쟁력 강화를 위해 필요불가결하다는 것을 설득한다.
2. 명확한 선정기준을 설정하고 세금, 인수희망업체, 시장의 반응 등을 고려하여 후보 리스트를 작성한다.
3. 인수희망 업체와 협상을 통해 가장 바람직한 거래조건을 합의한다. 사업을 전체 기업으로부터 분리하고 매각과정 중에 종업원들의 마음이 흔들리지 않게 특별히 신경을 쓴다.
4. 최종 합의가 이루어질 때까지 커뮤니케이션을 유보하고, 최종 결정을 간결하게 설명한다.
5. 사업매각을 통해 창출된 자금과 인력을 매력적인 신규성장기회에 재투자한다.

10-22 Private Equity로부터의 교훈

Lessons from Private Equity Firms

Private Equity Discipline

1. Clearly define investment thesis and time frame to fruition (3~5 years)
2. Hire managers who act like owners
   - Top talent, hungry for success
   - Give equity stake and align incentive
3. Focus on a few measures of success
   - Cash flow, ROIC
4. Make capital work harder
   - Retire, sell or redeploy underperforming assets quickly
5. Make the corporate center an active shareholder
   - Dispassionate, extremely lean and high value-added

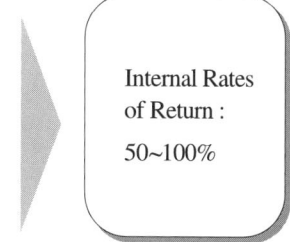

Internal Rates of Return : 50~100%

Source : Rogers, "Value Acceleration : Lessons from Private Equity Masters," HBR June 2002

Private Equity는 저평가된 기업에 투자하여 높은 수익률을 실현하고 있는데, 이들의 투자 및 운영원칙에서 다음과 같은 교훈을 얻을 수 있다.
1. 투자목적과 투자회임기간(보통 3~5년)을 명확히 한다.
2. 오너처럼 생각하는 유능한 인재를 채용하고, 그들에게 소유지분을 갖게 함으로써 인센티브를 일치시킨다.
3. 현금흐름, ROIC 등 몇 개의 핵심성과지표에 집중한다.
4. 자본의 효율성을 높이고 성과가 부진한 자산은 신속히 철수, 매각 또는 재배치한다.
5. 소수정예로 구성된 본사조직은 적극적인 주주와 같이 냉정하게 투자결정을 하며, 고부가가치 업무를 매우 효율적으로 수행한다.

10-23 심리적 Turnaround의 실현

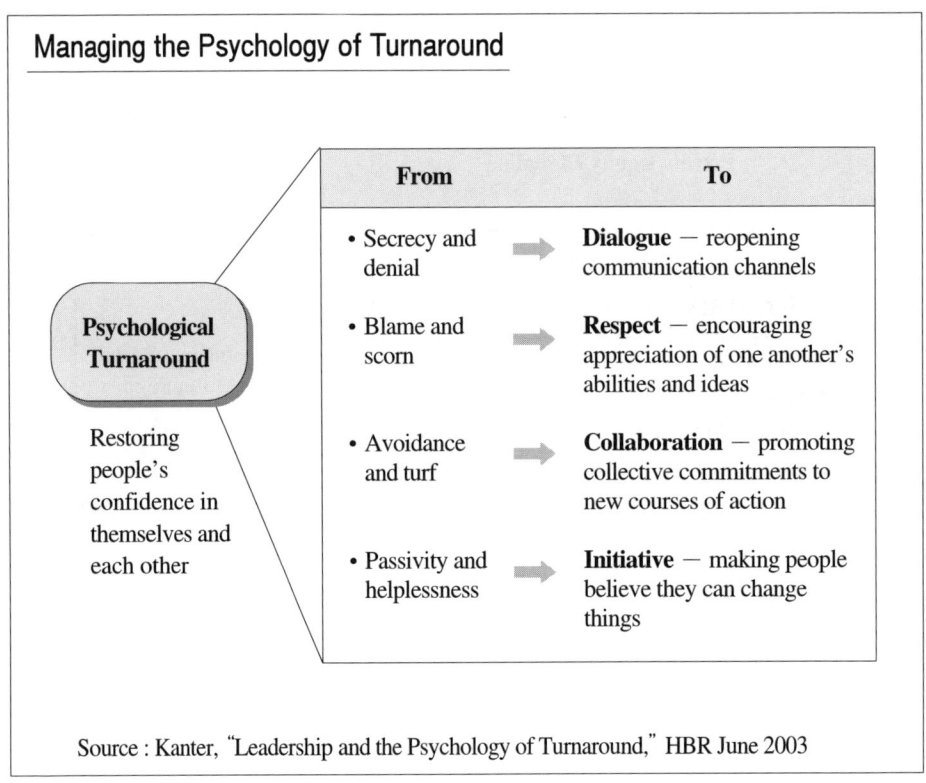

Turnaround가 성공하기 위해서는 이익, 매출 등 경영성과의 개선뿐만 아니라 조직구성원들의 자신감 회복, 즉 심리적 Turnaround가 중요하다. Turnaround의 심리적 측면을 연구한 Kanter 교수는 다음과 같은 조직활성화 방안을 제시한다.
- 대화(Dialogue)를 통해 막혔던 커뮤니케이션 채널을 다시 열고, 서로 신뢰할 수 있는 분위기를 조성한다.
- 서로 비방하거나 책임을 전가하는 행동을 지양하고, 서로를 존중(Respect)하면서 상대방의 아이디어와 능력을 인정하고 격려하는 분위기를 만든다.
- 협력(Collaboration)을 통해 집단이기주의를 극복하고 새로운 목표와 방향에 적극적으로 동참한다.
- 자율성(Initiative)을 강조하면서 사람들로 하여금 변화를 이룩할 수 있다는 자신감을 갖게 한다.

제11장

전략적 리더십개발

전략적 리더십

11-1 리더십 개발의 중요성

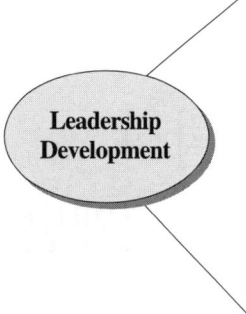

The Importance of Leadership Development

- Today strong leadership is viewed as one of the most important keys to organizational growth, change, and renewal
- However, leadership is a resource in short supply. Many CEOs believe that a shortage of leaders is potentially the greatest obstacle to the growth objectives of the firm
- Faced with the need for more and better leaders, corporations are investing large amount of time and money in leadership development
- Developing leaders is not a luxury. Leadership development is a strategic necessity

Source : Conger & Benjamin(1999), Fulmer & Goldsmith(2001)

오늘날 리더십은 조직의 성장, 변화, 혁신의 중요한 결정요인으로 인식되고 있다.
- 많은 CEO들은 기업의 비전과 성장목표 달성의 가장 큰 장애요인으로서 유능한 리더의 부족을 꼽고 있다.
- 리더십은 최고경영자 뿐만 아니라 조직의 전 부문에서 요구되고 있으며, 기업들은 리더십 역량을 개발하기 위해 많은 투자를 하고 있다. Business Week 조사에 의하면, 리더십 관련 경영자 교육에 매년 약 12조 달러가 지출되는 것으로 추정되고 있다.
- 급변하는 글로벌 경쟁 하에서 변화와 혁신을 추구해야 하는 많은 기업들에 있어서 리더십 개발은 선택의 문제가 아니라 전략적 필수조건으로 인식되고 있다.

11-2 경영자 교육, 훈련 및 개발의 특징

Management Education, Training and Development

	Management Education	Management Training	Management Development
Providers	Business schools	Consultants and training firms	Corporations
Typical Offering	• MBA program • Executive MBA • Customized program • Short-courses • e-learning	• Customized courses • Workshop • Action learning • Executive coaching • Role play and simulation	• Sink or swim • Job rotation • Challenging assignment • Mentoring & coaching • Performance evaluation • Succession planning
Characteristics	• Concepts and theories • Case studies	• Techniques and skills • Survey and feedback	• Needs rooted in practice

Source : Mintzberg, *Managers Not MBA*, 2004

경영자 교육·훈련·개발 프로그램은 각각 다음과 같은 장·단점이 있다.

- 경영자 교육은 주로 경영대학원에서 제공하는 MBA 과정, 최고경영자 과정, 전문가 과정, e-러닝 등을 말한다. 교육방법은 주로 이론과 개념 중심의 강의와 사례연구이며, 학문적인 지식에 뿌리를 두고 있으나 일반적으로 현실성이 떨어진다는 비판을 받는다.
- 경영자 훈련은 컨설팅회사나 교육훈련 전문기관에서 제공하는 실무교육과정, 워크숍, Action Learning, 코칭, 시뮬레이션 등을 말한다. 이론보다는 구체적인 Skill 개발을 위한 실무교육이 강조되는 이점이 있으나, 학문적 깊이가 약하고 다소 피상적일 수 있다.
- 경영자 개발은 기업에서 직접 수행하는 직무순환, 도전적인 업무, 코칭, 인사고과, 후계자 양성계획 등을 말한다. 업무수행을 하면서 학습이 이루어지므로 현실성이 가장 높으나, 업무범위 외의 새로운 지식이나 기법을 학습하는 데에는 한계가 있다.

11-3 리더십 교육의 추세

Key Trends in Leadership Education

From	To
• Functional knowledge	• Strategy and leadership issues related to corporate change initiatives
• University-based	• In-company, customized program
• Theories and concepts	• Multiple learning approaches including action learning
• Individual training	• Team-based training
• Domestic context	• Global and multicultural context
• Teacher-driven	• Participant and learning-driven

리더십 교육에 대한 기업들의 관심이 높아지고 있으며, 다음과 같은 몇 가지 추세를 살펴볼 수 있다.
- 회사의 전반적인 변화와 혁신과제를 추진할 수 있는 전략적 사고 및 리더십 교육이 강조되고 있다.
- 대학 중심의 일반적인 교육보다는 회사의 특수상황을 고려한 맞춤식 교육이 이루어지고 있다.
- 이론과 개념 위주의 교육에서 Action Learning 등 보다 다양하고 혁신적인 교육방법이 활용되고 있다.
- 개인 위주의 교육에서 팀단위 및 조직전체에 파급효과가 큰 교육이 강조되고 있다.
- 국내환경을 벗어나 보다 국제적인 환경에서 교육이 이루어지고 있다.
- 강의 중심 교육에서 학습자 중심의 교육이 강조되고 있다.

11-4 리더십 교육의 Best Practice

Best Practices in Leadership Development

Awareness	• Build awareness of external challenges, emerging strategies, organizational needs, and what leading firms do to meet these needs
Anticipation	• Emphasize the future rather than the past or present (e.g. envisioning the future, strategies to create the future)
Action	• Apply knowledge to solve important, challenging real-world business issues
Alignment	• Align leadership development with performance assessment, feedback, coaching, and succession planning
Assessment	• Assess impact of the program on individual behavioral change and organizational success

Source : Fulmer & Goldsmith, *The Leadership Investment*, 2001

Fulmer와 Goldsmith는 리더십 교육에 관한 선진기업의 다양한 사례연구를 통해 다음과 같은 Best Practice를 도출하였다.

1. Awareness : 리더로 하여금 외부환경의 도전, 대응전략, 조직상의 이슈, 선진기업들의 사례 등을 인식하게 한다.
2. Anticipation : 과거와 현재보다는 미래에 대한 예측과 준비, 예를 들어 미래 비전수립, 미래를 창조할 수 있는 전략 등을 강조한다.
3. Action : 지식을 활용하여 중요한 현실적인 문제를 해결하도록 한다.
4. Alignment : 리더십 개발을 인사고과, 피드백, 코칭, 후계자 양성계획과 연계시킨다.
5. Assessment : 교육 프로그램의 효과를 개인의 행동변화와 조직의 성과개선 측면에서 평가한다.

11-5 GE Crotonville 연수원의 미션

Mission of GE Crotonville Corporate Leadership Development

Mission
To create, identify, and transfer organizational learning to enhance GE's growth and competitiveness worldwide

Key Activities
1. Educate employees – focusing on leadership, change, Six Sigma, and key corporate initiatives
2. Communicate and strengthen commitment to GE and GE values
3. Build bridges across boundaries by transmitting best practices from one GE location to another
4. Improve relationship with strategic customers and other key constituencies

GE의 리더십개발을 담당하고 있는 Crotonville 연수원의 미션과 주요활동은 다음과 같다.
- 미션 : GE의 성장과 글로벌 경쟁력을 향상시킬 수 있는 조직상의 학습을 창조하고, 발굴하며, 공유한다.
- 주요활동
  1) 리더십, 변화관리, 6-시그마, 혁신과제 등에 중점을 둔 경영자 교육을 실시한다.
  2) GE와 GE 가치를 커뮤니케이션하고 이에 대한 커미트먼트를 강화한다.
  3) GE의 Best Practice를 조직 한 곳에서 다른 곳으로 이전시킴으로써 부문간의 가교 역할을 한다.
  4) 전략적 고객 및 주요 이해관계자들과의 관계를 개선한다.

11-6 GE의 리더십 교육과정

GE's Core Leadership Development Program

Curriculum	Key Characteristics
• Leadership Course(LC) • New Manager Development Course (NMDC) • Experienced Manager Course (EMC) • Manager Development Course (MDC) • Business Management Course (BMC) • Executive Development Course (EDC)	• Courses tied to key transitional points in a person's career • Provide learners with real-world problems to solve • Emphasis on training teams and dealing with organizational change • CEO chooses the action learning topics for higher-level courses

- GE의 리더십 교육과정은 다음과 같이 경영자의 경력에 있어서 전환점에 맞추어져 있다.
    1) Passage One : From Managing Self to Managing Others
    2) Passage Two : From Managing Others to Managing Managers
    3) Passage Three : From Managing Managers to Functional Manager
    4) Passage Four : From Functional Manager to Business Manager
    5) Passage Five : From Business Manager to Group Manager
    6) Passage Six : From Group Manager to Enterprise Manager
- 교육방법은 주입식 강의는 최소화하고 토론과 Best Practice 공유를 강조하면서 부문간 장벽을 없애고, GE와 GE 가치에 대한 일체감을 갖게 한다.
- 현실 문제를 팀 단위로 해결하는 Action Learning을 강조하고 있으며, Action Learning의 주제는 CEO가 직접 선정하는 경우가 많다.

11-7 J&J의 리더십개발 원칙

J&J's Principles of Leadership Development

FrameworkS Process

1. Leadership development is a key business strategy
2. Leadership excellence is a definable set of standards
3. People are responsible for their own development
4. J&J's executives are accountable for developing leaders
5. Leaders are developed primarily on the job
6. Leadership development is a collaborative, corporate-wide process
7. Human resources are vital to the success of leadership development

Johnson&Johnson은 리더십의 부족이 기업성장의 가장 큰 걸림돌이라고 보고, 다음과 같은 7가지 원칙을 중심으로 리더십개발 프로그램인 FrameworkS를 운영하고 있다.
1. 리더십개발은 중요한 사업전략의 하나이다.
2. 리더십의 탁월성은 명확한 기준에 의해 평가될 수 있다.
3. 사람들은 자기 자신의 개발에 대해 책임을 져야 한다.
4. J&J의 경영자들은 리더를 개발하는 책임이 있다.
5. 리더는 주로 업무를 수행하는 과정에서 개발된다.
6. 리더십개발은 전사적으로 협력하여 이루어지는 과정이다.
7. 인사부서는 리더십개발의 성공에 매우 중요한 역할을 한다.

11-8 J&J의 리더십 기준과 교육과정

```
J&J's Model for Leadership Standards
```

Five Key Standards	Major Corporate Programs

1. Customer/market focus
2. Innovation focus
3. Interdependent partnering focus
4. Masters complexity focus
5. Organizational and people development focus
	1. Executive Conference
	  – Five-day session for senior executives
	  – Focus on personal and organizational leadership development
	2. Executive Development Program
	  – Three-week session for high-potential leaders
	  – Action learning on new product introduction to overseas market
	3. Leadership Challenge
	  – Four-day session for newly advanced managers
	  – Focus on J&J leadership model and 360 feedback

J&J는 회사의 핵심가치, 외부환경의 도전 및 CEO의 전략과제를 고려하여 다음과 같은 리더십 기준을 설정하고 계층별로 3개의 핵심 리더십 교육을 실시하고 있다.

1. Customer/Market Focus: 고객에게 가치를 창조하고 외부 시장 동향을 이해한다.
2. Innovation Focus: 미래 비전을 수립하고, 사업의 성장·혁신과 지속적 학습을 촉진한다.
3. Interdependent Partnering Focus: 상호의존적인 파트너십을 구축한다.
4. Masters Complexity Focus: 복잡성을 관리하고 변화를 이룩한다.
5. Organizational and People Development Focus: 성과중심의 조직문화를 구축하고 우수인재를 육성한다.

11-9 HP의 리더십역량 모델

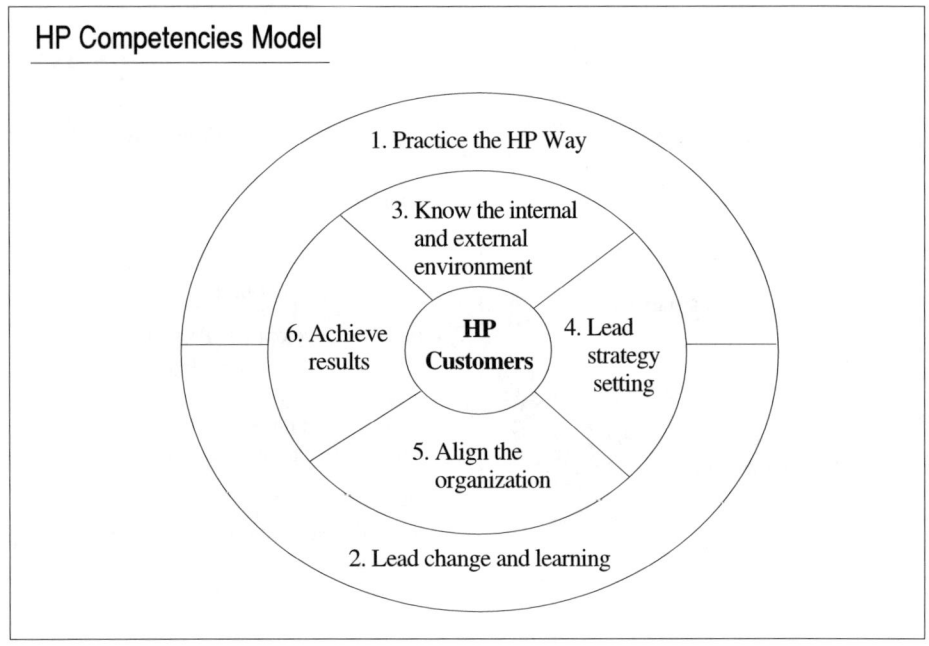

Hewlett-Packard는 고객을 중심으로 하여 다음과 같은 6개 항목으로 구성된 리더십 역량 모델을 설정하고 리더십 평가·개발에 활용하고 있다.
1. HP Way를 실천한다.
2. 변화와 학습을 선도한다.
3. 외부 및 내부 경영환경을 이해한다.
4. 전략수립을 주도한다.
5. 조직을 정렬시킨다.
6. 성과를 실현한다.

11-10 AT&T의 리더십역량 모델

AT&T Leadership Competencies

Competencies	Individual/Team Contributor	Manager/Team Leader	Executive
Establishes direction			×
Thinks strategically			×
Empowers others		×	×
Builds alignment		×	×
Enables individual/team effectiveness	×	×	×
Communicates openly	×	×	×
Plans proactively	×	×	×
Implements with excellence	×	×	×
Self-aware	×	×	×
Openness to learning	×	×	×
Technical/functional skills	×	×	×

AT&T는 11개 항목으로 구성된 리더십 역량 모델을 개발하고 주요 계층별로 리더십 평가와 개발에 활용하고 있다.

- 방향수립(Establishes direction)
- 전략적 사고(Thinks strategically)
- 임파워먼트(Empower others)
- 합의도출(Builds alignment)
- 동기부여(Enables individual/team effectiveness)
- 커뮤니케이션(Communicates openly)
- 계획수립(Plans proactively)
- 실행력(Implements with excellence)
- 자기인식(Self-aware)
- 학습자세(Openness to learning)
- 기술적/기능적 역량(Technical/functional skills)

11-11 Ford의 리더십개발 프로그램

Ford Leadership Development Program

Program	Participants	Content
Capstone	24 senior executives per session	• 20 days of teaching and discussion • CEO shares his perspectives • Teams given 6 months to solve a major problem • 360-degree feedback
Business Leadership Initiative	All Ford middle managers	• 3 days of teaching and discussion • Teams assigned to 100-day projects • Senior executives share their perspectives • 360-degree feedback
Executive Partnering	High-potential young managers	• Spend 8 weeks shadowing senior executives • Exposed to the full range of business challenges that leaders grapple with everyday

Source : Wetlaufer, "Driving Change," HBR, March-April 1999

Ford는 다음의 3가지 리더십개발 프로그램을 운영하고 있다.
- Capstone: Ford의 고위임원 24명이 참가하여 주요 전략과제를 연구하고 해결하는 데 초점을 두고 있다. 약 20일 동안 교육과 토론이 있으며, CEO와의 대화, Action Learning 프로젝트, 360도 피드백 등이 포함된다.
- Business Leadership Initiative: Ford의 중간관리자를 대상으로 3일간의 교육과 토론이 있으며, 각 팀은 100일 동안 해결해야 할 과제를 부여받아 구체적인 해결안을 제시하고 최고경영자 앞에서 발표를 한다. 고위임원과의 대화의 시간이 있으며 모든 참석자들은 360도 피드백을 받는다.
- Executive Partnering: 차세대 리더로서 잠재력이 있는 젊은 사원을 선발하여 약 8주 동안 고위임원을 그림자처럼 따라다니게 한다. 이들은 경영자가 일상적으로 직면하게 되는 다양한 비즈니스 문제들을 접하게 되며 생생한 현장교육을 받게 된다.

11-12 Citibank의 Action Learning

Citibank's Team Challenge: An Action Learning Process

1. Selection of issues and participants	2. Team building and orientation to issues (3~4 days)	3. Data gathering (2~3 weeks)	4. Data analysis & recommendations (1 week)

• Issues recommended by business heads or CEO
• Participants recommended by business units based on talent inventory review process
	• Purpose & objectives
	• Introduce coaches
	• Team-building exercises
	• Team planning time
		• Travel and interview
		  – Customers
		  – Best practice companies
		  – Experts
		  – Senior Citibank executives
			• Debrief data gathering
			• Formulate recommendation
			• Draft presentations
			• Coaching

5. Presentations	6. Debriefing and reflection (1 day)	7. Senior management follow-up (within 1~2 weeks of presentations)

• to CEO or business heads
• 90 minutes per team (30 minute presentation, 60 minute discussion)
	• Structured debrief with coach
	  – Recommendation
	  – Team process
	  – Individual learning and development
	  – Celebration
		• Decision on actions to be taken
		• Assignment of responsibility
		• Continuous update on project status

Source : Dotlich & Noel, *Action Learning*, 1998

Citibank의 Action Learning 과정은 다음과 같은 프로세스를 통해 이루어진다.
1. 이슈와 참석자 선정
2. 팀빌딩 및 오리엔테이션
3. 자료수집
4. 자료분석 및 해결안 도출
5. 발표
6. 피드백
7. 사후관리

11-13 Action Learning의 성공조건

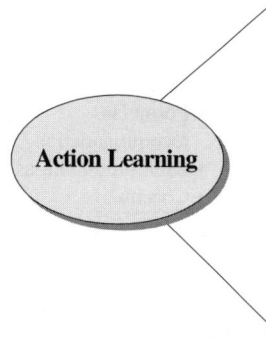

Key Success Factors for Effective Action Learning

Action Learning

1. Define the problem clearly
2. Achieve an understanding of what the outcome and end-products may be
3. Give the participants enough time off their regular jobs to solve the problem
4. Provide expert facilitation and coaching
5. Multiple opportunities for reflective learning
6. Active involvement by senior management
7. Commit to take action and follow-up to ensure change happens

Source : Fulmer & Goldsmith(2001), Conger & Benjamin(1999)

Action Learning은 많은 시간과 노력이 요구되므로 치밀한 계획과 준비가 필요하다. Action Learning이 성공하기 위해서는 다음과 같은 조건이 충족되어야 한다.
1. 해결해야 할 문제를 명확히 정의한다.
2. 최종결과와 성과물에 대해 확실한 이해를 한다.
3. 문제해결에 전념할 수 있게 기존 업무로부터 일정기간 벗어날 수 있게 한다.
4. 전문적인 지도와 코칭을 제공한다.
5. 학습한 내용을 성찰하고 공유할 수 있는 기회를 제공한다.
6. 최고경영자의 적극적인 참여와 지원을 제공한다.
7. Action Learning의 제안사항을 실행에 옮기고 변화가 이루어지게 사후관리를 철저히 한다.

11-14 리더십 학습방법의 유형

Four Learning Approaches to Leadership Development

Training Approaches	Principal Learning Methods	Learning Assumptions
Conceptual Awareness	· Lectures on conceptual models · Case studies/video · Discussion groups	· Adults learn through mental models and conceptual frameworks
Feedback	· 360 degree survey · Feedback from coach · Observed exercises	· Survey and personal feedback allow learners to identify their strengths and weaknesses along a set of competencies
Skill Building	· Practice exercises · Simulation · Feedback from instructor	· Structured exercises allow participants to practice skills, receive feedback, and further experiment and refine them
Personal Growth	· Outdoor adventure · Indoor psychological exercises	· Emotional and physical challenges force reflective learning about individual's behavior, teamwork, risk taking etc.

Source : Conger, *Learning to Lead*, 1992

Conger 교수는 리더십 교육의 학습방법을 다음의 4가지 유형으로 분류하고 각각의 장·단점을 파악하였다.

- 개념적 학습(Conceptual Awareness) : 리더십의 개념과 모델에 대해 강의, 사례연구, 그룹토의를 통해 학습한다. 리더십의 개념을 이해하고 다양한 사례를 통해 바람직한 리더십 모델을 간접적으로 배울 수 있으나 개인의 리더십 Skill 개발에는 한계가 있다.
- 피드백(Feedback) : 360도 피드백, 코칭 등을 통해 개인의 강점과 약점을 파악하고 개선해야 할 리더십 Skill을 파악하는 데 유용하다. 그러나 피드백이 설문조사에 의존하므로 주관적이고 피상적일 수 있다.
- 역량개발(Skill Building) : 구체적인 리더십 역량에 대해 각종 실습, 시뮬레이션, 피드백을 통해 능력을 배양하고 체화하는 것이다. 구체적인 역량을 개발할 수 있으나 많은 시간과 노력이 요구된다.
- 개인적 성장(Personal Growth) : 각종 야외활동, 정신훈련, 정서적 및 신체적 도전을 통해 팀워크, 위험감수 등에 대해 학습하고 개인의 인생관에 대해 깊은 성찰을 하게 된다. 개인적 성장에 도움이 될 수 있으나, 회사업무와의 연관성이 떨어질 수 있다.

11-15 학습방법의 창조적 통합

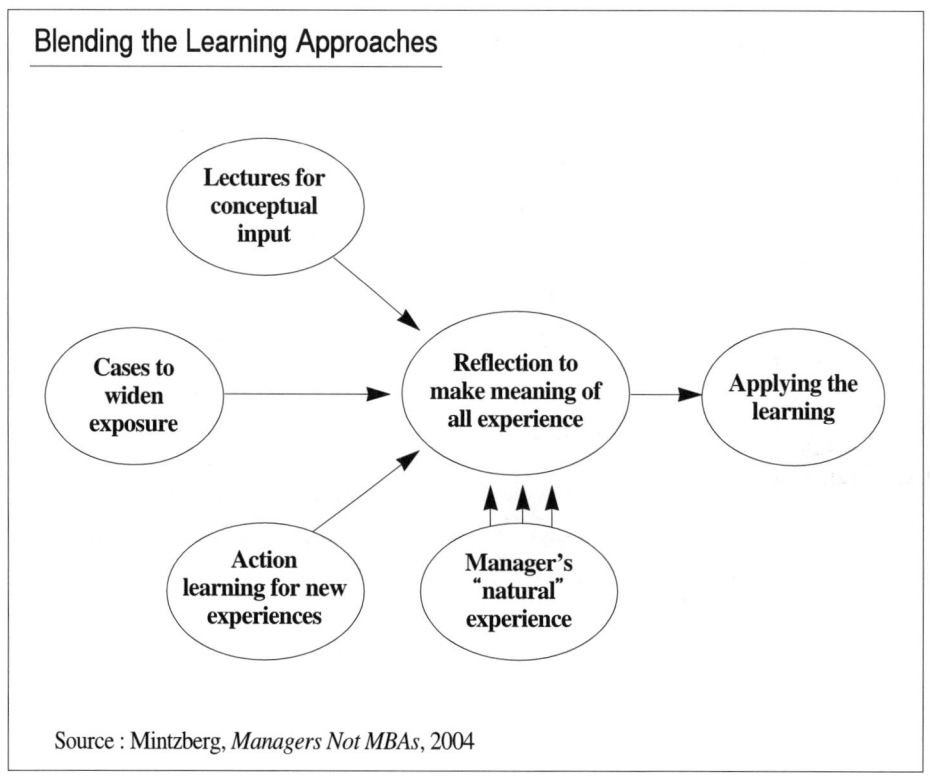

다양한 학습방법들은 각각 장·단점이 있으므로, 이들의 창조적 통합이 요구된다.
- 강의를 통해 새로운 개념과 이론을 학습한다.
- 사례연구를 통해 경험하지 못한 새로운 상황과 선진기업들의 Best Practice를 학습한다.
- Action Learning을 통해 현실 문제 해결능력을 키운다.
- 경영자들의 실제경험을 공유함으로써, 살아있는 지식을 상호 학습한다.
- 습득한 지식의 의미를 도출하기 위해 깊은 사색과 성찰을 한다.
- 새로운 학습내용을 현장에 적용해 보고, 성과개선을 통해 새로운 지식과 역량을 학습한다.

11-16 IMPM 경영자 개발 프로그램

IMPM - The International Masters in Practicing Management

	Theme/Mindsets	Location
Module 1	Managing Self : The Reflective Mindset	2 weeks in Lancaster, UK
Module 2	Managing Organizations : The Analytic Mindset	2 weeks at McGill, Canada
Module 3	Managing Context : The Worldly Mindset	2 weeks in Bangalore, India
Module 4	Managing Relationships : The Collaborative Mindset	2 weeks in Japan and Korea
Module 5	Managing Change : The Action Mindset	2 weeks at INSEAD, France
Master's Degree	Completion of 5 reflection papers and one major paper	McGill or Lancaster

Company Participation	High-potential executives and managers from : Lufthansa, Alcan, British Telecom, EDF/GDF, Fujitsu, Matsushita, LG, Royal Bank of Canada, Motorola, Zeneca, Marconi, Red Cross, Via Rail

IMPM(The International Masters in Practicing Management)은 기존 MBA 교육의 한계를 극복하기 위해 Henry Mintzberg 교수를 중심으로 세계 유명대학들이 Consortium을 형성, 다음과 같은 혁신적인 경영자 교육과정을 운영하고 있다.

1) The Reflective Mindset : 경영자의 자기성찰
2) The Analytic Mindset : 분석적 사고의 장점과 한계
3) The Worldly Mindset : 글로벌 경영환경에 대한 이해
4) The Collaborative Mindset : 협력과 신뢰관계의 중요성
5) The Action Mindset : 변화와 혁신의 의미와 방법론

11-17 IMPM 프로그램의 특징

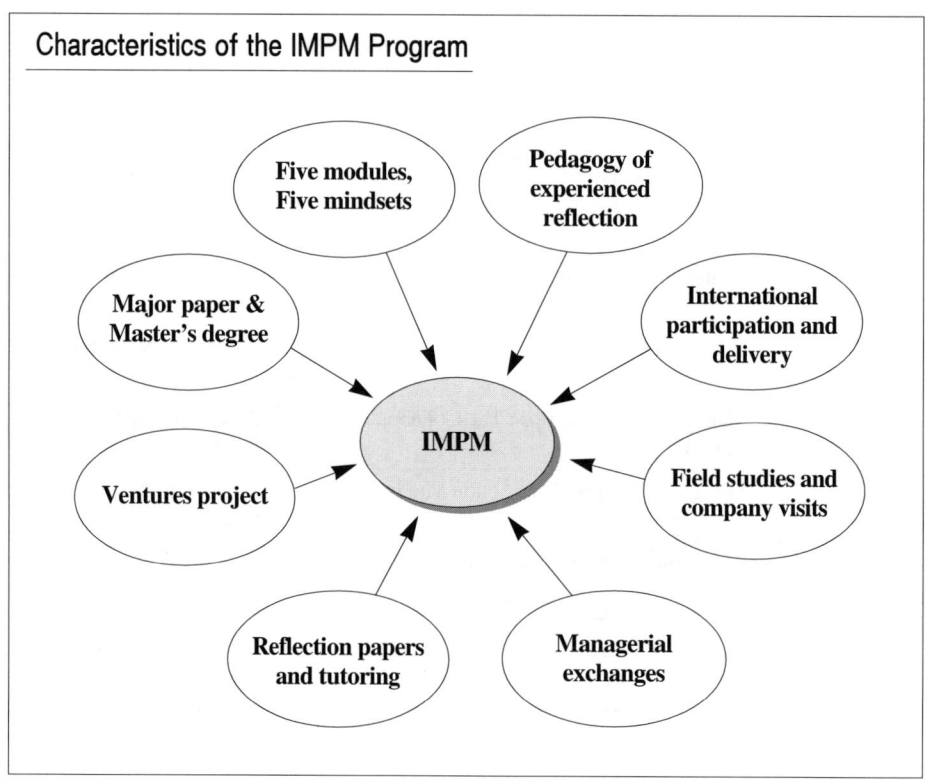

IMPM은 다음과 같은 혁신적인 교육방법을 통해 리더십개발의 새로운 모델을 제시하고 있다.
1. 경영자에게 요구되는 5개 Mindset을 중심으로 교육 프로그램을 5개 모듈로 구성하였다.
2. 참석자들의 구성이 국제적이고, 교육도 북미·유럽·아시아 주요 국가에서 이루어진다.
3. 강의실 교육 외에 현장체험, 기업방문 등 현장학습을 강조한다.
4. Managerial Exchange를 통해 동료로부터 자신의 리더십 스타일에 대한 객관적인 피드백을 받고 상대방의 리더십 스타일과 조직문화를 배운다.
5. Reflection Paper를 통해 학습한 내용을 현업에 적용하면서 깊은 통찰을 얻는다.
6. Ventures Project를 통해 현실 문제에 대한 혁신적인 해결방안을 모색한다.
7. 최종논문을 작성하면 McGill 또는 Lancaster 대학에서 부여하는 경영학 석사 학위를 취득할 수 있다.

11-18 경영자 교육에 대한 Mintzberg 교수의 견해

Eight Basic Propositions for Management Education

Proposition 1 : Management education should be restricted to practicing managers

Proposition 2 : The classroom should leverage the manager's experience in their education

Proposition 3 : Insightful theories help managers make sense of their experience

Proposition 4 : Thoughtful reflection on experience in the light of conceptual ideas is the key to managerial learning

Proposition 5 : Sharing their competencies raises the managers' consciousness about their practice

Proposition 6 : Beyond reflection in the classroom comes learning from impact on the organization

Proposition 7 : All of the above should be blended into a process of "experienced reflection"

Proposition 8 : The curriculum, the architecture, and the faculty should accordingly be shifted from controlled designing to flexible facilitating

Source : Mintzberg, *Managers Not MBA*, 2004

  Mintzberg교수는 기존 MBA 교육의 한계를 지적하고 경영자 교육의 개선을 위해 다음과 같은 8가지 제안을 하였다.
1. 경영자 교육은 실무경험이 있는 경영자들을 대상으로 실시해야 한다.
2. 강의실에서 경영자의 경험을 교육에 활용할 수 있어야 한다.
3. 통찰력 있는 이론은 경영자들의 경험을 해석하고 의미를 도출하는 데 도움이 될 수 있다.
4. 경영 학습의 핵심은 현실 경험에 대해 사려 깊은 성찰을 하는 것이다.
5. 자신의 경험과 역량을 공유함으로써 보다 깊은 이해를 할 수 있다.
6. 강의실에서의 성찰 외에 조직의 현실적인 문제를 해결하는 과정에서 학습이 이루어진다.
7. 지금까지 언급한 것을 모두 합쳐 '경험적 성찰'("Experienced Reflection")을 한다.
8. 교과과정, 교육설계 및 교수는 보다 유연하고 경영자의 학습을 돕는 방향으로 전환되어야 한다.

11-19 교육효과의 평가

Evaluation Criteria for Assessing Training Effectiveness

Level 1 : Reaction	Was the training enjoyable? Was it useful?
Level 2 : Learning	If I test you on the concepts, will you know more than you did before the training?
Level 3 : Application	Do you know how to apply the training?
Level 4 : Impact	What is the impact of the training on important business, organization or societal outcomes?
Level 5 : Return on Investment	What is the ratio of direct and indirect costs of training to the benefits yielded from it?

Source : Susskind, "Negotiation Training," *Negotiation*, Aug. 2004

리더십 교육의 효과는 다음과 같이 5단계로 평가할 수 있다.
1. 반응(Response)
    교육내용이 유익했는가? 재미있었는가?
2. 학습(Learning)
    교육을 받기 전과 후를 비교해 보면, 학습이 얼마나 이루어졌는가?
3. 응용(Application)
    학습한 내용을 현실문제 해결에 응용할 수 있는가?
4. 영향(Impact)
    교육을 통해 조직의 성과개선에 얼마나 기여했는가?
5. 투자가치(Return on Investment)
    교육의 직·간접적인 비용과 투자가치는 얼마나 되는가?

참고문헌

제1장 | 리더십의 본질

Bennis, Warren and Burt Nanus, *Leaders-Strategies for Taking Charge*, Harper Business, 1997.
Collins, Jim, *Good To Great*, Harper Business, 2001.
Conger, Jay and Beth Benjamin, *Building Leaders*, Jossey-Bass, 1999.
Daft, Richard, *Leadership*, The Dryden Press, 1999.
Drucker, Peter, "What Makes an Effective Executive," *Harvard Business Review*, June 2004.
Drucker, Peter, *The Essential Drucker*, Harper Business, 2001.
Goleman, Daniel, "Leadership That Gets Results," *Harvard Business Review*, March-April, 2000.
Goleman, Daniel, Richard Boyatzis and Annie McKee, *Primal Leadership*, Harvard Business School Press, 2002.
Koestenbaum, Peter, *Leadership-The Inner Side of Greatness*, Jossey-Bass, 2002.
Kotter, John, *A Force for Change*, The Free Press, 1990.
Kouzes, James and Barry Posner, *The Leadership Challenge*, Jossey-Bass, 2002.
Nanus, Burt, *Visionary Leadership*, Jossey-Bass, 1992.
Slater, Robert, *The GE Way Fieldbook*, McGraw-Hill, 2000.
Yukl, Gary, *Leadership in Organizations*, Prentice-Hall, 2001.

제2장 | 비전과 목표수립

Daft, Richard, *Leadership*, The Dryden Press, 1999.
Drucker, Peter, *The Essential Drucker*, Harper Business, 2001.
George, Bill, *Authentic Leadership*, Jossey-Bass 2003.

Kaplan, Robert and David Norton, *The Balanced Scorecard*, Harvard Business School Press, 1996.
Kaplan, Robert and David Norton, *The Strategy-Focused Organization*, Harvard Business School Press, 2001.
Kotter, John, *Leading Change*, Harvard Business School Press, 1996.
Neiman, Robert, *Execution, Plain and Simple*, McGraw-Hill, 2004.
O'Reilly, Charles and Jeffrey Pfeffer, *Hidden Value*, Harvard Business School Press, 2000.
Pottruck, David, *Clicks and Mortar*, Jossey-Bass, 2000.
Quinn, Robert, *Deep Change*, Jossey-Bass, 1996.
Slater, Robert, *The GE Way Fieldbook*, McGraw-Hill, 2000.
Walton, Sam, *Sam Walton-Made in America*, Bantam, 1993.

제3장 | 전략적 사고와 문제해결

Baghai, M., Steve Coley and David White, "Staircases to Growth," *The McKinsey Quarterly*, 1996 Number 4.
Bossidy, Larry and Ram Charan, *Execution*, Crown Business, 2002.
Bruch, Heike and Sumantra Ghoshal, *A Bias For Action*, Harvard Business School Press, 2004.
Choi and Valikangas, "Patterns of Strategy Innovation," *European Management Journal*, Aug. 2001.
Collins, Jim, *Good To Great*, Harper Business, 2001.
Markides, Constantinos, *All the Right Moves*, Harvard Business School Press, 1999.
Maxwell, John, *Developing the Leader Within You*, Thomas Nelson Publishers, 2001.
Michalko, Michael, *Thinkertoys: A Handbook of Business Creativity*, Ten Speed Press, 1991.
Ohmae, Kenichi, *The Mind of the Strategist*, McGraw-Hill, 1982.

제4장 | 효과적 커뮤니케이션

Arredondo, Lani, *Communicating Effectively*, McGraw-Hill, 2000.
Bennis, Warren and Burt Nanus, *Leaders-Strategies for Taking Charge*, Harper Business, 1997.
Bossidy, Larry and Ram Charan, *Execution*, Crown Business, 2002.

Cialdini, Robert, *Influence: Science and Practice*, Allyn & Bacon, 2000.

Clarke, Boyd and Ron Crossland, *The Leader's Voice*, SelectBooks, Inc., 2002.

Conger, Jay, *Winning' Em Over*, Simon & Schuster, 2001.

Daft, Richard, *Leadership*, The Dryden Press, 1999.

Gabarro, John, "Understanding and Influencing Group Process," *Managing People and Organizations*, Harvard Business School Publications, 1991.

Harvard Business Essentials: Business Communication, Harvard Business School Press, 2003.

Harvard Management Communication Letter, July 2003.

Lencioni, Patrick, *Death by Meeting*, Jossey-Bass, 2004.

Luthans, Fred, Richard Hodgetts and Stuart Rosenkrantz, *Real Managers*, Ballinger Pub. Co., 1988.

Mankins, Michael, "Stop Wasting Valuable Time," *Harvard Business Review*, September 2004.

McLean, Robert, "Leveraging CEO Time," *The McKinsey Quarterly*, 1991.

Minto, Barbara, *The Minto Pyramid Principle*, Minto International, 1996.

Robbins, Stephen, *Organizational Behavior*, Prentice-Hall, 2002.

Straus, David, *How to Make Collaboration Work*, Berrett-Koehler Publishers, 2002.

Streibel, Barbara, *The Manager's Guide To Effective Meetings*, McGraw-Hill. 2003.

Ware, James, "How to Run a Meeting," in *Managing People and Organizations*, Harvard Business School Publications, 1991.

Ware, James, "Problem-Solving and Conflict Resolution in Groups," *Managing People and Organizations*, Harvard Business School Publications, 1991.

제5장 | 동기부여와 조직활성화

Bandura, Albert, "Self-Evaluation and Self-Efficacy Mechanism," *Journal of Personality and Social Psychology*, 1983.

Beer, Michael and Richard Walton, "Reward Systems and The Role of Compensation," *Managing People and Organizations*, Harvard Business School Publications, 1991.

Beer, Michael, Bert Spector, Paul Lawrence, Quinn Mills and Richard Walton, *Managing Human Assets*, The Free Press, 1984.

Beeson, John, "Succession Planning: Building the Management Corps," *Business Horizons*, Sept.-Oct. 1998.

Conger, Jay and Robert Fulmer, "Developing Your Leadership Pipeline", *Harvard Business Review*, December 2003.

Feiner, Michael, *The Feiner Points of Leadership*, Warner Business Books, 2004.

Harvard Business Essentials, *Coaching and Mentoring*, Harvard Business School Press, 2004.

Harvard Management Communication Letter, December 2001.

Herzberg, Frederick, "One More Time: How Do You Motivate Employees?," *Harvard Business Review*, Jan.-Feb. 1968.

Katzenbach, Jon, *Peak Performance*, Harvard Business School Press, 2000.

Landsberg, Max, *The Tao of Coaching*, Knowledge Exchange, 1997.

Lawrence, Paul and Nitin Nohria, *Driven-How Human Nature Shapes Our Choices*, Jossey-Bass., 2002.

Manzioni, J. F. and J. L. Barsoux, "The Set-Up-To-Fail Syndrome," *Harvard Business Review*, March-April 1998.

Maslow, Abraham, *Eupsychian Management*, Richard Irwin, 1965.

Michaels, Ed, Helen Handfield-Jones and Beth Axelrod, *The War for Talent*, Harvard Business School Press, 2001.

O'Reilly, Charles and Jeffrey Pfeffer, *Hidden Value*, Harvard Business School Press, 2000.

Slater, Robert, *The GE Way Fieldbook*, McGraw-Hill, 2000.

Spreitzer, Gretchen, "Psychological Empowerment in the Workplace," *Academy of Management Journal*, 1995.

제6장 | 협상전략

Ertel, Danny, "Turning Negotiation into a Corporate Capability," *Harvard Business Review*, May-June 1999.

Fisher, Roger and William Ury, *Getting to Yes*, Penguin Books, 1981.

Freund, James, *Smart Negotiating*, Fireside, 1993.

Greenhalgh, Leonard, *Managing Strategic Relationships*, Free Press, 2001.

Hiltrop, Jean and Sheila Udall, *The Essence of Negotiation*, Prentice-Hall, 1995.

Jandt, Fred, *Win-Win Negotiating*, John Wiley & Sons, 1985.

Lax, David and James Sebenius, *The Manager as Negotiator*, The Free Press, 1986.

Lewicki, Roy, David Saunders and John Minton, *Negotiation*, McGraw-Hill, 1999.

Rubin, Jeffrey, Dean Pruitt and Sung Hee Kim, *Social Conflict: Escalation, Stalemate and Settlement*, McGraw-Hill 1994.

Sebenius, James, "Six Habit of Merely Effective Negotiators," *Harvard Business Review*, April 2001.

Shell, Richard, *Bargaining for Advantage*, Penguin Books, 1999.

Watkins, Michael, *Breakthrough Business Negotiation*, Jossey-Bass, 2002.

Wheeler, Michael and Carrie Menkel-Meadow, *What's Fair? Ethics for Negotiators*, Jossey-Bass, 2004.

제7장 | 변화관리

Charan, Ram and Noel Tichy, *Every Business is a Growth Business*, Times Business, 1998.

Ciampa, Dan and Michael Watkins, *Right from the Start*, Harvard Business School Press, 1999.

Collins, Jim, *Good To Great*, Harper Business, 2001.

Gabarro, John, *The Dynamics of Taking Charge*, Harvard Business School Press, 1987.

HBS Note 9-800-288, "Taking Charge in a Leadership Role," Harvard Business School, 2000.

Kotter, John, *Leading Change*, Harvard Business School Press, 1996.

Nadler, David, Robert Shaw and Elise Walton, *Discontinuous Change*, Jossey-Bass, 1995.

Orgland, Magne and Georg Von Krogh, "Initiating, Managing and Sustaining Corporate Transformation," *European Management Journal*, February 1998.

Robbins, Stephen, *Organizational Behavior*, Prentice-Hall, 2002.

Slater, Robert, *The GE Way Fieldbook*, McGraw-Hill, 2000.

Vollman, Thomas, *The Transformation Imperative*, Harvard Business School Press, 1996.

Watkins, Michael, *The First 90 Days*, Harvard Business School Press, 2003.

Welch, Jack and John Byrne, *Jack: Straight from the Gut*, Warner Business Books, 2001.

제8장 | 기업가정신

Bhide, Amar, "The Questions Every Entrepreneur Must Answer," *Harvard Business Review*, Nov.-Dec. 1996.

Bhide, Amar, *The Origin and Evolution of New Business*, Oxford University Press, 2000.

Buaron, Robert, "New Game Strategies," McKinsey Staff Paper, 1980.

Drucker, Peter, "The Discipline of Innovation," *Harvard Business Review*, May-June 1985.

Flamholtz, Eric, *Growing Pains*, Jossey-Bass, 1990.

Hamel, Gary, *Leading the Revolution*, Harvard Business School Press, 2000.

Nesheim, John, *High-Tech Start-Up*, Free Press, 2000.

Sahlman, William and Howard Stevenson, *The Entrepreneurial Venture*, Harvard Business School Publication, 1991.

Sahlman, William, "How to Write a Great Business Plan," *Harvard Business Review*, July-August, 1997.

Stevenson, Howard, Michael Robert and Irving Grousbeck, *New Business Ventures and the Entrepreneur*, Irwin, 1989.

Timmons, Jeffrey, *New Venture Creation*, Irwin/McGraw-Hill, 1999.

Tracy, Brian, *Getting Rich Your Own Way*, Wiley, 2004.

Walton, Sam, *Sam Walton: Made in America*, Bantam, 1993.

제9장 | 글로벌 경영과 전략적 제휴

Alahuhta, Matti, *Global Growth Strategies for High-Technology Challengers*, 1990.

Bamford, James and David Ernst, "Managing an Alliance Portfolio," *The McKinsey Quarterly*, 2002.

Bamford, James, Benjamin Gomes-Casseres and Michael Robinson, *Mastering Alliance Strategy*, Jossey-Bass, 2003.

Bryan, Lowell, *Race for the World*, Harvard Business School Press, 1999.

Child, John, "Trust-The Fundamental Bond in Global Collaboration," *Organizational Dynamics*, Vol. 29, 2001.

Govindarajan, Vijay and Anil Gupta, *The Quest for Global Dominance*, Jossey-Bass, 2001.

Spekman, Robert and Lynn Isabella, *Alliance Competence*, John Wiley & Sons, 2000.

Steinbock, Dan, *The Nokia Revolution*, AMACON, 2001.

United Nations, *World Investment Report*, 2002.

Yoshino, Michael and Perry Fagan, "The Renault-Nissan Alliance," Harvard Business School Case, 2003.

제10장 | 위기관리와 기업회생

Altman, Vernon, Marty Kaplan and Alistair Corbett, "Turn Cost Cutting into a Core Competence," *Harvard Management Update*, December 2002.

Bibeault, Donald, *Corporate Turnaround*, Beard Books, 1999.

Dranikoff, Lee, Tim Koller and Antoon Schneider, "Divestiture: Strategy's Missing Link," *Harvard Business Review*, May 2002.

Dutton, Jane, "Leading in Times of Trauma," *Harvard Business Review*, January 2002.

Gerstner, Louis, *Who Says Elephants Can't Dance*, Harper Business, 2002.

Harvard Business Essentials, *Crisis Management*, Harvard Business School Press, 2004.

Kanter, Rosabeth, "Leadership and the Psychology of Turnaround", *Harvard Business Review*, June 2003.

Rogers, Paul, Thomas Holland and Dan Haas, "Value Acceleration: Lessons from Private Equity Masters, *Harvard Business Review*, June 2002.

Sloma, Richard, *The Turnaround Manager's Handbook*, Beard Books, 2000.

제11장 | 전략적 리더십 개발

Conger, Jay and Beth Benjamin, *Building Leaders*, Jossey-Bass, 1999.

Conger, Jay, *Learning to Lead*, Jossey-Bass, 1992.

Dotlich, D. L. and James Noel, *Action Learning*, Jossey-Bass, 1998.

Fulmer, Robert and Marshall Goldsmith, *The Leadership Investment*, AMACON, 2001.

Mintzberg, Henry, *Managers Not MBAs*, Berrett Koehler, 2004.

Susskind, Lawrence, "Negotiation Training," *Negotiation*, Newsletter from Harvard Business School Publishing, August 2004.

Wetlaufer, Suzy, "Driving Change," *Harvard Business Review*, March-April 1999.

INDEX

국문

[ㄱ]

가설검증 63
가설수립 63, 72
가치제안 141
가치혁신 78, 215, 216
갈등 157
갈등관리 153
감각형 98
감성지능 22
감정적 에너지 135
감정형 98
강압형 23
강점 34, 74
개념적 학습 299
개인 실적 146
개인적 성장 299
개인화 77
객관적 기준 174
거래계약 153
결합 79
겸허함 25
경영관리 14, 29, 207
경영목표 53
경영성과 12

경영자 개발 287
경영자 교육 287, 303
경영자 훈련 287
경영진 223
경영혁신 184
경쟁형 157
경제적 엔진 83
경청 115
경험 77
경험적 성찰 303
계도형 113
계약형 제휴 242
고객 가치분석 78
고객생애가치 226
고객이탈률 226
고슴도치 83
고슴도치 개념 84
공감대 40
공동마케팅 243
공동의 이익 166
공유가치 133
공정한 절차 174
과정 201
과정이론 123
과제수행기능 112
과학적 판단 174

관계경영 22
관계구축 153
관리자 208
교육수준 210
교육효과 304
구조조정 277
권위의 원칙 104
규모의 경제 166
규율 85
그룹 문제해결 111
그룹 역학관계 114
그룹유지기능 112
글로벌 가치사슬 237
글로벌 기업 236
글로벌 마인드 237, 238
글로벌 시장참여 237
글로벌 자본조달 237
글로벌화 234
글로벌화 전략 239
기대이론 128
기본가정 257
기술표준 241
기술혁신 215
기업가 208, 212
기업가정신 206, 230
기업공개 211
기업구조조정 181
기업회생 277
기호화 94
기회 20, 74, 206
기회의 창 219

[ㄴ]

내용이론 123

내재적 보상 129
내적성장 81
네트워크 조정 77
네트워크 조정자 244
노장사상 21
논의형 113
능력 136

[ㄷ]

다국적 기업 161, 236
다자간협상 168
단기적인 성공 185, 193
대규모 변혁 181
대변인 13
대안 145, 156
대체 79
대화 284
도덕성 17
도덕적 기준 174
도덕적 판단 175
독재형 113
동기부여 122
동기부여 이론 123
동기부여능력 18, 19
동기요인 125
동기이론 126

[ㄹ]

로봇 72
로봇사업 69
룰 156
리더십 개발 30, 286
리더십 교육 288
리더십 교육과정 291

리더십 빙산모델 21
리더십 상황이론 15, 24
리더십 스타일 23
리더십 역량 모델 295
리더십 연구 15
리더십 자질론 15
리더십 평가 30
리더십 행태론 15
리더십개발 27, 28, 31, 32, 302
리더십개발 프로그램 296
리더십역량 모델 294
리더십의 효과 24
리엔지니어링 181

[ㅁ]

마케팅 전략 281
맥킨지 28
목적추구자 88
목표 145, 201, 212
목표설정이론 127
목표성취형 23
몽상가 59
무대 공포증 100
문제 63
문제의 구조화 66
문제해결형 157
미래상 36
미션 38, 45, 52
미션중심 조직 48
민주형 23

[ㅂ]

반대 79
반응 304

발명가 208
방관자 59
방어동기 126
방어적 태도 94
방향설정자 13
범위의 경계 166
벤처 투자가 222
벤처기업 227
벤처창업과정 213
벤처캐피탈 회사 211
변화 메시지 51
변화 장애요인 196
변화 커뮤니케이션 191
변화가속화 184
변화관리 178
변화관리 진단 187
변화관리 프로그램 181
변화관리 8-단계 모델 186
변화의 선도자 13
보상 128
보상시스템 130
보완적 능력 251
보편성 175
보편화 77
부하육성 137
분리자 88
분배적 협상 163
분석 62
분쟁해결 153
불합리한 전술 173
브레인스토밍 63
비상계획 265
비용절감 280
비유 102

비전 16, 17, 36, 52
비전공유 49
비전수립 37
비전수립과정 40
비전형 23

[ㅅ]

사고형 98
사업계획서 221, 224
사업구조개편 183
사업기회 224
사업환경 분석 41
사회적 배경 210
사회적 인식 22
사회적 증명의 원칙 104
360도 평가 30
삼성전자 39
상식 26
상징 102
상황변수 24
생리적 욕구 124
선례 174
선천적 26, 27
선택적 지각 94
설득 103
성공의 함정 179
성과계약 108
성과규율 122
성과목표 52
성과지표 63
성장전략 80
소유동기 126
솔루션 77
솔선수범 50

수익모델 83
수익성 개선 68
수정 79
수평적 프로세스 재설계 182
순가치창조 252
순응형 157
순차적 협상 168
스킬 평가 146
시나리오 41
시너지 249
시장가치 174
신규채널 파트너십 243
신뢰 16
신뢰 형성과정 255
신뢰구축 256
신뢰하는 친구 175
신뢰형성 170
신임경영자 199, 203
실천 62
실행 85, 212
실행계획 20, 52, 63
실행력 59, 87
실행자 59
심리적 편견 172

[ㅇ]

안전욕구 124
애정욕구 124
약점 34, 74
양립성 251
업무시간 분석 92
여과 94
역량개발 299
연계 156

열광자 88
열정 34, 83
영업직 209
영향 12, 304
영향력 136
예방비용 266
외재적 보상 129
외적 성장 81
욕구 123
용기 17
우수인재 139, 149
워크아웃 184
위기 262
위기 계획수립 265
위기 커뮤니케이션 268
위기관리 264, 271
위기관리 센터 265
위기대응방법 267
위기상황 270
위기의식 185, 190
위생요인 125
위험 206
위험요인 266
위협 74
유능함 18, 19
유대동기 126
유보가치 162
유산 175
융합 77
응용 304
의미 136
의사결정 스타일 113
의지 25
이슈 156

이슈분석 63, 72, 73
이야기 102
이익 156
이해관계 158
이해상충 251
이해조정 152
인격 16
인사평가 146
인재개발 142
인재전쟁 139, 140, 149
인재풀 147, 149
일관성의 원칙 104
일반공개 175
임파워먼트 136
입장 158

[ㅈ]
자각능력 22
자금조달 220
자기개발 32
자기성찰 34
자기학습 33
자아실현 욕구 124
자원 206
자유방임형 113
자유의지 17
자율성 136, 284
작업계획 73
잠재적 욕구 215
잡음 94
재배치 79
적용 79
전략 212
전략과제 52

전략대안 63
전략도표 56
전략목표 44
전략실행 85
전략실행력 86
전략적 게임보드 218
전략적 대안 82
전략적 문제해결 63
전략적 변곡점 239
전략적 사고 62
전략적 사업매각 282
전략적 이슈 65
전략적 제휴 241
전략혁신 75, 76
전문가적 기준 174
전문경영 체제 227, 228
전문경영인 209
전문직 209
전환기 200, 202
정리 145
정보공유 170
정직성 18, 19
제거 79
제휴 네트워크 243
제휴 파트너 선정기준 251
조직 임파워먼트 196
조직진단 197
조직활력차트 148
조직활성화 131
존경받는 리더 18
존경받는 리더십 19
존경욕구 124
존중 284
종업원 가치제안 141

종업원만족 122
주주가치 48
지분형 제휴 242
지속적 개선 181
지연자 88
직관 62
직관형 98
질문 65, 116
집단적 사고 117

[ㅊ]

참여형 113
창업 아이디어 214
창업연령 210
창업자금 220
책임 12, 20
청중 98, 101
총현금유입 252
최선의 대안 155, 161
추종자 12, 24
축하행사 134
친화형 23

[ㅋ]

카리스마 26
카리스마적 25
카리스마적 리더십 24
커뮤니케이션 90
커뮤니케이션 과정 모델 94
커뮤니케이션 활동 92
커뮤니케이션의 유형 93
코치 13
코치형 23
코칭 143

[ㅌ]

타협형 157
턴어라운드 272
통찰력 18, 19
통합 77
통합적 협상 165
투자가치 304
투하자본이익률 67

[ㅍ]

파레토 법칙 71
패키지 딜 165
평가과정 146
평가기준 146
피드백 30, 127, 299
피라미드 원칙 96, 97

[ㅎ]

학습 304
학습단계 31
학습동기 126
학습방법 299
합의 156
합의도출 118
합의형 113
항공산업 245
해외사업 파트너십 243
핵심가치 38, 45
핵심역량 42
행동지향적 16
혁신 229
현금흐름 분석 225
현실 17, 145
현지국 정부 161

협력 284
협력우위 258
협박 173
협상 152
협상 상대방 160
협상 스타일 157
협상과정 154
협상력 161
협상영역 163, 165
협상의 딜레마 169
협상의 유형 153
협상이슈 167
협상전술 173
협상주체 156
협상준비 156
협상참가자 167
형평의 원칙 174
호감의 원칙 104
호혜주의 175
호혜주의의 원칙 104, 174
확대 79
활동 201
회생계획 248
회생전략 276
회의 105
회의운영 106
회의평가 119
회피형 157
효과적인 비전 47
효율성/비용 174
효율적 경계 165
후원자 208
후천적 26, 27
희소성의 원칙 104

영문

[A]

100-Day Plan 202
Accommodator 157
Accountability Gap 86
Action 16, 59, 62, 289
Action Learning 288, 297
Action Plan 20
Activities 201
Adapt 79
Administrative Management 207
Administrator 208
Admired Leader 18, 19
Affiliative 23
Agreements 156
Alignment 203, 289
Alliance Conflict 246
Alliance Network 243
Alternatives 156, 176
Analogy 102
Anticipation 289
Application 304
Assessment 289
AT&T 295
Audience 98, 101
Audience Attention Span 101
Autocratic 113
Avoider 157
Awareness 289

[B]

Balanced Scorecard 54
Bank of Ameri 147
Bargaining Range 163, 165
Barriers to Change 189
Barriers to Innovation 229
Basic Assumptions 257
BATNA 155, 161, 176
Behavior 257
Behavior Approach 15
Benevolent Autocratic 113
Best Practice 142, 195, 289
Better Business System 218
Borderline 148
Boss 203
Bottlenecks to Change 196
Bottom-Up Performance Improvement 182
Brainstorming 63
Breakeven Point 200
Business Model 76
Business Opportunity 224
Business Plan 221
Business System 42, 217

[C]

Career Experience 27
Cash Flow Analysis 225
Change Acceleration 184
Change Agent 13
Change Board 188
Change Communication 191
Change Management 180
Change Messages 51
Character 16
Charismatic 26
Charles Schwab 44
Cisco 46

Citibank 297
Coach 13
Coaching 23, 143
Coalitions 203
Code-Sharing 245
Collaboration 284
Collaborative Advantage 258
Collaborative Mindset 259
Collins 25
Combine 79
Commanding 23
Commitment 176, 194
Common Interests 152
Common Sense 26
Communication 90, 176
Communication Function 91
Communication Gap 86
Communications Strategy 269
Compatibility 251
Compensation Design 130
Competence 21
Competent 18
Competitive Advantage 258
Competitor 157
Complacency 189
Complementary Capabilities 251
Complication 97
Compromiser 157
Conceptual Awareness 299
Conflict Management 153
Conflicts of Interests 251
Conscious Competence 31
Conscious Incompetence 31
Consensus 40, 113, 118

Consolidation 77
Consultative 113
Content Theory 123
Contingency Approach 15
Contingency Plans 265
Contingent Agreements 166
Continuous Improvement 171, 184
Contractual Alliance 242
Controlling 14
Convergence 77
Coordination Gap 86
Core Competence 42
Core Values 38, 45
Corning 253
Corporate Restructuring 277
Corporate Turnaround 272
Cost Discipline 280
Cost Reduction 280
Courage 17
Credibility 103
Crisis 262
Crisis Audit 265
Crisis Center 265
Crisis Communication 264, 268
Crisis Containment 264, 267
Crisis Management 271
Crisis Planning 264, 265
Crisis Recognition 264
Crisis Resolution 264
Crisis Review 264
Criteria 158
Cross-issue Trades 166
Customer Lifetime Value 226
Customer Value Analysis 78

[D]

Daily Check-in 109
Deal Making 153
Death Spiral 179
Decision-Making Styles 113
Defensiveness 94
Democratic 23
Depth of Hole 225
Detached 88
Dialogue 284
Direction Setter 13
Discipline 85
Dispute Resolution 153
Distributive Negotiation 163
Divestiture 282
Do More Better 218
Doer 59
Dreamer 59
Drive to Acquire 126
Drive to Bond 126
Drive to Defend 126
Drive to Learn 126
Drucker 20, 37, 53, 115, 206

[E]

Early Wins 203
eBay 39
Economic Engine 83
Economies of Scale 166
Economies of Scope 166
Education 27
Effective Executive 20
Effective Leader 59
Effective Vision 47

Efficiency/Cost 174
Efficient Frontier 165
80/20 Rule 71
Eliminate 79
Emergency Plan 278
Emergency Stage 281
Emotional Bond 143
Emotional Energy 135
Emotional Fortitude 87
Emotional Intelligence 22
Emotional Strength 21
Employee Value Proposition 140, 141
Empowerment 136
Encoding 94
Entrepreneur 208
Entrepreneurial Ideas 214
Entrepreneurial Spirit Path 131
Entrepreneurship 206, 230
Equal Treatment 174
Equity-Based Alliance 242
Escalation of Commitment 172
Esteem Needs 124
Ethics 17, 175
Evolution of Trust 255
Execution 85, 87, 212
Execution Gaps 86
Expectancy Theory 128
Experience 77
Experienced Reflection 303
Experimenting 33
External Growth 81
External Shock 179
Extrinsic Rewards 129

[F]

Fair Procedures 174
Feedback 299
Feeler 98
Filtering 94
Fixed Pie Assumption 172
Focus on Niche 218
Follow Through 87
Followers 12, 24
Ford 296
Forward-Looking 18
Four-Drive Theory 126
FrameworkS 292
Free Will 17
Frenzied 88

[G]

GE 30, 148, 183, 291
GE Crotonville 290
General Dynamics 277
Gerstner 276
Gillette 84
Global Company 237
Global Industries 234
Global Mindset 238
Globalization 234
Globalizing Industries 234
Goal 145, 201, 212
Goal Setting 127
Goleman 22
Good-to-Great 25, 198
Governing Message 96
Group Dynamics 114
Group Maintenance 112

Group Problem-Solving 111
Groupthink 117, 172
GROW Model 145
Growth Strategy 80

[H]

Hardball Tactics 173
Harvard Business School 39
Hedgehog Concept 83
Heredity 27
Herzberg 125
Hewlett-Packard 294
Hierarchy of Goals 58
Hierarchy of Needs 124
High-Performance Culture 135
Honest 18
Horizontal Process Redesign 182
Hygiene Factors 125
Hypotheses 72

[I]

IBM 276
Idea Generation 79
Ideal Self 33
Impact 304
Implementation Plans 52
IMPM 302
Individual Achievement Path 131
Individual Fulfillment 122
Individual Performance 146
Initiative 284
Innovation 206, 215
Inspiring 18
Integrative Negotiation 165

Intended Strategy 86
Interests 156, 158, 176
Internal Growth 81
Intrinsic Rewards 129
Intuition 62
Intuitor 98
Inventor 208
IPO 211
Issue Analysis 63, 72
Issues 156
Issues of Conflict 152

[J]
Jack Welch 183
Johnson&Johnson 292

[K]
Key Issues 64
Key Performance Drivers 192
Key Talent 147
Kissinger 37
Koestenbaum 17
KPI 63

[L]
Laissez-Faire 113
Latent Needs 215
Layers of Culture 257
Leadership Assessment 30
Leadership by Example 49, 50
Leadership Competencies 295
Leadership Development 27, 31, 33, 286, 292
Leadership Development Program 296

Leadership Diamond 17
Leadership Education 288
Leadership Iceberg 21
Leadership Issues 147
Leadership Research 15
Leadership Roles 13
Leadership Standards 293
Leadership Styles 23
Learning 203, 304
Learning Agenda 33
Learning Stages 31
Legacy 175
Legitimacy 176
Level 5 Leadership 25, 198
Leverage 164
Li & Fung 244
Linkages 156
Listening 115
Local Industries 234
Logic Tree 66, 69, 192
Love Needs 124

[M]
Magnify 79
Management 14, 29
Management Capacity 29
Management Development 287
Management Education 287, 303
Management Objectives 53
Management Team 223
Management Training 287
Market Value 174
Marketing Strategies 281
Marriott 132

Maslow의 욕구단계론 124
MBA 303
McKinsey 28
MECE 66, 194
Medtronic 39, 48
Meeting Agenda 110
Meeting Evaluation 119
Mindset 21, 203
Mintzberg 303
Mission 38, 45, 52
Mission, Values and Pride Path 131
Mission-Driven Organization 48
MNCs 236
Mobil 55
Modify 79
Monitoring Gap 86
Monthly Strategic 109
Moral Standard 174
Motivating 14
Motivation 122
Motivation Gap 86
Motivators 125
Multi-Party Negotiation 168
Myths 26

[N]

Need 123
Negotiation Mistakes 155
Negotiation Process 154
Negotiation Styles 157
Negotiator's Dilemma 169
Net Value Created 252
Network Orchestration 77
Network Orchestrator 244

New Game Strategy 218
Nissan 247
Nissan Revival Plan 248
Nissan-Renault Alliance 247
Noble Purpose 47
Noise 94
Nokia 39, 239, 240
Norms and Values 257
Nucor 84

[O]

Objective Criteria 174
Off-Site Review 109
Opportunity 20, 206, 231
Optimism 16
Options 145, 158, 176
Organization Vitality Chart 148
Organizing 14

[P]

Pacesetting 23
Package Deal 165
Paradoxes 231
Participative 113
Parties 156
Partner Selection Criteria 251
People Development 142
PepsiCo 137
Performance Contract 108
Performance Discipline 122
Performance Gap 64
Performance Goals 52
Personal Growth 299
Personal Humility 25

Personal Objectives & KPI 52
Personalization 77
Persuasion 103
Physiological Needs 124
Pilot Projects 193
Planning 14
Position 158
Potential Cash Flow 225
Power Game 259
Precedent 174
Principle of Authority 104
Principle of Consistency 104
Principle of Liking 104
Principle of Reciprocity 104
Principle of Scarcity 104
Principle of Social Proof 104
Private Equity 283
Problem Structuring 66, 69
Problem-Solver 157
Process 201
Process and Metrics Path 131
Process Theory 123
Procrastinators 88
Professional Management 228
Professional Standard 174
Professional Will 25
Profit Improvement 68
Projection 172
Promoter 208
Psychological Turnaround 284
Publicity 175
Purposeful 88
Pyramid Principle 96

[Q]
Questions 116

[R]
Real Self 33
Reality 17, 145
Realized Strategy 86
Rearrange 79
Reciprocity 174, 175
Recognition and Celebration Path 131
Relationship 176, 254
Relationship Building 153
Relationship Management 22
Renault 247, 248
Reservation Value 162
Resolution 97
Resource Gap 86
Resources 206
Respect 284
Response 304
Responsibility 12, 20
Results 12
Return on Investment 304
Return-to-Growth Plan 278
Return-to-Growth Stage 281
Reverse 79
Rewards 128, 129
Risk 206, 266
Risk-Sharing Agreements 166
Robotics 72
ROIC 67
Role Model 27, 148
Rules 156

[S]

Safety Needs 124
Sam Walton 37, 50, 232
Samsung Electronics 39
SCAMPER 79
Scenarios 41
Scientific Judgment 174
Selective Perception 94, 172
Self-Actualization Needs 124
Self-Awareness 22
Self-Development 27
Self-Directed Learning 33
Self-Discipline 21
Self-Expression 32
Self-Knowledge 32
Self-Management 22
Self-Reflection 34
Sense of Competence 136
Sense of Impact 136
Sense of Meaning 136
Sense of Self-Determination 136
Sense of Urgency 190
Senser 98
7-S Model 197
Set-Up-To-Fail Syndrome 138
Shared Value 133, 197
Short-term Wins 185, 193
Silicon Valley 230
Situation 24, 97
Skill 188, 197
Skill Assessment 146
Skill Building 299
Skill Gap 86
Social Awareness 22

Solutions 77
Southwest Airlines 133, 134
Spokesperson 13
Stabilization Plan 278
Stabilization Stage 281
Staff 197
Stage Fright 100
Starbucks 45, 76, 216, 243
Start-Up Financing 220
Stereotyping 172
Story 102
Storyline 96
Strategic Alliances 241
Strategic Game Board 218
Strategic Inflection Point 239
Strategic Initiatives 52
Strategic Issues 65
Strategic Options 82
Strategic Problem-Solving 63
Strategic Thinking 62
Strategy 197, 203, 212
Strategy Implementation 85
Strategy Innovation 75, 76
Strategy Map 56
Strengths 34
Strong Performers 148
Structure 197
Style 197
Substitute 79
SWOT Analysis 74
Symbol 102
Synergies 249
Systems 197

[T]

Talent Pool 147
Target Customers 76
Task Performance 112
Team 203
Technology Standards 241
Thinker 98
Time Analysis 92
Time to Positive Cash Flow 225
Top-down 183
Top-Down Direction-Setting 182
Top-Grading Opportunities 147
Trades across Time 166
Trait Approach 15
Transition Pyramid 201
Transitions 200
Trap of Success 179
Trust 16, 256
Trust Game 259
Trusted Friend 175
Trusting Relationships 33
Turnaround 272, 274
Turnaround Actions 279
Turnaround Leaders 275
Turnaround Stages 278
Two-Factor Theory 125

[U]

Unconscious Competence 31
Unconscious Incompetence 31
Uninvolved 59
Universality 175
Universalization 77

[V]

Value Creation 166
Value Innovation 78, 215
Value Proposition 65, 76, 141
Venture Capitalists 222
Venture Creation Process 213
Vision 14, 16, 17, 36, 52
Vision Communication 49
Vision Development 37
Vision Development Process 40
Vision Statement 43
Visionary 23

[W]

Walmart 50, 76, 232
War for Talent 139, 149
Weaknesses 34
Weekly Tactical 109
Welch 37
Wells Fargo 84
Will 188
Willpower 21, 88
Win-Win Negotiation 158, 159
Window of Opportunity 219
Work-Out 184
Workplan 73
Wrap-Up 145

저자 |

이승주

서울대학교 경제학과 졸업
서울대학교 경영대학원 석사(MBA)
미국 하버드 경영대학원 경영학 박사(DBA)
맥킨지 수석컨설턴트
현재 KDI 국제정책대학원 교수

전략적 리더십

초판 1쇄 발행 2005년 5월 25일
초판 4쇄 발행 2013년 6월 10일

발행자 김혜련
발행처 (주)시그마인사이트컴
　　　 서울특별시 마포구 대흥동 276-1 경총회관 3층
　　　 (우) 121-726
　　　 전화 : (02)707-3330, 팩스 : (02)707-3185
　　　 http://www.sigmainsight.com
등　록 1998년 2월 21일 (제10-1549호)

값 25,000원

※ 기업·개인 직접주문 : 시그마인사이트컴(전화 : 707-3330)으로 주문 하십시오.
※ 독자 여러분의 의견을 기다립니다(e-Mail : book@sigmainsight.com).

ISBN 89-88092-35-X 03320